Globale Wanderungsbewegungen

Christoph Beier · Dirk Messner ·
Hans-Joachim Preuß
(Hrsg.)

Globale Wanderungs-
bewegungen

Beiträge der internationalen
Zusammenarbeit zum Umgang
mit Flucht und Migration

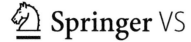 Springer VS

Hrsg.
Christoph Beier
Programm "Good Governance for Local
Development, South Caucasus"
Tiflis, Georgien

Dirk Messner
Umweltbundesamt
Dessau, Deutschland

Hans-Joachim Preuß
Friedrich-Ebert-Stiftung
Cotonou, Benin

ISBN 978-3-658-28236-3   ISBN 978-3-658-28237-0   (eBook)
https://doi.org/10.1007/978-3-658-28237-0

Die Deutsche Nationalbibliothek verzeichnet diese Publikation in der Deutschen Nationalbiblio-
grafie; detaillierte bibliografische Daten sind im Internet über http://dnb.d-nb.de abrufbar.

Planung/Lektorat: Jan Treibel
Springer VS ist ein Imprint der eingetragenen Gesellschaft Springer Fachmedien Wiesbaden
GmbH und ist ein Teil von Springer Nature.
Die Anschrift der Gesellschaft ist: Abraham-Lincoln-Str. 46, 65189 Wiesbaden, Germany

Geleitwort

Es gibt Themen, über die redet man gleichzeitig zu viel und zu wenig. In Europa hat sich in den letzten Jahren eine Migrationsdebatte entwickelt, die – teilweise hysterisch – viele andere wichtige Themen überdeckt und bestimmte Politikbereiche auf ihre Migrationsrelevanz zu reduzieren droht: nicht zuletzt die Entwicklungspolitik wurde kommunikativ und programmatisch oft auf ihre Funktion der ‚Fluchtursachenbekämpfung' verengt. Gleichzeitig fehlt es vielerorts an einer aufgeklärten, sachlichen Debatte zum Megathema ‚Migration', das in der Tat das 21. Jahrhundert prägen wird wie kaum ein anderes.

Dieser paradoxe Umgang mit der Migrationsfrage ist Ausdruck einer tiefen Unsicherheit in Politik und Gesellschaft im Hinblick auf die große ungeklärte Frage unserer Zeit: Wie kann in einer Epoche zunehmender und unwiderruflicher globaler Interdependenz nationale Politik gestaltet werden? Angesichts von staatenübergreifendem Klimawandel, globalisierten Wertschöpfungsketten und der kulturellen und wirtschaftlichen Dominanz des wortwörtlichen ‚world wide (!) web', also des Internets und der Digitalisierung, verlieren nationale Grenzen als politischer Ordnungsrahmen zunehmend an Bedeutung, ohne dass gleichzeitig eine Alternative in Sicht wäre, die den sozialen und politischen Bedürfnissen von Identität, Sicherheit und Legitimität Rechnung trägt. In diese Lücke stoßen Populist/innen, Nationalist/innen und Autoritäre, die derzeit weltweit so sehr im Auftrieb sind. Absurderweise scheint ihre Verführungskraft gerade darin zu liegen, dass sie für Herausforderungen, die langfristig, international und komplex sind, nur solche Lösungen anbieten, die kurzfristig, national und simpel sind.

Die globalisierte Moderne hat Widersprüche und Paradoxien geschaffen, eine Gleichzeitigkeit von Kreation und Destruktion, an der unsere Zeit zu zerbrechen droht: in China haben sich bald eine Milliarde Menschen aus der Armut befreit, aber die chinesischen Stadtbewohner/innen drohen an den ökologischen Folgen des Wirtschaftswachstums zu ersticken. Der Abstand zwischen vielen armen und reichen Ländern ist geringer geworden, aber der Abstand zwischen den Armen und den Reichen innerhalb der meisten Gesellschaften größer. Die Digitalisierung schafft völlig neue Wirtschaftszweige und verbindet den Planeten in nie gekanntem Ausmaß, vernichtet aber gleichzeitig Arbeitsplätze, von denen noch niemand weiß, ob und wo sie neu entstehen. Im bevölkerungsmäßig schrumpfenden Europa lebt die reichste Rentner/innengeneration aller Zeiten, während in Afrika eine immer schneller wachsende Jugendbevölkerung immer ungeduldiger nach Perspektiven sucht.

Unausweichlich führen uns diese Widersprüche zu der Frage: Wie können alle Menschen in Würde leben, und zwar ohne dass dabei der Planet zerstört wird? Dies bleibt im Kern die größte politische Herausforderung des Jahrhunderts – auch wenn die neuen Nationalist/innen sie lächerlich machen bzw. zu ignorieren versuchen. Doch in einer gemeinsamen Biosphäre kann kein Land der Welt, so reich oder mächtig oder abgeschottet es auch sein mag, auf Dauer seinen Wohlstand erhalten, ohne dabei die Perspektiven der anderen Länder und die Lebensfähigkeit des Planeten zu berücksichtigen.

Die historische Aufgabe eines ‚gesunden Planeten für alle Menschen' wird nur zu lösen sein, wenn Wirtschaft und Gesellschaft weltweit ernst machen mit einer Großen Transformation – also einem grundlegenden Wandel der Art, Wohlstand zu produzieren und zu verteilen; einer Transformation, die in ihrer Dimension noch herausfordernder ist als es der Übergang von der Agrargesellschaft zur Industriegesellschaft im 19. und 20. Jahrhundert war. Die künstlichen Trennlinien zwischen Ökologie und Ökonomie, zwischen Nationalem und Internationalem müssen in dieser Transformation zu Verbindungslinien werden. Und in den Kontext dieser Transformation muss sich auch die Migrationspolitik einordnen. Dabei müssen zunächst vor allem die richtigen Fragen gestellt werden.

Diese Debatte konstruktiv zu führen, das ist nicht einfach. Denn weil im Gegensatz zum Klimawandel, globalen Handelsströmen oder weltumspannender Digitalisierung die grenzüberschreitende Dimension von Migration nicht abstrakt bleibt, sondern auf konkrete Menschen, also Flüchtlinge und Migrant/innen, projiziert werden kann, zeigt sich die Sprengkraft der globalen Interdependenz hier ganz besonders deutlich, und dadurch ganz besonders emotional. Darin liegt aber auch eine Chance: Kann das Netz gegenseitiger Abhängigkeiten und globaler Zusammenhänge (etwa zwischen Klimawandel und Flucht) nicht gerade in der Migrationsdebatte plastisch und damit – in all seiner Menschlichkeit – neu relevant werden? Können wir, bei allen notwendigen Begrenzungs- und Steuerungsstrategien, die globalen Wanderungsbewegungen nicht auch als Quelle dringend benötigter Kreativität und Innovation in unserem Suchprozess der Transformation begreifen – und Migration also nicht einfach als Problem, sondern auch als Teil der Lösung sehen?

Das vorliegende Buch, das politische, wissenschaftliche und praktische Fragestellungen vereint, ist ein Versuch, einen sachlichen und pragmatischen Beitrag zu dieser Debatte zu leisten. Ich wünsche ihm viele Leserinnen und Leser.

Horst Köhler
Bundespräsident a. D.

Inhaltsverzeichnis

Herausgeber- und Autorenverzeichnis

Über die Herausgeber

Christoph Beier ist Leiter des Programms "Good Governance for Local Development, South Caucasus" mit Sitz in Tiflis, Georgien. Bis 2019 war er stellvertretender Vorstandssprecher der Deutschen Gesellschaft für Internationale Zusammenarbeit (GIZ) GmbH in Eschborn und Bonn.

Dirk Messner ist Präsident des Umweltbundesamtes in Dessau. Bis 2019 war er Direktor des Institute for Environment and Human Security an der Universität der Vereinten Nationen in Bonn.

Hans-Joachim Preuß ist Repräsentant der Friedrich-Ebert-Stiftung in Benin. Zuvor war er bis Juni 2018 Vorstandsmitglied der Deutschen Gesellschaft für Internationale Zusammenarbeit (GIZ) GmbH in Eschborn und Bonn.

Autorenverzeichnis

Annalisa Addis Institute for International Law of Peace and Armed Conflict (IFHV), Ruhr University Bochum (RUB), Bochum, Deutschland

Christoph Beier Deutsche Gesellschaft für Internationale Zusammenarbeit (GIZ) GmbH, Tiflis, Georgien

David Benček Institut für Weltwirtschaft (IfW), Kiel, Deutschland

Jennifer Bond The Refugee Hub, University of Ottawa, Ottawa, Kanada

Marlen de la Chaux Enterprises Department The Refugee Livelihoods Team, International Labour Organization (ILO), Genf, Schweiz

Stephanie Deubler Deutsche Gesellschaft für Internationale Zusammenarbeit (GIZ) GmbH, Eschborn, Deutschland

Dennis Dijkzeul Institute for International Law of Peace and Armed Conflict (IFHV), Ruhr University Bochum (RUB), Bochum, Deutschland

Jason Gagnon OECD Development Centre, Paris Cedex 16, Frankreich

Lukas Gehrke International Centre for Migration Policy Development (ICMPD), Wien, Österreich

Jörn Grävingholt Deutsches Institut für Entwicklungspolitik (DIE), Bonn, Deutschland

Kate Hooper Migration Policy Institute (MPI), Washington, DC, USA

Christian Jetzlsperger Auswärtiges Amt, Embassy of the Federal Republic of Germany, Washington, DC, USA

David Khoudour-Castéras Head of the Migration and Skills Unit, OECD Development Centre, Paris Cedex 16, Frankreich

Albert Kraler International Centre for Migration Policy Development (ICMPD), Wien, Österreich

Matthias Lücke Institut für Weltwirtschaft (IfW), Kiel, Deutschland

Gregory A. Maniatis Migration Policy Institute (MPI), Washington, DC, USA

Dirk Messner Umweltbundesamt, Dessau, Deutschland

Daniel Naujoks School of International and Public Affairs/Columbia Law School, Columbia University, New York, USA

Michelle Ndiaye Institute for Peace and Security Studies, Addis Ababa University, Addis Ababa, Äthiopien

Kathleen Newland Migration Policy Institute (MPI), Washington, DC, USA

Demetrios G. Papademetriou Migration Policy Institute (MPI), Washington, DC, USA

Hans-Joachim Preuß Bureau Cotonou, Friedrich-Ebert-Stiftung, Cotonou, Benin

Andrea Riester Deutsche Gesellschaft für Internationale Zusammenarbeit (GIZ) GmbH, Eschborn, Deutschland

Jan Schneider Sachverständigenrat Deutscher Stiftungen für Integration und Migration, Berlin, Deutschland

Claas Schneiderheinze Institut für Weltwirtschaft (IfW), Kiel, Deutschland

Tobias Stöhr Institut für Weltwirtschaft (IfW), Kiel, Deutschland

Koko Warner United Nations Framework Convention on Climate Change (UNFCCC), Bonn, Deutschland

Martin Weiß Deutsche Gesellschaft für Internationale Zusammenarbeit (GIZ) GmbH, Pretoria, Südafrika

Flucht, Migration und globale Wanderungsbewegungen: Eine Einführung

Christoph Beier, Dirk Messner und Hans-Joachim Preuß

Zusammenfassung

In diesem Kapitel skizzieren die Herausgeber die Herausforderungen globaler Wanderungsbewegungen für Herkunfts-, Transit- und Zielländer von Flucht und Migration und fassen die Beiträge des Bandes zusammen.

1.1 Problemstellung

2017 waren mehr als 68 Mio. Menschen, darunter mehr als 40 Mio. Binnenvertriebene, auf der Flucht (UNHCR 2018b). Kriege und bewaffnete Konflikte, Menschenrechtsverletzungen, die Auswirkungen von Naturkatastrophen und Folgen des Klimawandels lassen sie ihren angestammten Wohnsitz verlassen. Mehr

C. Beier (✉)
Programm "Good Governance for Local Development, South Caucasus",
Tiflis, Georgien
E-Mail: christoph.beier@giz.de

D. Messner
Umweltbundesamt, Dessau, Deutschland
E-Mail: praesident@uba.de

H.-J. Preuß
Bureau Cotonou, Friedrich-Ebert-Stiftung, Cotonou, Benin
E-Mail: rr@fes-benin.orgv

© Springer Fachmedien Wiesbaden GmbH, ein Teil von Springer Nature 2020
C. Beier et al. (Hrsg.), *Globale Wanderungsbewegungen*,
https://doi.org/10.1007/978-3-658-28237-0_1

als 190 Mio. Menschen haben in der Vergangenheit weder Kosten noch Mühen und Gefahren gescheut, um sich jenseits ihrer Herkunftsländer des globalen Südens, die ihnen keine Perspektive mehr bieten, eine neue Zukunft aufzubauen (UNDESA 2017a). Dass die Zahl dieser transnationalen Wanderer in absehbarer Zeit sinkt, ist unwahrscheinlich. Im Gegenteil: angesichts wachsender Möglichkeiten für Mobilität und einer steigenden Bereitschaft zur Überschreitung von nationalen und kontinentalen Grenzen sowie unzureichender Lebensperspektiven in vielen Ländern dürften globale Wanderungsbewegungen weiter zunehmen. Sie bieten Verfolgten die Perspektive auf Schutz. Sie verschaffen Armen eine Aussicht auf ein besseres Leben. Sie stiften durch die Überweisungen der Migranten einen monetär substanziellen Nutzen in ihren Herkunftsländern. Sie bewirken in den jeweiligen Transit- und Aufnahmeländern, die mit sinkender oder alternder Erwerbsbevölkerung bei gleichzeitig aufnahmebereiten Arbeitsmärkten einen Zuwanderungsbedarf haben, einen messbaren Beitrag zu deren wirtschaftlicher Leistungsfähigkeit.

Dennoch werden in vielen Transit- und Zielländern von Flüchtenden und Migranten, nicht nur in Europa, die ausländischen Schutz- und Arbeitssuchenden vorrangig als Problem empfunden; Populistische Bewegungen heizen die Stimmung in den Bevölkerungen von Industrie- und Schwellenländern an. Regierungen und Parteien stehen unter heftigem öffentlichen Druck, Lösungen zu präsentieren. Entwicklungspolitische Akteure werden von ihren Finanziers vorrangig daran gemessen, ob ihre Maßnahmen zur Eindämmung globaler Wanderungsbewegungen geeignet sind. Die Zahl der politischen Initiativen in Europa und der Welt, die darauf ausgerichtet sind, Flüchtlinge und Migranten vom Erreichen der Zielländer abzuhalten, vor allem in der westlichen Hemisphäre, nimmt zu. Innen-, Außen-, Sicherheits- und Entwicklungspolitikern fehlen überzeugende Instrumente, um mit den Herausforderungen von Konflikteinhegung, Integration von Flüchtlingen und Migranten und der Bekämpfung von Fluchtursachen adäquat und langfristig umzugehen. Krisenmanagement, kurzfristige Symptombehandlung und der Wunsch nach unmittelbar sichtbaren Effekten der eingeleiteten Maßnahmen prägen zu einem großen Teil die politische Debatte und das politische Handeln.

Eine langfristige Betrachtungsweise ist jedoch unerlässlich: „Diese Thematik wird uns als Generationenaufgabe die nächsten Jahrzehnte begleiten und herausfordern." Denn: „Wer meint, man könne um Deutschland oder um Europa, also um 1 Prozent bzw. 7 Prozent der Weltbevölkerung Mauern oder Zäune bauen, um dieses Problem zu lösen, der hat diese Dimension nicht erkannt" (Müller 2016, S. 45; vgl. auch Beyer 2016, S. 14). Ein Blick in die Vergangenheit zeigt, dass Migration kein neues Phänomen ist. In seiner „Geschichte des 19. Jahrhunderts" widmet der Historiker Jürgen Osterhammel unter der Überschrift „Sesshafte und Mobile" ein ganzes Kapitel der globalen Migration und vergleicht seine Zahlen mit den heutigen Gegebenheiten: „Keine andere Epoche der Geschichte war in einem ähnlichen Maße wie das 19. Jahrhundert ein Zeitalter massenhafter Fernmigration. Zwischen 1815 und 1914 waren mindestens 82 Millionen Menschen freiwillig grenzüberschreitend unterwegs. Das waren jährlich pro eine Million der Weltbevölkerung 660 Migranten. Im Vergleich dazu waren in der Zeit zwischen 1945 und 1980 nur 215 Menschen pro eine Million mobil" (Osterhammel 2009, S. 235).

Bezieht man die Zeiten zwischen dem Beginn des Ersten Weltkriegs und dem Ende des Zweiten Weltkriegs mit ein, so kann man auch das 20. Jahrhundert als das „Jahrhundert der Flüchtlinge" bezeichnen (Oltmer 2016, S. 19). Neben die im Wesentlichen kriegsbedingten Fluchtbewegungen traten auch die Kriegsfolgewanderungen vor allem aus Russland, nach Palästina und nach Deutschland sowie die migratorischen Folgen des Kalten Krieges und der Dekolonisation, als viele Europäer den Weg zurück in ihre Heimatländer und -regionen antraten.

Die Wanderungsbewegungen in und aus Afrika stehen dagegen erst am Anfang. Stephen Smith (2018) schreibt in seinem Buch „La ruée vers l'Europe" („Der Ansturm auf Europa"), dass der Zusammenhang zwischen einer dynamischen demografischen Entwicklung und Migration eine universelle Erscheinung sei. Dabei ist Subsahara-Afrika noch in einem Übergang der Bevölkerungsentwicklung; in den nächsten Jahrzehnten ist mit einer erheblichen Zunahme grenzüberschreitender Wanderungen innerhalb Afrikas und aus Afrika heraus zu rechnen. Vor dem Hintergrund dieser Argumentation wird dann auch das 21. Jahrhundert zu einem Schauplatz globaler Wanderungsbewegungen signifikanten Ausmaßes.

Es gibt keine einfachen Erklärungen dafür, warum Menschen ihren angestammten Wohnsitz verlassen. Einige Gründe sind offensichtlich: die gewaltsame Vertreibung; kriegerische Handlungen, die ihr Überleben unsicher erscheinen lassen; die Suche nach wirtschaftlichen Perspektiven; existenzielle Folgen globaler Umweltveränderungen. Andere Ursachen kommen erst zum Vorschein, wenn man tiefer in die komplexe Materie einsteigt: da gibt es Minderjährige, die von zu Hause weglaufen; junge Männer, die von bereits ausgewanderten Altersgenossen verlockende Bilder aus Europa auf ihre Smartphones geschickt bekommen; junge Frauen, denen eine Tätigkeit als Haushaltshilfe in Aussicht gestellt wurde, und die stattdessen in libyschen oder algerischen Bordellen enden.

Selten erklärt ein Faktor allein den Einstieg in eine kürzere oder längere Wanderung in eine vermeintlich bessere Lebenssituation. Die Entscheidung für Migration ist eine höchst individuelle, und einfache Muster, die die schnelle Identifizierung von Maßnahmen zur Vermeidung von Flucht und Migration ermöglichen würden, gibt es nicht. So wird zum einen zwar behauptet, dass vor allem Menschen ohne jedwede Grundbildung migrieren, um der absoluten Armut zu entfliehen. Zum anderen wird beobachtet, dass gerade gut ausgebildete, oft junge Menschen von Entwicklungsländern ihre Siebensachen packen, um außerhalb ihres Herkunftslandes ein höheres Einkommen zu realisieren oder ihre Fähigkeiten anderenorts unter Beweis zu stellen. Lässt sich daraus schließen, dass mehr oder weniger Bildung Migration reduziert oder fördert? Führen weniger Bildung und größere Armut zu Wanderungsbewegungen, sodass hier gegengehalten werden muss? Oder ist das Gegenteil richtig: schaffen erst mehr Ausbildung und ein höheres verfügbares Einkommen die Voraussetzungen für eine erfolgreiche Migration; sollte man Maßnahmen der Aus- und Fortbildung und der Wirtschaftsförderung daher besser aussetzen?

Ein weiteres Dilemma für internationale Zusammenarbeit und Entwicklungspolitik ergibt sich daraus, dass die Abwanderung von jungen, leistungsfähigen, zum Teil gut ausgebildeten Menschen einerseits in Entwicklungsländern zu einem Verlust an physischem und intellektuellem („brain drain") Humankapital führt und damit zu verringerten Potenzialen für wirtschaftliche Entwicklung. Andererseits sind die Geldtransfers ausgewanderter Migrantinnen und Migranten für viele Entwicklungsländer mittlerweile zu einem oft die Zuflüsse der internationalen Entwicklungshilfe übersteigenden Wirtschaftsfaktor geworden; zum Teil schöpfen die Regierungen von den *remittances* einen Anteil ab und verbessern so ihre Haushaltsposition.[1] Sollte die internationale Zusammenarbeit also Migration unterstützen oder diese zu verhindern suchen?

Flucht und Migration, also grenzüberschreitende Wanderungsbewegungen, folgen in der Regel den globalen Wohlstands- und Sicherheitsgradienten, also entgegen einem steiler werdenden Gefälle zwischen Entwicklungs-,

---

[1]Vgl. DSP-GROEP BV, TILBURG SCHOOL OF HUMANITIES, DEPARTMENT OF CULTURE STUDIES: "2% Tax for Eritreans in the Diaspora", Tilburg 2017.

Schwellen- und Industrieländern. Trotz Entwicklungsfortschritten, die sich in allen Ländern beobachten lassen, und aller Erfolge internationaler Zusammenarbeit in den Feldern Außen-, Entwicklungs- und Sicherheitspolitik gibt es weiterhin eine große, in manchen Ländern wachsende Schar von sehr armen, perspektivlosen und von gewaltsamen Auseinandersetzungen bedrohten Menschen. Der Druck wächst. Abschottung ist keine zukunftsfähige Option. Aktivismus auch nicht.

Dieses Buch möchte mit dazu beitragen, dass den aktuellen Herausforderungen für die politischen Entscheidungsträger angemessen, zielgerichtet und langfristig begegnet werden kann. Es vereint die Erkenntnisse und Erfahrungen renommierter Autorinnen und Autoren aus politischen, wissenschaftlichen und umsetzungsorientierten Arbeits- und Handlungsfeldern aus Deutschland, Europa und dem internationalen Kontext und bringt deren oft voneinander getrennte Sichtweisen zusammen. Dabei werden die Chancen und Probleme, die mit globalen Wanderungsbewegungen in Herkunfts-, Ziel- und Transitländern einhergehen, adressiert und Handlungsvorschläge unterbreitet.

1.2 Begriffsklärungen

Migration beschreibt grundsätzlich alle unfreiwilligen und freiwilligen Wanderungen vom Menschen. Migration kann in Form von Binnenmigration (z. B. Stadt- oder Landflucht) oder auch in Form von internationaler Migration erfolgen.

Flucht ist jene Form der Migration, die unfreiwillig und erzwungen erfolgt. Ob eine Person, die geflüchtet ist, auch als Flüchtling im rechtlichen Sinne anerkannt wird, wird stets kritisch hinterfragt und hängt zusätzlich von den als Maßstab angelegten Definitionen von „Flüchtling" ab: Flüchtling ist jene Person, die im Sinne der Genfer Flüchtlingskonvention des Jahres 1951 als Flüchtling anerkannt wird. Das sind Menschen, die in dem Land, in dem sie leben, begründete Furcht vor Verfolgung wegen ihrer Rasse, Religion, Nationalität, Zugehörigkeit zu einer bestimmten sozialen Gruppe oder wegen ihrer politischen Überzeugung haben bzw. verfolgt werden (vgl. Genfer Flüchtlingskonvention von 1951; UNHCR 2018b).

Ein Sonderfall sind diejenigen Flüchtlinge, die ihre Heimat aufgrund ihrer politischen Einstellungen verlassen müssen. Sie haben die Möglichkeit, auf Antrag politisches Asyl zu bekommen. Das Asylrecht hat in Deutschland den Rang eines Grundrechtes (Artikel 16a des Grundgesetzes), das schutzbedürftigen Ausländern gewährt wird, und kann nur durch eine Änderung des Grundgesetzes eingeschränkt oder aufgehoben werden.

Wir konzentrieren uns in diesem Buch auf die Phänomene Flucht und Migration, die unter dem Begriff „Wanderungsbewegungen" zusammengefasst werden können, und die einen zunehmend globalen Charakter haben.

1.3   Der Aufbau dieses Buches

Der Aufbau des Buches folgt den Wegen von Flüchtlingen und Migrant/innen. Nach der Darstellung von Treibern und Beweggründen sowie dem Ausmaß globaler Wanderungsbewegungen wird geschildert, wie den Herausforderungen auf Fluchtrouten, in Flüchtlingslagern und in Transitländern gezielt begegnet werden kann. Die nationale Migrationsgovernance, also die Gestaltung von Migration durch Nationalstaaten als konstruktive Form des Umgangs mit Wanderungsbewegungen nimmt daran anschließend eine zentrale Stellung ein. Dabei werden insbesondere auch die positiven Aspekte von Migration aufgezeigt und Wege zu erfolgreicher Aufnahme und Reintegration im Herkunftsland skizziert. Fragen der Governance auf europäischer und internationaler Ebene runden dieses Buch ab.

1. In ersten Kapitel skizzieren die Herausgeber die Herausforderungen globaler Wanderungsbewegungen für Herkunfts-, Transit- und Zielländer von Flucht und Migration und fassen die Beiträge des Bandes zusammen.
2. Einen ersten Überblick über Tendenzen, Treiber und Dynamiken für Flucht und Migration präsentiert Daniel Naujoks. Das Kapitel gibt einen Überblick über die aktuellen Trends der internationalen Migration und Vertreibung. Nahezu alle Länder der Welt erleben eine signifikante Ab- oder Zuwanderung. Die Mehrheit der Migranten lebt jedoch in einigen wenigen Ländern, während einige wenige große Herkunftsländer einen großen Teil des globalen Migrantenbestands ausmachen. Neben einem kurzen demografischen Profil werden Treiber und Migrationsmotive, klimabedingte Migration, Einreisekategorien, irreguläre Migration und unsichere Migrationsrouten diskutiert.
3. David Benček, Matthias Lücke, Claas Schneiderheinze und Tobias Stöhr beschäftigen sich mit den Wohlfahrtseffekten regulärer und irregulärer Migration in Transit- und Zielländern von Migrant/innen. Sie untersuchen, in welcher Weise reguläre und irreguläre Migration die Wohlfahrt beeinflusst. Nettowohlfahrtseffekte betreffen Migrant/innen, Herkunftsländer sowie Aufnahmeländer in unterschiedlichem Ausmaß und sind von den Merkmalen der Migrant/innen abhängig, insbesondere von ihrem Rechtsstatus. Irreguläre Migration führt wegen einer ungünstigen Selektion, höherer Unsicherheit und unterdurchschnittlichen Arbeitsmarkt-Outcomes mit höherer

Wahrscheinlichkeit zu Wohlfahrtsverlusten bzw. geringeren positiven Wohlfahrtseffekten. Um zu gewährleisten, dass durch Migration insgesamt vorteilhafte Wohlfahrtseffekte erzielt werden, bedarf es einer gezielten Steuerung durch aufeinander abgestimmte ressortübergreifende Politiken.

4. Jan Schneider analysiert in seiner Studie Möglichkeiten und Grenzen der Entwicklungspolitik bei der freiwilligen Rückkehr von Migrant/innen in ihre Herkunftsländer. Seit der sogenannten Flüchtlingskrise 2015/2016 steht die Bundesregierung unter innenpolitischem Druck, die Rückkehr abgelehnter Asylbewerber zu forcieren. Doch die Rückführung mit ordnungspolitischen Instrumenten stößt an Grenzen. Sein Beitrag beschreibt, wie die Perspektive der Entwicklungszusammenarbeit Einzug in dieses Politikfeld gehalten hat und wie die Politik einer freiwilligen und nachhaltigen Rückkehr auf nationaler und europäischer Ebene kohärent weiterentwickelt werden kann.

5. Stephanie Deubler und Martin Weiß setzen sich in ihrem Beitrag mit Migrationsmanagement in Afrika am Beispiel des EU-Treuhandvorhabens „Better Migration Management" auseinander. Migrationsmanagement ist ein häufig umstrittener Begriff und Ansatz im Kontext der Entwicklungszusammenarbeit, woraus sich Klärungs- und Definitionsbedarf ergibt: soll sich die deutsche Entwicklungspolitik bei diesem Thema engagieren? Wenn ja, in welcher Form? Wo sind Grenzen des Engagements? Das dargestellte Vorhaben stellte die Deutsche Gesellschaft für Internationale Zusammenarbeit (GIZ) GmbH im Jahr 2016 vor diese Fragen und Herausforderungen. Basierend auf den Erfahrungen mit Konzeption und Umsetzung des Projektes wurde eine Definition für „entwicklungsorientiertes Migrationsmanagement" gefunden, welche als Orientierung für künftige Vorhaben in diesem Bereich dienen kann.

6. Demetrios G. Papademetriou und Kate Hooper hinterfragen den Partnerschaftsansatz in der internationalen Zusammenarbeit beim Thema Migration. Die jüngste Migrationskrise hat die politischen Entscheider dazu veranlasst, die Rolle von Partnerschaften bei der Migrationssteuerung zu überdenken, und zwar einerseits im Hinblick auf den Grenzschutz oder die Rückführung von Personen ohne Aufenthaltsrecht und andererseits als Instrument, um die tief verwurzelten Probleme anzugehen, die die Menschen überhaupt erst dazu bringen, ihre Heimat zu verlassen, und zu denen vor allem Armut, instabile Verhältnisse, eine schlechte Regierungsführung und Korruption zählen. Die Bilanz dieser Partnerschaften ist jedoch nach wie vor durchwachsen, und viele Initiativen liefern nur enttäuschende Ergebnisse. Es ist äußerst schwierig, die konkurrierenden politischen Schwerpunkte von Ziel-, Herkunfts- und Transitländern auf dem Gebiet der Migration miteinander

in Deckung zu bringen und die typischen Asymmetrien zu vermeiden, die solche Partnerschaften bisher gekennzeichnet haben. Ein Teil der Lösung besteht darin, sorgfältig zu analysieren, wie wichtige Stakeholder im eigenen Land in die Partnerschaft eingebunden werden können, um dafür zu sorgen, dass wichtige Ziele beider Seiten Gegenstand der Partnerschaft werden. Dazu gehört auch die Bereitschaft, viel stärker darüber nachzudenken, wie mittel- bis langfristig in den Herkunfts- oder Transitländern investiert werden kann, um die Ursachen einer unerwünschten Migration zu beseitigen. Ferner müssen die politischen Entscheidungsträger prüfen, wie sie die Zusammenarbeit besser nutzen können. Dabei sollte der Fokus nicht nur auf finanziellen Anreizen liegen (da deren Kosten zwangsläufig immer weiter steigen). Eine Alternative können auch politische Instrumente wie eine negative Konditionalität in Bezug auf (nicht-humanitäre) Hilfsleistungen oder die Einschränkung (oder sogar der Entzug) von Vorzugsregelungen im Handel sein.

7. Mit Krisensituationen jenseits von Notfällen beschäftigen sich Lukas Gehrke und Albert Kraler in ihrem Aufsatz. Die libysche und eine Reihe anderer Krisen der letzten Zeit haben die besondere Verwundbarkeit von Migranten, die von einem gewaltsamen Konflikt oder einer Naturkatastrophe betroffen sind, deutlich gemacht. Im Jahr 2014 wurde die Initiative Migranten in Krisenländern (MICIC) ins Leben gerufen, um diese Situation anzugehen. In diesem Kapitel werden die Ursprünge und Schwerpunkte der Initiative erörtert. Auf der Grundlage einer Studie, die sechs Krisensituationen vergleicht, wird die Notwendigkeit eines differenzierten Verständnisses der verschiedenen Auswirkungen der Krise auf Migranten hervorgehoben, um geeignete politische Antworten, auch im Rahmen des Global Compact-Prozesses, zu entwickeln.

8. In ihrem Beitrag „Legale Einwanderungsmöglichkeiten für gering qualifizierte Arbeitsmigranten" setzen sich Kathleen Newland und Andrea Riester mit dem Sachverhalt auseinander, dass in Ländern, deren einheimische Arbeitskräfte immer gebildeter werden und sich immer mehr auf mittlere und hoch qualifizierte Branchen konzentrieren, viele Niedriglohnarbeitsplätze, die nicht ausgelagert oder automatisiert werden können – wie Kinder- und Altenpflege, Landwirtschaft und Bauwesen – von Einwander/innen besetzt werden. Dennoch sind legale Migrationspfade nicht für Arbeitnehmer/innen, die solche Positionen besetzen könnten, sondern für hochqualifizierte Fachkräfte mit formaler Qualifikation am leichtesten zugänglich. Wo die legalen Wege für gering qualifizierte Migrant/innen zu eng sind, um die Nachfrage zu befriedigen, suchen Arbeitgeber und im Ausland geborene Arbeitnehmer/innen oft nach illegaler Migration, um die

Lücke zu schließen. Erhebliche Rechtsunsicherheiten für alle Betroffenen sind die Folge; mögliche Potenziale einer verbindlichen Regelung für diese Gruppe gehen verloren.

9. Auch auf internationaler Ebene ist der derzeitige Umgang mit globaler Migration durch unzureichende Kooperation gekennzeichnet. Jason Gagnon und David Khoudour-Castéras „Kooperieren oder nicht kooperieren? Eine Analyse der Governance-Aspekte der internationalen Migration" zeigen, dass die meisten Länder eine restriktive Migrationspolitik verfolgen. Der Hauptgrund dafür ist die asymmetrische Verteilung des sich aus der Migration ergebenden Nutzens zwischen einkommensstarken Ländern auf der einen und Entwicklungsländern auf der anderen Seite. Die fehlende Gegenseitigkeit ist jedoch eine Illusion und keinesfalls real. Erstens ist eine restriktive Migrationspolitik nicht nur für Migranten und deren Herkunftsländer kostspielig, sondern auch für die Zielländer, die die Migration beschränken. Zweitens bedeuten hohe Kosten keinesfalls, dass die Maßnahmen zur Begrenzung der Einwanderung wirkungsvoll sind. Denn formale Migrationsströme lassen sich durch strenge Grenzkontrollen zwar verringern, doch führen Grenzkontrollen stets auch zum Anstieg der irregulären Migration. Drittens profitieren die Zielländer auch von der Einwanderung. So wirken Zuwanderer dem Arbeitskräftemangel in bestimmten Branchen entgegen und tragen dazu bei, das demografische Ungleichgewicht infolge der Alterung der Bevölkerung zu verringern. Viertens können die Zielländer das Thema Einwanderung in politischen Verhandlungen dazu nutzen, um in anderen wichtigen Politikfeldern Verbesserungen durchzusetzen. Der Spielraum für Kooperationsmöglichkeiten ist also größer, als allgemein angenommen wird.

10. In einer Zeit, in der die Zahl der Flüchtlinge und Vertriebenen einen historischen Höchststand erreicht hat und es an nachhaltigen Schutzlösungen fehlt, wecken dezentrale Lösungen große Hoffnungen. Jennifer Bond und Gregory A. Maniatis stellen in ihrem Aufsatz „gemeindebasierte Patenschaften" vor. Sie sind eine Form der Umsiedlung, bei der die Bürgerinnen und Bürger in den Aufnahmegemeinden für die Aufnahme, Unterstützung und Integration von Flüchtlingen verantwortlich sind. In diesem Kapitel werden die Vorteile gemeindebasierter Patenschaften dargelegt und entsprechende Programme in Kanada, Großbritannien und Argentinien beschrieben. Außerdem wird die *Global Refugee Sponsorship Initiative* vorgestellt, eine Partnerschaft, die weltweit die Einführung neuer Patenschaftsprogramme unterstützt.

11. Viele Maßnahmen zur Reduzierung grenzüberschreitender Flucht und Migration haben eine kurzfristige Perspektive und weisen Charakteristika der humanitären Hilfe auf. Dennis Dijkzeul und Annalena Addis würdigen in

ihrem Beitrag die seit längerem unternommenen Bemühungen zum Übergang von der humanitären Hilfe zur Entwicklungszusammenarbeit durch
einen Vergleich der Konzepte „Linking Relief, Rehabilitation and Development" (LRRD), humanitärer Übergangshilfe und Förderung der Resilienz.
Es handelt sich dabei jeweils um eigenständige Ansätze, die als Mittel zur
Schließung der Lücke zwischen humanitärer Hilfe und Entwicklungshilfe
vorgeschlagen werden. Sie weisen jedoch verschiedene Schwächen bzw.
Mängel auf. Obwohl sich Resilienz als Konzept bei den Akteuren der humanitären und der Entwicklungshilfe inzwischen großer Beliebtheit erfreut,
bestehen die Schwächen, die früher mit LRRD und der humanitären Übergangshilfe verbunden waren, fort. Selbst die vergleichsweise positive Situation und Entwicklung beispielsweise in Norduganda zeigen, wie schwierig
es ist, alle Lücken zu schließen. Dies ist jedoch notwendig, wenn Resilienz
mehr sein soll als ein bloßes Schlagwort mit begrenzter Wirkung in der täglichen Praxis. Schließlich handelt es sich nicht nur um ein konzeptionelles
Problem, sondern auch um organisatorisch und politisch schwierige Fragen
im Hinblick auf die Reform der internationalen Entwicklungshilfe und die
Bewältigung struktureller geopolitischer Ungleichheiten. Es dürfte kaum
überraschen, dass das Ideal einer stärkeren Verknüpfung von humanitärer
Hilfe und Entwicklungshilfe schon immer attraktiver war als seine praktischen Ergebnisse. Aus diesem Grund ist die Weiterentwicklung langfristiger
Ansätze weiter auf der Tagesordnung.

12. Eine besondere Konstellation, für viele Flüchtlinge und Migrant/innen aber
der Normalfall, ist der (temporäre) Aufenthalt in Lagern. Marlen führt in
ihrem Beitrag „Innovative Unternehmer/innen in Flüchtlingslagern: Wie
Flüchtlinge institutionelle Leerräume bewältigen" aus, dass Flüchtlingslager
Kontexte sind, die im Allgemeinen nicht als förderlich für unternehmerisches
Handeln angesehen werden. In vielen Fällen sind die Vertriebenen in
den Flüchtlingslagern mit erheblichen Einschränkungen hinsichtlich der
Beschäftigung und des Zugangs zu den Außenmärkten konfrontiert. Doch in
vielen Lagern entstehen kleine Unternehmen wie Bars, Cafés, Essensstände,
Friseurläden und Wartungs- und Reparaturwerkstätten. Sie untersucht, wie
Flüchtlingsunternehmer/innen die vielen organisatorischen und institutionellen
Hindernisse überwinden, auf die sie in Lagern stoßen und schlägt Empfehlungen vor, wie Politik und Praktiker nachhaltige Initiativen zur Unterstützung
der unternehmerischen Initiative von Flüchtlingen entwickeln können.

13. Christian Jetzlsperger vom Auswärtigen Amt nimmt die außenpolitische
Dimension von Flucht und Migration vor dem Hintergrund politischer Krisen ins Visier. Die massiven Fluchtbewegungen der vergangenen Jahre, so

seine Argumentation, sind Ausdruck tektonischer Verschiebungen in der internationalen Ordnung. Aufgabe verantwortlicher Außenpolitik ist es zum einen, diese geopolitischen Veränderungen aufzunehmen und mitzugestalten. Zum anderen gilt es, Fluchtursachen zu adressieren: durch präventives Engagement dort, wo Krisen zu entstehen drohen; durch Maßnahmen der Konfliktbeilegung und der Stabilisierung in gewaltsam eskalierten Konflikten; und durch die Unterstützung von Friedensprozessen nach Ende von Gewalthandlungen. In Deutschland hat das Auswärtige Amt hierfür seit 2014 Strukturen geschaffen und in erheblichem Umfang finanzielle Mittel bereitgestellt. Für den Erfolg des Krisenengagements entscheidend ist die effektive Koordinierung der Beiträge verschiedener Ministerien im Rahmen einer klar definierten politischen Strategie. Eine Aufgabe, deren Wichtigkeit immer betont wird, die aber längst nicht gelöst ist.

14. Angesichts der Tatsache, dass die Migration, insbesondere die irreguläre Migration, im politischen und wissenschaftlichen Dialog zwischen Europa und Afrika immer mehr Aufmerksamkeit erfährt, gilt es, der Debatte über die sozioökonomischen Faktoren, die Veränderungsprozesse und Mobilität bedingen und vorantreiben, eine neue Richtung zu geben. In dem Beitrag „Verbesserung des Migrationsmanagements: Entwicklungs- und Mobilitätsparadigmen neu denken" geht es Michelle Ndiaye von der Afrikanischen Union um migrationsfördernde Faktoren, die derzeitigen Herausforderungen in der Migrationspolitik, den Umgang mit Migration sowie Anreize für Migration. Darüber hinaus befasst sich dieses Kapitel mit der Möglichkeit, die Entwicklungspolitik, sozioökonomische Veränderungen zur Armutsbekämpfung und die Mobilitätsdynamik miteinander zu verknüpfen. All diese Punkte werden kritisch beleuchtet mit dem Ziel, einen konstruktiven Beitrag zu der laufenden Debatte beizusteuern. Darüber hinaus wird hinterfragt, ob ein afrikanisches Narrativ in Sachen Migration tatsächlich existiert und ob die staatlichen Institutionen des Kontinents wirklich den politischen Willen haben, eine Führungsrolle im Umgang mit den Folgen irregulärer Migration zu übernehmen, anstatt sich auf die Migrationsanreize zu beschränken.

15. Jörn Grävingholt hebt in seinen Ausführungen zu „Fluchtkrisen, fragile Staaten und Entwicklungszusammenarbeit: Governanceförderung als Fluchtursachenbekämpfung" hervor, dass hinter Flucht und unfreiwilliger Migration häufig ein Staat steht, der Teile seiner Bevölkerung aufgegeben hat. Um Fluchtkrisen vorzubeugen, kommt es darauf an, solch fragiler Staatlichkeit entgegenzuwirken. Fragilität ist ein Governance-Versagen, das ohne eine Transformation der politischen Institutionen nicht überwunden werden kann. Entwicklungszusammenarbeit muss umfassender als bisher darauf

ausgerichtet werden, fragile Staatlichkeit zu adressieren. Dabei kommt der Governanceförderung eine zentrale Rolle zu.

16. Koko Warner vom Sekretariat der Klimarahmenkonvention der Vereinten Nationen untersucht, inwieweit sich die internationale Diskussion um den Klimawandel und die Themen Flucht und Migration mittlerweile angenähert hat. Die Auswirkungen des Klimawandels wie zum Beispiel der Anstieg des Meeresspiegels, die Wüstenbildung und die Zunahme von Extremwetterereignissen haben erhebliche Einflüsse sowohl auf Konfliktrisiken als auch auf Überlebensmöglichkeiten vieler Menschen gerade in Entwicklungsländern. Wenn Habitate nicht geschützt und akzeptable Umsiedlungsoptionen nicht angeboten werden, ist Migration eine Form der Anpassung an klimabedingte Veränderungen.

Literatur

BEYERS, Bert: „Mare nostrum – Geschichte der Migration rund um das Mittelmeer"; in: CLUB OF ROME/SENAT DER WIRTSCHAFT: „Migration, Nachhaltigkeit und ein Marshall Plan mit Afrika. Denkschrift für die Bundesregierung", Bonn 2016: S. 13–37. http://www.senat-deutschland.de/wp-content/uploads/2016/11/Denkschrift-Marshall-plan-mit-Afrika.pdf (zuletzt zugegriffen am: 14.1.2018).

DSP-GROEP BV, TILBURG SCHOOL OF HUMANITIES, DEPARTMENT OF CULTURE STUDIES: "2% Tax for Eritreans in the diaspora", Tilburg 2017. https://www.rijksoverheid.nl/documenten/rapporten/2017/09/18/the-2-pct-tax-for-eritreans-in-the-diaspora (zuletzt zugegriffen am: 3.6.2018).

KLIMA-ALLIANZ/VENRO: „Migration, Vertreibung & Flucht infolge des Klimawandels. Handlungsbedarf für die Bundesregierung", Berlin 2017.

MÜLLER, Gerd: „Gedanken zu Zukunft und Gerechtigkeit". In: *Senate. Magazin für eine weltweite ökosoziale Marktwirtschaft*, S. 44–48. http://www.senat-magazin.de/SENATE_16-2/ (zuletzt zugegriffen: am 31.8.2017).

OLTMER, Jochen: „Kleine Globalgeschichte der Flucht im 20. Jahrhundert", in: *Aus Politik und Zeitgeschichte* 66 (2016), Nr. 26–27, S. 18–25.

OLTMER, Jochen: „Fluchtursachenbekämpfung. Ein erfolgversprechendes globales Zukunftskonzept?", in: *Migration & Integration Info* 2/2017 (Juni 2017), Freiburg 2017: Caritas, https://www.caritas.de/fuerprofis/fachthemen/migration/neue-caritas-info/neue-caritas-info (zuletzt zugegriffen am: 11.1.2018).

OSTERHAMMEL, Jürgen: „Die Verwandlung der Welt. Eine Geschichte des 19. Jahrhunderts", München 2009: C. H. Beck.

SMITH, Stephen: "La ruée vers l'europe. La jeune Afrique en route pour le Vieux Continent", Paris 2018: Grasset.

UNDESA: "International Migration Report", New York 2017: United Nations Department of Economic and Social Affairs. https://www.un.org/en/development/desa/population/migration/publications/migrationreport/docs/MigrationReport2017.pdf (zuletzt zugegriffen am: 6.4.2018).

UNHCR: "Global Trends. Forced Displacement in 2016", New York 2017. http://www.unhcr.org/5943e8a34.pdf (zuletzt zugegriffen am: 8.4.208).

UNHCR: "Convention and protocol relating to the status of refugees. Text of the 1951 Convention Relating to the Status of Refugees", New York 2018a. http://www.unhcr.org/3b66c2aa10.html (zuletzt zugegriffen am: 16.1.2018).

UNHCR: „Global Trends. Forced Displacement in 2017", New York 2018b. http://www.unhcr.org/figures-at-a-glance.html (zuletzt zugegriffen am: 27.6.2018).

Christoph Beier ist Leiter des Programms „Good Governance for Local Development, South Caucasus" mit Sitz in Tiflis, Georgien. Bis 2019 war er stellvertretender Vorstandssprecher der Deutschen Gesellschaft für Internationale Zusammenarbeit (GIZ) GmbH in Eschborn und Bonn.

Dirk Messner ist Präsident des Umweltbundesamtes in Dessau. Bis 2019 war er Direktor des Institute for Environment and Human Security an der Universität der Vereinten Nationen in Bonn.

Hans-Joachim Preuß ist Repräsentant der Friedrich-Ebert-Stiftung in Benin. Zuvor war er bis Juni 2018 Vorstandsmitglied der Deutschen Gesellschaft für Internationale Zusammenarbeit (GIZ) GmbH in Eschborn und Bonn.

Flucht und Migration: Trends, Faktoren, Dynamik

2

Daniel Naujoks

Zusammenfassung

Dieses Kapitel bietet einen Überblick über aktuelle Entwicklungen in der internationalen Migration und in der Flüchtlingsproblematik. Nahezu alle Länder der Welt sehen sich mit erheblichen Aus- oder Einwanderungsbewegungen konfrontiert. Die meisten Migrant/innen konzentrieren sich jedoch in wenigen Ländern, und ein Großteil der Migrant/innen stammt aus einigen wenigen Auswanderungsländern. Neben einem kurzen demographischen Profil werden die Faktoren und Gründe für Migration diskutiert; in diesem Zusammenhang wird insbesondere auf klima- und umweltinduzierte Migration, verschiedene Wege der Einwanderung, irreguläre Migration und gefährliche Migrationsrouten eingegangen.

Schlüsselwörter

Globale Wanderungsbewegungen · Migration · Einwanderung · Auswanderung · Vertreibung · Flucht · Klimawandel · Migrationsrouten

D. Naujoks (✉)
School of International and Public Affairs/Columbia Law School,
Columbia University, New York, USA
E-Mail: daniel.naujoks@columbia.edu

© Springer Fachmedien Wiesbaden GmbH, ein Teil von Springer Nature 2020   15
C. Beier et al. (Hrsg.), *Globale Wanderungsbewegungen*,
https://doi.org/10.1007/978-3-658-28237-0_2

2.1   Einleitung

Die Mobilität von Menschen ist ein facettenreiches Forschungsgebiet. Um einen Überblick über wichtige Trends und Faktoren sowie die Dynamik von Flucht und Migration zu gewinnen, müssen zunächst die verschiedenen Dimensionen der räumlichen Mobilität betrachtet werden. So sind Migrationsbewegungen, die international anerkannte Grenzen überschreiten, von solchen Migrationsbewegungen zu unterscheiden, bei denen sich Menschen innerhalb eines Landes bewegen. Viele Menschen ziehen aus dem ländlichen Raum in die Städte oder von einer Stadt in eine andere. Auch die Entfernung ist ein wichtiger Faktor: Manche Menschen ziehen ein paar Kilometer weiter und überschreiten dabei eine Landesgrenze; andere wandern in ein mehrere Hundert Kilometer entferntes Land auf dem gleichen Kontinent aus, und wieder andere beginnen ein neues Leben auf der anderen Seite der Erde. Dabei kann es sich um einen Umzug aus einem Entwicklungsland in ein weiter entwickeltes Land, die Migration von einem weiter entwickelten Land in ein Entwicklungsland oder um Wanderungsbewegungen zwischen Entwicklungs- und Industrieländern handeln. Neben den Entfernungen, die in Kilometern oder anhand von Entwicklungsindikatoren gemessen werden, spielt auch die ‚kulturelle Entfernung' eine Rolle, d. h. die Unterschiede im Hinblick auf Sprache, Religion, Kultur und ethnische Zusammensetzung der Bevölkerung.

Außerdem ist die Perspektive wichtig: Der Begriff ‚Migration' wird vielfach mit ‚Einwanderung' gleichgesetzt, doch die Einwanderung in ein Land geht mit der Auswanderung aus einem anderen Land einher. Manche Migrant/innen bleiben nur vorübergehend, andere kehren irgendwann in das Herkunftsland zurück und wieder andere ziehen weiter, d. h. sie wandern wieder aus. Die von den Migrant/innen zur Erreichung ihres Ziellands gewählten Migrationsrouten führen sie direkt oder auf Umwegen in das Zielland, sie sind teilweise sicher und teilweise gefährlich, und die Migrant/innen nehmen dabei eventuell die Hilfe oder Unterstützung von Helfer/innen, Schmuggler/innen oder anderen Mittelspersonen in Anspruch. Manche Migrant/innen wandern langfristig aus, während andere nur für kurze Zeit oder vorübergehend fortziehen, sei es, weil es so geplant war, weil es sich so ergeben hat oder weil der jeweilige Rechtsstatus es so vorsieht. Auch beim Alter gibt es große Unterschiede: So sind viele Migrant/innen im besten arbeitsfähigen Alter, während andere vor dem Eintritt in den Ruhestand stehen. In manchen Fällen migrieren Menschen mit einem hohen sozioökonomischen Status und anerkannten Qualifikationen, in anderen Fällen handelt es sich um Personen und Haushalte mit einem niedrigeren sozioökonomischen Status. Letztere nutzen vielfach Beschäftigungsmöglichkeiten, bei denen Menschen leichter austauschbar sind – häufig handelt es sich dabei um sogenannte 3D-Jobs (*dirty, dangerous and demeaning;* engl. für schmutzig, gefährlich und erniedrigend). Betrachtet man die Intensität und das Ausmaß der Migrationsbewegungen, so lassen sich Migrationsbewegungen von einzelnen Männern und Frauen, ein konstanter, mittelgroßer Migrationsfluss von ganzen Haushalten, große Migrationskorridore sowie plötzlich auftretende, massive Migrationsbewegungen unterscheiden.

Überdies werden manche Menschen als Migrant/innen bezeichnet und betrachtet, obwohl sie ihr Herkunftsland nie verlassen haben – beispielsweise weil eine Landesgrenze neu gezogen wurde oder weil die Kinder und Nachfahr/innen von Migrant/innen und die Migrant/innen-Gemeinden in einem Land Gegenstand von migrationspolitischen Maßnahmen und der entsprechenden Narrative sind und somit als Migrant/innen gesehen und gezählt werden.

Die Motive und die Handlungskompetenzen der Migrant/innen sind sehr unterschiedlich: Zwar reicht die Dichotomie zwischen erzwungener und freiwilliger Migration nicht aus, um alle internationalen Migrationsbewegungen zu kategorisieren, doch klar ist, dass die Migrant/innen in sehr unterschiedlichem Maß Einfluss darauf haben, ob, wohin und wie sie migrieren. Ferner dürften bei der Entscheidung für die Auswanderung meistens mehrere Ziele eine Rolle spielen. Dennoch kann grundsätzlich unterschieden werden zwischen Migrant/ innen, die hauptsächlich auswandern, um Arbeit zu finden oder zu studieren, solchen, die ihrer Familie folgen, und Migrant/innen, die auswandern, weil sie vor Umweltproblemen, Katastrophen, Krieg, Gewalt oder Verfolgung fliehen.

In vielen Fällen sind auch rechtliche und politische Kategorien von Bedeutung. Insoweit lassen sich reguläre und irreguläre Einwander/innen unterscheiden, wobei jeder Status mit höchst unterschiedlichen Rechten und Chancen verbunden ist. Viele Staaten erkennen bestimmten Personen einen Flüchtlingsstatus zu, und manche Migrant/innen können im Rahmen bestimmter Einwanderungsprogramme oder mit einem bestimmten Visum einwandern. Diese können, müssen aber nicht der Motivation der Migrant/innen entsprechen.

Zwar würde der Versuch, auf jede dieser Dimensionen einzugehen, den Rahmen dieses Kapitels sprengen, doch ist hervorzuheben, wie heterogen menschliche Mobilität ist. Das bedeutet, dass sich eine Beschreibung des Phänomens und der beteiligten Personengruppen allzu starken Vereinfachungen entzieht. Des Weiteren bietet dieses Kapitel einen Überblick über die aktuellen Trends, die in Bezug auf internationale Migration und Vertreibung auf globaler und regionaler Ebene zu beobachten sind, sowie eine entsprechende Momentaufnahme. Die Angaben zu Zwangsmigration enthalten auch Zahlen zu Binnenvertriebenen, doch grundsätzlich beschränkt sich dieses Kapitel auf das Phänomen der internationalen Mobilität. Auf der Grundlage von Bestandsdaten, aus denen die Zahl der Migrant/innen in einem bestimmten Jahr hervorgeht, wird im nächsten Abschnitt gezeigt, dass fast alle Länder der Welt eine signifikante Ein- und Auswanderung erleben, wobei viele Länder Einwanderungs- und gleichzeitig Auswanderungsländer sind. Die meisten Migrant/innen konzentrieren sich jedoch in wenigen Ländern, und ein Großteil der weltweiten Migrationsbevölkerung stammt aus einigen wenigen Auswanderungsländern. Ein genauerer Blick auf einzelne Regionen zeigt, dass die innerregionale Migration am stärksten ausgeprägt ist, und zwar insbesondere in Europa, Asien und Afrika. Im folgenden Abschnitt werden einige demographische Daten zur Migrationsbevölkerung präsentiert, insbesondere in Bezug auf Geschlecht und Alter. Im Anschluss an eine Darstellung der Faktoren und Gründe für Migration liefert das Kapitel einen Überblick über Zwangsmigration, klima- und umweltinduzierte Migration und die verschiedenen Formen der Einreise. Das Kapitel schließt mit einer Diskussion über irreguläre Migration sowie Fragen im Zusammenhang mit unsicheren Migrationsrouten und gemischten Migrationsbewegungen.

2.2   Gesamtsituation: Fast alle Länder sind von Migration und Vertreibung betroffen

2017 gab es weltweit 258 Mio. internationale Migrant/innen, was 3,4 % der Weltbevölkerung entspricht (United Nations International Migration Report 2017). Diese Zahl umfasst Flüchtlinge und Personen, die sich in einer Lage befinden, die mit der eines Flüchtlings vergleichbar ist. Die sog. High-income Countries (der ‚Norden') nehmen 64 % der internationalen Migrationsbevölkerung auf, die middle-income countries 32 % und lediglich 4 % der Migrant/innen leben in low-income-countries (der ‚Süden'). Auf die Süd-Süd-Migration entfielen 38 % aller internationalen Migrationsbewegungen und auf die Migration aus dem globalen Süden in ein Land des globalen Nordens 35 %. Weitere 22 % der Migrant/innen zogen zwischen zwei Ländern des Nordens um. Die übrigen 6 % wurden im Norden geboren, lebten aber 2017 im Süden.

Fast alle Länder der Welt sind von dem Phänomen Migration betroffen. Wie Abb. 2.1 zeigt, sind einige Länder überwiegend Einwanderungs- oder Auswanderungsländer. Die überwiegende Mehrheit der Länder ist jedoch gleichzeitig sowohl mit Einwanderung als auch mit Auswanderung konfrontiert. Die X-Achse zeigt das Verhältnis der Eingewanderten zur Gesamtbevölkerung und die Y-Achse

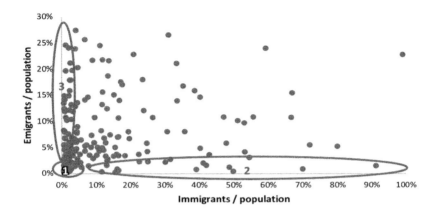

Abb. 2.1 Globale Ein- und Auswanderungsraten (2017). (Quelle: Die Berechnungen des Autors beruhen auf den Daten der Population Division der Vereinten Nationen. Jeder Punkt steht sowohl für die Einwanderungsrate als auch für die Auswanderungsrate eines Landes. Die Einwanderungs- und Auswanderungsraten werden auf der Grundlage der Migrationszahlen für 2017 und der geschätzten Bevölkerungszahlen für 2015 als Anteil an der Gesamtbevölkerung berechnet. Cluster 1 umfasst Länder ohne signifikante Ein- oder Auswanderungsbewegungen. Cluster 2 umfasst Länder mit einer hohen Einwanderungsrate, aber einer geringen Auswanderungsrate, während Cluster 3 Länder umfasst, aus denen viele Menschen auswandern, in die aber nur wenige einwandern. Die Länder außerhalb der drei Cluster sind Einwanderungsländer und gleichzeitig auch Auswanderungsländer. © D. Naujoks)

das Verhältnis der Ausgewanderten zur Gesamtbevölkerung. Jeder Punkt steht für eines der 232 Länder und Gebiete, für die die UNO Daten mit den jeweiligen Ein- und Auswanderungsraten sammelt.

Länder, die sich um den Schnittpunkt der beiden Achsen gruppieren – der in Abb. 2.1 mit ‚1' gekennzeichnete Bereich – sind Länder ohne nennenswerte Ein- oder Auswanderung. Nur 22 Länder haben weniger als 3 % der Eingewanderten und weniger als 3 % der Ausgewanderten, während die übrigen 210 Länder und Gebiete höhere Einwanderungs- und Auswanderungsraten oder beides aufweisen. Länder, die nah an der X-Achse liegen, sind überwiegend Einwanderungsländer (Cluster 2), Länder, die nah an der Y-Achse liegen, sind dagegen reine Auswanderungsländer (Cluster 3). 120 Länder haben einen Einwander/innenanteil von mindestens 5 %, in 89 Ländern liegt er bei mehr als 10 %. Der Auswander/innenanteil von 145 Ländern macht mehr als 5 % der Bevölkerung des Herkunftslandes aus, bei 91 Ländern sind es mehr als 10 %.

Tab. 2.1 Länder und Gebiete, in denen mehr als die Hälfte der Bevölkerung Eingewanderte oder Ausgewanderte sind (2017). (Quelle: Die Berechnungen des Autors beruhen auf den Daten der Population Division der Vereinten Nationen. Die Einwanderungs- und Auswanderungsraten werden auf der Grundlage der Migrationszahlen für 2017 und der geschätzten Bevölkerungszahlen für 2015 berechnet. © D. Naujoks)

Anteil der Eingewanderten an der Bevölkerung		Anteil der Ausgewanderten an der Bevölkerung	
Heiliger Stuhl	99 %	Niue	339 %
Vereinigte Arabische Emirate	91 %	Montserrat	330 %
Kuwait	79 %	Tokelau	186 %
Sint Maarten (niederländischer Teil)	73 %	Cookinseln	128 %
Turks- und Caicosinseln	71 %	Dominica	98 %
Katar	69 %	St. Helena	89 %
Britische Jungferninseln	66 %	Palästinensische Gebiete	82 %
Liechtenstein	66 %	Monaco	76 %
China, Sonderverwaltungszone Macao	59 %	St. Kitts und Nevis	71 %
Monaco	56 %	Wallis und Futuna	67 %
Isle of Man	55 %	Sint Maarten (niederländischer Teil)	66 %
Karibische Niederlande	55 %	Guyana	64 %
Falkland-Inseln (Malvinas)	55 %	Grenada	63 %
Amerikanische Jungferninseln	54 %	Samoa	61 %
Bahrain	53 %	Tonga	57 %
Andorra	53 %	St. Vincent und die Grenadinen	56 %
Kanalinseln	51 %	Puerto Rico	53 %
		Antigua und Barbuda	50 %

Tab. 2.1 bietet einen Überblick über alle Länder und Gebiete, in denen Eingewanderte und Ausgewanderte mehr als die Hälfte der Wohnbevölkerung ausmachen. Das Land mit dem höchsten Anteil an im Ausland geborenen Menschen ist der Heilige Stuhl, wo fast 99 % der Wohnbevölkerung im Ausland geboren wurden. Auch wenn der Heilige Stuhl ein besonders kleines Land und sicherlich ein Sonderfall ist, haben doch auch mehrere Golfstaaten eine sehr hohe Einwanderungsquote: Diese beträgt in den Vereinigten Arabischen Emiraten (VAE) 91 %, gefolgt von Kuwait mit 80 %, Katar mit 69 %, Bahrain mit 53 % und Saudi-Arabien mit 39 %.

Eine besonders hohe Auswanderungsquote weisen mehrere kleine Inselentwicklungsstaaten (SIDS) auf. So ist die Zahl der Menschen, die auf Niue im Südpazifik geboren wurden, aber im Ausland leben, drei Mal so hoch wie die derzeitige Bevölkerung des Inselstaates. Das Gleiche gilt für die Karibikinsel Montserrat. Neben solchen sehr kleinen Ländern weisen Guyana (64 %), Bosnien und Herzegowina (47 %), Kap Verde (43 %), Jamaika (39 %), Syrien (37 %) und Armenien (33 %) besonders hohe Auswanderungsraten auf.

Aus Abb. 2.1 geht hervor, dass viele Länder sowohl Herkunfts- als auch Zielländer sind – es handelt sich dabei um die Länder, die außerhalb der markierten Cluster liegen. In 82 Ländern liegen sowohl die Einwanderungs- als auch die Auswanderungsraten bei über 5 % und in 46 Ländern sogar bei über 10 %. Der kleine Stadtstaat Monaco beispielsweise weist überdurchschnittlich hohe Ein- und Auswanderungsraten auf. So sind 56 % der Bevölkerung Eingewanderte, und die Zahl der im Inland Geborenen, die inzwischen im Ausland leben, entspricht 76 % der derzeitigen Wohnbevölkerung.

Zwar gibt es nicht für alle Länder der Welt umfassende Statistiken über die Zahl der Migrant/innen, die jedes Jahr in ein Land ein- oder ausreisen, doch die Organisation für wirtschaftliche Zusammenarbeit und Entwicklung (OECD) sammelt solche Daten für ihre Mitgliedstaaten. Wie aus Abb. 2.2 hervorgeht, ist die kontinuierliche Migration in die OECD-Länder während der Wirtschaftskrise 2009–2011 zurückgegangen, hat seither aber wieder zugenommen. Der jüngste Anstieg ist nicht zuletzt darauf zurückzuführen, dass wieder mehr Menschen humanitären Schutz suchen, worauf im weiteren Verlauf dieses Kapitels näher eingegangen werden wird.

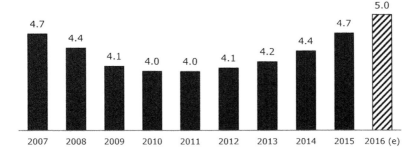

Abb. 2.2 Kontinuierliche Migration in die OECD-Länder (2007–2016) (in Mio.). (Quelle: © OECD 2017)

2.3 Konzentrationseffekte: Die meisten Migrant/innen stammen aus wenigen Herkunftsländern und wenige Zielländer nehmen einen Großteil der Migrant/innen auf

Zwar weisen fast alle Länder der Welt Einwanderungs- bzw. Auswanderungs-raten auf, die nicht zu vernachlässigen sind, doch konzentriert sich die Mehr-heit der internationalen Migrant/innen in einigen wenigen Aufenthaltsländern. 2017 boten nur zehn Länder mehr als der Hälfte aller internationalen Migrant/innen eine neue Bleibe. Mit 50 Mio. Einwander/innen – einem Fünftel aller Mig-rant/innen – nehmen die USA die meisten Migrant/innen auf, gefolgt von Saudi-Arabien, Deutschland und Russland mit jeweils rund 12 Mio. Weitere wichtige Einwanderungsländer sind Großbritannien mit 9 Mio. sowie die Vereinigten Ara-bischen Emirate, Frankreich und Kanada mit jeweils rund 8 Mio. Menschen, wie Abb. 2.3 verdeutlicht.

Czaika und de Haas haben die Verschiebungen der Migrationsmuster von 1960 bis 2000 analysiert und dabei festgestellt, dass die Migration aus der Perspektive

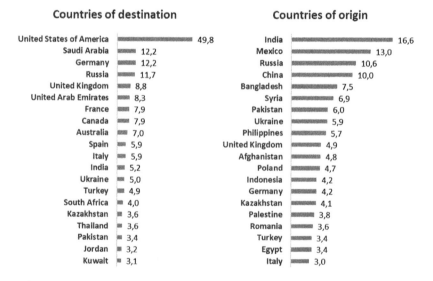

Abb. 2.3 Die zwanzig Länder mit der größten Zahl an Eingewanderten und Aus-gewanderten (2017). (Quelle: © United Nations, Department of Economic and Social Affairs, Population Division (2017a))

der Zielländer vielfältiger geworden ist, d. h. dass die Migrant/innen „aus einer größer werdenden Zahl außereuropäischer Länder stammen, die Zahl der Zielländer jedoch immer weiter abnimmt" (2014, S. 283). Wie ungleich die Migrant/innen auf die einzelnen Länder verteilt sind, wird in Abb. 2.4 veranschaulicht: So nehmen die 57 wichtigsten Einwanderungsländer 90 % aller internationalen Migrant/innen auf. Dabei entfallen auf die 28 wichtigsten Einwanderungsländer 75 % der Migrant/innen und auf die Top 10 mehr als 50 %. Gleichzeitig nehmen die 152 Länder und Gebiete mit der geringsten Zahl an Eingewanderten zusammen nur 5 % der weltweiten Migrationsbevölkerung auf.

Eine ähnliche Konzentration ist in Bezug auf die Herkunftsländer festzustellen. Die Hälfte aller Migrant/innen stammt aus nur 20 Ländern (49 %), ein Drittel allein aus den wichtigsten zehn Herkunftsländern (34 %) (United Nations 2017a). Mit fast 17 Mio. Menschen steht Indien an erster Stelle der Herkunftsländer, gefolgt von Mexiko (13 Mio.), Russland (11 Mio.), China (10 Mio.) und Bangladesch (7,5 Mio.) (siehe Abb. 2.3). Wie bereits erwähnt, sind etliche Länder sowohl Herkunfts- als auch Zielland für Migrationsbewegungen. Die Liste der 20 wichtigsten Ziel- und Herkunftsländer wird von Russland, Deutschland, Italien, der Türkei, Pakistan und Großbritannien angeführt.

Die angeführten Zahlen beziehen sich dabei nur auf Personen, die unter die statistische Definition des Begriffs ‚internationale Migrant/innen' fallen, d. h. es handelt sich um Personen, die außerhalb ihres Geburtslandes oder des Landes leben, dessen Staatsangehörigkeit sie besitzen. Aus verschiedenen Gründen kann

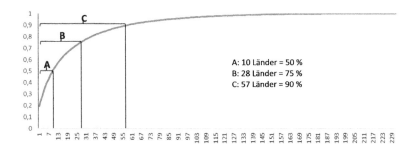

Abb. 2.4 Verteilung der internationalen Migrant/innen auf alle Länder (2017). (Quelle: Die Berechnungen des Autors beruhen auf den Daten der Population Division der Vereinten Nationen. Auf der X-Achse sind alle 232 Länder und Gebiete angegeben, für die die UNO Migrationsdaten sammelt, und zwar gegliedert nach ihrem Anteil an allen internationalen Migrant/innen. Die Y-Achse gibt an, wie hoch der Gesamtanteil der Länder an der weltweiten Migrationsbevölkerung ist. © D. Naujoks)

es gerechtfertigt sein, auch die Nachfahr/innen von Migrant/innen zu berücksichtigen; allerdings gibt es keine internationalen Statistiken, in denen diese oder
Gemeinschaften mit Migrationshintergrund gesondert geführt würden.

Die meisten internationalen Migrant/innen bleiben in ihrer Geburtsregion. Wie
Abb. 2.5 zeigt, leben die meisten Migrant/innen nach wie vor in der Region, in
der sie geboren wurden. Somit ist die innerregionale Migration viel bedeutender
als die Migrationsbewegungen zwischen verschiedenen Weltregionen. Beispielsweise leben mehr als zwei Drittel der europäischen Migrant/innen in einem anderen europäischen Land (67 %), was durch die Personenfreizügigkeit innerhalb der
Europäischen Union (EU) erleichtert wird. In Ozeanien und Asien bleiben 60 %
der Migrant/innen auf dem Kontinent; dies gilt auch für mehr als die Hälfte der
afrikanischen Migrant/innen (53 %). In Nordamerika bewegen sich 28 % der
Migrant/innen zwischen Kanada und den Vereinigten Staaten. Von den Migrant/
innen aus Lateinamerika und der Karibik bleiben dagegen nur 16 % in ihrer Herkunftsregion, während 70 % in Nordamerika leben. Diese Zahlen belegen, dass
die internationale Migration in erster Linie ein innerregionales Phänomen ist.
Allerdings gibt es innerhalb der Regionen erhebliche Unterschiede. So umfassen
die innerregionalen Migrationsbewegungen Migrant/innen aus Indien, Bangladesch und den Philippinen, die in die Länder des Golfkooperationsrates (GCC)
ziehen, Migrant/innen aus Subsahara-Afrika, die nach Nordafrika einwandern,
oder Menschen aus den Balkanstaaten, der Ukraine und Moldawien, die nach
Westeuropa einreisen.

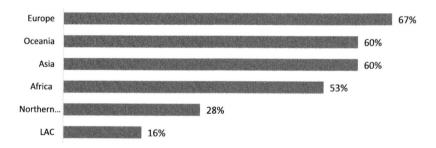

Abb. 2.5 Anteil der Migrant/innen, die in ihrer Geburtsregion bleiben (2017). (Quelle:
Angepasste Daten der United Nations, Department of Economic and Social Affairs, Population Division (2017a). LAC steht für ‚Lateinamerika und die Karibik‘. © D. Naujoks)

2.4 Demographische Merkmale internationaler Migrant/innen

Etwa die Hälfte der heutigen internationalen Migrant/innen (49 %) sind Frauen (Abb. 2.6). Allerdings gibt es auch hier erhebliche Unterschiede zwischen den Regionen: So sind die meisten Migrant/innen in Europa, Nordamerika, Ozeanien, Lateinamerika und der Karibik Frauen. In den afrikanischen und asiatischen Ländern ist der Frauenanteil an den Migrant/innen dagegen geringer, er beträgt 47 % für Afrika und 42 % für Asien. Dies ist vor allem darauf zurückzuführen, dass wegen der großen Nachfrage nach Arbeitskräften im Baugewerbe, im Dienstleistungssektor und im verarbeitenden Gewerbe der Golfstaaten die Zahl der männlichen Migranten zwischen 2000 und 2017 um 73 % gestiegen ist (United Nations 2017a). Tatsächlich jedoch ist der Anteil der Frauen an den internationalen Migrant/innen seit 2000 in allen Weltregionen gestiegen; eine Ausnahme bildet Asien, wo der Frauenanteil um 4,2 Prozentpunkte zurückgegangen ist.

Abb. 2.6 zeigt das mittlere Alter der Migrant/innen für die einzelnen Weltregionen. Das Durchschnittsalter der internationalen Migrant/innen liegt bei 39,2 Jahren, gegenüber 38 Jahren im Jahr 2000. Dies zeigt: Die internationalen Migrant/innen werden im Durchschnitt älter. Mit fast 45 Jahren haben

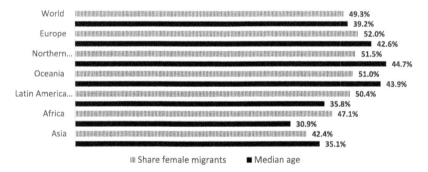

Abb. 2.6 Anteil der Migrantinnen und Durchschnittsalter aller Migrant/innen nach Zielregionen (2017). (Quelle: © United Nations, Department of Economic and Social Affairs, Population Division (2017a))

Einwander/innen in Nordamerika das höchste Durchschnittsalter, während Migrant/innen in Afrika mit einem Durchschnittsalter von 31 Jahren die jüngsten sind. Zwar hat das Durchschnittsalter der Migrant/innen weltweit zugenommen, – vor allem weil das Durchschnittsalter der Migrant/innen in Europa, Afrika und Nordamerika seit 2000 etwas gestiegen ist, – doch in Lateinamerika und der Karibik ist es von 38,8 auf 35,8 Jahre, in Asien von 36,5 auf 35,1 Jahre und in Ozeanien von 44,6 auf 43,9 Jahre zurückgegangen.

2.5   Faktoren, Motive, Kategorien

Es gibt eine Vielzahl von Gründen, aus denen Menschen internationale Grenzen überschreiten. Einige sind auf der Suche nach besseren Beschäftigungs- oder Bildungsmöglichkeiten, andere folgen ihrer Familie und wieder andere suchen Schutz vor Verfolgung oder versuchen extremer Armut, Kriegen oder anderen Formen von Gewalt oder Naturkatastrophen zu entkommen. In manchen Kulturen ist Migration ein ‚Übergangsritual‘. Bei der Beurteilung der Ursachen, Faktoren und Motive für Migration sind die folgenden drei Punkte zu berücksichtigen:

Erstens kann es sein, dass rechtliche Kategorien, die einem offiziell festgelegten Migrationsziel entsprechen, die tatsächlichen Gründe für die Aus- bzw. Einwanderung nur teilweise widerspiegeln. So können administrative Aufzeichnungen über Arbeits- und Studierendenvisa, Familienzusammenführungen und Flüchtlingsstatus zwar stellvertretend für die zugrunde liegenden Motive stehen, doch es ist problematisch, die tatsächlichen Gründe aus den in einem rechtlichen Verfahren genannten Gründen abzuleiten. Zum einen können gemischte und sich überlagernde Motive zur Migration führen, wobei viele Menschen ihre Migrationsziele möglicherweise unter strategischer Nutzung von rechtlichen Kategorien verfolgen, zum anderen hängt der Erhalt der entsprechenden Unterlagen von der Beurteilung durch die Einwanderungsbehörden ab, die den Antrag des/der Migrant/in ggf. anders beurteilen. Hinzu kommt, dass diese Unterlagen nur für bestimmte Personengruppen zur Verfügung stehen. Beispielsweise erheben Länder in Gebieten, in denen Personenfreizügigkeit herrscht wie etwa in der EU oder der Wirtschaftsgemeinschaft westafrikanischer Staaten (ECOWAS), keine Einreisedaten. Wie aus Abb. 2.8 hervorgeht, unterliegt etwa ein Drittel der internationalen Migration in die OECD-Länder der Personenfreizügigkeit. Männer und Frauen machen möglicherweise vor allem deshalb von dieser Freiheit Gebrauch, weil sie Arbeit suchen, der Familie nachziehen oder im Ausland studieren wollen oder aus anderen Gründen, die aus den entsprechenden Unterlagen nicht hervorgehen.

Zweitens: Obwohl die Wissenschaft bereits Jahrzehnte an Migrationstheorien und den damit verbundenen empirischen Analysen arbeitet, ist unser Wissen darüber, was konkret zu Migrationsentscheidungen führt, nach wie vor unterentwickelt. So genannte Push-Pull-Faktor-Modelle gehen davon aus, dass bestimmte Eigenschaften der Herkunftsländer wie eine hohe Bevölkerungsdichte, fehlende Beschäftigungsmöglichkeiten, politische Unterdrückung, eine unzureichende Regierungsführung, Krieg, Kriminalität, Gewalt, Umweltzerstörung und Katastrophen die Menschen dazu bringen auszuwandern (Push-Faktoren). Gleichzeitig weisen die Zielländer bestimmte Eigenschaften auf, die das Land für Migrant/innen attraktiv machen, beispielsweise höhere Einkommen, ein gutes Arbeitsplatzangebot, ausreichend Grund und Boden und politische Freiheit (Pull-Faktoren). Diese Modelle dienen als Heuristik, sind aber zu deterministisch und bieten weder einen erklärenden Rahmen, noch erklären sie verschiedene Arten von Migration (Castles et al. 2014, S. 29).

Konzepte, die zu stark vereinfachen, sind jedoch problematisch, weil sie sich leicht für politische Zwecke missbrauchen lassen. Ausgehend von der Vorstellung, dass Jugendarbeitslosigkeit, Armut, geringe wirtschaftliche Entwicklung und der Mangel an qualitativ hochwertigen Gesundheitsleistungen und Bildung zu Abwanderung führen, widmet sich die staatliche Entwicklungshilfe (ODA) zunehmend den ‚tieferen Ursachen' bestimmter Formen menschlicher Mobilität. Dieser Versuch ist möglicherweise jedoch nicht erfolgreich, da Wirtschaftswachstum und steigende Einkommen in der Regel zunächst dazu führen, dass mehr Menschen auswandern, da sich mehr Menschen die mit der Auswanderung in ein anderes Land verbundenen Kosten leisten können (Clemens und Postel 2018). Außerdem besteht die Gefahr, dass durch den Versuch, die Grundursachen von Migration zu bekämpfen, Entwicklungshilfegelder und -maßnahmen zugunsten von Ländern und Bevölkerungsgruppen umgewidmet werden, die aus entwicklungspolitischer Sicht nicht den größten Bedarf aufweisen.

In den meisten Fällen wird die Migrationsentscheidung durch eine Vielzahl von Faktoren bedingt, die auf der Ebene des Einzelnen, des Haushalts, der Gemeinschaft und der Gesellschaft wirken. Wichtig ist, dass Migrationsentscheidungen sowohl von der Migrationsabsicht als auch von den Mitteln, diese Absicht zu realisieren, abhängig sind. Dies ist der Kern des Modells, das Migrationswünsche und -fähigkeiten zueinander in Beziehung setzt und zeigt, dass eine Migrationsentscheidung durch eine konkrete Migrationsabsicht und die Fähigkeit, diese zu verwirklichen, erklärt werden kann (Carling 2002; Carling und Schewel 2017).

Umfragen, bei denen Migrant/innen nach ihrem Hauptziel oder dem Grund für ihre Auswanderungsentscheidung befragt werden, mögen zwar einen wichtigen Beitrag dazu leisten, die einer Migrationsentscheidung zugrunde liegende

Motivation zu verstehen, unterliegen jedoch verschiedenen Beschränkungen. Carling und Schewel sehen das größte Problem darin, dass es kaum möglich ist, „komplexe Phänomene durch einfache Fragen zu erfassen" (2017, S. 5). Aus diesem Grund werden die Auswanderungsabsichten möglicherweise nicht vollständig abgebildet, wenn 32 % der Befragten der Gallop World Poll in Subsahara-Afrika erklären, auswandern zu wollen (OECD 2015). In vielen Fällen sind Migrationsentscheidungen sehr komplex und gehen auf verschiedene Gründe zurück. Darüber hinaus können die Antworten von Migrant/innen und Flüchtlingen in Abhängigkeit vom Kontext der jeweiligen Umfrage verzerrt sein, da sie die Narrative aus den Gesellschaften der Zielländer verinnerlicht haben. Es ist auch ein Trugschluss, die Migrationsentscheidung als rein individuelle Entscheidung zu betrachten. In vielen Fällen werden solche Entscheidungen auf Ebene der Haushalte getroffen, wie die Literatur zur New Economics of Labour Migration (NELM) belegt (Stark und Bloom 1985; Castles et al. 2014). Dies hat Auswirkungen auf Umfragen, bei denen nur die Migrant/innen danach gefragt werden, weshalb sie ihr Herkunftsland verlassen haben. Und schließlich kann es zwar sein, dass die Migrant/innen das Hauptziel ihrer Migrationsentscheidung nennen, aber dennoch unklar bleibt, wie dieses Ziel mit den tieferen Migrationsursachen zusammenhängt. Beispielsweise führt der Klimawandel häufig dazu, dass es an tragfähigen Strategien zur Sicherung des Lebensunterhalts fehlt. Dies kann wiederum dazu führen, dass mehr Menschen auswandern, doch dieser Zusammenhang lässt sich aus Umfragen nur schwer ableiten.

Im Global Risks Report 2017 des Weltwirtschaftsforums werden anhand der Befragung wichtiger Stakeholder Risiken und deren Vernetzung dargestellt. Große, unfreiwillige Migrationsbewegungen wiederum sind mit verschiedenen anderen Risiken verbunden, insbesondere mit dem Scheitern nationaler oder regionaler Regierungen, dem Zusammenbruch von Staaten, ausgeprägten sozialen Verwerfungen, zwischenstaatlichen Konflikten und hoher Arbeitslosigkeit. Diese Risiken werden durch den Klimawandel (unzureichende Eindämmung, fehlende Anpassung) sowie durch Nahrungsmittel- und Finanzkrisen verschärft (Abb. 2.7).

2.5.1 Klima- und umweltinduzierte Migration

In den letzten Jahren hat sich gezeigt, dass Klimawandel und Umweltzerstörung die menschliche Mobilität in vielerlei Hinsicht prägen. Der Anstieg des Meeresspiegels bedroht die Lebensbedingungen in Flussdeltas und anderen dicht besiedelten, tief gelegenen Regionen der Welt, was in einigen Ländern bereits zu Umsiedlungen innerhalb des Landes sowie zu Vertreibungen geführt hat. Bei kleinen Inselstaaten besteht die Gefahr, dass erhebliche Teile ihres Staatsgebiets

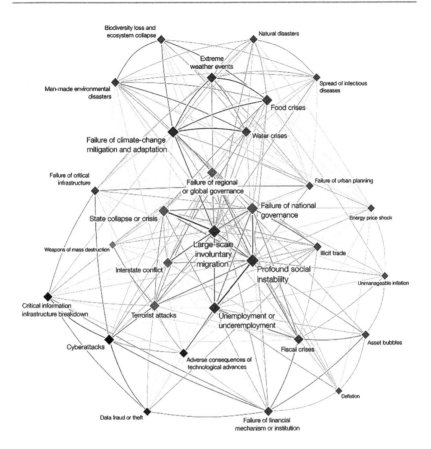

Abb. 2.7 Globale Risiken und deren Wechselwirkungen (2017). (Quelle: © Global Risks Report 2017, Weltwirtschaftsforum)

dem Anstieg des Meeresspiegels zum Opfer fallen. Ökologische Veränderungen können zu häufigeren Dürren führen und die Wüstenbildung beschleunigen, wodurch die Lebensgrundlagen der betroffenen Bevölkerung gefährdet werden. Darüber hinaus treten wegen des Klimawandels immer häufiger Extremwetterereignisse und Naturkatastrophen wie Wirbelstürme und Überschwemmungen auf, die wiederum zu Migrationsbewegungen innerhalb eines Landes sowie zu grenzüberschreitenden Wanderungsbewegungen führen und mittel- bis langfristig Migrationsentscheidungen beeinflussen. In diesem Zusammenhang ist jedoch zu betonen, dass der Klimawandel und Umweltfaktoren zwar immer wichtiger werdende Determinanten der menschlichen Mobilität sind, aber selten als einzige

Ursache für Migration gelten können. Die Tatsache, dass die unmittelbaren Auswirkungen von plötzlich auftretenden Katastrophen wie Überschwemmungen oder Wirbelstürmen häufig im Fokus der Aufmerksamkeit stehen, verstellt häufig den Blick auf die langfristigen Auswirkungen einer langsam fortschreitenden Umweltzerstörung. In vielen Fällen beeinflussen Umweltfaktoren zunächst die Produktivität von Grund und Boden und beeinträchtigen damit die Lebensgrundlagen. Dies wiederum führt zu Migration, die als ökonomisch motiviert wahrgenommen wird. Darüber hinaus kann die klimabedingte Ressourcenknappheit zum Ausbruch von Konflikten beitragen und zu massiven Flucht- und Migrationsbewegungen führen. Auf der Grundlage der Analyse der Wetterschwankungen in 103 Herkunftsländern stellen Missirian und Schlenker (2017) fest, dass steigende Temperaturen in den Herkunftsländern zu einem Anstieg der Zahl der Asylanträge in der Europäischen Union geführt haben. Dieser Befund lässt die Schlussfolgerung zu, dass die Zahl der Asylsuchenden wegen der weltweit steigenden Temperaturen wahrscheinlich zunehmen wird.

2.5.2   Migration nach Einwander/innenkategorien

Die rechtliche Kategorie der Einreise liefert nützliche Informationen über Migrationsgründe, auch wenn, wie oben beschrieben, die Verwaltungsunterlagen die tatsächlichen Absichten der mobilen Bevölkerung nur unzureichend widerspiegeln. Zwar gibt es keine globalen Daten zu Kategorien von Einwander/innen, doch liegen immerhin für die OECD-Länder solche Daten vor.

Im Zeitraum 2007–2015 entfielen ein Drittel der gesamten permanenten Migration in die OECD-Länder (34 %) auf die Familienzusammenführung, gefolgt von Umzügen im Rahmen der Personenfreizügigkeit (30 %), insbesondere innerhalb der EU, der Arbeitsmigration (15 %) sowie der Einwanderung auf der Suche nach humanitärem Schutz (9 %). Der linke Teil von Abb. 2.8 zeigt, dass sich diese Kategorien trotz einiger geringfügiger Schwankungen in den letzten neun Jahren relativ konstant entwickelt haben. In diesen Zahlen sind vorübergehende Zuzüge, insbesondere von Studierenden, nicht berücksichtigt.

2.5.3   Vertreibung und Flüchtlinge

Seit 2004 hat sich die Zahl der Vertriebenen von 20 Mio. Menschen im Jahr 2000 auf 69 Mio. gegen Ende 2016 mehr als verdreifacht (Abb. 2.9). Zu diesen Personen zählen Flüchtlinge, Asylbewerber/innen, Binnenvertriebene sowie staatenlose

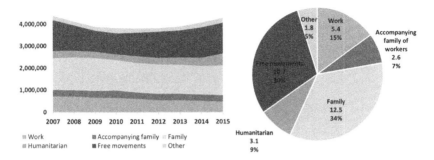

Abb. 2.8 Ständige Migration in die OECD-Länder nach Einwanderungsgrund (2007–2015). (Quelle: Berechnungen des Verfassers auf der Grundlage von OECD-Daten (2017). Das Flächendiagramm auf der linken Seite zeigt, wie sich die verschiedenen Migrationsbewegungen im Laufe der Jahre entwickelt haben. Im Tortendiagramm auf der rechten Seite sind dagegen die einzelnen Migrationsbewegungen für den Zeitraum 2007–2015 mit dem jeweiligen prozentualen Anteil und der Zahl der Personen (in Millionen) dargestellt. © D. Naujoks)

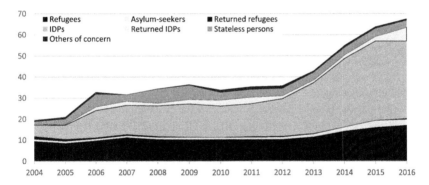

Abb. 2.9 Personen, die in den Zuständigkeitsbereich des UNHCR fallen: Flüchtlinge, Asylbewerber/innen, Binnenvertriebene, Staatenlose und Rückkehrer/innen (2000–2016) (in Millionen). (Quelle: Berechnungen des Verfassers auf der Grundlage von UNHCR-Daten. © D. Naujoks)

und zurückgekehrte Flüchtlinge und Binnenvertriebene. Dieser Anstieg ist insbesondere auf die Zunahme der Zahl der Binnenvertriebenen von 5 auf 37 Mio. zurückzuführen. In Abb. 2.10 ist die Entwicklung der Zahl der Flüchtlinge und Asylbewerber/innen im Zeitraum 1970–2016 dargestellt. Dabei wird

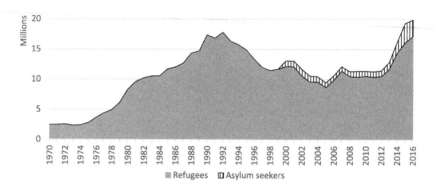

Abb. 2.10 Flüchtlinge und Asylbewerber/innen (1970–2016). (Quelle: Berechnungen des Verfassers auf der Grundlage von UNHCR-Daten. © D. Naujoks)

deutlich, dass das derzeitige Niveau den Höchststand von 1990–1992 übersteigt und zu einem Allzeithoch führt.

In den letzten 14 Jahren waren rund die Hälfte der Flüchtlinge Männer und die Hälfte Frauen, wobei der Frauenanteil in diesem Zeitraum durchschnittlich 47,9 % betrug (UNHCR 2017, S. 55). Auch wenn nur für 62 % der Flüchtlinge unter dem Mandat des UNHCR geschlechtsspezifische Daten zur Verfügung stehen, lässt sich sagen, dass im Jahr 2016 49 % aller Flüchtlinge Frauen und 51 % der Flüchtlinge unter 18 Jahre alt waren.

Während die Grafiken Abb. 2.9 und 2.10 einen Überblick über die derzeitige Flüchtlingsbevölkerung geben, zeigt Abb. 2.11, wie sich der Eingang neuer Asylanträge in den OECD-Ländern verändert hat. So entfiel der weitaus größte Teil der Asylanträge auf die EU-Länder. Seit 1980 wurden 72 % aller Asylanträge in europäischen Ländern gestellt, in den letzten drei Jahren waren es 75 %.

In Abb. 2.11 ist jedoch nicht zu sehen, dass die Zahl der Asylsuchenden nach dem ersten Quartal 2016 wieder stark zurückgegangen ist, da sich die Registrierung von Flüchtlingen in einigen Ländern, vor allem in Deutschland, verzögert hat (OECD 2017, S. 26). Auch die große Zahl der syrischen Flüchtlinge in der Türkei, die vorübergehenden Schutz erhalten haben, ohne dass ein Asylantrag gestellt werden musste, wird in dieser Statistik nicht berücksichtigt.

Einerseits nimmt die Zahl der neuen Flüchtlinge und Asylbewerber/innen stetig zu. Andererseits leben zwei Drittel der heutigen Flüchtlinge im Rahmen langanhaltender Flüchtlingssituationen für fünf oder mehr Jahre in einem bestimmten

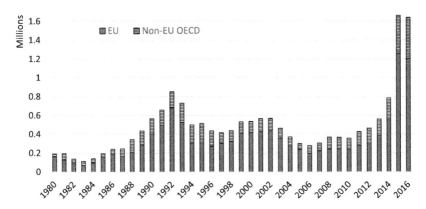

Abb. 2.11 Neue Asylanträge in OECD-Ländern (EU-Mitgliedstaaten und andere Staaten) (1980–2016). (Quelle: © UNHCR, Eurostat. Vorläufige Daten für 2016)

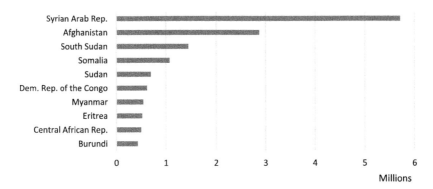

Abb. 2.12 Wichtigste Herkunftsländer für Flüchtlinge und Asylsuchende (Ende 2016). (Quelle: © UNHCR)

Asylland, und weltweit dauern langanhaltende Flüchtlingssituationen (sog. protracted situations) im Durchschnitt geschätzt 26 Jahre (UNHCR 2016). Dies führt zu konkreten Problemen im Zusammenhang mit Menschenrechten und Entwicklung und macht es schwierig, Langzeit-Vertreibungen ein Ende zu setzen.

Ende 2016 waren die meisten Flüchtlinge und Asylsuchenden Syrer/innen, gefolgt von Afghan/innen und Südsudanes/innen (Abb. 2.12). Mehr als die

Abb. 2.13 Neue Asylbewerber/innen in den OECD-Ländern nach Herkunftsländern (2014–2016) (in Tausend und in %). (Quelle: Vorläufige Daten für 2016. © UNHCR)

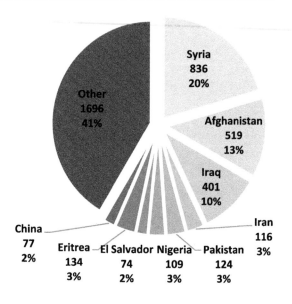

Hälfte (55 %) der weltweiten Flüchtlinge kamen aus diesen drei Ländern. Von denjenigen, die in den letzten drei Jahren in einem OECD-Land Asyl beantragt haben, waren 20 % aus Syrien, 13 % aus Afghanistan und 10 % aus dem Irak (Abb. 2.13).

Seit der Massenflucht der syrischen Bevölkerung ist die Türkei das Land der Welt mit der größten Flüchtlingsbevölkerung. So hat die Türkei bis Ende 2016 2,9 Mio. Flüchtlinge aufgenommen, davon 98 % aus Syrien. Während die Türkei erst in jüngerer Vergangenheit zum Aufnahmeland geworden ist, befindet sich Pakistan, das Land mit der zweitgrößten Flüchtlingsbevölkerung, schon seit langem in dieser Situation. So lebten Ende 2015 1,4 Mio. Flüchtlinge im Land. Dabei handelt es sich fast ausschließlich um Afghan/innen, auch wenn immer mehr von ihnen nach Afghanistan zurückkehren (UNHCR 2017). Entgegen der Wahrnehmung im öffentlichen Diskurs und den Medien des globalen Nordens lebt die überwiegende Mehrheit der Flüchtlinge in Ländern des globalen Südens. So halten sich nur 16 % der weltweiten Flüchtlinge in Industrieländern auf, während 84 % in Entwicklungsländern Aufnahme finden.

Zwar ist die Zahl der Personen gestiegen, die internationalen Schutz suchen, doch in den meisten Regionen sind Flüchtlinge und Asylsuchende nach wie vor eine kleine Minderheit. So entfielen 2017 auf beide Gruppen zusammen nur 0,33 % der Weltbevölkerung und in keiner Weltregion mehr als ein halbes Prozent. Etwa 0,5 % der Bevölkerung Afrikas gelten als Flüchtlinge oder Asylsuchende; in Europa sind es 0,47 %, in Asien 0,33 %, in Nordamerika 0,27 %, in Ozeanien 0,17 % und in Lateinamerika und der Karibik 0,06 % (United Nations 2017b).

2.5.4 Irreguläre Migration

Eine beträchtliche Zahl internationaler Migrant/innen verfügt im jeweiligen Wohnland nicht über den Einwanderungsstatus, den sie eigentlich benötigen, um dort zu leben. Zwar gibt es keine zuverlässige Datengrundlage für die ganze Welt (United Nations 2017c; IOM 2018), doch befanden sich nach Schätzungen der IOM (2018) 10–15 % aller Migrant/innen im Jahr 2010 in einer irregulären Situation. Im Gegensatz zu dem im globalen Norden geführten öffentlichen Diskurs ist dieses Phänomen nicht auf wirtschaftlich weiter entwickelte Regionen beschränkt. Das Entwicklungsprogramm der Vereinten Nationen (UNDP) schätzt, dass ein Drittel aller Migrant/innen, die in Entwicklungsländer einwandern, als irreguläre Migrant/innen anzusehen sind (UNDP 2009). Während manche Migrant/innen ohne Papiere illegal über die Grenze gelangen, kommen viele mit einem Visum in das Zielland und bleiben dort länger. Irreguläre Migration geht mit verschiedenen Problemen einher. Das offensichtlichste besteht darin, dass die Migrant/innen bei einem illegalen Grenzübertritt ihre Sicherheit und ihr Leben aufs Spiel setzen. Migrant/innen ohne Papiere werden auf ihrem Weg ins Zielland oder nach ihrer Ankunft vielfach Opfer von Ausbeutung durch skrupellose Mittelspersonen und Arbeitgeber/innen. Als irreguläre Migrant/innen haben sie häufig – rechtlich oder rein praktisch – keinen Zugang zu öffentlichen Dienstleistungen in den Bereichen Gesundheit, Bildung und Justiz (United Nations 2017c).

2.6 Unsichere und tödliche Migrationsrouten

Die Fokussierung auf Migration und Flüchtlingszahlen verstellt den Blick auf die Migrationsrouten. Während manche Menschen einfach in ein Flugzeug steigen und schnell und sicher in ihrem Zielland ankommen, ist die Reise für viele der heutigen Migrant/innen langwierig, teuer und vor allem unsicher. Viele Migrationsrouten sind durch so genannte gemischte Migrationsbewegungen gekennzeichnet. Diese umfassen sowohl Menschen, die vor Krieg und Verfolgung fliehen, als auch Menschen, die in erster Linie auf der Suche nach menschenwürdiger Arbeit und einem besseren Leben sind. Wie das UNHCR hervorhebt „nutzen Migrant/innen und Flüchtlinge zunehmend die gleichen Wege und Transportmittel, um in ihr Zielland zu gelangen. Wenn die Menschen, die diese gemischten Gruppen bilden, nicht legal in einen bestimmten Staat einreisen können, bedienen sie sich oft der Dienste von Menschenschmuggler/innen und begeben sich auf lebensgefährliche See- oder Landreisen, die viele nicht überleben" (o. J.).

2015 wurden in Europa mehr als eine Million Migrant/innen und Flüchtlinge als irreguläre Migrant/innen registriert; 94 % kamen auf dem Seeweg. 2016 gingen die Flüchtlingszahlen auf unter 400.000 zurück (IOM 2017). Migrationsrouten sind häufig deshalb unsicher, weil bestimmte Länder eine Abschreckungspolitik verfolgen (Gammeltoft-Hansen 2014) und die Einreise von irregulären Migrant/innen zu verhindern suchen, was den Schutzsuchenden die Einreise in ein Asylland erschwert (Orchard 2014, Kap. 8). In ihrem jüngsten Bericht über *Unlawful Death of Refugees and Migrants* hat die Sonderberichterstatterin des UN-Menschenrechtsrates zu extralegalen, summarischen und willkürlichen Hinrichtungen ihr Bedauern darüber zum Ausdruck gebracht, dass Flüchtlinge und Migrant/innen auf ihrer Flucht in großer Zahl zu Tode kommen, und betont, dass viele dieser Menschen „auf ihrer Flucht Opfer von Kriminalität, Inhaftierungen unter unmenschlichen Bedingungen, sexueller Gewalt, Sklaverei, Entführung oder sogar Mord" werden (2017, Abs. 6).

Die Transitländer, die Migrant/innen und Flüchtlinge auf ihrem Weg in ihr Zielland passieren, sollten nicht nur zu wichtigen Akteuren bei der Wahrung der Rechte und dem Schutz des Lebens der Migrant/innen werden, vorübergehende Transitaufenthalte können sich auch zeitlich verlängern und *de facto* Einwanderungsbedingungen darstellen.

Obwohl die IOM seit 2013 Daten über die Zahl der Todesfälle von Migrant/innen sammelt und zusammenstellt (IOM 2018, S. 25), fehlt es in vielen Teilen der Welt an zuverlässigem Datenmaterial sowie an einem systematischen Berichts- und Meldewesen. Nach Schätzungen der IOM sind in den letzten zwanzig Jahren mehr als 60.000 Migrant/innen bei dem Versuch, ihr Ziel zu erreichen, ums Leben gekommen (Brian und Laczko 2016, S. 1). 2016 stieg die Zahl der weltweit verzeichneten Todesfälle von Migrant/innen auf mehr als 7900 Männer und Frauen – ein Anstieg von 26 % gegenüber dem Vorjahr. Mehr als 60 % dieser Todesfälle entfielen auf das Mittelmeer (IOM 2018, S. 25 f).

Aus diesem Grund werden in der Agenda für nachhaltige Entwicklung 2030 alle Länder ausdrücklich aufgefordert, eine *sichere* Migration zu ermöglichen (Ziel 10.7 der Ziele für nachhaltige Entwicklung). Menschenschmuggel spielt bei einem irregulären Grenzübertritt häufig eine entscheidende Rolle. Dennoch ist es nicht sinnvoll, sich ausschließlich auf das Problem der Schlepperbanden zu konzentrieren, ohne die eigentlichen Ursachen, Schutzbedarfe und sonstigen Gründe zu analysieren, aus denen Menschen die Gefahren einer unsicheren Migrationsroute in Kauf nehmen. Vielmehr könnte eine so einseitige Herangehensweise das Leben von Flüchtlingen und Migrant/innen noch stärker gefährden (Tinti und Reitano 2016; Sonderberichterstatterin des UN-Menschenrechtsrates zu extralegalen, summarischen und willkürlichen Hinrichtungen 2017).

2.7 Schlussfolgerungen

Dieser kurze Überblick über Trends, Faktoren und die Dynamik, die die Phänomene Flucht und Migration prägen, zeigt, dass internationale Migration allgegenwärtig und facettenreich ist. Zwar machen Migrant/innen und Flüchtlinge in den meisten Ländern nur einen kleinen Teil der Bevölkerung aus, doch hat die menschliche Mobilität wichtige Auswirkungen auf die Migrant/innen selbst, die Gesellschaft der Herkunftsländer und die Gesellschaft der Zielländer. Migration hat positive wirtschaftliche und soziale Auswirkungen und verbessert generell die Entwicklungs-Outcomes für Migrant/innen sowie für die Gesellschaften der Ziel- und Herkunftsländer (Naujoks 2013, 2016). Migration kann den Menschen die Kontrolle über ihr Leben geben, sie kann das Leben, die Würde und die Lebensbedingungen der internationalen Migrant/innen jedoch auch gefährden. Auch wenn die Zwangsmigration in den letzten Jahren vor allem wegen der Konflikte in Syrien und im Südsudan zugenommen hat, machen Flüchtlinge nach wie vor weniger als 0,5 % der Weltbevölkerung aus. Diese Fakten rechtfertigen unsere Bemühungen, um im Sinne der Menschenrechte verantwortungsvolle Lösungen für Menschen zu suchen, die auf internationalen Schutz angewiesen sind. Gleichzeitig widerlegen sie diejenigen, die befürchten, dass das internationale System damit überfordert ist, die Notlage von Migrant/innen in verantwortungsvoller Weise zu bewältigen. Die tatsächlichen Zahlen lassen darauf schließen, dass die internationale Gemeinschaft durchaus über die Mittel verfügt, um die Bedürfnisse von Menschen in Not effektiv und human zu befriedigen.

Ein weiterer Trend in der internationalen Mobilität ist die zunehmende Bedeutung der Städte, nicht nur bei der Aufnahme von Migrant/innen und Flüchtlingen, sondern auch bei der Umsetzung von Strategien und Maßnahmen für diese Bevölkerungsgruppen (UNDP 2017; IOM 2018, Kap. 10). Daher dürfen wir uns nicht nur auf die globale und regionale Sichtweise beschränken, um die nationalen Unterschiede in den Blick zu nehmen, sondern müssen verstärkt die Rolle und Relevanz der subnationalen Ebenen berücksichtigen.

Für eine erfolgreiche Steuerung der Migration ist es entscheidend, dass die Migration sicherer gemacht wird und dass mehr Möglichkeiten für eine reguläre Einwanderung in die Ziel- und Asylstaaten geschaffen werden. Dieses Kapitel zeigt aber auch, dass die Mehrheit der Migrant/innen heute regulär in ihr Zielland gelangt und ins Ausland geht, um dort zu arbeiten, zu studieren oder wieder mit ihrer Familie zusammenzuleben. Verschiedene Länder haben problematische normative Maßnahmen beschlossen, um ihre Grenzen zu schließen und Migrant/innen abzuschrecken, doch die überwiegende Mehrheit der Länder hat nicht die Absicht, die Migrationsbewegungen einzuschränken. So sind alle Länder Ozeaniens und Nordamerikas entschlossen, die Zuwanderung im derzeitigen Umfang aufrechtzuerhalten oder gar zu erhöhen. Dies gilt auch für 87 % der europäischen Länder, 82 % der Länder Lateinamerikas und der Karibik, 75 % der asiatischen Länder und 47 % der afrikanischen Länder (Abb. 2.14). Darüber hinaus

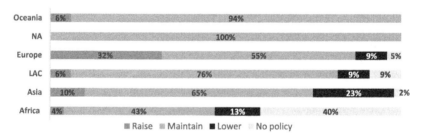

Abb. 2.14 Staatliche Maßnahmen zur Beeinflussung der Zuwanderung nach Regionen (2015). (Quelle: Die Darstellung beruht auf 196 Ländern, aus denen Daten zur Verfügung stehen. NA steht für Nordamerika und LAC für Lateinamerika und die Karibik. Raise steht für die Förderung der Einwanderung; Maintain für die Beibehaltung des aktuellen Niveaus; Lower für eine Beschränkung der Einwanderung; No policy zeigt keine aktive Migrationspolitik an. © United Nations (2017d), auf Grundlage der World Population Policies Database: The 2015 Revision)

haben 32 % der europäischen Länder, 10 % der asiatischen Länder und 6 % der Länder Ozeaniens Maßnahmen getroffen, um die Einwanderung aktiv zu fördern. Dagegen haben nur wenige Länder Maßnahmen zur Verringerung der Einwanderung ergriffen, nämlich 23 % der asiatischen Länder (insbesondere in Westasien, wo die Golfstaaten besonders hohe Einwanderungsraten aufweisen), 13 % der afrikanischen Länder und jeweils 9 % der Länder in Lateinamerika, der Karibik und Europa. Da die meisten Länder der Welt Migrationsstrategien entwickeln, sehen wir eine globale Verbreitung dessen, was Hollifield (2004) den ‚Migrationsstaat' nennt, d. h. einen Staat, der die Migration regelt, um Sicherheit und wirtschaftliches Wohlergehen für seine Bürger/innen zu gewährleisten. Mit Blick auf frühere Migrationstrends und die Aussichten für die Entwicklung der Migration lässt sich sagen, dass die Migration in naher Zukunft voraussichtlich zunehmen wird, wenngleich es unwahrscheinlich ist, dass dies in Form von Massenbewegungen geschieht, wie es von Kritikern der Migration oft befürchtet wird. Es ist wichtig, den Klimawandel, globale Ungleichheit, Konflikte, Gewalt, Hunger und Armut zu bekämpfen – Faktoren, die sich künftig auf die Migration auswirken werden. Doch bis dahin ist Migration eine der effektivsten Anpassungsstrategien, die dem Menschen zur Verfügung stehen, und die Erleichterung der Migration wird allen Beteiligten Vorteile bringen – nicht zuletzt den Migrant/innen.

Literatur

Brian, T., und F. Laczko. 2016. Introduction: Migrant deaths around the world in 2015. In *Fatal Journeys Volume 2: Identification and Tracing of Dead and Missing Migrants*, Hrsg. T. Brian und F. Laczko, 1–30. Genf: IOM.

Carling, J. 2002. Migration in the Age of Involuntary Immobility: Theoretical Reflections and Cape Verdean Experiences. *Journal of Ethnic and Migration Studies* 28 (1): 5–42.

Carling, J., und K. Schewel. 2017. Revisiting aspiration and ability in international migration. *Journal of Ethnic and Migration Studies.* https://doi.org/10.1080/13691 83x.2017.1384146.

Castles, S., H. de Haas und M. J. Miller. 2014. 5. Auflage. *The Age of Migration: International Population Movements in the Modern World.* New York und London: Guilford Press.

Clemens, M. A., und H. M. Postel. 2018. *Deterring Emigration with Foreign Aid: An Overview of Evidence from Low-Income Countries.* CGD Policy Paper 119. Washington D.C.: Center for Global Development.

Czaika, M., und H. de Haas. 2014. The Globalization of Migration: Has the World Really become more Migratory? *International Migration Review* 48 (2): 283–323.

Gammeltoft-Hansen, T. 2014. International Refugee Law and Refugee Policy: The Case of Deterrence Policies. *Journal of Refugee Studies* 27 (4): 574–595.

Hollifield, J. F. 2004. The Emerging Migration State. *International Migration Review* 38 (3): 885–912.

IOM. 2017. *Mixed Migration Flows in the Mediterranean and Beyond: Compilation of Available Data and Information: Reporting Period 2016.* Genf.

IOM. 2018. *World Migration Report 2018.* Genf.

Missirian, A., und W. Schlenker. 2017. Asylum applications respond to temperature fluctuations. *Science* 358 (6370): 1610–1614.

Naujoks, D. 2013. *Migration, Citizenship, and Development: Diasporic Membership Policies and Overseas Indians in the United States.* Neu Delhi: Oxford University Press.

Naujoks, D. 2016. Migration and sustainable development. MUNPlanet – World Politics series. www.munplanet.com/articles/fridays-with-munplanet/migration-human-mobility-and-sustainable-development. Zugegriffen: 09.06.2019

OECD. 2015. *Connecting with Emigrants: A Global Profile of Diasporas 2015.* Paris.

OECD. 2017. *International Migration Outlook 2017.* Paris.

Orchard, S. 2014. *A Right to Flee: Refugees, States, and the Construction of International Cooperation.* Cambridge: Cambridge University Press.

Stark, O., und D. E. Bloom. 1985. The New Economics of Labor Migration. *American Economic Review* 75 (2): 173–178.

Tinti, P., und T. Reitano. 2016. *Migrant, Refugee, Smuggler, Savior.* New York: Oxford University Press.

UNDP. 2009. *Human Development Report 2009. Overcoming barriers: Human mobility and development.* New York.

UNDP. 2017. *Municipalities and People on the Move: Cities' Development Policies for Successful Local Management of Migration and Displacement.* UNDP Guidance Note. New York.

UNHCR. 2016. *Global Trends – Forced Displacement in 2015.* Genf.

UNHCR. 2017. *Global Trends – Forced Displacement in 2016.* Genf.

United Nations Special Rapporteur of the Human Rights Council on extrajudicial, summary or arbitrary executions. 2017. *Report on Unlawful Death of Refugees and Migrants.* UN document A/72/335.

United Nations. 2017a. *International Migration Report 2017.* New York: United Nations Department of Economic and Social Affairs, Population Division.

United Nations. 2017b. *Population Facts No. 2017/5.* New York: United Nations Department of Economic and Social Affairs, Population Division.

United Nations. 2017c. *Irregular migration and regular pathways, including decent work, labour mobility, recognition of skills and qualifications.* Issue Brief #6 for session on irregular migration and regular pathways, including decent work, labour mobility, recognition of skills and qualifications and other relevant measures. Genf, 12.–13. Oktober 2017.

United Nations. 2017d. *International Migration Policies: Data Booklet.* New York: Department of Economic and Social Affairs, Population Division.

Daniel Naujoks ist Associate Professor an der School of International and Public Affairs der Columbia University und an der Columbia Law School sowie Dozent im Graduate Program in International Affairs der The New School. Naujoks hat zahlreiche Beiträge zu den Themen Migration, Vertreibung und Staatsbürgerschaft veröffentlicht, darunter sein Buch Migration, Citizenship, and Development: Diasporic Membership Policies and Overseas Indians in the United States (2013, Oxford). Außerdem berät Naujoks verschiedene Unterorganisationen der Vereinten Nationen zu den Themen Migration und Vertreibung.

Wohlfahrtseffekte regulärer und irregulärer Migration

3

David Benček, Matthias Lücke, Claas Schneiderheinze und Tobias Stöhr

Zusammenfassung

In diesem Kapitel wird untersucht, in welcher Weise reguläre und irreguläre Migration die Wohlfahrt beeinflusst. Nettowohlfahrtseffekte betreffen Migrant/innen, Herkunftsländer und Aufnahmeländer in unterschiedlichem Ausmaß und werden von den Merkmalen der Migrant/innen beeinflusst, insbesondere von ihrem Rechtsstatus. Irreguläre Migration führt wegen einer ungünstigen Zusammenstellung, höherer Unsicherheit und unterdurchschnittlichen Arbeitsmarkt-Outcomes mit höherer Wahrscheinlichkeit zu Wohlfahrtsverlusten bzw. geringeren Wohlfahrtsgewinnen. Um zu gewährleisten, dass durch Migration insgesamt vorteilhafte Wohlfahrtseffekte erzielt werden, bedarf es einer gezielten Steuerung durch aufeinander abgestimmte ressortübergreifende Politiken.

Schlüsselwörter

Globale Wanderungsbewegungen · Migration · Immigration · Emigration · Irreguläre Migration · Wohlfahrtseffekte · Remittances

D. Benček (✉) · M. Lücke · C. Schneiderheinze · T. Stöhr
Institut für Weltwirtschaft (IfW), Kiel, Deutschland
E-Mail: david.bencek@ifw-kiel.de

M. Lücke
E-Mail: matthias.luecke@ifw-kiel.de

C. Schneiderheinze
E-Mail: claas.schneiderheinze@ifw-kiel.de

T. Stöhr
E-Mail: Tobias.Stoehr@ifw-kiel.de

© Springer Fachmedien Wiesbaden GmbH, ein Teil von Springer Nature 2020   43
C. Beier et al. (Hrsg.), *Globale Wanderungsbewegungen*,
https://doi.org/10.1007/978-3-658-28237-0_3

3.1 Einleitung

Vor dem Hintergrund der weltweit stetig steigenden Zahl an Migrant/innen
gewinnt die wirtschaftliche und soziale Integration zunehmend an Bedeutung.
In diesem Kapitel wird untersucht, inwiefern die Wohlfahrt und die Realeinkommen aller betroffenen Stakeholder durch reguläre und irreguläre Migration
beeinflusst werden. Dazu zählen die Migrant/innen selbst, die in den Herkunftsländern verbleibende Bevölkerung sowie die einheimische Bevölkerung der Aufnahmeländer. Ferner werden auch die immateriellen Aspekte der individuellen
Wohlfahrt berücksichtigt. Dazu zählen beispielsweise die eigene Sicherheit, der
Zugang zu Bildung und ganz generell die allgemeinen Chancen der Betroffenen.

Aus neoklassischer Sicht entscheiden sich Menschen zur Auswanderung, weil
sie dadurch ihre Wohlfahrt verbessern. Unterschiede zwischen dem Arbeitskräfteangebot und der Arbeitskräftenachfrage, die zu Lohnunterschieden führen, bringen Menschen dazu auszuwandern, bis die Faktorpreise im Gleichgewicht sind.
Die Auswirkungen der Migration auf die Migrant/innen selbst sind groß, doch
hat die Migration auch verschiedene Konsequenzen für die Herkunfts- und Zielländer, die im Folgenden diskutiert werden. Positive individuelle Wohlfahrtseffekte hängen von einer erfolgreichen Integration in den Arbeitsmarkt ab. Diese
gelingt wiederum nur, wenn im Zielland nachgefragte Qualifikationen vorhanden
sind.

Da Arbeitskräfte untereinander inhomogen sind, kann nicht jede/r erwarten,
von der Auswanderung zu profitieren. Deshalb ist die Gruppe derjenigen, die aus
einem Land mit geringem Einkommen stammen und sich schließlich für die Auswanderung entscheiden, nicht repräsentativ für den Pool potenzieller Migrant/
innen. Vielmehr hängt die Entscheidung der/des Einzelnen für die Auswanderung
von den eigenen Erfolgserwartungen ab. Menschen, die einen längeren formalen
Bildungsweg absolviert haben oder über berufliche Bildung verfügen, können
ihre Aussichten auf dem Arbeitsmarkt des Ziellandes optimistischer einschätzen.
Dabei handelt es sich jedoch um eine relative Überlegung, denn: Selbst geringe
Erfolgschancen scheinen die Auswanderung zu rechtfertigen, wenn die Aussichten im Herkunftsland nur schlecht genug sind (ein klassisches Beispiel dafür
bieten Harris und Todaro 1970). Letztlich veranlasst diese Logik Menschen dazu,
auch auf illegalem Weg in ihr Zielland zu gelangen. Zwischen den Wohlfahrtseffekten regulärer und irregulärer Migration bestehen jedoch große Unterschiede.
Trotz der höheren Risiken und geringeren Aussichten, die mit der irregulären
Migration verbunden sind, führt ein anders gearteter Selbstselektionsprozess
dazu, dass sich Menschen, die nicht über eine formale Ausbildung verfügen und
vielfach unrealistische Erwartungen haben, aus wirtschaftlicher Not heraus für

die Auswanderung entscheiden. Ihre Chancen auf eine erfolgreiche Integration in den Arbeitsmarkt des Ziellandes sind gering. Dadurch steigt die Wahrscheinlichkeit, dass sich insgesamt negative Wohlfahrtseffekte für sie selbst und ihre Familien, aber auch für das Aufnahmeland ergeben.

In den folgenden Abschnitten werden die potenziellen Wohlfahrtseffekte von Migration näher betrachtet. Dabei beschreiben wir die erheblichen Unterschiede zwischen regulärer und irregulärer Migration und zeigen, dass die Merkmale der Migrant/innen von entscheidender Bedeutung für die Wohlfahrtseffekte in allen Bereichen sind. Zunächst analysieren wir, über welche Mechanismen die persönliche Wohlfahrt von Migrant/innen beeinflusst wird, und gehen auf entsprechende empirische Ergebnisse der Forschungsliteratur ein. Anschließend betrachten wir die Auswirkungen der Migration auf die Herkunftsländer, insbesondere potenzielle Verluste von Humankapital, sowie die Auswirkungen von Remittances und Rückkehrenden. Und schließlich befassen wir uns mit der Literatur, die sich mit den arbeitsmarktbezogenen und fiskalischen Auswirkungen der Migration in den Aufnahmeländern befasst.

3.2 Wohlfahrtseffekte auf Migrant/innen

Auf den ersten Blick scheint klar zu sein, dass Migrant/innen praktisch immer von Migration profitieren, denn wenn dies nicht zuträfe, würden sie in ihre Herkunftsländer zurückkehren oder gar nicht erst auswandern. Clemens et al. (2008) haben für zahlreiche Länder mit niedrigem Einkommen nachgewiesen, dass eine Arbeitskraft, die in die USA auswandert, ihr Einkommen je nach Bildungsgrad deutlich steigern kann, und zwar um das Zwei- bis Vierfache. Durch die Auswanderung in ein reiches Land profitieren die Migrant/innen von der so genannten „Ortsprämie", die allein darauf beruht, dass der/die Migrant/in nun in einem Land mit höherer Produktivität, besserer Kapitalausstattung, modernerer Technik, soliden rechtlichen Rahmenbedingungen, leistungsfähigeren Institutionen usw. lebt. Milanovic (2015) stützt diese Auffassung und hat gezeigt, dass mehr als die Hälfte der weltweiten Einkommensverteilung ausschließlich vom Wohnsitzland und der nationalen Einkommensverteilung bestimmt wird.

Bei näherer Betrachtung erweist sich die Situation jedoch als komplexer, denn es sind noch verschiedene andere Einflussfaktoren zu berücksichtigen: Zum einen verursacht Migration auch Kosten und kann – je nachdem, welche Entfernung zu überwinden ist, ob es legale Einwanderungsmöglichkeiten gibt, und welche bürokratischen Hürden zu überwinden sind, – erhebliche Geldmittel erfordern. Zum anderen besitzen Migrant/innen nur selten vollständige Informationen über diese genannten Umstände oder direkt übertragbare Qualifikationen und Berufserfahrungen. Unter Berücksichtigung verschiedener Unterschiede wie Bildungsgrad, Sprachkenntnisse und Berufserfahrung schätzt Hanson (2006), dass mexikanische Einwander/innen ihre Jahreseinkommen in den USA um etwa 10.600 USD steigern können. Allerdings ist diese Schätzung zu hinterfragen, denn mit der angewandten Methodik kann eine positive Selektion in Bezug auf beobachtete und nicht beobachtbare Merkmale von Migrant/innen nicht aus- geschlossen werden. Mit den von Clemens et al. (2008) verwendeten ökono- metrischen Methoden lassen sich die selbstselektionsbedingten Auswirkungen berücksichtigen. Für mexikanische Einwander/innen in den USA ergibt sich dabei eine geschätzte durchschnittliche Einkommenssteigerung von 6700 bis 8000 USD. Im Vergleich zu den typischen Einkommen, die die Migrant/innen in ihrem Herkunftsland erzielt haben, stellt selbst dieser Wert einen signifikanten Einkommenszuwachs dar.

Für den/die einzelne/n Migrant/in sind jedoch subjektive Erfahrungen und der persönliche Einkommenszuwachs weitaus wichtiger als bevölkerungsweite durchschnittliche Einkommensverbesserungen. Deshalb dürften die Disparitäten zwischen dem erwarteten und dem tatsächlichen Einkommen im Zielland eine entscheidende Rolle für die Wohlfahrtseffekte insgesamt spielen. Einer der Gründe, weshalb die tatsächlichen Einkommen ggf. geringer sind als erwartet, ist die Tatsache, dass die Migrant/innen im Zielland meistens einer geringer quali- fizierten Tätigkeit als im Herkunftsland nachgehen. So führen fehlende Sprach- kenntnisse und Qualifikationsnachweise sowie technologische Unterschiede vielfach dazu, dass die Migrant/innen nicht auf ihren Qualifikationen und ihrer Berufserfahrung aufbauen und in demselben Bereich arbeiten können wie in ihrem Herkunftsland. Zweitens besteht die Möglichkeit, dass die anfänglichen Erwartungen im Hinblick auf das Leben in den potenziellen Zielländern durch bestimmte Medien sowie die Berichte von Rückkehrenden einseitig geprägt sind. Dementsprechend erwarten viele Migrant/innen, dass sie im Zielland eine ähn- lich hohe Vergütung erhalten wie Einheimische. Hoxhaj (2015) zeigt beispiels- weise, dass vier von fünf irregulären albanischen Migrant/innen in Italien ihren Einkommenszuwachs systematisch überschätzen und dass diese Fehleinschätzung insbesondere unter gering qualifizierten Migrant/innen verbreitet ist, die sich auf die Berichte anderer verlassen. Im Gegensatz dazu gelangen McKenzie et al. (2013) zu dem Schluss, dass männliche Einwanderer aus Tonga, die nach Neuseeland gingen, ihr Einkommenspotenzial unterschätzen. In beiden Fällen lassen jedoch eine relativ kleine Stichprobengröße und ein Fokus auf Migrations- korridore, die von untergeordneter Bedeutung sind, Fragen im Hinblick auf die externe Validität der Ergebnisse aufkommen.

Im Allgemeinen führen negative Disparitäten zwischen dem erwarteten und dem tatsächlich erzielten Einkommen zu Frustration und dem subjektiven Eindruck des Scheiterns, auch wenn die Migrant/innen objektiv betrachtet ein höheres Einkommen erzielen. Dies geschieht dann, wenn der negative psychologische Effekt, der sich aus der Nichterfüllung der eigenen Erwartungen ergibt, gegenüber den messbaren und wahrgenommenen Vorteilen der Migration überwiegt. Allerdings wird die Unzufriedenheit nicht nur durch unrealistisch hohe Einkommenserwartungen verursacht. Häufig werden die Kosten (im weitesten Sinne) der Migration unterschätzt: Die monetären Kosten für die Reise und Übersiedlung ins Zielland mögen zwar hoch sein, sind aber kalkulierbar und fallen nur einmal an. Die Trennung von der Heimat und den Angehörigen, der niedrigere soziale Status im Zielland oder sogar Diskriminierung sind anhaltende bzw. wiederkehrende Erfahrungen mit entsprechenden psychologischen Auswirkungen, die die Bewertung der eigenen Situation durch die Migrant/innen entscheidend prägen können.[1]

Persönliches Glück oder Lebenszufriedenheit scheinen nützliche Indikatoren für die eigene Wahrnehmung von Wohlfahrtseffekten durch die Migrant/innen zu sein. Subjektive Wahrnehmungen sollten jedoch getrennt von objektiven Indikatoren (wie dem Fehlen absoluter Armut) betrachtet werden, und die Politikgestaltung sollte sich nur von solchen objektiven Indikatoren leiten lassen. Eine wichtige Erkenntnis in Bezug auf das Verhältnis zwischen materiellem Wohlstand (objektiver Indikator) und psychologischem Wohlbefinden (subjektive Erfahrung) ist, dass ein höheres Einkommen und andere objektive Verbesserungen nicht zwangsläufig zu einem höheren subjektiven Wohlbefinden führen: Über eine bestimmte Einkommensschwelle hinaus führt zusätzlicher materieller Wohlstand im Durchschnitt nicht zu mehr Glück oder Lebenszufriedenheit (das „Easterlin-Paradox", das manchmal auch ‚hedonistische Tretmühle' genannt wird, siehe z. B. Bartram 2013 oder Simpson 2013). Hendriks (2015) sieht eine erfolgreiche Integration als wichtige Voraussetzung für die anhaltende Zufriedenheit

---

[1]Asylsuchende und Flüchtlinge sind eine besondere Migrant/innengruppe, denn ihre Migrationsgründe werden durch die Bedrohung durch Krieg und Verfolgung noch verstärkt. In der Bewertung der Migrationserfahrung überwiegt bei diesen Menschen kurzfristig das Erreichen eines sicheren Zufluchtsorts gegenüber allen sonstigen wohlfahrtsbezogenen Überlegungen. Allerdings kann sich im Einzelfall die soziale und ökonomische Dynamik im Laufe der Zeit einstellen und die langfristigen Outcomes bestimmen oder sogar Ursache für eine Rückkehr ins Herkunftsland oder den Umzug in ein drittes Land sein (Chin und Cortes 2015; Echevarria und Gardeazabal 2016).

von Migrant/innen. Diese kann mit den Personengruppen zusammenhängen, mit denen sich Migrant/innen vergleichen. Zunächst bilden das von den Migrant/innen vor der Auswanderung erzielte Einkommen sowie die Einkommen von Bekannten im Herkunftsland den Bewertungsmaßstab. Im Verhältnis dazu ist das nach der Auswanderung erzielte Einkommen hoch, was auf einen hohen Wohlfahrtsgewinn hindeutet. Im Laufe der Zeit jedoch werden die Migrant/innen dazu übergehen, sich mit den Menschen in ihrem neuen Lebensumfeld zu vergleichen. Stehen diese besser dar, kann das subjektive Wohlbefinden selbst bei wirtschaftlich erfolgreichen Migrant/innen sinken, was bei diesen zu Frustration führt (Olgiati et al. 2013 bezeichnen sie als „frustrated achievers"). Die erfolgreiche Integration in die Aufnahmegesellschaft bildet eine wichtige Voraussetzung für den sozialen Aufstieg von Migrant/innen und kann die anfängliche Enttäuschung ausgleichen. Die Integration wiederum hängt von ausreichenden Sprachkenntnissen ab. Dabei dürfen Hürden für die Integration und den Kontakt zur einheimischen Bevölkerung jedoch nicht unterschätzt werden; besonders hoch sind sie bei Migrant/innen aus kulturell weit entfernten Herkunftsländern.

Der Rechtsstatus der Migrant/innen (d. h. hier regulär vs. irregulär) kann die Wohlfahrt der Betroffenen auf unterschiedliche Weise beeinflussen: Erstens erzielen irreguläre Arbeitskräfte in der Regel ein deutlich geringeres Einkommen (Rivera-Batiz 1999; Dustmann et al. 2017). Zweitens ist damit zu rechnen, dass Vorzüge wie der Zugang zu öffentlichen Gütern und ein Mehr an persönlicher Sicherheit das subjektive Wohlbefinden erheblich steigern. Allerdings bleibt irregulären Migrant/innen der Zugang zu öffentlichen Gütern und anderen Leistungen meistens verwehrt bzw. ist für sie eingeschränkt. Drittens leben irreguläre Migrant/innen in permanenter Ungewissheit, weil sie ständig fürchten müssen, ausgewiesen zu werden. Dies führt dazu, dass sie kurzfristig planen und nur in geringem Umfang in ihre Qualifikationen investieren, was die Schwierigkeiten bei der Integration verschärft. Aus diesem Grund würden die meisten Migrant/innen es vorziehen, regulär auszuwandern. Wenn jedoch eine legale Einreise aufgrund der Einwanderungspolitik des Ziellandes nicht möglich ist, sind viele eher bereit, den Weg der irregulären Migration zu wählen, als im Herkunftsland zu bleiben. Dies gilt vor allem dann, wenn unrealistische Erwartungen im Hinblick auf den Nutzen der irregulären Migration bestehen.

Insgesamt zeigt dieser kurze Überblick bereits die komplexen Wechselwirkungen zwischen den verschiedenen Faktoren, von denen die Wohlfahrt von Migrant/innen abhängt. Da die Zahl der Migrant/innen weltweit steigt, gehen wir davon aus, dass die durchschnittlichen Nettoeffekte positiv sind. Allerdings ist festzustellen, dass verschiedene Hürden zu überwinden sind, um Migration erfolgreich zu gestalten. Im Folgenden gehen wir auf verschiedene Bedingungen und Faktoren ein, die die Wahrscheinlichkeit für eine Verbesserung der Wohlfahrtseffekte für Migrant/innen erhöhen. Einige dieser Bedingungen und Faktoren eignen sich als Grundlage für politische Maßnahmen. Besonders wichtig ist, dass die Migrant/innen im Vorfeld ebenso verlässliche wie umfassende Informationen erhalten, und zwar nicht nur über Reisemöglichkeiten und Einreisebestimmungen, sondern auch über den Zugang zum Arbeitsmarkt, bürokratische Verfahren und allgemeine Beschäftigungschancen. Wenn Migrationswillige legale Einwanderungsmöglichkeiten finden und eine realistische Erwartungshaltung im Hinblick auf ihre wirtschaftlichen Chancen entwickeln, ist dies eine gute Grundlage für eine so wichtige Entscheidung. Die Zielländer sollten daher Informationskampagnen in den Auswanderungsländern unterstützen, in denen Migrationswillige über legale Einreisemöglichkeiten für Studierende oder Arbeitskräfte sowie über die Risiken einer illegalen Einreise aufgeklärt werden. Es liegt im Interesse der Zielländer, falschen Erwartungen vorzubeugen und die Migration so zu steuern, dass die Migrant/innen bereits im Vorfeld gut informiert sind. Darüber hinaus können Migrant/innen ihre Chancen auf dem Arbeitsmarkt natürlich erhöhen, wenn sie über eine formale Ausbildung, Berufserfahrung und die notwendigen Sprachkenntnisse verfügen (die häufig für die Wahl des Ziellandes ausschlaggebend sind) oder wenn sie zumindest bereit sind, die Sprache schnell zu erlernen. Wenn die Integrationspolitik von den Migrant/innen eine erfolgreiche Investition in Form des Spracherwerbs verlangt, kann sie einen wichtigen Beitrag dazu leisten, dass die Migrant/innen langfristig eine höhere Wohlfahrt erreichen, auch wenn dies kurzfristig Wohlfahrtsverzichte mit sich bringt, zu denen die Migrant/innen unter anderen Umständen nicht bereit wären.

3.3 Wohlfahrtseffekte auf die Herkunftsländer

Wenn Migrant/innen ihr Herkunftsland verlassen, kann ihre Entscheidung Konsequenzen für die Zurückbleibenden haben, d. h. für Angehörige, Freund/innen und die Gesellschaft insgesamt. Bei den Wohlfahrtseffekten auf die Herkunftsländer lassen sich drei große Kategorien unterscheiden: Erstens die physische Abwesenheit der Migrant/innen, zweitens die Remittances der Migrant/innen und drittens die sozialen Remittances. Aus diesen ergeben sich sowohl kurz- als auch langfristige Wohlfahrtseffekte.

Die potenziell signifikanten Effekte der physischen Abwesenheit der Migrant/innen sind Gegenstand der Literatur zum Thema „Brain Drain" und „Brain Gain". Der Begriff Brain Drain bedeutet, dass hochqualifizierte Personen oder viele Angehörige bestimmter, als entwicklungsrelevant geltender Berufsgruppen ihr

Herkunftsland verlassen. Dies verringert das Humankapital der Herkunftsländer, gefährdet die Bereitstellung öffentlicher Güter und belastet die nationalen Haushalte.

Wer sich um den Brain Drain Gedanken macht, macht sich nicht grundsätzlich Sorgen wegen des Phänomens der Auswanderung, sondern nur wegen der Abwanderung der Hochqualifizierten. Die Abwanderung von Geringqualifizierten („Brawn Drain") gilt dagegen in der Regel als unproblematisch, weil in den meisten Ländern mit hoher Auswanderungsrate eine hohe Arbeitslosigkeit herrscht, die Einkommen gering sind oder beide Faktoren zusammenkommen. Die Zahl der – wie anzunehmen ist – für die Entwicklung eines Landes wichtigen Hochqualifizierten ist dagegen weitaus niedriger und ihre Ausbildung ist häufig sehr kostspielig. Dies gilt insbesondere für Fachkräfte, denen sich auch im Ausland hervorragende Arbeitsmöglichkeiten bieten wie beispielsweise Ärzt/innen.

Die Auswirkungen des Brain Drains werden durch zwei Faktoren bestimmt: die Auswanderungsrate und die Antwort auf die Frage, inwieweit die Auswanderung von Hochqualifizierten wahrscheinlicher ist als die von Geringqualifizierten. Grundsätzlich gilt: Je größer die Bevölkerung eines Landes und je höher das Niveau der wirtschaftlichen Entwicklung, desto geringer die Auswanderungsrate (Docquier et al. 2007). Daher sind vor allem kleine, gering entwickelte Länder mit dem Problem konfrontiert, dass ein großer Teil ihrer qualifizierten Arbeitskräfte ins Ausland geht. Dabei handelt es sich um die Länder, in denen Hochqualifizierte am wenigsten verdienen, sodass die Auswanderung für diese Personengruppe besonders attraktiv ist. Gleichzeitig sind aber gerade diese Länder in besonderem Maße auf Fachkräfte angewiesen.

Bereits das Bewusstsein für die Risiken des Brain Drains trägt dazu bei, den Fachkräftemangel in den Herkunftsländern nicht noch zu verschärfen. Gleichzeitig kann die Auswanderung von Hochqualifizierten aber auch positive Auswirkungen haben. Denn die Tatsache, dass die meisten infrage kommenden Zielländer sehr restriktive, auf spezifische Qualifikationen abzielende Bestimmungen für Arbeitsmigrant/innen haben, stellt für Migrationswillige eine Motivation dar, sich Bildung anzueignen, um die Chance zu erhalten, im Ausland zu arbeiten. Diese Motivation für den Erwerb hoher Qualifikationen stellt einen erheblichen Bildungsanreiz dar. Wenn nicht alle Migrationswilligen, die sich zu Hochqualifizierten entwickeln, tatsächlich das Land verlassen, ergibt sich ein Nettogewinn für das Herkunftsland, der sogenannte Brain Gain. Die Anwerbung männlicher Gurkha aus Nepal durch die britische Armee ist ein hervorragendes Beispiel dafür, wie der Brain Drain-Effekt zu einer Verbesserung des Niveaus der formalen Bildung geführt hat. Jedes Jahr bewerben sich 25.000 Männer aus dem Volk der Gurkha um dreihundert Stellen in der britischen Armee. Ihre Motivation ist ein Monatsgehalt, das fünfzig Mal so hoch ist wie das Gehalt eines durchschnittlichen Arbeitnehmers in Nepal. 1993 wurde als Auswahlkriterium der Abschluss eines achtjährigen formalen Bildungswegs eingeführt; 1997 erfolgte eine Verlängerung auf zehn Jahre. Ein solches Auswahlkriterium ähnelt einer Einwanderungspolitik, die nur Menschen mit bestimmten Qualifikationen ins Land lässt, wie sie heute von vielen Ländern praktiziert wird. Infolgedessen lohnt es sich nun mehr, in seine Bildung zu investieren, und der Anteil der infrage kommenden männlichen Gurkha, die mindestens zehn Jahre zur Schule gegangen sind, ist von 16 % auf knapp 26 % gestiegen. Da nur 1,2 % von ihnen tatsächlich von der britischen Armee genommen werden, hat das Humankapital um etwa 9 % zugenommen. Ein derartiger Brain Gain wirkt sehr positiv. Im Falle Nepals führte die längere Schulbildung der Migrationswilligen dazu, dass diese ihre Einkommen um 68 % steigern konnten und verstärkt höher qualifizierten, formalen Tätigkeiten in Branchen außerhalb der Landwirtschaft nachgehen (Shrestha 2017).

Im Allgemeinen sind jedoch die Nettoeffekte, die sich aus der Abwanderung von qualifizierten Fachkräften für das Humankapital der Herkunftsländer ergeben, uneinheitlich. Insbesondere Länder, die zunächst nur ein sehr geringes Humankapital und geringe bis mittelhohe Auswanderungsraten aufweisen, können von der Auswanderung Hochqualifizierter profitieren. In Ländern, die bereits ein höheres Humankapital erreicht haben, führt die Abwanderung vieler Hochqualifizierter (Auswanderungsrate > 20 %) dagegen zur Abnahme des Humankapitals. Beine et al. (2008) haben für zahlreiche kleine und arme Länder einen negativen Effekt nachgewiesen, weil die Emigrationsraten sehr hoch sind.

Ein weiterer Faktor für positive Wohlfahrtseffekte der Migration auf die Herkunftsländer sind internationale Überweisungen. Dabei handelt es sich um Geld, das im Ausland lebende Arbeitsmigrant/innen an ihre im Herkunftsland verbliebenen Angehörigen überweisen. Für viele Entwicklungsländer sind die Remittances von im Ausland lebenden Staatsbürger/innen die wichtigste Devisenquelle. Der Gesamtbetrag aller weltweit getätigten Remittances ist höher als das für die Entwicklungsländer aufgewendete Volumen der Öffentlichen Entwicklungszusammenarbeit (ODA) (Adams 2011). Wegen ihres großen und antizyklischen Volumens sind Remittances für die Empfängerhaushalte und die Entwicklungsländer insgesamt lebenswichtig und tragen entscheidend zur Armutsminderung bei (Adams und Page 2005). Remittances wirken nicht nur positiv auf den Konsum, was zu einer besseren Ernährung und höherer Ernährungssicherheit führt (Zezza et al. 2011), sondern sorgen in Ländern ohne kostenlose Gesundheitsversorgung auch für bessere gesundheitsbezogene Outcomes. Ferner können Remittances auch positive Bildungseffekte haben, wenn sie zur Finanzierung des Schulbesuchs für die im Herkunftsland zurückgebliebenen Familienangehörigen verwendet werden (Yang 2008; Licuanan et al. 2015).

Wenn die Migrant/innen vor der Auswanderung in ihrem Herkunftsland sehr arm waren, sodass ihre Remittances von besonders hohem Nutzen sind, können die positiven Einkommenseffekte der Remittances die negativen psychologischen Auswirkungen, die die physische Abwesenheit des/der Migrant/in mit sich bringt und unter denen vor allem Kinder und ältere Menschen zu leiden haben, kompensieren (Böhme et al. 2015). Ist der Einkommenszuwachs dagegen sehr gering, weil der/die Migrant/in beispielsweise kein Geld in die Heimat schicken kann, besteht die Gefahr, dass sich die Migration auf die zurückgebliebenen Familienangehörigen negativ auswirkt. Die negativen psychologischen Auswirkungen sind häufig weniger stark ausgeprägt, wenn die zurückbleibenden Familienangehörigen und Freund/innen den Kontakt zu dem/der Migrant/in halten. Das Internet, neue Kommunikationstechnik sowie die sozialen Medien haben das Leben solcher transnationalen Familien erheblich vereinfacht. Eine verstärkte internationale Zusammenarbeit zur Förderung einer regelmäßigeren Pendelmigration würde es transnationalen Familien ebenfalls erleichtern, den Kontakt zu pflegen. Eine erfolgreiche Integration kann durch einen entsprechenden Rechtsstatus unterstützt werden. Wenn es den Migrant/innen gleichzeitig leichter gemacht wird, Geld in ihre Herkunftsländer zu schicken, kann die Migration sich für diese als vorteilhaft erweisen. Ein Rechtsstatus, der es den Migrant/innen erlauben würde, ihr Herkunftsland zu besuchen, könnte die transnationalen Beziehungen stärken und dadurch langfristige positive Wirkungen für die Herkunftsländer herbeiführen.

Die Remittances und die zahlreichen damit verbundenen Wohlfahrtseffekte in den Herkunftsländern hängen jedoch von der Höhe des von den Migrant/innen im Ausland erzielten Einkommens und damit von denselben Faktoren ab wie eine erfolgreiche Integration. Wie hoch die Remittances sind, wird jedoch auch von der Intensität der Beziehung zu den zurückbleibenden Familienangehörigen und Freund/innen bestimmt.

Da Remittances in der Regel nicht besteuert werden, haben sie nur indirekt Auswirkungen auf die öffentlichen Haushalte. So führt eine steigende Nachfrage der Empfängerhaushalte nach Importwaren zum Anstieg der darauf entfallenden Zoll- und Steuereinnahmen. Diese bilden in zahlreichen Entwicklungsländern eine wichtige Einnahmequelle. Ferner können hohe Überweisungsvolumina die Nachfrage nach im Herkunftsland erzeugten Waren und Dienstleistungen steigen lassen und so zu wachsenden Realeinkommen und Steuereinnahmen führen. Darüber hinaus können Remittances die öffentlichen Ausgaben ergänzen, wenn sie in Form von Sammelüberweisungen erfolgen. Bei einer solchen Sammelüberweisung investiert eine Gruppe von Migrant/innen gemeinsam in die Infrastruktur eines bestimmten Ortes im Herkunftsland; dabei handelt es sich häufig um das Dorf, aus dem die Migrant/innen stammen. Derartige Sammelüberweisungen werden gelegentlich als Formen wohltätiger Arbeit gesehen, die insgesamt nur einen geringen Einfluss hat. Den einzelnen Begünstigten der Investition kommen die Sammelüberweisungen dagegen in erheblichem Umfang zugute. Sammelüberweisungen tragen ferner dazu bei, dass die positiven Wirkungen der Remittances breiter gestreut werden. Bei Einzelüberweisungen besteht die Gefahr, dass sie die Ungleichheit im Herkunftsland verstärken und sich negativ auf das subjektive Wohlbefinden von ungleichheitsaversen Haushalten auswirken, die keine Überweisungen von Migrant/innen erhalten. Politische Strategien, die darauf abzielen, die Bedingungen für Sammelüberweisungen durch Migrant/innen zu verbessern, und die dabei die Nachhaltigkeit dieser Mittelflüsse berücksichtigen, können somit dazu beitragen, die Wohlfahrtseffekte für die Herkunftsländer zu verstärken.

Der die Ungleichheit verstärkende Effekt einzelner Remittances ist auf die typischerweise geringen kurzfristigen Übertragungseffekte auf Personen außerhalb der persönlichen Beziehungen des/der Migrant/in im Herkunftsland zurückzuführen. Bisher wurde noch nicht nachgewiesen, dass Remittances systematisch zu einem höheren makroökonomischen Wachstum führen, was nicht überrascht, da die entsprechenden Mittel größtenteils konsumiert werden. Teilweise ist das Fehlen entsprechender Belege jedoch auch darauf zurückzuführen, dass kaum qualitativ hochwertige Daten dazu vorliegen (Bazzi und Clemens 2013). Remittances fließen jedoch häufig in ländliche Regionen, die unter Kreditknappheit leiden (Woodruff und Zenteno 2007), wo sie Beschäftigung schaffen und langfristig weitere Wohlfahrtseffekte für die Gesellschaft insgesamt haben können. Bei Naturkatastrophen wirken Remittances vielfach existenzsichernd und sorgen für externe Einkünfte (Gröger und Zylberberg 2016).

Neben ihrem wirtschaftlichen Beitrag übermitteln Migrant/innen auch neue Erfahrungen, Überzeugungen und Werte in ihre Herkunftsländer. Diese Transfers werden auch als ‚soziale Remittances‘ bezeichnet. Neueste Studien haben gezeigt, dass die Auseinandersetzung mit neuen Wirtschaftssystemen, politischen Institutionen und Kulturen nicht nur die Werte der Migrant/innen, sondern auch die Werte der im Herkunftsland zurückgebliebenen Familienangehörigen prägt. Über ihre sozialen Beziehungen beeinflussen die Migrant/innen Einstellungen gegenüber sozialen, wirtschaftlichen, religiösen und politischen Institutionen, und zwar selbst dann, wenn sie nicht in ihr Herkunftsland zurückkehren. Der Einfluss der Migrant/innen auf Präferenzen im Hinblick auf elektorale Accountability, demokratische Parteien und gute Regierungsführung ist quantitativ gut belegt (Spilimbergo 2009; Barsbai et al. 2017). Daraus kann geschlussfolgert werden, dass Migrant/innen einen Beitrag zu institutionellen Verbesserungen in ihren Herkunftsländern leisten können. Diese wiederum können mittel- und langfristig zur wirtschaftlichen Entwicklung und damit zur Verbesserung der Wohlfahrt in den Herkunftsländern beitragen.

3.4   Wohlfahrtseffekte auf die Zielländer

Die weitverbreitete Wahrnehmung, dass die Einwanderung das nationale Wohl bedroht, hat weltweit großen Einfluss auf die Politik der Zielländer. Quantitative Studien zeichnen jedoch ein wesentlich differenzierteres Bild der mit Einwanderung verbundenen Wohlfahrtseffekte. Die kumulierten Auswirkungen von Migration auf die Volkswirtschaften der aufnehmenden Länder sind in der Regel relativ gering oder unbedeutend.

Dabei sind in der Betrachtung tatsächliche Wohlfahrtseffekte von Einstellungen zu unterscheiden. Negative Einstellungen gegenüber Migrant/innen und die Wahrnehmung negativer Folgen für das Allgemeinwohl lassen sich besser dadurch erklären, wie Menschen ihre nationale Identität bilden: Während weite Teile der Gesellschaft eine staatsbürgerliche Identität besitzen, die auf gemeinsamen Grundwerten beruht, leiten einige Menschen ihre Identität aus ihrer ethnischen Zugehörigkeit ab (Hainmueller und Hopkins 2014). Im erstgenannten Fall führt eine erfolgreiche Integration von Migrant/innen zu einer Verbesserung der Einstellungen und fördert die uneingeschränkte Aufnahme in die Gesellschaft des Aufnahmelandes. Im letztgenannten Fall dagegen kann eine tief verwurzelte Furcht vor Verdrängung alle potenziellen Vorteile, die die Integration von Migrant/innen bietet, in den Hintergrund treten lassen.

Letztlich sollten politische Überlegungen in Bezug auf die Wohlfahrtseffekte von Migration auf messbaren sozioökonomischen Folgen beruhen. Aus einer wohlfahrtsorientierten Perspektive sehen viele Menschen die Auswirkungen der Migration auf die Einkommen der einheimischen Bevölkerung (durch Arbeitsmarkt- und Produktivitätseffekte und durch fiskalische Konsequenzen) sowie die innere Sicherheit als die drängendsten Probleme an. Grundsätzlich kann Einwanderung den Status von einheimischen Arbeitnehmer/innen mindern oder stärken. Wie sich die Einwanderung tatsächlich auswirkt, hängt stark von den konkreten Gegebenheiten sowie von den Merkmalen der jeweiligen Volkswirtschaft und der Migrant/innen ab. Insofern erlaubt die Komplexität dieser Zusammenhänge keine allgemeingültigen Aussagen.

Dessen ungeachtet, lassen sich einige Feststellungen machen, die in den meisten Fällen zutreffen. Für gewöhnlich sind die kumulierten Auswirkungen von Migrant/innen auf die Einkommen der Einheimischen gering, wobei Unterschiede zwischen verschiedenen Untergruppen bestehen. Art und Umfang der Auswirkungen hängen von den Merkmalen der Migrant/innen im Verhältnis zum Aufnahmeland und zur einheimischen Bevölkerung ab. Grundsätzlich lässt sich sagen, dass Ähnlichkeiten zwischen Einheimischen und Einwander/innen den Wettbewerb gruppenübergreifend fördern. Komplementaritäten wiederum verbessern die Wohlfahrtseffekte für die einheimische Bevölkerung. Kapitaleigner/innen profitieren stärker von eher geringqualifizierten Einwander/innen und auch Hochqualifizierte dürften meistens einen Nettonutzen erzielen. Geringqualifizierte haben dagegen eine höhere Wahrscheinlichkeit, durch die Einwanderung ökonomische Nachteile zu erleiden, aber selbst für diese Bevölkerungsgruppe wurden positive Lohneffekte nachgewiesen (Docquier et al. 2014). Die am stärksten durch Einwanderung bedrohten Bevölkerungsgruppen sind Einwander/innen, die bereits früher ins Land gekommen sind, denn diese sind den Neuankömmlingen in Bezug auf Qualifikation und Bildung relativ ähnlich und sehen sich am stärksten der Konkurrenz durch die neuen Einwander/innen ausgesetzt.

In der Regel besitzen Einwander/innen andere Kompetenzen und Erfahrungen als nicht eingewanderte Arbeitskräfte. Somit bietet Einwanderung die Chance, sich auf Aufgaben und Tätigkeiten zu spezialisieren, die den Fähigkeiten der betroffenen Person am besten entsprechen, wodurch sich Spezialisierungsgewinne erzielen lassen. Damit sie aus diesem Effekt Vorteile ziehen können, müssen die Migrant/innen nicht unbedingt Fähigkeiten mitbringen, die in der einheimischen Bevölkerung fehlen. Vielmehr versprechen alle Unterschiede im Kompetenzprofil einen Nutzen. Wenn beispielsweise Geringqualifizierte die Wahl zwischen einer manuellen Beschäftigung oder einer kommunikationsintensiven Beschäftigung haben, wird ein/e Einheimische/r in kommunikationsintensiven Tätigkeitsfeldern eine relativ höhere Produktivität aufweisen als ein/e Einwander/in, weil er die Landessprache fließend beherrscht. Die Einwanderung von Geringqualifizierten führt somit nicht nur zu einem höheren Arbeitskräfteangebot, sondern schafft Anreize für Einheimische, sich auf Tätigkeiten zu spezialisieren, in denen sie ihre komparativen Vorteile ausspielen und somit ihre Produktivität steigern können (Peri und Sparber 2009). Infolgedessen haben sowohl Einheimische als auch Einwander/innen die Chance, von einer solchen Spezialisierung zu profitieren. Allerdings können Spezialisierungsgewinne nur von regulären Einwander/innen realisiert werden. Irregulären Einwander/innen stehen nur informelle Beschäftigungsformen offen und sie haben deshalb nur wenige Wahlmöglichkeiten, was ihre Spezialisierungsmöglichkeiten stark einschränkt.

Außerdem kann die Einwanderung anderer Arbeitnehmer/innen mit komplementärem Kompetenzprofil zugutekommen (beispielsweise Hochqualifizierten). Darüber hinaus kann Einwanderung dazu beitragen, Kompetenzengpässe zu überwinden, was ggf. positive Wohlfahrtseffekte für die einheimische Bevölkerung hat. Wenn Unternehmen durch die Beschäftigung von Einwander/innen Wettbewerbsvorteile erzielen, profitieren eventuell auch einheimische Mitarbeiter/innen, da die meisten von ihnen nicht den gleichen Tätigkeiten nachgehen wie die Einwander/innen. Auch die größere Mobilität der Einwander/innen innerhalb des Ziellands kann ein Vorteil für Unternehmen sein. Da die Einwander/innen unter Umständen im Zielland örtlich weniger gebunden sind, reagieren sie schneller auf regionale Missverhältnisse zwischen dem Angebot an und der Nachfrage nach Arbeitskräften. Sie stärken somit die Dynamik einer Volkswirtschaft und können auch die Anpassung von Sektoren beschleunigen (ein historisches Beispiel dafür ist bei Braun und Kvasnicka 2014 zu finden).

Wie sich die Migration konkret auf die einheimische Bevölkerung auswirkt, ist im Wesentlichen vom Qualifikationsprofil abhängig, sowie davon, ob sie einen Arbeitsplatz finden, der ihrem Qualifikations- und Erfahrungsprofil entspricht. Vor diesem Hintergrund kommt der Arbeitsmarktpolitik und der Arbeitsmarktregulierung eine große Bedeutung zu. Wenn die Einwander/innen Arbeitsmarktbeschränkungen unterliegen, Diskriminierung ausgesetzt sind oder ihre formalen Bildungsabschlüsse nicht anerkannt werden, haben sie nicht die Möglichkeit, eine für sie geeignete Stelle anzunehmen. In diesem Fall werden sie mit geringqualifizierten Einheimischen um anspruchslose Tätigkeiten im formellen und informellen Sektor konkurrieren. Dies gilt insbesondere für irreguläre Einwander/innen. Ohne Arbeitsgenehmigungen sind Einwander/innen auf den informellen Sektor beschränkt, wo sie wegen ihrer höheren Kompetenzen und ihres geringeren Anspruchslohns die Einheimischen häufig verdrängen.

Darüber hinaus nehmen Migrant/innen meistens eine positive Selbstselektion vor und weisen daher eine größere Motivation sowie mehr Ehrgeiz und Kompetenzen auf als entsprechende Nichtmigrant/innen. Infolgedessen machen sich Migrant/innen häufiger selbstständig als Einheimische (Chiswick 1999). Sofern sie über die richtigen Kompetenzen verfügen und die gesetzlichen Voraussetzungen gegeben sind, besteht die Chance, dass Migrant/innen Arbeitsplätze für Einheimische schaffen. Wenn migrant/innengeführte Unternehmen neue Produkte und Produktvarianten entwickeln, kann sich daraus aufgrund der größeren Produktauswahl ein positiver Wohlfahrtseffekt für alle Bürger/innen ergeben (Aubry et al. 2016). Volks- und betriebswirtschaftliche Studien weisen ferner darauf hin, dass Unternehmen mit einer stärker diversifizierten Belegschaft innovativer sind, wodurch weitere Übertragungseffekte möglich werden.

Die fiskalischen Auswirkungen der Einwanderung auf die Aufnahmeländer sind ein weiterer Punkt, der kontrovers diskutiert wird. Während Pessimist/innen davon ausgehen, dass die Einwanderung die Ausgaben für Sozialleistungen, innere Sicherheit und andere öffentliche Aufgaben steigen lässt, sind Optimist/innen der Auffassung, dass die Migrant/innen diese Kosten durch die Zahlung von Steuern, Rentenbeiträgen zugunsten von Einheimischen und Sozialversicherungsbeiträgen kompensieren. Die fiskalischen Nettoeffekte hängen von den Merkmalen des/der durchschnittlichen Migrant/in und der Integration in den Arbeitsmarkt ab. Junge, gut ausgebildete Einwander/innen, die die Landessprache beherrschen, dürften mit hoher Wahrscheinlichkeit einen positiven Nettobeitrag zum Staatshaushalt leisten. Dabei stellen die Integration in den Arbeitsmarkt und die dort erzielten Einkommen die natürlichen Determinanten des fiskalischen Nettoeffekts dar. Da eine gute Vernetzung und Kenntnis des Arbeitsmarkts im Zielland für die arbeitsmarktbezogenen Outcomes von Migrant/innen entscheidend sind, gehen eine erfolgreiche Integration und positive Wohlfahrtseffekte für das Zielland Hand in Hand.

Darüber hinaus können die höheren Fertilitätsraten von eingewanderten Familien aus zahlreichen Ländern zu einer besseren Bewältigung des demografischen Wandels beitragen. Zur Erreichung langfristiger Wohlfahrtseffekte müssen frühzeitig Investitionen in die Bildung ihrer Kinder getätigt werden, mit besonderem Augenmerk auf die Kinder von geringqualifizierten Eltern.

Genaue empirische Schätzungen des fiskalischen Nettoeffekts bleiben aufgrund der volkswirtschaftlichen Dynamik sowie der Unwägbarkeiten in Bezug auf künftige Entwicklungen schwierig und beruhen auf unsicheren Annahmen. Aus diesem Grund lassen sich die durchschnittlichen Wirkungen auf den fiskalischen Saldo nicht in einer Zahl zusammenfassen. Obwohl selbst die Anzeichen für den Effekt umstritten sind, stimmen die Autor/innen der allermeisten Studien darin überein, dass die fiskalischen Auswirkungen der Einwanderung relativ gering sind. Unabhängig davon, ob er positiv oder negativ ausfällt, beträgt der Effekt selten mehr als 0,5 % des BIP in einem bestimmten Jahr (OECD 2013). Neben Bildung und Alter spielt auch die Rückkehrmigration eine wichtige Rolle für den Nettoeffekt. Im Allgemeinen leisten die Menschen im erwerbsfähigen Alter die größten fiskalischen Beiträge, während Kinder und Senioren Nettokosten verursachen. Aufgrund von Rückkehrmigration (und Arbeitsmigration) sind Migrant/innen in der Erwerbsbevölkerung der OECD-Länder überproportional stark vertreten (ebd.). Welche Auswirkungen die eingewanderte Bevölkerung letztlich auf den fiskalischen Saldo hat, hängt von der Zusammensetzung dieser Bevölkerungsgruppe ab. Negative fiskalische Effekte durch geringqualifizierte Einwander/innen können durch besser ausgebildete und idealerweise junge Migrant/innen ausgeglichen werden. Infolgedessen lässt sich die Einwanderungspolitik durch die Anwerbung gut ausgebildeter Arbeitsmigrant/innen gezielt zur Steuerung der fiskalischen Effekte nutzen. Gelingt dies, bietet Migration Vorteile für alle Stakeholder.

Trotz der erheblichen Bedenken, die viele Einwohner/innen der Zielländer hegen, sowie der sich daraus ergebenden negativen Einstellungen zur Migration, wird ein positiver Zusammenhang zwischen Einwanderung und der Gewaltverbrechensrate nicht durch empirische Studien gestützt. In einigen Ländern haben Einwander/innen ein geringeres Risiko, straffällig zu werden, als Einheimische; in anderen Ländern ist diese Wahrscheinlichkeit dagegen leicht erhöht. Die Unterschiede zwischen verschiedenen Ländern können zu einem großen Teil durch Selbstselektion, eine erfolgreiche Integration und die für Migrant/innen bestehenden Anreize erklärt werden. Es ist zwar möglich, dass Einwanderung statistisch gesehen zu einem Anstieg von Eigentumsdelikten führt, doch verschwindet dieser Effekt, wenn man die geringen Einkommen und das geringe Bildungsniveau der Einwander/innen herausrechnet (siehe Bell et al. 2013; Borjas et al. 2010; Butcher und Piehl 1998). Viel scheint von den wirtschaftlichen Außenoptionen der Einwander/innen abzuhängen (Piopiunik und Ruhose 2017). Eine erfolgreiche Integration kann somit negative Wohlfahrtseffekte der Migration im Bereich der inneren Sicherheit mindern helfen. Da eine gelungene wirtschaftliche und soziale Integration auch die ökonomischen Outcomes der Migrant/innen sowie deren Wirkungen über den Arbeitsmarkt, die Produktivität und die Besteuerung verbessert, bildet sie eine wesentliche Voraussetzung für die Erzielung positiver Wohlfahrtseffekte in den Aufnahmeländern.

3.5   Fazit

In diesem Kapitel haben wir dargelegt, dass die verschiedenen Wohlfahrtseffekte von Migration insgesamt positiv sind, sofern die politischen und sonstigen Rahmenbedingungen diesen nicht entgegenstehen.

Den größten Nutzen haben die Migrant/innen selbst, die in der Regel sehr große Einkommensgewinne erzielen, wenn sie von einem armen Land in ein reiches Land einwandern. Wie umfassend die Wohlfahrtsverbesserungen ausfallen, hängt stark von den persönlichen Merkmalen der Migrant/innen im Verhältnis zur Volkswirtschaft des Aufnahmelandes (z. B. Bildungshintergrund, Berufsqualifikation und die Fähigkeit und Bereitschaft, sich im gewählten Zielland zu integrieren), dem Rechtsstatus der Migrant/innen und anderen Rechtsvorschriften des Aufnahmelandes ab. Die meisten der potenziell negativen Effekte, mit denen irreguläre Migrant/innen rechnen müssen, ergeben sich aus dem eingeschränkten oder gar fehlenden Zugang zum Arbeitsmarkt und zu den sozialen Sicherungssystemen sowie aus der Tatsache, dass irreguläre Migrant/innen jederzeit abgeschoben werden können.

In den Herkunftsländern (soweit es sich um Entwicklungsländer handelt) nimmt das Humankapital im Durchschnitt zu. Dieser Effekt resultiert einerseits aus den erhöhten Investitionen der Migrationswilligen und andererseits aus den Qualifikationen und Berufserfahrungen, die aus dem Ausland zurückkehrende Migrant/innen dort erworben haben. Einige Länder erleben jedoch einen Brain Drain. Remittances haben nicht nur einen deutlich positiven Effekt auf das Leben der im Herkunftsland zurückgebliebenen Familienangehörigen, sondern entfalten darüber hinaus positive makroökonomische Wirkungen.

In den Aufnahmeländern ergeben sich wiederum nur begrenzte Wirkungen, die jedoch insgesamt positiv ausfallen. Die Arbeitsmärkte großer Zielländer nehmen die zusätzlichen Arbeitskräfte bei typischen Einwanderungszahlen problemlos auf, sodass die makroökonomischen Wirkungen vernachlässigbar sind. Ausnahmen hiervon sind nur in Extremfällen zu beobachten, beispielsweise bei der massiven Einwanderung syrischer Flüchtlinge in den Libanon. Wenn die Integration in den Arbeitsmarkt erfolgreich verläuft, bieten die zusätzliche Diversifizierung des Humankapitals und die größere Mobilität der Migrant/innen Komplementaritäten zu Einheimischen, stärken die Leistungsfähigkeit der Volkswirtschaft und fördern Produktivitätsfortschritte.

Zwar sind die Wirkungen von Migration im Durchschnitt positiv, doch sollten die Maßnahmen zur Eindämmung der negativen Auswirkungen einer irregulären Migration ausgeweitet werden. Angesichts ihrer breiten Wirkungen muss die Migration von allen betroffenen Staaten konsequent gesteuert werden, damit Migrant/innen, Herkunftsländer und Zielländer von ihr profitieren. Wenn es den wichtigen Zielländern gelänge, legale Wege für eine reguläre Einwanderung zu eröffnen und gleichzeitig die Anreize und Möglichkeiten für die irreguläre Einwanderung zu begrenzen, würden die persönliche Wohlfahrt der Migrant/innen und die soziale Wohlfahrt in den Herkunfts- und Zielländern zunehmen. Dies erfordert aufeinander abgestimmte Politiken in den Bereichen Einwanderung, Arbeitsmärkte sowie wirtschaftliche Zusammenarbeit und Entwicklung.

Literatur

Adams, R. H., und J. Page. 2005. Do international migration and remittances reduce poverty in developing countries? *World Development* 33(10): 1645-1669. https://doi.org/10.1016/j.worlddev.2005.05.004.

Adams, R. H. 2011. Evaluating the Economic Impact of International Remittances On Developing Countries Using Household Surveys: A Literature Review. *The Journal of Development Studies* 47(6): 809–828. https://doi.org/10.1080/00220388.2011.563299.

Aubry, A., M. Burzyński, und F. Docquier. 2016. The welfare impact of global migration in OECD countries. *Journal of International Economics* 101: 1–21. https://doi.org/10.1016/j.jinteco.2016.03.005.

Barsbai, T., H. Rapoport, A. Steinmayr, und C. Trebesch. 2017. The Effect of Labor Migration on the Diffusion of Democracy: Evidence from a Former Soviet Republic. *American Economic Journal: Applied Economics*, 9(3): 36–69. https://doi.org/10.1257/app.20150517.

Bartram, D. 2013. Happiness and ‚economic migration': A comparison of Eastern European migrants and stayers. *Migration Studies* 1(2): 156–175. https://doi.org/10.1093/migration/mnt006.

Bazzi, S., und M. A. Clemens. 2013. Blunt Instruments: Avoiding Common Pitfalls in Identifying the Causes of Economic Growth. American Economic Journal: Macroeconomics 5(2): 152–186. https://doi.org/10.1080/10.1257/mac.5.2.152.

Bell, B., F. Fasani, und S. Machin. 2013. Crime and immigration: Evidence from large immigrant waves. *Review of Economics and Statistics* 21(3): 1278–1290. https://doi.org/10.1162/REST_a_00337.

Beine, M., F. Docquier, und H. Rapoport. 2008. Brain drain and human capital formation in developing countries: winners and losers. *The Economic Journal* 118(528): 631–652.

Böhme, M., R. Persian, und T. Stöhr. 2015. Alone but better off? Adult child migration and health of elderly parents in Moldova. *Journal of Health Economics*, 39: 211–227. https://doi.org/10.1016/j.jhealeco.2014.09.001.

Borjas, G., J. Grogger, und G. Hanson. 2010. Immigration and the Economic Status of African-American Men. *Economica* 77(306): 255–282. https://doi.org/10.1111/j.1468-0335.2009.00803.x.

Braun, S., und M. Kvasnicka. 2014. Immigration and Sectoral Change: Evidence from Post-war Germany. *Journal of International Economics* 93 (2): 253–269. https://doi.org/10.1016/j.jinteco.2014.03.006.

Butcher, K. F., und A. M. Piehl. 1998. Cross-city evidence on the relationship between immigration and crime. *Journal of Policy Analysis and Management* 17(3), 457–493.

Chin, A., und K. E. Cortes. 2015. The Refugee/Asylum Seeker. In Vol. 1 of *Handbook of the Economics of International Migration,* Hrsg. B.R. Chiswick and P.W. Miller, 585–658. Amsterdam: Elsevier.

Clemens, M. A., C. E. Montenegro, und L. Pritchett. 2008. *The Place Premium: Wage Differences For Identical Workers Across The US Border.* The World Bank. https://doi.org/10.1596/1813-9450-4671.

Chiswick, B. 1999. Are immigrants favorably self-selected? *The American Economic Review* 89(2): 181–185.

Docquier, F., O. Lohest, und A. Marfouk. 2007. Brain drain in developing countries. *The World Bank Economic Review* 21(2): 193–218.

Docquier, F., Ç. Özden, und G. Peri. 2014. The Labour Market Effects of Immigration and Emigration in OECD Countries. *Economic Journal* 124: 1106–1145. https://doi.org/10.1111/ecoj.12077.

Dustmann, C., F. Fasani, und B. Speciale. 2017. Illegal Migration and Consumption Behavior of Immigrant Households. *Journal of the European Economic Association* 15(3): 654–691. https://doi.org/10.1093/jeea/jvw017.

Echevarria, J., und J. Gardeazabal. 2016. Refugee Gravitation. *Public Choice* 169(3): 269–92.

Gröger, A., und Y. Zylberberg. 2016. Internal Labor Migration as a Shock Coping Strategy: Evidence from a Typhoon. *American Economic Journal: Applied Economics* 8(2): 123–153. https://doi.org/10.1257/app.20140362.

Hainmueller, J., und A. Hopkins. 2014. Public Attitudes Towards Immigration. *Annual Review of Political Science* 17: 225–249.

Hanson, G. H. 2006. Illegal Migration from Mexico to the United States. *Journal of Economic Literature* 44(4): 869–924. https://doi.org/10.1257/jel.44.4.869.

Harris, J., und M. Todaro. 1970. Migration, Unemployment & Development: A Two-Sector Analysis. *American Economic Review* 60(1): 126–142.

Hendriks, M. 2015. The happiness of international migrants: A review of research findings. *Migration Studies* 3(3): 343–369. https://doi.org/10.1093/migration/mnu053.

Hoxhaj, R. 2015. Wage expectations of Illegal immigrants: The role of networks and previous migration experience. *International Economics* 142: 136–151.

Licuanan, V., T. Omar Mahmoud, und A. Steinmayr. 2015. The Drivers of Diaspora Donations for Development: Evidence from the Philippines. *World Development* 65: 94–109.

McKenzie, D., J. Gibson, und S. Stillman. 2013. A land of milk and honey with streets paved with gold: Do emigrants have over-optimistic expectations about incomes abroad? *Journal of Development Economics* 102: 116–127. https://doi.org/10.1016/j.jdeveco.2012.01.001.

Milanovic, B. 2015. Global Inequality of Opportunity: How Much of Our Income Is Determined by Where We Live? *Review of Economics and Statistics* 97(2): 452–460. https://doi.org/10.1162/REST_a_00432.

OECD. 2013. The fiscal impact of immigration in OECD countries. In *International Migration Outlook 2013*. Paris: OECD Publishing. http://dx.doi.org/10.1787/migr_outlook-2013-6-en.

Olgiati, A., R. Calvo, und L. Berkman. 2013. Are Migrants Going Up a Blind Alley? Economic Migration and Life Satisfaction around the World: Cross-National Evidence from Europe, North America and Australia. *Social Indicators Research* 114(2): 383–404. https://doi.org/10.1007/s11205-012-0151-4.

Rivera-Batiz, F. L. 1999. Undocumented workers in the labor market: An analysis of the earnings of legal and illegal Mexican immigrants in the United States. *Journal of Population Economics* 12(1): 91–116. https://doi.org/10.1007/s001480050092.

Simpson, N. B. 2013. Happiness and Migration. In *International Handbook on the Economics of Migration*, Hrsg. A. F. Constant und K. F. Zimmermann. Cheltenham, UK: Edward Elgar Publishing.

Shrestha, S. A. 2017. No Man Left Behind: Effects of Emigration Prospects on Educational and Labour Outcomes of Non-migrants. *The Economic Journal* 127(600): 495–521. https://doi.org/10.1111/ecoj.12306.

Peri, G., und C. Sparber. 2009. Task Specialization, Immigration, and Wages. *American Economic Journal: Applied Economics* 1(3): 135–169. https://doi.org/10.1257/app.1.3.135.

Piopiunik, M., und J. Ruhose. 2017. Immigration, Regional Conditions, and Crime: Evidence from an Allocation Policy in Germany. *European Economic Review* 92: 258–282.

Spilimbergo, A. 2009. Democracy and Foreign Education. *American Economic Review* 99(1): 528–543. https://doi.org/10.1257/aer.99.1.528.

Woodruff, C., und R. Zenteno. 2007. Migration networks and microenterprises in Mexico. *Journal of Development Economics* 82(2): 509–528. https://doi.org/10.1016/j.jdeveco.2006.03.006.

Yang, D. 2008. International Migration, Remittances and Household Investment: Evidence from Philippine Migrants' Exchange Rate Shocks. *Economic Journal* 118(528): 591–630.

Zezza, A., C. Carletto, B. Davis, und P. Winters. 2011. Assessing the Impact of Migration on Food and Nutrition Security.' *Food Policy* 36(1): 1–6.

David Benček forscht am Institut für Weltwirtschaft Kiel (IfW). Er hat an der Universität Kiel in quantitativer Ökonomik promoviert und gehört der Gruppe Entwicklungsökonomie am IfW sowie dem Mercator Dialogue on Asylum and Migration (MEDAM) an.

Matthias Lücke ist leitender Wissenschaftler am Institut für Weltwirtschaft Kiel (IfW) und gehört dort der Gruppe Entwicklungsökonomie an. Früher war er als leitender Volkswirt beim Internationalen Währungsfonds. Zurzeit ist er akademischer Kodirektor des Mercator Dialogue on Asylum and Migration (MEDAM).

Claas Schneiderheinze hat einen Master in Entwicklungsökonomie erworben und arbeitet hauptsächlich im Nexus Migrationsentwicklung. Er gehört der Gruppe Entwicklungsökonomie am Institut für Weltwirtschaft Kiel (IfW) sowie dem Mercator Dialogue on Asylum and Migration (MEDAM) an.

Tobias Stöhr ist leitender Wissenschaftler am Institut für Weltwirtschaft Kiel (IfW). Er hat an der Universität Kiel in quantitativer Ökonomik promoviert und gehört der Gruppe Entwicklungsökonomie am IfW sowie dem Mercator Dialogue on Asylum and Migration (MEDAM) an.

Ausreisepflicht als Entwicklungsimpuls? Freiwillige Rückkehr und Reintegration abgelehnter Asylbewerber/innen im Kontext der aktuellen Flüchtlingspolitik in Deutschland

4

Jan Schneider

Zusammenfassung

Seit der sog. Flüchtlingskrise 2015/2016 steht die Bundesregierung unter innenpolitischem Druck, die Rückkehr abgelehnter Asylbewerber/innen zu forcieren. Doch die Rückführung mit ordnungspolitischen Instrumenten stößt an Grenzen. Der Beitrag beschreibt, wie die Perspektive der Entwicklungszusammenarbeit Einzug in dieses Politikfeld gehalten hat und wie die Politik einer freiwilligen und nachhaltigen Rückkehr auf nationaler und europäischer Ebene kohärent weiterentwickelt werden kann.

Schlüsselwörter

Deutschland · Freiwillige Rückkehr · Rückkehrunterstützung · Reintegration · Ordnungspolitik · Entwicklungspolitik · Perspektive Heimat · AVRR · AV3R

J. Schneider (✉)
Sachverständigenrat Deutscher Stiftungen für Integration und Migration,
Berlin, Deutschland
E-Mail: schneider@svr-migration.de

4.1   Einleitung

4.1.1   Hintergrund: Von der Willkommenskultur zum Rückkehrdiskurs

In der Nacht vom 4. auf dem 5. September 2015 entschied die deutsche Bundes-kanzlerin Angela Merkel in Abstimmung mit Teilen ihres Kabinetts sowie den Regierungsspitzen Österreichs und Ungarns, die Weiterreise mehrerer Tausend Asylsuchender nach Deutschland zu organisieren, die seit Tagen unterversorgt am Budapester Ostbahnhof ausgeharrt hatten. Der oft als ‚Grenzöffnung' fehl-bezeichnete und von breiter ‚Willkommenskultur' der Zivilgesellschaft begleitete Schritt, diese überwiegend aus Syrien, Irak und Afghanistan stammenden Asyl-suchenden ungehindert einreisen zu lassen, sie aufzunehmen und im Hinblick auf die Asylanträge vom Selbsteintrittsrecht gemäß der sog. Dublin-III-Verordnung massenhaft Gebrauch zu machen, gilt gemeinhin als Beginn der sog. Flüchtlings-krise in Deutschland (vgl. zur Chronologie der Ereignisse Blume et al. 2016 sowie Alexander 2017). Fast genau auf den Tag ein Jahr nach dieser Entscheidung umriss die Bundeskanzlerin in der Vorstandssitzung der CDU/CSU-Bundestagsfraktion die in ihren Augen wichtigste Aufgabe der Flüchtlingspolitik für die folgenden Monate: „Rückführung, Rückführung und noch mal Rückführung" (zitiert nach Spiegel Online 2016). Binnen kurzer Zeit hatten sich die Prioritäten der Regierungspolitik von der Vermeidung humanitärer Notlagen durch die Aufnahme von Schutz-suchenden auf die Aufenthaltsbeendigung verschoben. Was war geschehen?

Im Jahr 2015 registrierten die Behörden die Rekordzahl von über eine Million Asylsuchenden. Gleichzeitig offenbarte sich das Scheitern der Flüchtlingspolitik der Europäischen Union: Die EU hatte es nicht nur versäumt, Möglichkeiten der legalen Einreise für Schutzsuchende zu schaffen, sondern auch die Frage der Ver-antwortungsteilung ausgeblendet und stattdessen am Dublin-Prinzip festgehalten, das den Außengrenzenstaaten die größte Aufnahmelast aufbürdet. Zahlreiche EU-Mitgliedstaaten unternahmen unilaterale Schritte von erheblicher Reich-weite, um die massiv steigende irreguläre Einreise von Schutzsuchenden zu steuern bzw. zu verhindern (vgl. Hailbronner und Thym 2016; Schneider 2017), u. a. durch die Ermöglichung der sog. Westbalkanroute. Bereits seit 2013 war die Anzahl der Asylanträge in Deutschland deutlich angestiegen, besonders in Folge des Bürgerkrieges in Syrien. Damit verdreifachte sich auch die Schutzquote, also der Anteil derjenigen unter allen Asylsuchenden, die nach Abschluss des Ver-fahrens einen Schutztitel zugesprochen bekamen, von 26,4 % im Jahr 2013 auf 68,8 % im Jahr 2016. Dennoch stieg mit dem wachsenden Gesamtaufkommen auch die absolute Zahl der abgelehnten Asylbewerber/innen deutlich an: In den

Jahren 2013 und 2014 wurden jeweils gut 56.000 Asylanträge in der Verwaltungsinstanz abgelehnt; 2015 verdoppelte sich diese Zahl beinahe auf über 108.000, 2016 abermals auf 197.000, um 2017 mit mehr als 252.500 Ablehnungen ihren vorläufigen Höchststand zu erreichen.[1]

Durch die verbreitete Überforderung der Länder und Kommunen bei der Flüchtlingsaufnahme hatte sich die anfangs überwiegend positive Stimmung bereits im Herbst 2015 eingetrübt. Die erst einige Tage nach Neujahr publik gewordenen sexuellen Übergriffe auf Frauen in der Silvesternacht 2015/16 in Köln und anderen Städten Deutschlands, an denen Gruppen von jungen Asylbewerbern aus den Maghreb-Staaten beteiligt waren, markieren als Kontingenzereignis einen Wendepunkt im öffentlichen Diskurs um die Flüchtlingszuwanderung. Das Jahr 2016 – in dem die rechtspopulistische AfD mit deutlicher Anti-Flüchtlings-Rhetorik viele Stimmen bei Landtagswahlen gewann – war geprägt von intensiver, überwiegend restriktiver gesetzgeberischer Aktivität im Flüchtlingsbereich (vgl. BAMF/EMN 2017). Der durch einen kriminellen und ausreisepflichtigen abgelehnten Asylbewerber verübte Terroranschlag auf einen Weihnachtsmarkt in Berlin 2016 erhöhte den innenpolitischen Druck weiter, die Rückkehr abgelehnter Asylbewerber/innen durchzusetzen.

Der Ankündigung einer „nationalen Kraftanstrengung" bei der Rückführung ausreisepflichtiger Ausländer/innen durch Angela Merkel Anfang 2017 (zit. n. FAZ 2017) folgte ein gemeinsam mit der Mehrzahl der Regierenden der (für Rückkehrmaßnahmen zuständigen) Länder getroffener Beschluss zur Rückkehrpolitik am 9. Februar 2017,[2] der z. T. auch in einem Gesetz zur besseren Durchsetzung der Ausreisepflicht umgesetzt wurde (BGBl. 2017, S. 2780 ff.), und Rückführungen deutlich erleichtern sollte. Der Beschluss umfasste die Einführung einer Residenzpflicht in Erstaufnahmeeinrichtungen für Asylsuchende ohne Bleibeperspektive, das Bemühen um eine flächendeckende staatliche

---

[1]Erstinstanzliche Entscheidungen über Asylanträge gemäß Eurostat-Datenbank [migr_asydcfsta] (http://appsso.eurostat.ec.europa.eu/nui/show.do?dataset=migr_asydcfsta&lang=de). Zugegriffen: 20. Juni 2019. Dabei fanden Ausreisen abgelehnter Asylbewerber/innen kontinuierlich statt, zudem wurde häufig gegen die erstinstanzlichen Entscheidungen des BAMF geklagt, sodass die tatsächliche Zahl ausreisepflichtiger Ausländer/innen mit Asylhintergrund, die nicht über eine Duldung verfügten, im unteren fünfstelligen Bereich verblieb (vgl. Vollmer et al. 2017, S. 86 f.; Deutscher Bundestag 2018b).

[2]Besprechung der Bundeskanzlerin mit den Regierungschefinnen und Regierungschefs der Länder, Beschluss vom 9. Februar 2017 (https://m.bundesregierung.de/Content/DE/_Anlagen/2017/02/2017-02-09-abschlussdokument-treffen-bund-laender.pdf?__blob=publicationFile&v=1. Zugegriffen: 16. Februar 2018.

Rückkehrberatung, die frühzeitig einsetzt, sowie die Einrichtung eines Zentrums zur Unterstützung der Rückkehr für die operative Bund-Länder-Kooperation bei Rückführungsfragen. Zur Stärkung der freiwilligen Rückkehr[3] wurden für das Jahr 2017 zusätzliche Mittel angekündigt, u. a. 50 Mio. EUR für Reintegrationsprogramme nach freiwilliger Rückkehr. Wenngleich konkrete Fragen der Ausgestaltung der Reintegrationspolitik in dem Beschluss zunächst keine Rolle spielten, war der erhebliche Mitteleinsatz für die Wiedereingliederung abgelehnter Asylbewerber/innen eine Zäsur – und markiert den Beginn eines sich ernsthaft wandelnden Verständnisses von Nachhaltigkeit bei der Rückkehr, das nach einer kohärenten und sektorübergreifenden Politik verlangt.

4.1.2 Grenzen der Ordnungspolitik: Wahrgenommenes Scheitern der Abschiebepolitik

Die Wahrnehmung von Hindernissen bei der Abschiebung abgelehnter Asylbewerber/innen war indes kein Novum. Bereits seit 1993 existiert im Rahmen der Innenministerkonferenz eine „Arbeitsgemeinschaft Rückführung" (Kreienbrink 2007, S. 117), die sich mit den Problemen bei der Durchsetzung der zwangsweisen Rückkehr befasst. Diese Probleme lassen sich insbesondere vier Kategorien zuordnen (vgl. auch Unterarbeitsgruppe Vollzugsdefizite 2015):

1. Verweigerung der Kooperation durch Rückkehrpflichtige (z. B. Vernichten von Ausweispapieren oder falsche Angaben, Untertauchen, physischer Widerstand);
2. Überlastung der mit der Rückführung beauftragten Ausländerbehörden;
3. Mangelnde Unterstützung durch diplomatische Vertretungen der Herkunftsstaaten (etwa bei der Beschaffung von Passersatzpapieren) oder deren Regierungen (z. B. durch Weigerung der Rücknahme von Ausreisepflichtigen);[4]

---

[3]Der Begriff der freiwilligen (unterstützten) Rückkehr wird hier in dem Bewusstsein verwendet, dass auch sie im Falle abgelehnter Asylbewerber/innen meist aus einer Zwangssituation heraus erfolgt. Denn zur Ausreise besteht keine wählbare legale Alternative, und insofern kann von einer freiwilligen Rückkehr ausreisepflichtiger Personen streng genommen nicht die Rede sein (Davids und van Houte 2008, S. 182; Noll 1999). Dennoch werden mit Blick auf die Terminologie in der Literatur sowie bei den staatlichen Förderprogrammen die üblichen Begriffe „freiwillige Ausreise" bzw. „Rückkehr/in" genutzt.
[4]So akzeptierte die Regierung Marokkos bislang keine Sammelabschiebungen, sondern lediglich maximal fünf abgeschobene Staatsangehörige pro Linienflug aus der EU (vgl. Drucksache 16/14117, Landtag Nordrhein-Westfalen).

4. Zivilgesellschaftliche und politische Einflussnahme auf den Abschiebevollzug durch Unterstützung der Ausreisepflichtigen (z. B. durch Proteste, Verstecken oder Weisungen von politischen Entscheidungsträgern vor Ort; vgl. Rosenberger et al. 2018).[5]

Hinzu kommt oftmals die Feststellung der Wirkungslosigkeit von Rückführungsmaßnahmen, die gegen den Willen der Betroffenen stattgefunden haben, wenn es zu (teils wiederholten) unerlaubten Wiedereinreisen kommt (vgl. Kohls 2014, S. 17 ff.) und damit auch keine Kosteneffizienz besteht.[6] Demgegenüber deutet die – freilich lückenhafte – Statistik darauf hin, dass die Mehrzahl der ausreisepflichtigen Personen das Bundesgebiet freiwillig – also ohne unmittelbaren Zwang – verlässt (Deutscher Bundestag 2018b). Vor diesem Hintergrund setzte sich vor allem im Laufe des Jahres 2017 im öffentlichen Diskurs die Wahrnehmung fest, die zwangsweise Rückführung sei gescheitert (vgl. Vollmer et al. 2017; Leubecher 2017; Lohse 2017).

In dieser Phase markierte die Lancierung einer gemeinsamen Initiative zur freiwilligen Rückkehr und Reintegration durch das Bundesministerium des Innern (BMI) und das Bundesministerium für wirtschaftliche Zusammenarbeit und Entwicklung (BMZ) Anfang 2017 den Startschuss zu einer dringend benötigten konzeptuellen Weiterentwicklung der deutschen Rückkehrpolitik und zur gemeinsamen Bearbeitung des Themas Rückkehrförderung durch die vormals weitgehend unabhängig voneinander agierenden Ressorts. Diese Weiterentwicklung ist Gegenstand der folgenden Ausführungen. Zunächst wird dargelegt, wie isoliert voneinander die ‚Lager‘ der Innenpolitik und der Entwicklungspolitik das Thema Rückkehr über weite Strecken behandelten, um sodann die konkreten Maßnahmen der neuen Initiative von BMZ und BMI zu skizzieren. Der dritte Abschnitt lenkt den Blick auf die Befunde der internationalen Forschung zu Rückkehr und Reintegration, von denen Politik und Praxis in Deutschland möglicherweise profitieren können. Der vierte Abschnitt

---

[5]Seit 2017 hat der Gesetzgeber mittels zweier „Gesetze zur besseren Durchsetzung der Ausreisepflicht" (BGBl I 2017, S. 2780 sowie BT-Drsn. 19/10047 und 19/10706) vorrangig versucht, die Abschiebungshindernisse in der ersten und vierten Kategorie zu beseitigen. Inwieweit es damit gelingt, mehr Abschiebungen vollziehbar ausreisepflichtiger Ausländer/innen durchzuführen, bleibt abzuwarten.

[6]So sei einem Pressebericht zufolge ein Marokkaner innerhalb weniger Jahre zehnmal aus Deutschland abgeschoben worden und anschließend jeweils wieder eingereist (vgl. Schriftliche Kleine Anfrage des Abgeordneten Dennis Gladiator, Bürgerschaft der Freien und Hansestadt Hamburg, Drucksache 21/3324 vom 23. Februar 2016).

fasst die aus der Perspektive des Verfassers zentralen Ziele bei der Ausgestaltung dieser neuen Politik zusammen. Dazu gehört die Verständigung auf eine praktikable und zeitgemäße Definition von Nachhaltigkeit, die handlungsleitend für alle Reintegrationsschritte sein sollte, die Orientierung sämtlicher Maßnahmen am Kontext des Herkunftslandes und an den individuellen Voraussetzungen und Bedürfnissen der Rückkehrenden, der Bedarf für eine stärkere Vereinheitlichung der Rückkehrpolitik und der damit verbundenen Beratungsangebote im föderalen Staat, durch die potenzielle Rückkehrer/innen angemessen vorbereitet werden sollten, sowie die Notwendigkeit einer substanziellen Europäisierung der Politik zur Förderung der freiwilligen Rückkehr und Reintegration, die nicht zuletzt im Zuge der Verhandlungen um ein zukünftiges Gemeinsames Europäisches Asylsystem und einer europäischen Migrations(außen)politik unerlässlich erscheint. Der Beitrag endet mit einem kurzen Fazit.

4.2 Reform der Rückkehrpolitik in Deutschland: Von „freiwilliger Ausreise" zu „nachhaltiger Reintegration"

4.2.1 Ordnungsrecht und Entwicklungszusammenarbeit als separate Welten

In der Politikentwicklung auf nationaler gleichsam wie auf europäischer Ebene war die Migrationspolitik in den letzten Jahrzehnten nahezu ausschließlich im innenpolitischen Diskurs verankert. Dies lag zum einen in der Tatsache begründet, dass Fragen der nationalen Souveränität, der Territorialität und der Sicherheit – und damit klassische Ordnungspolitik – im Vordergrund standen und entsprechend durch Gesetze zu normieren waren. Zum anderen wurde Migration in der Entwicklungspolitik lange Zeit eher mit negativen Auswirkungen für die Herkunftsländer in Zusammenhang gebracht, etwa den drohenden Verlust von Fachkräften und Kompetenzen durch Abwanderung („Brain Drain"), weswegen entsprechende proaktive Maßnahmen eher selten im Mittelpunkt entwicklungspolitischer Zusammenarbeit standen.

In der asylpolitischen Logik ist das Recht auf Schutzgewährung bei der Anerkennung entsprechender Gründe untrennbar mit der Pflicht verbunden, im Falle einer ablehnenden Entscheidung auszureisen. Vor diesem Hintergrund sind Maßnahmen und Programme zur Rückkehrunterstützung vor allem Elemente einer Politik, die auf die Verhinderung unerwünschter Einwanderung bzw. unerlaubter

Aufenthalte von Drittstaatsangehörigen ausgerichtet ist. Das Ziel besteht in diesem Kontext nicht (zumindest nicht vorrangig) in einer gelungenen *Rückkehr und Reintegration* mit positiven Effekten für die betreffende Person und ihr Umfeld, sondern in der freiwilligen *Ausreise* zum Schutz bzw. zur Wahrung der Souveränität des Staates sowie der Glaubwürdigkeit seiner Rechtsnormen. Dementsprechend sind Rückkehrunterstützungsprogramme in der internationalen Forschung auch kritisch als „pay-to-go schemes" bezeichnet worden (Black et al. 2011; Collyer 2018).

Anders liegt der Fall, wenn eine entwicklungspolitische Perspektive eingenommen wird, in der die Rückkehr eng mit Fragen der Integration und möglichen Entwicklungseffekten im Herkunftsland verbunden ist. (Legale) Rückkehrmigrant/innen wurden in dieser Logik vor allem als Akteure des politischen Wandels und der Innovation wahrgenommen. Ihnen wurde eine positive Rolle vor allem deswegen zugeschrieben, weil sie durch ihre Rückkehr Wissen, neue Ideen und Unternehmensgeist in ihre sich noch entwickelnden Herkunftsländer transportieren. Positive Impulse von Rückkehrmigration für Entwicklung werden vor allem in Remittances, der Möglichkeit von „Brain Gain" und Transnationalismus durch Diaspora-Aktivitäten gesehen (de Haas 2010; Hunger 2011). In diesem Sinne betrieb die deutsche Entwicklungszusammenarbeit bereits seit 1980 in Kooperation mit der Bundesagentur für Arbeit das Centrum für internationale Migration und Entwicklung (CIM). Im Rahmen des CIM-Programms „Rückkehrende Fachkräfte" wird gezielt die berufliche Integration von rückkehrinteressierten Hochschulabsolvent/innen und berufserfahrenen Fachkräften aus Entwicklungs-, Schwellen- und Transformationsländern, die sich in Deutschland beruflich qualifiziert haben, unterstützt. Die Entwicklungszusammenarbeit hatte es also vorrangig mit der Vermittlung und Reintegration von Hochqualifizierten zu tun, die als direkte Agent/innen der Entwicklungsförderung eingesetzt werden konnten. Erst 2006 kam es mit der Einrichtung eines „Sektorvorhabens Migration und Entwicklung" durch die GIZ zu einer querschnittsartigen Berücksichtigung von Migrationsaspekten in der praktischen Entwicklungszusammenarbeit (vgl. Baraulina et al. 2012, S. 17).

Salopp formuliert stellte sich die ‚friedliche Koexistenz' der beiden ‚Lager' und der dahinter stehenden Bundesressorts so dar: Die Innenpolitik verhielt sich den in der Entwicklungszusammenarbeit gewissenhaft geförderten Fachkräften gegenüber weitgehend indifferent, nicht zuletzt weil es sich primär um Rückwander/innen handelte; umgekehrt hatten entwicklungspolitische Akteure keinerlei Interesse an den oftmals niedrig gebildeten und problembelasteten Migrant/innen, deren Asylanträge abgelehnt wurden und die nach dem Bestreben der Innenpolitik das Land möglichst schnell verlassen und nicht wiederkommen sollten. In dieser Logik bot der Bund bis vor kurzem ausreisepflichtigen Ausländer/innen lediglich einen monetären Verlassensanreiz über das Programm REAG/GARP (vgl. Schneider und Kreienbrink 2011, S. 66 ff.; zum internationalen Vergleich Black et al. 2011). Bis zum Jahr 2014 hatte es – von Absichtserklärungen bzw. ersten Erwägungen abgesehen – keinerlei Zusammenarbeit zwischen den Ministerien zu Fragen der zwangsweisen Rückkehr, der Rückübernahme ausreisepflichtiger Personen bzw. deren freiwilliger Rückkehr gegeben (vgl. Deutscher Bundestag 2014, S. 4). Dies ist umso erstaunlicher, da die freiwillige Ausreise über Rückkehr- und Starthilfen mit den durch IOM verwalteten Programmen REAG/GARP in Deutschland seit 1979 praktiziert wurde. Ab 1989 kam es jedes Jahr zu über 10.000 geförderten Ausreisen, im Zuge der Rückkehr der Bürgerkriegsflüchtlinge aus den Jugoslawien-Kriegen sogar zu mehreren Hunderttausend (vgl. Schneider und Kreienbrink 2011, S. 29 f.). IOM selbst gehörte früh zu den Verfechtern einer Rückkehrpolitik, die auch Reintegrations- und Entwicklungsaspekte einbezog – ohne dass dies auf die Entwicklungspolitik in Deutschland ‚abfärbte'.

4.2.2 Ausreisepflichtige Rückkehrer/innen als neuer ‚Geschäftsbereich' der Entwicklungszusammenarbeit: „Perspektive Heimat"

Mit der Anfang 2017 im Zuge der ‚Rückführungskrise' etablierten gemeinsamen Initiative von BMI und BMZ betraten beide Ministerien relatives Neuland. Zwar hatte es bereits 2014 den Versuch zur allgemeinen ressortübergreifenden Zusammenarbeit in Migrationsfragen in Form einer vom Auswärtigen Amt und vom BMI geleiteten Staatssekretärs-Arbeitsgruppe „Internationale Migration" unter Beteiligung des BMZ gegeben. Ziel war die Erarbeitung einer im Koalitionsvertrag verankerten „Strategie für Migration und Entwicklung" (vgl. Deutscher Bundestag 2014). Die Arbeit der Staatssekretärsrunde wurde jedoch bereits im Folgejahr im Zuge der sich entfaltenden Flüchtlingskrise ohne konkrete Ergebnisse eingestellt.

Die im Frühjahr 2017 begonnene Zusammenarbeit der für Rückkehr einschlägigen Ressorts unternahm während weniger Monate den Versuch, die bestehenden Strukturen und Angebote in ihrem Einflussbereich besser aufeinander abzustimmen und um neue Komponenten zu ergänzen. Das Novum bestand darin, Ausreisepflichtige, die sich für eine freiwillige unterstützte Rückkehr entscheiden, auch über den Moment des Verlassens der deutschen Landesgrenze hinaus zu unterstützen, und zwar nicht nur monetär, sondern durch Beratungs-, Bildungs-, Qualifizierungs- und Beschäftigungsförderangebote, die auch der vor

Ort lebenden Bevölkerung zugutekommen. Über die bereits in Deutschland verfügbaren Angebote der Rückkehrberatung und -unterstützung hinaus (vgl. dazu Graff und Schneider 2017) waren dies insbesondere

- der Auf- und Ausbau von Migrationsberatungszentren in einschlägigen Drittstaaten
- die Entsendung sog. „Reintegrations-Scouts" (Länderspezialisten) der GIZ in die Bundesländer, um eine Brücke zwischen der durch staatliche und nichtstaatliche Stellen in Deutschland geleisteten Rückkehrberatung und den Projekten der Entwicklungszusammenarbeit vor Ort zu schlagen und bereits vor Ausreise Kontakte zu Anlaufstellen im Herkunftsland anzubahnen
- die Zusammenarbeit mit der organisierten Zivilgesellschaft durch die Förderung von Projekten, die die Reintegration von Rückkehrer/innen ergänzend unterstützen
- die Schaltung einer telefonischen Informations-Hotline zur freiwilligen Rückkehr beim BAMF
- die Lancierung von zwei Online-Portalen mit Informationen zu Förderprogrammen, Rückkehrberatungsstellen und Details zu Herkunftsländern bzw. Reintegrationsprogrammen (www.returningfromgermany.de; betrieben durch das BAMF) sowie zu länderspezifischen Möglichkeiten der freiwilligen Rückkehr und Reintegration, jeweils mit Verknüpfungen zu den bestehenden Beratungsstellen in den Herkunftsländern (www.build-your-future.net, seit Anfang 2019 umbenannt in www.startfinder.de; betrieben durch die GIZ).[7]

Für die aus dem Haushaltstitel des BMZ bedienten Maßnahmen der Initiative „Perspektive Heimat" sind für insgesamt 13 Zielländer (Kosovo, Albanien, Serbien, Tunesien, Marokko, Ghana, Senegal, Nigeria, Irak, Afghanistan, Ägypten, Pakistan und Gambia) über den Vierjahres-Zeitraum 2017–2020 rund

---

[7]Kritisch ist hier anzumerken, dass die beiden Portale – obwohl sie weitgehend parallel entwickelt und ausgebaut wurden – deutliche Schnittmengen aufweisen. Zusammen mit der Website www.integplan.de, die Rückkehrberatungsstellen in Deutschland listet, und der Zentralstelle für Informationsvermittlung zur Rückkehrförderung (ZIRF), die wiederum über eine separate Online-Datenbank sowie ein durch die IOM verwaltetes Zugangsportal für Individualanfragen verfügt, ergibt sich ein nicht nur für Rückkehrinteressierte, sondern auch für professionelle Mitarbeiter/innen der Rückkehrförderung äußerst unübersichtliches Bild. Vor dem Hintergrund der mangelnden Nutzer/innenfreundlichkeit und der ressourcenaufwendigen Pflege verschiedener Portale mit teils ähnlichen Informationen empfiehlt sich hier dringend eine stärkere Verknüpfung.

150 Mio. EUR etatisiert, durchschnittlich 37,5 Mio. EUR pro Jahr. Dies sind im Vergleich zu den bislang geleisteten Zuschüssen des Bundes für Programme zur Förderung der freiwilligen Ausreise (vorrangig REAG/GARP), die z. B. für das Jahr 2016 rund 10 Mio. EUR betrugen, erhebliche Beträge.[8]

Neben der Aufstockung bereits bestehender staatlicher Programme sowie Fördermaßnahmen für Projekte nichtstaatlicher Organisationen kann der Aufbau von elf Migrationsberatungszentren als Kern der Maßnahme gelten. Die Migrationsberatungszentren sind z. T. aus den bereits seit 2015 durch das CIM (siehe 5.2.1) eingerichteten „Deutschen Informationszentren für Migration, Ausbildung und Karriere" (DIMAK) hervorgegangen. Sie leisten

- Beratung für Rückkehrer/innen aus Deutschland, um ihnen die Reintegration in ihrem Heimatland zu erleichtern
- Beratung über legale Migrationswege nach Deutschland sowie Aufklärung über die Gefahren illegaler irregulärer Migration
- Beratung über Perspektiven vor Ort.

In den im April 2019 operativen zehn Beratungszentren arbeiteten gut 80 Mitarbeiter/innen; diese Zahl hat sich innerhalb eines Jahres in etwa verdoppelt (vgl. Deutscher Bundestag 2018a, 2019b); in Deutschland sind in etwa 20 Integrationsscouts tätig. Insbesondere bei Letzteren könnte ein Bedarf für eine deutliche Aufstockung entstehen, wenn die Große Koalition die im Koalitionsvertrag vorgesehene flächendeckende Beratung für Asylbewerber/innen ausbaut und diese auch Aspekte der Rückkehrberatung umfassen soll. Denn ein möglichst individualisierter Beratungsansatz verlangt nach ‚maßgeschneiderten' Lösungen, die bereits von Deutschland aus vorbereitet werden sollten und sicherlich mehr als ein gutes Dutzend Kundschafter/innen erfordern.[9]

---

[8]2017 wurde im Zuge der Einführung des temporären Sonderprogramms „Starthilfe Plus" (vgl. http://germany.iom.int/de/starthilfeplus; zugegriffen: 24. Juni 2019) auch dieser Haushaltstitel für ‚Rückkehrprämien' massiv erhöht, und zwar auf über 64 Mio. Euro.

[9]Vorläufig ist ein solcher Ausbau der Beratungsstrukturen in Deutschland allerdings nicht vorgesehen. Im zweiten Halbjahr 2018 lancierte das Bundesministerium des Innern, für Bau und Heimat vielmehr eine mehrsprachige Plakatkampagne, mit der Rückkehranreize für Asylsuchende bzw. potenziell Ausreisepflichtige aus 45 Herkunftsländern gesetzt wurden: freiwillige Rückkehrerinnen und Rückkehrer, die ihre Ausreise bis Jahresende 2018 anmeldeten, konnten zusätzlich zur regulären Rückkehrförderung die Übernahme erheblicher Wohnkosten gewährt bekommen (zur Bilanz des Programms vgl. Deutscher Bundestag 2019a; kritisch zum Ansatz insgesamt Feneberg 2018).

Binnen weniger Monate hat auf der Basis einer ressortübergreifenden Initiative eine Neuausrichtung der deutschen Politik zur Rückkehrförderung und Reintegration begonnen, deren Eckdaten hier nur einführend beschrieben werden konnten. Diese Neuausrichtung bietet gute Voraussetzungen, um die Rückkehrpolitik gegenüber abgelehnten Asylbewerber/innen zukünftig stärker am Ziel freiwilliger Rückkehr und nachhaltiger, entwicklungsförderlicher Reintegration zu orientieren.

4.3   Reintegration nach Rückkehrpflicht: Befunde aus der Forschung

Inwieweit die neue Rückkehr- und Reintegrationspolitik ihre Ziele erreicht, lässt sich nur durch konsequente begleitende Maßnahmenevaluation sowie die Erhebung von Daten zu den Rückkehrer/innen und deren wissenschaftliche Auswertung in regelmäßigen Abständen bestimmen *(Post-Return Monitoring)*. Für Deutschland liegen dazu nur vereinzelt Forschungsergebnisse vor (vgl. Baraulina 2013). Doch auch die internationale wissenschaftliche Forschung zu diesem Thema hat Nachholbedarf: Profunde quantitative Forschungsvorhaben mit größeren Rückkehrer/innenkohorten konnten bislang nicht durchgeführt werden, weswegen sich auch die Erfolgsbedingungen für derartige Programme nicht klar bestimmen lassen. Allerdings liegen eine Reihe von Interviewstudien und qualitativen Analysen vor, aus denen sich erste Erkenntnisse gewinnen lassen;[10] zahlreichere Befunde entstammen speziell der Forschung zur Rückkehr von (anerkannten) Flüchtlingen nach langanhaltenden Fluchtsituationen und der Befriedung ihrer Herkunft (vgl. Black und Gent 2006; Harild et al. 2015; Crisp und Long 2016). Eine in diesem Kontext als erfolgversprechend beschriebene Maßnahme scheidet für abgelehnte Asylbewerber/innen, die zur Ausreise verpflichtet sind, in der Regel aus: bei sog. *Look-and-see* oder *Return visits* werden im Rahmen kurzer unverbindlicher Besuche die Reintegrationsbedingungen und das individuelle Befinden im alten Umfeld ‚getestet‘, sodass eine Entscheidung über die Rückkehr fundiert erfolgen kann (vgl. McMichael et al. 2017; Black und Gent 2006, S. 21). Doch auch bei Personen, die möglicherweise kürzer aus ihrem Herkunftsland abwesend waren und in der EU erfolglos einen Asylantrag

---

[10]Eine vertiefende Darstellung ist im Rahmen dieses Beitrags aus Platzgründen nicht möglich; die Aufstellung basiert maßgeblich auf der Studie und dem Literaturbericht von Koser und Kuschminder (2015).

gestellt haben, ist Rückkehr meist eine enorme Herausforderung. Carling et al. bezeichnen auf der Basis der Befunde ihres Forschungsprojekts das Bild des ‚einfachen' Zurückgehens in das Herkunftsland als Mythos: „There is a major discrepancy between the conceptual simplicity of return migration and its real-life complexities." (Carling et al. 2015, S. 3).

Für Rückkehrer/innen, die in Europa unter Ausreisedruck standen, weil sie über kein Aufenthaltsrecht verfügten, liegen im Hinblick auf eine erfolgreiche und nachhaltige Reintegration kaum ermutigende, allenfalls widersprüchliche Forschungsergebnisse vor:

- Erfolgreiche Reintegration oder ‚Wiedereinbettung' ist von einer Vielzahl von Faktoren abhängig, die im wirtschaftlichen, sozialen und kulturell-identifikatorischen Bereichen liegen (Davids und van Houte 2008); sie kann das Individuum damit vor ganz ähnliche Herausforderungen stellen, die sich auch bei der Integration in eine neue Gesellschaft ergeben (Carling et al. 2015).

- Als absolut notwendige – aber nicht in jedem Fall hinreichende – Bedingung für nachhaltige Rückkehr wird in nahezu allen Studien die individuelle bzw. familiäre Sicherheit identifiziert. Mangelnder Schutz vor terroristischer oder kriegerischer Gewalt, wie sie von zahlreichen Rückkehrer/innen in Afghanistan erlebt wird (vgl. van Houte 2016, S. 156 ff.), untergräbt die Chance auf gelingende Reintegration. Dies gilt in ähnlicher Form für Situationen ökonomischer Bedrohung: Wenn das primäre Migrationsmotiv im „Entfliehen" aus Armut und Perspektivlosigkeit bestand, wird eine Rückkehr kaum nachhaltig sein können, wenn sich gegenüber der ursprünglichen Situation im Herkunftsland keine Verbesserungen geben – etwa durch Integration in den Arbeitsmarkt oder die Gründung eines Unternehmens.

- Ebenso erschwert eine mangelnde Unterstützung oder Akzeptanz der Rückkehrer/innen durch lokale oder nationale Regierungen vor Ort in den Rückkehrländern die Reintegration. Auch Ablehnung oder Diskriminierung durch die dortige Bevölkerung hat oftmals diesen Effekt. Auf der anderen Seite erweisen sich soziale Netzwerke als gute Voraussetzung für gelingende Reintegration.

- Auch nach dem wahrgenommenen Abbruch bzw. dem ‚Scheitern' ihres eigentlichen Migrationsvorhabens (auf dem Asylweg zu einem Aufenthaltsrecht in Europa zu gelangen) stehen freiwillige Rückkehrer/innen vor einem schwierigeren sozialen oder kulturellen Reintegrationsprozess und unterliegen einem höheren Risiko, arbeitslos zu sein. Umgekehrt haben offenbar Personen, die ihr Migrationsvorhaben im Großen und Ganzen als gelungen ansehen, eine größere Chance auf nachhaltige Reintegration. Dies dürfte maßgeblich mit der

Perzeption der Rückkehrer/innen bei Dritten (Freund/innen, Bekannten, potenziellen Arbeitgeber/innen) zusammenhängen.

- Dabei gibt es auch paradoxe Befunde: Der Studie von Black et al. (2004) zufolge fanden alleinstehende junge Männer nach ihrer Rückkehr nach Bosnien und Herzegowina sowie in den Kosovo eine günstigere Beschäftigungssituation vor als alle anderen Gruppen, hatten jedoch gleichzeitig die höchste Neigung, das Risiko einer Remigration auf sich zu nehmen.
- Die Nachhaltigkeit der Rückkehr wird generell bestimmt von einer Kombination aus personenbezogenen sowie strukturellen Faktoren, die sowohl im Zielland als auch im Herkunftsland zu verorten sind. Daraus folgt, dass bereits die Lebensbedingungen in den europäischen Zielländern die Chancen einer nachhaltigen Rückkehr maßgeblich mitbestimmen – und damit auch zu beeinflussen sind (vgl. Ruben et al. 2009).

Ein Hindernis für nachhaltige Rückkehr kann auch in hoher Verschuldung bei Schlepper/innen, Familien oder Freund/innen begründet sein; z. B. wenn eine Person aufgrund entsprechender Ängste und Sorgen intern oder grenzüberschreitend weiterwandert oder versucht, auf unlauteren oder selbstausbeuterischen Wegen ein Einkommen zu erzielen.

4.4 Rückkehr und Reintegration als Bestandteil entwicklungsorientierter Migrationspolitik: Zentrale Handlungsfelder

Die oben beschriebenen Reformen des Jahres 2017 bedeuten einen ersten Schritt zu einer kohärenten Rückkehrpolitik in Deutschland. Sie verpflichten die vormals weitgehend in getrennten Sphären agierenden Akteure der Ordnungs- und Migrations(kontroll)politik auf der einen Seite und der Entwicklungskooperation auf der anderen Seite auf gemeinsame Ziele. Vor dem Hintergrund der Forschung zu freiwilliger Rückkehr und Reintegration sollten sich die Akteure bei der Weiterentwicklung dieser gemeinsamen Politik in den nächsten Jahren insbesondere vier vordringlichen konzeptuellen Aufgaben widmen: 1) Der Entwicklung eines gemeinsamen Verständnisses von nachhaltiger Rückkehr, um Programme und Maßnahmen danach auszurichten; 2) die Reintegrationsprogramme herkunftslandspezifisch zu gestalten und in der Beratung einem subjektorientierten Ansatz zu folgen; 3) im föderalen System der Bundesrepublik für mehr Einheitlichkeit in der Beratung und einen klaren Vorrang der freiwilligen Rückkehr zu sorgen, und 4) den bislang weitgehend vernachlässigten europäischen Kohärenzgedanken zu stärken.

4.4.1   Nachhaltigkeit von Rückkehr definieren

Die klassisch ordnungspolitische Sichtweise auf Rückkehr manifestiert sich in
der Figur der ‚dauerhaften Ausreise aus Deutschland'. Hingegen betont die Perspektive der Entwicklungszusammenarbeit die ‚erfolgreiche Reintegration'.
Dementsprechend herrschen bei den verschiedenen, im föderalen Bundesstaat
beteiligten Akteuren immer noch höchst unterschiedliche Vorstellungen von den
Zielen der Rückkehrpolitik bzw. deren nachhaltiger Erfüllung. Dabei müssen sich
insbesondere Innenpolitiker/innen von der Vorstellung trennen, dass Rückkehr
dann nachhaltig ist, wenn eine ausreisepflichtige Person dauerhaft im Rückkehr-
land verbleibt.

Während frühere Definitionen die Nachhaltigkeit der Rückkehr durchaus auch an Kriterien wie einen Weiterwanderungswunsch oder die Absicht zur
Remigration koppelten (vgl. Black et al. 2004), ist nachhaltige Rückkehr nach
einer neueren Definition von Khalid Koser und Katie Kuschminder insbesondere
erfolgt, „wenn sich das Individuum wieder in die wirtschaftlichen, sozialen und
kulturellen Prozesse des Herkunftslandes eingegliedert hat und sein Umfeld als
geschützt und sicher wahrnimmt" (2015, S. 49, Übers.d.Verf.).[11]

Diese Definition weist eine Reihe von Besonderheiten auf (Kuschminder
2017, S. 5): Erstens entkoppelt sie den Reintegrationsprozess von jeglicher zeit-
lichen Vorgabe: Prozesse des Ankommens und der Wiedereingliederung sind
maßgeblich von individuellen Charaktereigenschaften, mitgebrachten Qualifikationen, Kompetenzen und sozialem Kapital sowie den kontingenten Bedingungen
in der Rückkehrregion (z. B. Wohnungsmarkt, Beschäftigungssituation, demografische Struktur) abhängig. Zweitens stellt sie auf die persönliche Wahrnehmung von Geborgenheit und Schutz vor Ort durch den/die Rückkehrer/in
ab – nicht auf eine abstrakt-extern beschriebene Sicherheitslage durch Behörden
oder den Vergleich zum Sicherheitsempfinden der bereits länger ansässigen
Bevölkerung. Drittens wird die Reintegration als zentrale Grundbedingung
erfolgreicher Rückkehr beschrieben; ist erstere in den Augen des/der Rückkehrer/
in gelungen, wird er oder sie zumindest in der näheren Zukunft keinem Impuls
zu erneuter Remigration ausgesetzt sein. Gleichzeitig wird jedoch – viertens –
die Abwesenheit erneuter Wanderungsabsichten nicht als relevante Kategorie für
erfolgreiche Reintegration herangezogen.

---

[11]Einen ähnlichen Ansatz verfolgen Davids und van Houte (2008) mit ihrem *„mixed
embeddedness"*-Konzept.

Andere Definitionen gehen sogar noch weiter und sehen es umgekehrt gerade als Indiz für die Nachhaltigkeit der Rückkehr, wenn aufgrund der im Reintegrationsprozess wiedererlangten Handlungsautonomie eines Tages eine erneute Migration auf legalem Wege erfolgt (vgl. IOM 2015, S. 19). Demnach sollte die Nachhaltigkeit der Rückkehr sowohl im Fall der freiwilligen als auch der unfreiwilligen Rückkehrformen nicht am Kriterium einer dauerhaften Niederlassung im Rückkehrkontext und folglich anhand der Immobilität von Rückkehrer/innen gemessen werden:

> „Sowohl Rückkehrer, die sich als erfolgreich betrachten, als auch unzufriedene Rückkehrer können aus unterschiedlichen Gründen Interesse an einer erneuten internationalen Wanderung entwickeln. Internationale Mobilität wird zudem unabhängig vom Rückkehrtypus durch das Vorhandensein ökonomischer Ressourcen und grenzüberschreitender sozialer Beziehungen begünstigt. Vor diesem Hintergrund lässt sich schlussfolgern, dass weniger die Dauerhaftigkeit der Niederlassung, sondern vielmehr die Möglichkeiten sozialer Mobilität in den Rückkehrregionen […] in den Mittelpunkt der Diskussion über die Nachhaltigkeit von Rückkehrentscheidungen gestellt werden sollten." (Baraulina 2013, S. 60 f.).[12]

4.4.2 Herkunftsland und individuelle Bedarfslagen berücksichtigen

Nicht nur im Hinblick auf die strukturellen und diplomatisch-politischen Rahmenbedingungen, von denen die Implementierung von Programmen der Rückkehrunterstützung maßgeblich abhängt, bestehen zwischen den verschiedenen Herkunftsländern abgelehnter Asylbewerber/innen große Unterschiede. Auch die empirischen Befunde auf der Basis von Befragungen der Rückkehrer/innen verdeutlichen, wie zentral die länderspezifische Perspektive ist: So zeigte ein vergleichendes Forschungsprojekt des Peace Research Institute in Oslo zu Rückkehrer/innen in verschiedene Länder, dass die mangelnde Sicherheit und die komplexen gesellschaftlichen Konfliktlagen in Afghanistan zu einem besonders hohen Maß an Ablehnung der Rückkehr bei Afghan/innen sowie zu

---

[12]Zudem weisen empirische Befunde darauf hin, dass die Rückkehrbereitschaft von Ausreisepflichtigen sinkt, wenn sich die Perspektiven für eine zukünftige Mobilität verschlechtern (vgl. Flahaux 2018; zur Bedeutung von Optionen für zirkulärer Migration für Entwicklung vgl. auch Miller Scarnato 2018, S. 10).

erneuten Remigrationsvorhaben führten (Oeppen und Majidi 2015; vgl. auch van Houte 2016). Ähnlich betont Hein de Haas mit Blick auf freiwillige geförderte bzw. zurückgeführte Rückkehrer/innen nach Marokko die schiere Aussichtslosigkeit einer gelingenden und entwicklungsförderlichen Reintegration, da bei den Rückkehrer/innen neue Auswanderungsabsichten weit verbreitet seien und vor allem psychosoziale Problemlagen der Rückkehrer/innen nicht angemessen adressiert werden können (de Haas 2016, S. 29). Damit ist ein weiterer zentraler, in der bisherigen Forschung und Praxis unterbelichteter Aspekt genannt: Die je individuellen Ausgangs- und Bedarfslagen der Betroffenen – und zwar nicht nur im Hinblick auf Wohnen, Bildung, Ausbildung und Beschäftigung, sondern insbesondere auch auf das psychosoziale Wohlbefinden bzw. Störungen desselben (vgl. dazu jetzt umfassend Vathi und King 2017).

Dies legt mit Blick auf die Gelingensbedingungen von Rückkehr- und Reintegrationsprogrammen zum einen nahe, in diesen einen noch wesentlich stärkeren Fokus auf die länderspezifischen Kontexte zu legen. Hier kann das Beispiel Norwegens herangezogen werden, wo, unterstützt durch umfassende Forschungsarbeiten, für die Herkunftsländer Irak, Afghanistan und Äthiopien speziell zugeschnittene Programme entwickelt wurden (vgl. Strand et al. 2016). Zum anderen sollte möglichst auf ein vertrauensvolles System der individualisierten Beratung, etwa durch das sozialarbeiterische *Case-management* Prinzip, gesetzt werden (vgl. dazu auch Whyte und Hirslund 2013; Haase und Honerath 2016).

4.4.3 Nationalstaatliche Kohärenz: Freiwilligkeit durch flächendeckende, ergebnisoffene Beratung und Vorbereitung der Rückkehrenden

Um den Entschluss zu einer Rückkehr ohne Zwangsmaßnahmen zu fördern, sollten die Behörden gegenüber ausreisepflichtigen Ausländer/innen nicht in erster Linie auf das abschreckende Szenario der gewaltsamen Abschiebung nach Ablauf der Ausreisefrist setzen,[13] sondern stärker in die ideelle, monetäre und

---

[13]Gleichwohl ist unter Forscher/innen und Praktiker/innen unstrittig, dass die Drohkulisse der gewaltsamen Abschiebung in einigen Fällen keineswegs ein nachrangiger Impetus dafür ist, sich für eine freiwillige geförderte Rückkehr zu melden (vgl. Black et al. 2011).

organisatorische Unterstützung der selbstständigen Ausreise und Wiedereingliederung im Herkunftsland investieren. Die freiwillige Ausreise ist zunächst kostengünstiger (vgl. Council of Europe 2010, S. 9; Graff und Schneider 2017, S. 28) und humaner, da sie mit weniger akuten Härten verbunden ist. Verknüpft mit vorgeschalteten Beratungsangeboten und nachgelagerten Reintegrationsmaßnahmen, die jeweils gesondert zu finanzieren sind, ergibt sich jedoch auch ein wesentlich attraktiveres Gesamtbild für die Betroffenen. Nicht umsonst wird in den theoretischen und empirischen Studien zur (verpflichtenden) Rückkehrmigration die Bedeutung einer angemessenen Vorbereitung (*preparedness;* vgl. Cassarino 2004, 2008; Ruben et al. 2009; Strand et al. 2016) betont.

Mit Blick auf die in Deutschland weiterhin föderal 'zerfaserte' Landschaft der Rückkehrberatung, Ausreise- und Reintegrationsförderung (vgl. Graff und Schneider 2017) sollte ein einheitlicher Umgang mit ausreisepflichtigen Personen angestrebt werden. Dazu gehört nicht nur die flächendeckende Bereitstellung der nötigen Ressourcen, sondern auch das unmissverständliche Bekenntnis dazu, dass die freiwillige Rückkehr Vorrang vor der Abschiebung hat und dass ausreisepflichtige Ausländer/innen proaktiv und ausführlich dazu beraten werden – und zwar unter Einschluss der vorgehaltenen Reintegrationsangebote in den Rückkehrländern. Leitlinien für eine bundesweite Rückkehrberatung liegen bereits vor (Bund-Länder-Koordinierungsstelle Integriertes Rückkehrmanagement 2015). Die Umsetzung wird vermutlich deutlich mehr vertikale und horizontale Vernetzung zwischen den maßgeblichen Akteuren (BAMF, Länder, kommunale Behörden, GIZ und Nichtregierungs- bzw. internationale Organisationen) erfordern, als momentan zu beobachten ist. Gleichzeitig wird weiterer Personalaufwuchs sowie der Einsatz von Dolmetscher/innen oder Sprachmittler/innen (d. h. in erster Linie bei den Reintegrationsscouts sowie den für die Rückkehrberatung und Reintegrationsförderung zuständigen Stellen) nötig sein. Es muss darum gehen, Personen, die unter latentem Ausreisedruck stehen, möglichst realistische Informationen über die Bedingungen vor Ort zu vermitteln, idealerweise unterstützt durch internetbasierte Kommunikationsformate, die an die Stelle von sog. *look-and-see* visits treten können. Dass Rückkehrpolitiken 'wirken' können, zeigt ein Beispiel aus den Niederlanden: Dort kam es zwischen 2005 und 2011 zu einem rasanten Anstieg der Rückführungen und der freiwilligen Ausreisen. Mittels statistischer Analysen der Daten von über 15.000 Rückkehrer/innen konnten Leerkes et al. (2017) zeigen, dass diese Steigerung u. a. maßgeblich auf die Verfügbarkeit muttersprachlicher Berater/innen, erhöhter finanzieller Unterstützung zur Reintegration, das wachsende Risiko einer Abschiebung sowie vermutlich

die Einführung eines systematischen *Case worker*-Prinzips für abgelehnte Asyl-
bewerber/innen zurückzuführen war.[14] Das niederländische Beispiel verdeutlicht,
dass kohärente Policy-Reformen im Bereich der Rückkehrförderung Skalen-
effekte hervorrufen können. Solche kohärenten Policy-Reformen lassen sich zwar
im föderalen Staat der Bundesrepublik schwieriger bewerkstelligen als in einem
Einheitsstaat, zumal die Zuständigkeit für die Durchführung der Asylpolitik
beim Bund, die der Ausländerpolitik aber bei den 16 Ländern liegt. Dennoch versprechen die gegenwärtigen Bemühungen um einen flächendeckenden Ausbau
der Rückkehr- bzw. Asylverfahrensberatung den Grundstein für eine bessere Nutzung der Potenziale zur freiwilligen unterstützten Rückkehr zu legen – es bedarf
jedoch weiterer Anstrengungen.

4.4.4 Europäische Kohärenz: Rückkehrpolitik als Teil einer gemeinsamen EU-Migrations(außen)politik

Bereits 2002 hatte die Europäische Kommission ein Grünbuch über eine Gemeinschaftspolitik zur Rückkehr sich illegal aufhaltender Personen vorgelegt, das
einem kohärenten Ansatz folgte, der ordnungs-, außen- und entwicklungspolitische Perspektiven verknüpfte. Sie ging u. a. davon aus, dass Herkunftsstaaten größere Bereitschaft zur Kooperation im Hinblick auf Rückführungen
zeigen würden, wenn diese ein Eigeninteresse an der Rückkehr der Migrant/
innen hätten, und regte an, die gemeinschaftlichen Finanzierungsinstrumente
zu einem unabhängigen europäischen Rückkehrprogramm weiterzuentwickeln
(vgl. KOM 2002, S. 12, 24). Dieser Impuls ging jedoch in den Verhandlungen
über die Rückführungsrichtlinie (RL 2008/115 EG) weitgehend unter; bis auf
den deklaratorischen Vorrang der freiwilligen Ausreise vor der Abschiebung ist
eine Politik zur Unterstützung der Rückkehr und Reintegration im EU-Recht bis

---

[14]Auch in Deutschland kam es 2015 und 2016 zu einem deutlichen Anstieg der Rückführungen und freiwilligen Ausreisen; hier lässt sich dieser Anstieg jedoch vermutlich auf
die gestiegenen absoluten Zahlen an Ausreisepflichtigen insbesondere aus den Staaten des
westlichen Balkans zurückführen, für die nach der Festlegung von Albanien, Bosnien und
Herzegowina, Kosovo, Nordmazedonien, Montenegro und Serbien seitens der Länder verstärkte Rückführungsbemühungen unternommen wurden. In den Jahren 2017 und 2018
kehrten wieder weniger Ausreisepflichtige zurück, obwohl deren absolute Anzahl weiter
moderat stieg. Dies lässt sich z. T. dadurch erklären, dass nun ein deutlich größerer Anteil
der Ausreisepflichtigen aus Staaten kommt, in die eine Rückführung schwieriger zu realisieren ist (vgl. dazu SVR 2019, S. 87 ff.).

dato eine Leerstelle (vgl. Schneider 2012a, S. 259 f.). Entsprechend haben die Mitgliedstaaten weitgehend unabhängig voneinander Strukturen und Rahmenbedingungen zur Unterstützung der freiwilligen Rückkehr (seltener: zur nachhaltigen Reintegration) geschaffen, die gerade im Hinblick auf die Fördermittel einem Flickenteppich gleichen und allenfalls deswegen ein gewisses Maß an Vergleichbarkeit erreichen können, weil ihre Durchführung fast überall der IOM als Dienstleisterin übertragen ist (vgl. EMN 2011). Einzig im Bereich der Organisation von Abschiebungen zeigen sich – nicht erst mit der 2016 verabschiedeten Verordnung für eine eigenständige Europäischen Agentur für die Grenz- und Küstenwache (VO (EU) 2016/1624) – deutliche Harmonisierungs- und Synergiebestrebungen: seit 2006 organisiert und finanziert Frontex Sammelabschiebungen, an denen sich Mitgliedstaaten beteiligen können (vgl. Schneider 2012b, S. 68 f.); im Jahr 2017 wurden nach Angaben der Agentur über 10.000 Drittstaatsangehörige durch Frontex zurückgeführt (Frontex 2017).

Doch gerade vor dem Hintergrund, dass sich momentan keine fundamentale Abkehr vom Dublin-Prinzip der Zuständigkeitsbestimmung abzeichnet, muss der Komplex der Rückkehr abgelehnter Asylbewerber/innen deutlich stärker europäisiert werden als bisher: Wenn vorrangig jene Mitgliedstaaten, in denen Asylsuchende das Territorium der EU erstmals betreten, für die Aufnahme und Asylprüfung zuständig sind, ergibt sich daraus auch die Aufgabe der Rückführung bei erfolglosen Anträgen – und zwar vorrangig durch freiwillige Rückkehr gekoppelt mit nachhaltig wirksamen Reintegrationsangeboten. Dazu sollte sich die EU um einen noch besseren Austausch guter Praktiken bemühen und das Ziel verfolgen, EU-weit angepasste Fördergrundsätze zu vereinbaren, sodass Rückkehrer/innen unabhängig davon, aus welchem Mitgliedstaat sie zurückkehren, ähnliche Unterstützungsleistungen erhalten können (vgl. KOM 2017a, S. 7 f.). Dabei sind länderübergreifende AMIF-Projekte wie das Programm European Reintegration Network (ERIN), an dem sieben EU-Mitgliedstaaten und Norwegen teilnehmen, ein guter Ansatz. Mit dem Ziel einer dauerhaften Reintegration im Herkunftsland arbeitet ERIN an der sozialen Begleitung und beruflichen Unterstützung von Rückkehrer/innen und sieht einheitliche finanzielle Reintegrationshilfen vor. Daneben sollten die Europäische Kommission, der Europäische Rat und das Europäische Parlament prüfen, ob im Rahmen der Weiterentwicklung des Gemeinsamen Europäischen Asylsystems auch eine Neufassung der EU-Rückführungsrichtlinie (RL 2008/115/EG) anzustreben wäre. Ein reformierter Rechtsakt, der ggf. als Verordnung zu beschließen und damit unmittelbar rechtswirksam wäre, könnte 1) normieren, wie, wann und in welcher Form Rückkehrberatung zu gewährleisten ist, 2) verbindliche Mindeststandards festlegen, wie Aufenthaltsbeendigungen unter Einbezug der Möglichkeit der

geförderten freiwilligen Ausreise auszugestalten sind, und 3) Grundsätze der
Rückkehr- und Reintegrationsförderung definieren. Vor dem Hintergrund der
wissenschaftlichen Befunde zu den ausschlaggebenden Faktoren für eine freiwillige Rückkehr sowie zur Reintegration von Rückkehrer/innen in ihren Herkunftsländern, sollte auch die in der Richtlinie vorgegebene Regelfrist von sieben
bis 30 Tagen überdacht werden, mit der die behördliche oder gerichtliche Rück-
kehrentscheidung versehen werden muss. Denn die Rückkehr bedarf im individuellen Fall einer Vorbereitung, die oftmals deutlich zeitintensiver ist als die
Buchung eines Flugtickets: Im ersten Schritt muss (eigenständig oder unterstützt
durch Beratung) die individuelle Bereitschaft zur Rückkehr wachsen, bevor im
zweiten Schritt die dafür nötigen Ressourcen durch ‚mitgebrachtes' soziales
Kapital und/oder Unterstützungsstrukturen mobilisiert werden können; erst dann
ist die Person – wiederum in Abhängigkeit von den Bedingungen im Aufent-
halts- und im Herkunftsland – für die tatsächliche Rückkehr bereit (vgl. Cassarino 2004, S. 271 f.).[15] Auch die Praxiserfahrungen in Deutschland zeigen, dass
die freiwillige Rückkehr in vielen Fällen eine längere Vorbereitung verlangt, als
die in der Regel zugestandenen 30 Tage Ausreisefrist es erlauben und damit die
Ausländerbehörden – sofern sie ausreichendes Verständnis für die persönlichen
Umstände der Rückkehrpflichtigen haben und sie bei der freiwilligen Ausreise
unterstützen wollen – ihr Ermessen ausüben und eine längere Frist bestimmen
(vgl. Graff und Schneider 2017, S. 32; Grote 2015, S. 58). Auf diese Weise
könnte EU-weit ein deutlich stärkeres Bewusstsein dafür geschaffen werden, dass
nicht nur die zwangsweise, sondern auch die freiwillige Rückführung abgelehnter
Asylbewerber/innen eine genuin gemeinsame Aufgabe im Rahmen eines harmonisierten Asylsystems sein muss.

---

[15]Während in Deutschland gemäß § 38, Abs. 1 AsylG die Ausreisefrist 30 Tage zu betragen
hat (es sei denn, der Asylantrag ist unzulässig oder offensichtlich unbegründet: in diesem
Fall beträgt sie gemäß § 36 Abs. 1 AsylG lediglich eine Woche), appellierte die EU-Kommission an die Mitgliedstaaten, die „kürzestmögliche Frist" [vorzusehen] die notwendig
ist, um die Rückkehr zu organisieren und durchzuführen" (KOM 2017b, S. 10). Nach der
geltenden Fassung der Rückführungsrichtlinie (2008/115/EG) beträgt diese Frist sieben
Tage; nach den im September 2018 vorgelegten Plänen der Europäischen Kommission zur
Überarbeitung der Richtlinie soll die Mindestfrist unter Beschleunigungsaspekten gänz-
lich entfallen (vgl. KOM 2018). Hier spiegelt sich wiederum eine verengte Sichtweise auf
Rückkehr, die diese lediglich als ein ‚Logistikproblem' konzeptualisiert und das Ziel der
Nachhaltigkeit, das die angemessene Vorbereitung der Reintegration voraussetzt, nicht
verfolgt.

Eine gemeinsame Rückkehrpolitik gehört schlussendlich eingebettet in den größeren Kontext einer immer stärker externalisierten Migrationspolitik der EU, bei der sich multiple *package deals* abzeichnen, die kohärentes Handeln der Mitgliedstaaten erfordern. Denn Herkunfts- und Transitstaaten, die einerseits Aufgaben der Migrationskontrolle für die EU erfüllen und andererseits ihre ausreisepflichtigen Staatsangehörigen zurücknehmen sollen, werden attraktive Angebote einfordern. Nicht zuletzt werden dazu neben finanziell gut ausgestatteten Maßnahmen, die eine umfassende und nachhaltige Reintegration von zurückkehrenden Migrant/innen ermöglichen,[16] auch neue Angebote für legale Zuwanderung in die EU gehören müssen. Glaubwürdig und erfolgreich in den Verhandlungen mit diesen Staaten wird die EU nur sein, wenn sie migrationspolitische Forderungen und Angebote im Sinne eines *Whole of Government*-Ansatzes klug mit außen-, entwicklungs- und wirtschaftspolitischer Zusammenarbeit verknüpft (vgl. Angenendt und Bendel 2017).

4.5 Fazit

Können abgestimmte Maßnahmen der Rückkehrunterstützung und der Reintegrationsförderung dazu führen, dass die Rückkehr von Ausreisepflichtigen zu einem positiven Entwicklungsimpuls in den Herkunftsländern beiträgt? Der Zusammenhang mutet zunächst eher unwahrscheinlich an, und die empirische Betrachtung von Rückkehrprozessen – etwa im Fall von Ausreisepflichtigen, die aus dem Vereinigten Königreich nach Sri Lanka zurückkehrten (Collyer 2018) – deuten eher auf ein Scheitern der nachhaltigen Reintegration. Dennoch hat sich nicht nur die deutsche Entwicklungspolitik diesem Ziel verschrieben (vgl. BMZ 2019); auch im wissenschaftlichen Kontext wird durchaus die Möglichkeit positiver Zusammenhänge zwischen freiwilliger Rückkehr von Ausreisepflichtigen und damit verbundener Chancen für Entwicklung gesehen (Miller Scarnato 2018). Aus einer pragmatischen Perspektive auf Migrationssteuerung, die sich einerseits dem ordnungsrechtlichen Ziel einer Rückführung von Ausreisepflichtigen verpflichtet fühlt, der aber das Schicksal von Rückkehrern nicht gleichgültig ist, weisen die Ansätze einer in die Entwicklungszusammenarbeit integrierten Politik zur Förderung der freiwilligen Rückkehr abgelehnter Asylbewerber/innen,

---

[16]In diesem Kontext sind etwa die Maßnahmen im Rahmen des Nothilfe-Treuhandfonds der EU für Afrika (vgl. Castillejo 2016) zu nennen, die von der Europäischen Kommission gemeinsam mit der IOM durchgeführt werden (vgl. KOM 2017c).

wie sie in Deutschland neuerdings praktiziert werden, in die richtige Richtung: Sie beschränken die Unterstützung nicht auf monetäre Anreize in Form
von ,Rückkehrprämien' oder die Übernahme der Reisekosten. Vielmehr kon-
zeptualisieren sie die (aus Sicht der Ordnungspolitik unvermeidliche) Rückkehr
unter Gesichtspunkten der Nachhaltigkeit, indem sie zum einen den Prozess der
individuellen – wirtschaftlichen, sozialen und kulturellen – Reintegration von
Rückkehrer/innen im Herkunftsland fördern und zum anderen die Bedingungen
vor Ort – etwa durch die Schaffung von Bildungs- und Beratungsstrukturen, die
der gesamten Gemeinschaft zugute kommen – verbessern. Gleichzeitig bedeuten
sie eine Ausweitung wahrgenommener staatlicher Verantwortung gegenüber
Migrant/innen, denen ein Schutztitel oder ein sonstiges Aufenthaltsrecht nicht
zugesprochen werden kann: Diese Verantwortung endet nicht mehr mit der
finanziellen Förderung der Ausreise oder der Wahrung elementarer Grundrechte
bei der Abschiebung. Sie erstreckt sich auf das weitere Leben der Rückkehrer/
innen und ihres Umfeldes in der *Post-return*-Phase, basiert auf deren Verbindung
zu Deutschland und kann letztlich normativ als Ausdruck einer globalen Ver-
antwortungsethik gewertet werden.

Doch die Verquickung von Aufenthalts(beendigungs)politik und Entwicklungspolitik hat einen hohen Preis, da sich in den Augen der Kritiker die
am Menschen orientierte Entwicklungszusammenarbeit zum ,Helfershelfer'
restriktiver Innenpolitik macht. Zum einen kann aus EZ-Perspektive mit einiger Berechtigung auf Kohärenzmängel verwiesen werden, da mit anderen
Maßnahmen (etwa einer Ausbildung in Deutschland) für die Betroffenen ent-
wicklungspolitisch weit mehr Wirkung zu erzielen wäre als mit einer schnellen
,freiwilligen' Ausreise und der monetären Unterstützung durch Reintegrationsprogramme; zum anderen erscheint die Bilanz der Maßnahmen – nicht zuletzt
gemessen am betriebenen finanziellen Aufwand – eher mager (vgl. Feneberg
2019). Die Maßnahmen im Rahmen des deutschen Programms „Perspektive Heimat" blicken allerdings auf eine Laufzeit von weniger als zwei Jahren und sind
noch nicht ausreichend evaluiert.[17] Die – bislang ebenfalls bruchstückhaften –

---

[17]In den ersten knapp zwei Jahren (bis zum Mai 2019) wurden nach Angaben der Bundesregierung über die verschiedenen Komponenten des Programms „Perspektive Heimat"
mehr als 20.000 Menschen in Beschäftigung vermittelt, darunter gut 2000 Rückkehrer/
innen aus Deutschland und gut 1000 Rückkehrer/innen aus anderen Ländern; von den
restlichen 17.000 Vermittlungen profitierte die lokale Bevölkerung an den Orten der
Migrationsberatungszentren (Deutscher Bundestag 2019b, S. 10).

Befunde der Wissenschaft zur Reintegration von abgelehnten Asylbewerber/innen mahnen vor allzu großem Optimismus: Aufgrund ihrer oftmals ausgeprägten sozialen und wirtschaftlichen, z. T. auch gesundheitlichen Marginalisierung sowohl während der Migration als auch nach der Rückkehr fällt es besonders schwer, sie vor Ort zu ‚Agent/innen des Wandels' zu machen; die Erfüllung der individuellen Ausreisepflicht wird zunächst nur in wenigen Fällen einen direkten Entwicklungsimpuls bedeuten. Die Debatte um die mangelhafte Rückführung gescheiterter Asylbewerber/innen seit der sogenannten Flüchtlingskrise 2015/2016 in Deutschland hat es indes vermocht, das Silo-Denken im Umgang mit Flucht und Migration aufzubrechen und durch die Schaffung von Beratungszentren und Strukturen für die Reintegration einen stärker ganzheitlichen Ansatz in der deutschen Rückkehr- und Mobilitätspolitik zu verankern, die bislang nahezu ausschließlich im Bereich der Innenpolitik verortet war. Wenn die Zusammenarbeit beim Thema Rückkehr, Reintegration und Entwicklung zukünftig noch intensiviert würde und sich nachhaltig und flächendeckend auf alle Länder mit Entwicklungsbedarf bezöge, könnte dies einen ganz neuen Ansatz in der deutschen Entwicklungszusammenarbeit bedeuten, ohne dass diese ihre Grundsätze über Bord werfen müsste, im Gegenteil: Über die fantasievolle Gestaltung der im Grunde beschränkten Möglichkeiten zur erfolgreichen Reintegration von Zwangsrückkehrern erschließen sich neuen Zugänge, auch die lokale Bevölkerung vor Ort zu unterstützen – sei es durch Beratung über Möglichkeiten der legalen Migration, durch Trainings- und Anpassungsmaßnahmen für die Arbeitsmarktintegration oder durch Community-relevante Dienstleistungen, die Rückkehrer im Rahmen einer Selbstständigkeit anbieten. Die Prinzipien des ‚Do No Harm' und der Community-Orientierung können dabei strikt beachtet werden. Auch wenn es bis zu einer flächendeckenden und effektiven Infrastruktur für entwicklungssensible Reintegration noch ein langer Weg ist: Eine Chance für die Entwicklungszusammenarbeit ist das aktuelle Vorgehen allemal, nicht zuletzt weil die zuständigen Akteure damit die Möglichkeit erhalten, neue (Erfolgs)Geschichten der EZ zu erzählen und das Stigma ihrer bislang landläufig häufig als ‚gescheitert' wahrgenommenen Ansätze abzuschütteln. Gleichzeitig eröffnet es der EZ die Möglichkeit, stärker als migrationspolitischer Akteur wahrgenommen zu werden, in dem etwa auf die positiven Zusammenhänge zwischen legaler Migration bzw. zirkulärer Mobilität und Entwicklung eingegangen wird. Aber auch die Innenpolitik kann sich ein ‚freundlicheres' Antlitz verschaffen, wenn sie ihre ordnungspolitischen Ziele mit dem Thema der menschlichen Entwicklung verbinden kann: Rückführungspolitik als (Re) Integrationspolitik. Im Sinne entwicklungspolitischer Ziele könnte eine konsequente Weiterentwicklung der ‚klassischen' AVR-Programme *(Assisted Voluntary*

Return) über AVRR-Programme *(Assisted Voluntary Return and Reintegration)* hin zu ,AV3R-Programmen' *(Assisted Voluntary Return, Reintegration and Retention)* führen, mit denen die Lebensbedingungen sich graduell in einer Weise verbessern lassen, dass weniger junge Menschen einen Anreiz vorfinden, ihr Herkunftsland gefahrvoll und auf irregulärem Weg zu verlassen, um mit wenig Aussicht auf Erfolg in Europa einen Asylantrag zu stellen.

Literatur

Alexander, R. 2017. *Die Getriebenen. Merkel und die Flüchtlingspolitik: Report aus dem Innern der Macht.* München: Siedler.

Angenendt, S., und P. Bendel. 2017. *Internationale und nationale Aspekte des Whole of Government.* E-Paper #4 der Kommission „Perspektiven für eine zukunftsgerichtete und nachhaltige Flüchtlings- und Einwanderungspolitik". Berlin: Heinrich Böll Stiftung.

BAMF. 2017. *Migration, Integration, Asyl. Politische Entwicklungen in Deutschland 2016.* Jährlicher Bericht der deutschen nationalen Kontaktstelle für das Europäische Migrationsnetzwerk (EMN). Nürnberg: Bundesamt für Migration und Flüchtlinge.

Baraulina, T. 2013. Einführung – Rückkehr aus Deutschland. Zentrale Ergebnisse einer Befragung von Rückkehrern in der Türkei, Georgien und der Russischen Föderation. In *Rückkehr und Reintegration. Typen und Strategien an den Beispielen Türkei, Georgien und Russische Föderation,* Hrsg. T. Baraulina und A. Kreienbrink, 7–81. Nürnberg: Bundesamt für Migration und Flüchtlinge.

Baraulina, T., D. Hilber, und A. Kreienbrink. 2012. *Migration und Entwicklung. Explorative Untersuchung des Handlungsfelds auf der Ebene des Bundes, der Länder und der Kommunen.* Working Paper 49. Nürnberg: Bundesamt für Migration und Flüchtlinge.

Black, R., M. Collyer, und W. Somerville. 2011. *Pay-to-Go Schemes and other Noncoersive Return Programs: Is Scale Possible?* Washington D.C.: Migration Policy Institute.

Black, R. und S. Gent. 2006. Sustainable Return in Post-conflict Contexts. *International Migration* 44: 15–38.

Black, R. et al. 2004. *Understanding voluntary return.* Home Office Online Report 50/04. London.

Blume, G. et al. 2016. Grenzöffnung für Flüchtlinge: Was geschah wirklich? *Die Zeit.* http://www.zeit.de/2016/35/grenzoeffnung-fluechtlinge-september-2015-wochenende-angela-merkel-ungarn-oesterreich. Zugegriffen: 24. Juni 2019.

BMZ – Bundesministerium für wirtschaftliche Zusammenarbeit und Entwicklung. 2019. *Perspektive Heimat. Ein Programm für Bleibeperspektiven, Rückkehr und Reintegration.* BMU-Positionspapier 05/2019. Berlin.

Bundesgesetzblatt. 2017. Gesetz zur besseren Durchsetzung der Ausreisepflicht vom 20. Juli 2017. Bonn, 28. Juli 2017. Bundesgesetzblatt Jahrgang 2017 Teil I Nr. 52, S. 2780-2786. https://www.bgbl.de/xaver/bgbl/start.xav?start=%2F%2F*%5B%40attr_id%3D%27bgbl117s2780.pdf%27%5D#__bgbl__%2F%2F*%5B%40attr_id%3D%27bgbl117s2780.pdf%27%5D_1583919550014. Zugegriffen: 11. März 2020.

Bund-Länder-Koordinierungsstelle. 2015. *Integriertes Rückkehrmanagement/Arbeitsgemeinschaft freiwillige Rückkehr.* Leitlinien für eine bundesweite Rückkehrberatung vom 9. April 2015. https://www.bamf.de/SharedDocs/Anlagen/DE/Downloads/Infothek/Rueckkehr/leitlinien-zur-r%C3%BCckkehrberatung.pdf?__blob=publicationFile. Zugegriffen: 24. Juni 2019.

Carling, J. et al. 2015. *Possibilities and Realities of Return Migration.* Oslo: Peace Research Institute.

Cassarino, J. 2004. Theorising Return Migration: The Conceptual Approach to Return Migrants Revisited. *International Journal on Multicultural Societies* 6: 253–279.

Cassarino, J. 2008. Conditions of Modern Return Migrants – Editorial Introduction. *International Journal on Multicultural Societies* 10: 95–105.

Castillejo, C. 2016. *The European Union Trust Fund for Africa: a glimpse of the future for EU development cooperation.* Discussion Paper 22/2016. Bonn: Deutsches Institut für Entwicklungspolitik.

Collyer, M. 2018. Paying to Go: Deportability as Development. In *After Deportation: Ethnographic Perspectives*, Hrsg. S. Khosravi, 105–125. London: Palgrave Macmillan.

Council of Europe Parliamentary Assembly. 2010. *Voluntary return programmes: an effective, humane and cost effective mechanism for returning irregular migrants.* Report. Doc. 12277. Straßburg: 4. Juni 2010.

Crisp, J., und K. Long. 2016. Safe and Voluntary Refugee Repatriation: From Principle to Practice. *Journal on Migration and Human Security* 4: 141–147.

Davids, T., und M. van Houte. 2008. Remigration, Development and Mixed Embeddedness: An Agenda for Qualitative Research? *International Journal on Multicultural Societies* 10: 169–193.

Deutscher Bundestag. 2014. Antwort der Bundesregierung auf die Kleine Anfrage der Fraktion DIE LINKE. *Rückführungspolitik und Strategie für Migration und Entwicklung.* BT-Drs. 18/3419.

Deutscher Bundestag. 2018a. Antwort der Bundesregierung auf eine Kleine Anfrage der Fraktion DIE LINKE. *Migrationsberatungszentren in elf Ländern und ihre Wirksamkeit.* BT-Drs. 19/476.

Deutscher Bundestag. 2018b. Antwort der Bundesregierung auf eine Kleinen Anfrage der Fraktion DIE LINKE. *Abschiebungen und Ausreisen im Jahr 2017.* BT-Drs. 19/800.

Deutscher Bundestag. 2019a. Antwort der Bundesregierung auf die Kleine Anfrage der Fraktion DIE LINKE. *Rückkehrkampagne „Dein Land. Deine Zukunft. Jetzt!".* BT-Drs. 19/7048.

Deutscher Bundestag. 2019b. Antwort der Bundesregierung auf die Kleine Anfrage der Fraktion der AfD. *Umsetzung des Programms „Perspektive Heimat" und die Arbeit der Migrationsberatungszentren.* BT-Drs. 19/10485.

EMN – European Migration Network. 2011. *Programmes and Strategies in the EU Member States fostering Assisted Return to and Reintegration in Third Countries.* Synthesis Report. Brüssel.

FAZ. 2017. Merkel kündigt „nationale Kraftanstrengung" an. Frankfurter Allgemeine Zeitung vom 9. Januar 2017. https://www.faz.net/aktuell/politik/inland/angela-merkel-kuendigt-nationale-kraftanstrengung-bei-abschiebungen-an-14611483.html. Zugegriffen: 11. März 2020.

Feneberg, V. 2018. Asylpolitik: Rückkehrförderung als Lotterie. *Tagesspiegel* vom 4. Dezember 2018 (https://www.tagesspiegel.de/politik/asylpolitik-rueckkehrfoerderung-als-lotterie/23714398.html. Zugegriffen: 24. Juni 2019).

Feneberg, V. 2019. „Perspektive Heimat"? Die neue Verbindung von Entwicklungspolitik und Rückkehrmaßnahmen für abgelehnte Asylsuchende. *FluchtForschungsBlog* vom 8. Januar 2019 (https://blog.fluchtforschung.net/perspektive-heimat-die-neue-verbindung-von-entwicklungspolitik-und-ruckkehrmasnahmen-fur-abgelehnte-asylsuchende/. Zugegriffen: 24. Juni 2019.

Flahaux, M.-L. 2018. The Role of Migration Policy Changes in Europe for Return Migration to Senegal. *International Migration Review* 51: 868–892. https://doi.org/10.1111/imre.12248.

Frontex. 2017. *A year in review. First 12 months of the European Border and Coast Guard Agency.* Warschau.

Graff, A., und J. Schneider. 2017. *Rückkehrpolitik in Deutschland. Wege zur Stärkung der geförderten Ausreise.* Studie des SVR-Forschungsbereichs 2017-1. Berlin: Sachverständigenrat deutscher Stiftungen für Integration und Migration.

Grote, J. 2015. *Irreguläre Migration und freiwillige Rückkehr – Ansätze und Herausforderungen der Informationsvermittlung.* Working Paper 65. Nürnberg: Bundesamt für Migration und Flüchtlinge.

de Haas, H. 2010. Migration and Development: A Theoretical Perspective. *International Migration Review* 44: 227–264.

de Haas, H. 2016. *Maroccan migration trends and development potentials.* Eschborn: Deutsche Gesellschaft für Internationale Zusammenarbeit.

Haase, M., und P. Honerath. 2016. *Return Migration and Reintegration Policies: A primer.* Integration Strategy Group: Deutsche Gesellschaft für Internationale Zusammenarbeit/German Marshall Fund of the United States.

Hailbronner, K., und D. Thym. 2016. Grenzenloses Asylrecht? Die Flüchtlingskrise als Problem europäischer Rechtsintegration. *Juristenzeitung* 71: 753–804.

Harild, N., A. Christensen, und R. Zetter. 2015. *Sustainable Refugee Return: Triggers, constraints, and lessons on addressing the development challenges of forced displacement.* Global Program on Forced Displacement Issue Note Series. Washington D.C.: World Bank Group.

van Houte, M. 2016. *Return Migration to Afghanistan. Moving Back or Moving Forward?* Chan: Palgrave Macmillan.

Hunger, U. 2011. Migration und Entwicklung: Eine Neuorientierung der EU im 21. Jahrhundert? In *Europa – quo vadis? Ausgewählte Problemfelder der europäischen Integrationspolitik*, Hrsg. G. Hentges und H.-W. Platzer, 151–170. Wiesbaden: VS Verlag.

Koser, K. und K. Kuschminder. 2015. *Comparative Research on the Assisted Voluntary Return and Reintegration of Migrants*, Genf: International Organization for Migration.

Kohls, M. 2014. Wirksamkeit von Wiedereinreisesperren und Rückübernahmeabkommen. Working Paper 58. Nürnberg: Bundesamt für Migration und Flüchtlinge.

KOM – Europäische Kommission. 2002. *Grünbuch über eine Gemeinschaftspolitik zur Rückkehr illegal aufhältiger Personen.* COM(2002) 175 endgültig. Brüssel.

KOM – Europäische Kommission. 2017a. *Mitteilung der Europäischen Kommission an das Europäische Parlament und den Rat über eine wirksamere Rückkehrpolitik in der Europäischen Union – ein neuer Aktionsplan.* COM(2017) 200 final. Brüssel.

KOM – Europäische Kommission. 2017b. *Empfehlung der Kommission vom 7.3.2017 für eine wirksamere Gestaltung der Rückkehr im Rahmen der Durchführung der Richtlinie 2008/115/EG des Europäischen Parlaments und des Rates.* COM(2017) 1600 final. Brüssel.

KOM – Europäische Kommission 2017c. *Gemeinsame Initiative der EU und der IOM für den Schutz und die Wiedereingliederung von Migranten: Stand nach dem ersten Jahr.* Factsheet vom 15. Dezember 2017. Brüssel.

KOM – Europäische Kommission. 2018. *Vorschlag für eine Richtlinie des Europäischen Parlaments und des Rates über gemeinsame Normen und Verfahren in den Mitgliedstaaten zur Rückführung illegal aufhältiger Drittstaatsangehöriger (Neufassung).* Ein Beitrag der Europäischen Kommission zum Treffen der EU-Führungsspitzen in Salzburg am 19./20. September 2018. Brüssel.

Kreienbrink, A. 2007. Freiwillige und zwangsweise Rückkehr von Drittstaatsangehörigen aus Deutschland. In *Rückkehr aus Deutschland*, Forschungsstudie 2006 im Rahmen des Europäischen Migrationsnetzwerks, Hrsg. Bundesamt für Migration und Flüchtlinge, 25–208. Nürnberg: Bundesamt für Migration und Flüchtlinge.

Kuschminder, K. 2017. Interrogating the Relationship between Remigration and Sustainable Return. *International Migration.* https://doi.org/10.1111/imig.12378.

Leerkes, A., R. van Os, und E. Boersema. 2017. What drives ‚soft deportation'? Understanding the rise in Assisted Voluntary Return among rejected asylum seekers in the Netherlands. *Population, Space and Place* 23. https://doi.org/10.1002/psp.2059.

Leubecher, M. 2017. Von Merkels Abschiebungsoffensive fehlt jede Spur. *Die Welt* vom 8.6.2017. https://www.welt.de/politik/deutschland/article165317117/Von-Merkels-Abschiebungsoffensive-fehlt-jede-Spur.html. Zugegriffen: 24. Juni 2019.

Lohse, E. 2017. Abschiebungen aus Deutschland: Die Hindernisse sind geblieben. *Frankfurter Allgemeine Zeitung* vom 22.12.2017. http://www.faz.net/aktuell/politik/inland/abschiebungen-aus-deutschland-die-hindernisse-sind-geblieben-15355351.html. Zugegriffen: 24. Juni 2019.

McMichael, C. et al. 2017. Return visits and belonging to countries of origin among young people from refugee backgrounds. *Global Networks* 17: 382–399.

Miller Scarnato, J. 2018. Deportation meets development: A case study of return migration in Guatemala. *Migration and Development* 8: 192–206. https://doi.org/10.1080/216323 24.2018.1500004.

Noll, G. 1999. Rejected Asylum Seekers: The Problem of Return. *International Migration* 37: 267–288.

Oeppen, C., und N. Majidi. 2015. *Can Afghans Reintegrate after Assisted Return from Europe?* Insights from the project ‚Possibilities and Realities of Return Migration'. PRIO Policy Brief 07/2015. Oslo: Peace Research Institute Oslo.

Rosenberger, S., V. Stern, und N. Merhaut, Hrsg. 2018. *Protest Movements in Asylum and Deportation.* Cham, Heidelberg, New York, Dordrecht und London: Springer.

Ruben, R., M. van Houte, und T. Davids. 2009. What Determines the Embeddedness of Forced-Return Migrants? Rethinking the Role of Pre- and Post-Return Assistance. *International Migration Review* 43: 908–937.

SVR – Sachverständigenrat deutscher Stiftungen für Integration und Migration. 2019. *Bewegte Zeiten: Rückblick auf die Integrations- und Migrationspolitik der letzten Jahre.* Jahresgutachten 2019. Berlin: SVR.

Schneider, J. 2017. Das Gemeinsame Europäische Asylsystem: Auf Sand gebaut? Emergenz und Agonie eines teilharmonisierten Politikfeldes. In *Das Recht auf Asyl im Spannungsfeld von Menschenrechtsschutz und Migrationsdynamik*, Hrsg. T. Oppelland, 113–151. Berlin: Berliner Wissenschafts-Verlag.

Schneider, J. 2012a. Assisted Return and Reintegration: Complex National Policy Domains or Laggard Responses in EU Migration Policy? In *European Migration and Asylum Policies: Coherence or Contradiction?*, Hrsg. C. Gortazar, M.-C. Parra, B. Segaert und C. Timmerman, 261–273. Brüssel: Bruylant.

Schneider, J. 2012b. *Maßnahmen zur Verhinderung und Reduzierung irregulärer Migration*. Working Paper 41. Nürnberg: Bundesamt für Migration und Flüchtlinge.

Schneider, J., und A. Kreienbrink. 2011. *Rückkehrunterstützung in Deutschland. Programme und Strategien zur Förderung von unterstützter Rückkehr und zur Reintegration in Drittstaaten*. Working Paper 31. Nürnberg: Bundesamt für Migration und Flüchtlinge.

Spiegel Online. 2016. Flüchtlingspolitik: Migranten ohne Bleiberecht sollen entschlossen zurückgeschickt werden. *Spiegel Online* vom 1. September 2016. http://www.spiegel. de/politik/deutschland/angela-merkel-rueckfuehrungen-von-migranten-ohne-bleiberecht-ist-wichtigste-aufgabe-a-1110551.html. Zugegriffen: 24. Juni 2019.

Strand, A. et al. 2016. *Programmes for assisted return to Afghanistan, Iraqi Kurdistan, Ethiopia and Kosovo: A comparative evaluation of effectiveness and outcomes*. Bergen: Chr. Michelsen Institute (CMI).

Unterarbeitsgruppe Vollzugsdefizite. 2015. Bericht über die Ergebnisse der Evaluierung des Berichts über die Probleme bei der praktischen Umsetzung von ausländerbehördlichen Ausreiseaufforderungen und Vollzugsmaßnahmen vom April 2011. https://www.bmi. bund.de/SharedDocs/downloads/DE/veroeffentlichungen/2016/bund-laender-bericht-hindernisse-abschiebungen.pdf?__blob=publicationFile&v=1. Zugegriffen: 24. Juni 2019.

Vathi, Z., und R. King, Hrsg. 2017. *Return Migration and Psychosocial Wellbeing. Discourses, Policy-Making and Outcomes for Migrants and Their Families*. Milton Park: Routledge.

Vollmer, C., J. Schneider, und R. Ohliger. 2017. Reformpotenziale für die Rückkehrpolitik: Abläufe transparent gestalten, humanitär handeln, freiwillige Rückkehr stärken. In *Einwanderungsland Deutschland. Bericht der Kommission „Perspektiven für eine zukunftsgerichtete und nachhaltige Flüchtlings- und Einwanderungspolitik"*, Hrsg. Heinrich-Böll-Stiftung, 83–107. Berlin: Heinrich-Böll-Stiftung.

Whyte, Z., und D. V. Hirslund. 2013. *Assisted return of rejected asylum seekers – how can we create sustainability?* DIIS Policy Brief. Kopenhagen: Danish Institute for International Studies.

Jan Schneider ist Politikwissenschaftler und leitet seit 2013 den Forschungsbereich beim Sachverständigenrat deutscher Stiftungen für Integration und Migration (SVR). Frühere Stationen waren u.a. das Bundesamt für Migration und Flüchtlinge, das Hamburgische WeltWirtschaftsInstitut (HWWI) und die Bundeszentrale für politische Bildung. Er promovierte am Institut für Politikwissenschaft der Justus-Liebig-Universität Gießen über Beratungsprozesse in der deutschen Migrationspolitik.

Entwicklungsorientiertes Migrationsmanagement – Definitionsfindung am Beispiel *Better Migration Management*

5

Martin Weiß und Stephanie Deubler

Wir danken David Nii Addy, Michael Lilier, Valeska Onken, Dr. Andrea Riester, Sabine Wenz, Elena Weber, (alle GIZ) für die sehr hilfreichen Anmerkungen, Kommentare und Ergänzungen zu diesem Kapitel.

Zusammenfassung

Migrationsmanagement ist ein häufig umstrittener Begriff und Ansatz im Kontext der Entwicklungszusammenarbeit (EZ), woraus sich Klärungs- und Definitionsbedarf ergibt: soll sich die deutsche EZ zu diesem Thema engagieren? Wenn ja, in welcher Form? Wo sind Grenzen des Engagements? Das Vorhaben *Better Migration Management* stellte die Deutsche Gesellschaft für Internationale Zusammenarbeit (GIZ) GmbH im Jahr 2016 vor diese Fragen und Herausforderungen. Basierend auf den Erfahrungen der Konzeption des Projektes wurde eine Definition für „entwicklungsorientiertes Migrationsmanagement" gefunden, welche als Orientierung für künftige Vorhaben in diesem Bereich dienen kann.

M. Weiß (✉) · S. Deubler
Deutsche Gesellschaft für Internationale Zusammenarbeit (GIZ) GmbH,
Pretoria, Südafrika
E-Mail: martin.weiss@giz.de

S. Deubler
E-Mail: stephanie.deubler@giz.de

Schlüsselwörter

Globale Wanderungsbewegungen · Migration · Better Migration Management ·
Migrationsgovernance · Entwicklungsorientierte Migration · Horn von Afrika ·
Deutsche Entwicklungszusammenarbeit (EZ) · Bekämpfung von
Menschenhandel

5.1 Einleitung

Migration ist nicht erst seit Sommer 2015, als sich hunderttausende Schutzbedürftige auf den Weg nach Europa und Deutschland machten, ein Thema
der deutschen Entwicklungszusammenarbeit (EZ). Nachdem bereits seit 2006
Potenziale und Risiken von Migration im Kontext von Entwicklung adressiert
werden[1], stellt sich heute jedoch aufgrund des zunehmenden Engagements der
EZ die Frage nach ihrer eigenständigen Rolle und Kernaufgaben in dem großen
Themenkomplex Flucht und Migration. Standen zunächst noch politisch relativ
unverfängliche Themen wie Geldtransfers von Migrant/innen, Förderung des
gemeinnützigen Engagements von Diasporavereinen oder des Unternehmertums
von in ihre Herkunftsländer zurückgekehrten Migrant/innen im Vordergrund, so
dreht sich die aktuelle Debatte häufig um Themen und Begriffe wie Migrationsgovernance, Migrationspolitik oder Migrationsmanagement. Gerade das Thema
Migrationsmanagement wird von Öffentlichkeit, Medien und Politik oft mit
sicherheitspolitisch belegten Themen wie Grenzschutz, innere Sicherheit, Rückführung u. ä. assoziiert. Hier stellt sich die Frage: *hat die Deutsche Gesellschaft
für Internationale Zusammenarbeit (GIZ) GmbH eine Rolle in dieser Thematik
und wenn ja, welche? Wo liegen die Grenzen des entwicklungspolitischen Interes-
ses und wo sind daher die Risiken und Grenzen des Engagements?* Es wird deutlich: es bedarf einer klaren Definition des Begriffs Migrationsmanagement aus
entwicklungspolitischer Perspektive. Ohne diese ergeben sich Schwierigkeiten

---

[1]Im Jahr 2006 wurde erstmals das Sektorvorhaben Migration und Entwicklung (www.giz.
de/migration) vom BMZ beauftragt, den Nexus Migration und Entwicklung zu untersuchen
und Ansätze für die deutsche EZ zu erarbeiten. Als eine der ersten Studien zum Thema
wurde 2006 das Diskussionspapier „Ägyptische, afghanische und serbische Diasporagemeinden in Deutschland und ihre Beiträge zur Entwicklung ihrer Herkunftsländer"
herausgebracht (Baraulina et al. 2006).

bei der Positionierung von entwicklungspolitischem Mehrwert und Kernaufgaben in dem politikfeldübergreifenden Feld Migration. Entwicklungspolitisches Engagement im Kontext Migration und speziell Migrationsmanagement führt ohne klare Definition zu Missverständnissen, Ängsten und Befürchtungen und stellt die entsprechenden Aktivitäten von EZ-Organisationen infrage.

Diese Fragen wurden besonders drängend, als Anfang 2016 die GIZ von der Europäischen Union und dem Bundesministerium für wirtschaftliche Zusammenarbeit und Entwicklung (BMZ) beauftragt wurde, das am Horn von Afrika angesiedelte Regionalvorhaben *Better Migration Management* (BMM) umzusetzen. BMM wurde von den Verantwortlichen für den Europäischen Treuhandfonds für Afrika (European Emergency Trustfund for Africa – EUTF) im Jahr 2015 konzipiert und kurz nach dem EU-Afrika Gipfel zu Migration in Valletta, Malta (November 2015) vom Operativen Komitee (Operational Committee) des Treuhandfonds für das Horn von Afrika (Horn of Africa Window) genehmigt. Das Projekt sollte den Khartum-Prozess[2], der im November 2014 als Initiative der EU und der Länder am Horn von Afrika ins Leben gerufen wurde, mit konkreten Maßnahmen zur Verbesserung des Migrationsmanagements in Ostafrika unterstützen. Die acht Länder des Khartum-Prozesses (Dschibuti, Äthiopien, Eritrea, Kenia, Somalia, Süd-Sudan, Sudan sowie seit 2017 auch Uganda) zählen größtenteils zu den ärmsten Ländern des Kontinents und sind mit besonderen Herausforderungen im Kontext von Flucht und Migration konfrontiert: allesamt sind sie Herkunfts-, Transit- und Zielland für Flüchtlinge und Migrant/innen mit alleine ca. 9 Mio. Menschen innerhalb der Region, auf der Suche nach Unterkunft, Schutz und Perspektiven für ein sicheres Leben.

Wenn von verbessertem Migrationsmanagement, also *Better Migration Management* gesprochen wird, stellt sich zunächst die Frage, was aus Perspektive der deutschen EZ unter diesem Begriff zu verstehen ist. Mit der Durchführung dieses Entwicklungsprojekts haben die GIZ und alle anderen Projektbeteiligten die große Chance, den Begriff „entwicklungsorientiertes Migrationsmanagement" zu definieren, anzuwenden und damit in der globalen Diskussion zu Migration zu gestalten und zu etablieren.

Auf den folgenden Seiten beschreiben die Autor/innen, basierend auf den Grundsätzen der deutschen EZ sowie den Erfahrungen aus der Planung und Umsetzung des *Better Migration Management* – Programms, eine Definition für ein entwicklungsorientiertes Migrationsmanagement.

---

[2]Auch EU-Horn von Afrika-Migrationsrouten-Initiative genannt.

5.2 Globale Migrationsgovernance: der Rahmen für Migrationsmanagement

Allgemein wird unter *globaler Migrationsgovernance* die internationale Zusammenarbeit in der Flüchtlings- und Migrationspolitik verstanden (Angenendt und Koch 2017, S. 5) oder spezifischer, ein mehr oder weniger formaler Rahmen von Normen und Regeln, um das Verhalten von Staaten bzgl. grenzüberschreitender Bewegungen von Menschen zu regulieren (Papademetriou 2011, S. 1). Konkret geht es um die Formulierung und Umsetzung von Rechtsrahmen und Politiken, die sowohl Herkunfts- als auch Transit- und Aufnahmeländer betreffen. Migration und Flucht müssen hierbei gemeinsam betrachtet werden, auch wenn jeweils unterschiedliche rechtliche Regime und teils widersprüchliche Implikationen für die Rechtspraxis existieren. Hintergrund ist, dass die meisten globalen Wanderungsbewegungen, so auch am Horn von Afrika, gemischt verlaufen, d. h. dass Arbeits- und Bildungsmigrant/innen häufig dieselben Migrationskorridore nutzen wie nach Völkerrecht Schutzbedürftige oder Betroffene von Menschenhandel[3]. Globale und regionale Migrationsgovernance ist die Grundlage und der Rahmen für Migrationspolitik.

Migrationspolitik wird aus nationalstaatlicher Perspektive meist als ein Bereich nationaler Kernkompetenz gesehen (Angenendt und Koch 2017, S. 5) und befasst sich mit der Ausgestaltung und Steuerung von Aus- und Einwanderung (GIZ 2013, S. 5).

Migrationsmanagement wiederum regelt und gestaltet die bilateralen und regionalen Beziehungen zwischen Herkunfts-, Transit- und Aufnahmeländern von Migrant/innen (ebd.) und wird auch als die Fähigkeit eines Staates

---

[3]Menschenhandel ist definiert als *„Anwerbung, Beförderung, Verbringung, Beherbergung oder Aufnahme von Personen durch die Androhung oder Anwendung von Gewalt oder anderen Formen der Nötigung, durch Entführung, Betrug, Täuschung, Missbrauch von Macht oder Ausnutzung besonderer Hilflosigkeit oder durch Gewährung oder Entgegennahme von Zahlungen oder Vorteilen zur Erlangung des Einverständnisses einer Person, die Gewalt über eine andere Person hat, zum Zweck der Ausbeutung. Ausbeutung umfasst mindestens die Ausnutzung der Prostitution anderer oder andere Formen sexueller Ausbeutung, Zwangsarbeit oder Zwangsdienstbarkeit, Sklaverei oder sklavereiähnliche Praktiken, Leibeigenschaft oder die Entnahme von Organen".* Menschenschmuggel bzw. Schleusung wird folgendermaßen definiert: *„[…] Herbeiführung der unerlaubten Einreise einer Person in einen Vertragsstaat, dessen Staatsangehörige sie nicht ist oder in dem sie keinen ständigen Aufenthalt hat, mit dem Ziel, sich unmittelbar oder mittelbar einen finanziellen oder sonstigen materiellen Vorteil zu verschaffen"* (siehe UNTOC Palermo-Protokolle, UNODC 2000).

bezeichnet, die Zuwanderung zu steuern und zu gestalten (Angenendt und Kipp 2017, S. 3). Migrationsmanagement bedarf zahlreicher Akteure: unterschiedliche Regierungseinheiten (z. B. Innen-, Außen-, Arbeitsministerium, Flüchtlingsbehörden), Regionalorganisationen (z. B. die EU, die Zwischenstaatliche Behörde für Entwicklung [*Intergovernmental Authority on Development* – IGAD]), Entwicklungspartner/innen, Zivilgesellschaft, datenerhebende Institutionen (privat und staatlich) etc. (IGAD 2012, S. 10).

War Migration in den Millenniums-Entwicklungszielen[4] noch kein Thema, so hat sich dies mit den *Nachhaltigen Entwicklungszielen* der Vereinten Nationen geändert. Migration ist in der EZ angekommen. So lautet das Unterziel 10.7. „*[…]facilitate orderly, safe, regular and responsible migration and mobility of people, including through implementation of planned and well-managed migration policies*".[5] Migrant/innen werden dort als Entwicklungsakteur/innen, aber auch – ebenso wie Flüchtlinge und Binnenvertriebene – als Zielgruppe von Entwicklungsmaßnahmen genannt.

Die globale Governance im Kontext Flucht ist durch die 1951 Genfer Flüchtlingskonvention und das 1967 Protokoll (UNHCR 1951) (welches die geografische Beschränkung des Flüchtlingsbegriffs auf Europa aufhebt) völkerrechtlich klar geregelt. Zusätzlich gibt es regionale Abkommen, für den afrikanischen Kontinent (OAU 1969), Lateinamerika (UNHCR 1984) sowie Europa (EU DG Migration and Home Affairs 2017).

Im Bereich Migration ist der globale Rahmen weniger klar definiert. Die Allgemeine Erklärung der Menschenrechte der Vereinten Nationen (VN) stipuliert in Artikel 13 das Recht auf Bewegungs- und Niederlassungsfreiheit innerhalb der Grenzen eines Landes sowie das Recht zur Ausreise aus diesem und Rückkehr in dieses Land (Vereinte Nationen 1948). Was davon allerdings unberührt bleibt, ist das Recht auf Einreise, welches die Nationalstaaten individuell regeln. Für den Bereich Arbeitsmigration gibt es mehrere Konventionen der Internationalen Arbeitsorganisation *(International Labour Organization, ILO)* (ILO 1949, 1975, 2011) sowie die Wanderarbeitnehmerkonvention der VN (OHCHR 1990). Diese ist in erster Linie von Ländern des globalen Südens ratifiziert. Von den Ländern

---

[4]United Nations (2015) sowie eine Sammlung von Aufsätzen zum Thema: UNFPA (2005).

[5]Fünf weitere Unterziele beschäftigen sich mit Aspekten der Migration wie Geldtransfers, Bildungsmigration, Arbeitsmigration von Pflegekräften etc. und drei Unterziele zielen auf die Eliminierung von Menschenhandel und – schmuggel ab (z. B. Unterziel 5. 2. „*[…] eliminate all forms of violence against all women and girls in public and private spheres, including trafficking and sexual and other types of exploitation*").

des Khartum-Prozesses hat lediglich Uganda die Konvention unterzeichnet.
Zusätzlich ist das Übereinkommen der VN gegen die grenzüberschreitende,
organisierte Kriminalität (*Convention Against Transnational Organized Crime,*
UNTOC) sowie zwei der damit verbundenen Palermo-Protokolle zu nennen,
welche den Rahmen zur Adressierung von Menschenhandel und Menschenschmuggel bilden. Mit Stand September 2017 waren 147 Länder Unterzeichner
der UNTOC – mit Ausnahme von Somalia und Südsudan auch sämtliche Khartum-Prozess Länder (UNODC 2000). Insgesamt ist das globale Migrationsregime
verhältnismäßig zersplittert.

Seit 2015, als große Flucht- und Migrationsbewegungen sich auch in die
europäische Öffentlichkeit gedrängt haben, wird deutlich, dass der bestehende
Rahmen der globalen Migrationsgovernance (worunter Flucht subsumiert wird)
nicht mehr zeitgemäß ist.[6] Aus diesem Grund berief der VN-Generalsekretär im
September 2016 das Globale Gipfeltreffen zu großen Flucht- und Migrationsbewegungen[7] ein. Resultat war die New York Deklaration für Flüchtlinge und Mig-
rant/innen[8], auf deren Basis bis 2018 jeweils ein Globaler Pakt zu Flüchtlingen
und ein Globaler Pakt zu sicherer, geregelter und geordneter Migration erarbeitet
werden. Mit der New York Deklaration, die sich sowohl auf den Valletta-Gipfel,
wie auf den Khartum-Prozess bezieht, verpflichtet sich die Staatengemeinschaft
zur Stärkung der globalen Migrationsgovernance (Par. 49), insbesondere durch
den Globalen Migrationspakt (Annex 2, I Par. 2 sowie III Par 8.f).

5.3   Regionaler Migrationsrahmen für das Horn von Afrika

Für die Umsetzung globaler Migrationsgovernance ist es notwendig, die
Zusammenarbeit zwischen Nachbarstaaten, Staaten entlang von Migrationsrouten sowie innerhalb regionaler Gemeinschaften zu fördern. Migration kann
von keinem Staat unilateral geregelt werden; deshalb werden unter der globalen, recht abstrakten Ebene kontinentale und regionale Governance-Rahmen für
Migrationsfragen etabliert.

---

[6]Siehe hierzu z. B. Betts und Collier (2017).

[7]Mehr Informationen auf der Webseite des Gipfeltreffens http://refugeesmigrants.un.org/
summit. Zugegriffen: 02. Juli 2017.

[8]http://www.un.org/en/ga/search/view_doc.asp?symbol=A/RES/71/1. Zugegriffen: 02. Juli
2017.

Für das Horn von Afrika sind auf kontinentaler bzw. afrikanischer Ebene neben der Agenda 2063 der Afrikanischen Union[9] in erster Linie das Migrationspolitische Rahmenwerk (2006a; Revision 2017) (Afrikanische Union 2006a)[10], die Gemeinsame Afrikanische Position zu Migration und Entwicklung (Afrikanische Union 2006b) sowie für spezifischere Migrationsaspekte die OAU Konvention für Flüchtlingsfragen (Organisation der Afrikanischen Einheit (OAU) 1969) und der Ouagadougou Aktionsplan gegen Menschenhandel, speziell von Frauen und Kindern (Afrikanische Union 2006c), relevant.[11] Zusätzlich gibt es für das Horn von Afrika die Regionalorganisation IGAD, eine zwischenstaatliche Organisation für Entwicklungsfragen. Auch IGAD hat für sich einen spezifischen Rahmen zu Migrationsfragen definiert und ist damit die erste afrikanische Regionalorganisation mit einem regionalen migrationspolitischen Rahmenwerk (IGAD 2012, S. 5). Der migrationspolitische Rahmen von IGAD umfasst neben einem klaren Bezug zu den kontinental-afrikanischen AU-Rahmen (und damit Ausrichtung auf die gleichen thematischen Prioritäten) zusätzlich ein eigenständiges Kapitel zu ‚Migration und Entwicklung‘, wo u. a. die Abwanderung Hochqualifizierter, der sog. *Brain Drain,* aber auch Geldtransfers von Migrant/innen sowie doppelte Staatsbürgerschaften und Transnationalismus[12] adressiert werden. Außerdem werden als für die Region prioritäre Themen folgende genannt: nationale und internationale Sicherheit und Stabilität; Krisenprävention und Konfliktlösung; Rechte von Migrant/innen; Migration, Armut und Konflikt; Migration, Klimawandel, Umwelt und Anpassung; Migration und Gender; Migration vulnerabler Gruppen (ebd.).

Migration beschränkt sich jedoch meist nicht auf einzelne Regionen selbst – Menschen migrieren über Regionen hinweg. Für das Horn von Afrika sind z. B.

---

[9]Die Agenda 2063 der Afrikanischen Union (AU) ist das strategische Rahmenwerk für die sozio-ökonomische Entwicklung des Kontinents der kommenden 50 Jahre. Sie wurde 2013 anlässlich des 50. Jahrestages der Gründung der OAU ausgerufen und legt sowohl eine Vision als auch Ideale vor, die als Säulen für die nachhaltige Entwicklung und den technologischen Fortschritt des Kontinents dienen. Nähere Information auf der Website der AU: https://www.au.int/web/en/agenda2063.

[10]Dieses kontinentale Rahmenwerk definiert den Rahmen zu folgenden Fragen: Arbeitsmigration, Grenzmanagement, irreguläre Migration, Flucht, Binnenmigration, Migrationsdaten, zwischenstaatliche und regionale Kooperation etc. Das Rahmenwerk wird aktuell (Juli 2017) überarbeitet (APA News 2017).

[11]Für eine tiefer gehende Analyse der regionalen Migrationspolitik auf dem afrikanischen Kontinent (nicht spezifisch zum Horn von Afrika) siehe z. B. Fioramonti und Nshimbi (2016).

[12]Siehe hierzu z. B. Pries, der Transnationalismus in der Migrationstheorie als die Schaffung von sozialen Räumen durch Migration über Nationalstaaten hinweg definiert (Pries 2011, S. 8).

neben intraregionaler Migration in erster Linie die Migrationsrouten in Richtung Golfstaaten, in Richtung Südafrika sowie in Richtung Europa relevant (Marchand et al. 2017, S. 25).[13] Auch wenn die europäische Perspektive oft eine andere ist: für die afrikanischen Staaten ist dabei klar, dass die Route in Richtung Europa nicht relevanter ist als die anderen Routen (Maru 2015, S. 1). Der Khartum-Prozess hat ein offizielles Mandat zum Monitoring der Fortschritte der Umsetzung des sog. Valletta-Aktionsplans (EU und ICMPD 2016), der fünf prioritäre Themen umfasst: 1) Entwicklungspotenziale von Migration sowie Adressierung der Gründe für irreguläre Migration und Flucht; 2) legale Migration und Mobilität; 3) Schutz und Asyl; 4) Prävention und Bekämpfung von irregulärer Migration, Menschenschmuggel und Menschenhandel; 5) Rückkehr, Rückübernahme und Reintegration. Diese fünf Schwerpunktthemen bilden den Rahmen der Zusammenarbeit zwischen der EU und afrikanischen Staaten im Bereich Migration (AU und EU 2015).[14]

Das Vorhaben *Better Migration Management* bettet sich in diesen regionalen, trans-regionalen und globalen Migrationsgovernance-Rahmen ein und hat den Auftrag innerhalb dieses Rahmens, das Migrationsmanagement zu verbessern. Wie die praktische Umsetzung inklusive der damit verbundenen Herausforderungen aussieht, beschreibt das folgende Kapitel.

5.4 Migrationsmanagement in der entwicklungspolitischen Praxis

5.4.1 Rahmendaten und Inhalte des Projekts *Better Migration Management*

Laufzeit:	drei Jahre (April 2016 – März 2019).
Budget:	46 Mio. EUR, davon 40 Mio. EUR aus dem EUTF und 6 Mio. EUR von der deutschen Bundesregierung (BMZ).

---

[13]Weitere Informationen auf der Website des Regional Mixed Migration Secretariats http://www.regionalmms.org/, aktuelle Zahlen und Migrationsrouten hier: http://www.regionalmms.org/index.php/data-trends/monthly-maps. Zugegriffen: 21. September 2017.
[14]Hinweise bzgl. der Dringlichkeit, integrierte Ansätze über einen alleinigen Sicherheitsfokus hinaus zu verfolgen, sind zu finden bei Vorrath 2017.

| **Umsetzung** | durch eine Arbeitsgemeinschaft von Implementierungspartner/innen. GIZ ist alleinige Vertragspartnerin der EU. |
| **Steuerungskomitee (StC):** | seit Februar 2016; zuständig für politische Steuerung; von EU geleitet, besteht aus Vertreter/innen der deutschen Bundesregierung (BMZ), der EU-Kommission (Generaldirektionen für Entwicklungszusammenarbeit [DG DEVCO] sowie Inneres und Migration [DG Home]), der italienischen, britischen, französischen und niederländischen Regierung und Implementierungspartner/innen sowie AU-Kommission und IGAD als Beobachtende. Die GIZ übernimmt als lead agency der Implementierungspartner/innen eine Sekretariatsrolle für das StC |

Better Migration Management ist eines der ersten Vorhaben, dessen Durchführung kurz nach dem Valletta Gipfel vom operativen Komitee zum Horn von Afrika des EU Treuhandfonds zu Migration bereits im Dezember 2015 genehmigt wurde.

Im Grundlagendokument der EU (sog. *Action Fiche*), auf dessen Basis das Projekt geplant und vorbereitet wurde, wird der Begriff Migrationsmanagement auf fast alle Elemente, die ein klassisches Vorhaben der technischen Entwicklungszusammenarbeit charakterisieren (wie z. B. das Ziel, die Stärkung der Kapazitäten der Partner/innen, Schutz der Rechte der Zielgruppen), angewandt. Das Vorhaben verfolgt das Ziel, Migration in der Region sicherer zu machen, das Migrationsmanagement zu verbessern, Menschenschmuggel und –handel zu adressieren und insbesondere die Rechte von Migrant/innen zu stärken und sie vor Gewalt, Missbrauch und Ausbeutung zu schützen. Die Projektaktivitäten sind in vier Komponenten aufgeteilt: 1) Politikharmonisierung, 2) Kapazitätsentwicklung, Training, Ausbildung, 3) Schutz sowie 4) Information und Beratung. Im Fokus stehen immer die Zielgruppen: Migrant/innen, Betroffene von Menschenhandel sowie Flüchtlinge (insbesondere im Kontext der Weiterwanderung aus dem Erstaufnahmeland) und die Bevölkerung der Länder des Khartum-Prozesses.

Das Projekt ist ein Ausbildungs-, Trainings- und Beratungsprojekt. Es wirkt über *Capacity Development,* d. h. die Stärkung der menschlichen und institutionellen Kapazitäten, die durch unterstützende Infrastruktur und Ausrüstung begleitet wird. Es lebt über die direkte Zusammenarbeit, Diskussion und das Ringen mit den Partnerländern und ihren Ministerien um die richtigen und notwendigen Ansätze zur Verbesserung des regionalen Migrationsmanagements.

Das Projekt adressiert die Makro-Ebene in der Komponente Politikharmonisierung mit Beratung zu den rechtlichen und politischen Rahmenbedingungen einer harmonisierten, vereinheitlichten und menschenrechtsbasierten Migrationspolitik. Dies geschieht auf Ebene der Khartumprozess-Mitgliedsstaaten sowie auf der zwischenstaatlichen Ebene, um die regionale Zusammenarbeit der entsprechenden Länder zu erleichtern.

BMM adressiert die Meso-Ebene in allen Komponenten, indem es mit staatlichen und halbstaatlichen Behörden, Organisationen und der Zivilgesellschaft zusammenarbeitet, um die Migrationsmaßnahmen in den Partnerländern umzusetzen.

Das Projekt arbeitet auch auf der Mikro-Ebene, ebenfalls in allen Komponenten, indem es – mit Unterstützung von internationalen Organisationen wie IOM und UNODC sowie bilateralen Entwicklungsorganisationen wie British Council und Expertise France sowie in der Zusammenarbeit mit nationalen und internationalen Nichtregierungsorganisationen (NRO) – konkrete Schutz- und Betreuungsangebote für Migrant/innen und Flüchtlinge aufbaut. Die Komponente „Information und Beratung" arbeitet fast ausschließlich direkt mit der Zielgruppe.

In den ersten Diskussionen mit den Auftraggeber/innen EU und BMZ sowie mit der Steuerungsgruppe des Khartum-Prozesses wurde deutlich, dass das Projekt – neben der Verfolgung der beschriebenen inhaltlichen Ziele – die Aufgabe hat, den Khartum-Prozess, der ein Element der regionalen Migrationsgovernance darstellt, in Wert zu setzen. Die Mitgliedsländer des Khartum-Prozesses werden durch das Projekt mit konkreten Fragestellungen konfrontiert, für die sie politische und rechtliche Antworten entwickeln müssen, um mit den großen und gemischten Flucht- und Migrationsbewegungen in dieser Region umgehen zu können.

Weil internationale Migration per Definition – mindestens – eine transnationale bzw. regionale Dimension hat, müssen die damit verbundenen Potenziale und Herausforderungen in der Zusammenarbeit der beteiligten Länder auf allen Ebenen ‚bearbeitet' werden (IOM und FOM 2005, S. 16). Gerade in einer Region, in der nicht alle der beteiligten Länder freundschaftliche Beziehungen untereinander pflegen, spielen deshalb regionale Organisationen, wie IGAD mit Sitz in Dschibuti und die Afrikanische Union mit Sitz in Addis Abeba, eine wichtige Rolle.

5.4.2 Erkundung von Neuland: Konzeption und Umsetzung des Vorhabens

Bereits kurz nach der Entscheidung des EUTF Operational Committees, BMM durchzuführen, wurde deutlich, dass die GIZ mit diesem Vorhaben Neuland betreten wird. Die Entscheidung wurde 2015 getroffen, auf dem Höhepunkt der sogenannten ‚Flüchtlingskrise‘, als hunderttausende Asylsuchende aus den Krisengebieten in Afghanistan, Syrien, dem Irak und anderen Ländern versuchten, in Europa Schutz zu finden. Der sogenannte ‚EU-Türkei-Deal‘ war gerade abgeschlossen und wurde breit kritisiert. Die öffentliche Meinung war polarisiert und aufgeheizt (Das Erste 2016a; Pro Asyl 2016; Jakob 2016; Deutscher Bundestag 2016a, b, c).

In diesem Umfeld entschied die EU, ein Projekt am Horn von Afrika durchzuführen, das *Better Migration Management* heißt. Diese Entscheidung wurde sehr schnell direkt mit dem EU-Türkei-Deal verglichen und entsprechend kritisiert. Die Kritik verstärkte sich noch, als ein Anhang zum sog. Action Fiche des Vorhabens bekannt wurde, in dem Anfragen von den Khartum-Prozess-Staaten nach Unterstützung aufgelistet waren – darunter Bitten um die Einrichtung von geschlossenen Verhörzellen, nach Grenzbefestigungsanlagen und Überwachungstechnik. Diese Liste entstand bei einem Arbeitsgruppentreffen des Khartum-Prozesses im Jahr 2014 in Sharm-el Sheikh (Ägypten) – lange vor Beauftragung der GIZ zur Umsetzung des BMM.

Der Türkei-Vergleich und diese Ausrüstungswünsche erwiesen sich als schwere Starthypothek für das Vorhaben. Im Februar 2016 organisierte ein Zusammenschluss von NRO in Berlin eine Veranstaltung gegen die EU-Flüchtlingspolitik, den Khartum-Prozess und *Better Migration Management*. Unter dem Titel *„Aus den Augen aus dem Sinn – Auslagerung und Regionalisierung von Migrationskontrolle und Fluchtbewegungen“* diskutierten rund 120 Teilnehmer/innen über die sicherheitspolitischen Interessen Europas und deren Verknüpfung mit entwicklungspolitischen Projekten, am Beispiel von BMM.

Diese öffentliche Kampagne gegen ein Projekt der deutschen Entwicklungszusammenarbeit war für alle Beteiligten – GIZ, BMZ und EU – eine neue Erfahrung. Anhand einiger Schlüsselereignisse wird nachfolgend das *Neuland für das Projekt* und die *Lernerfahrungen* die sich daraus ableiten, beschrieben:

5.4.2.1 BMM in der Öffentlichkeit und Lernerfahrungen

Der 14. Mai 2016 war ein wichtiger Meilenstein für die öffentliche Wahrnehmung von BMM. An diesem Samstag erschien ein Artikel im Nachrichtenmagazin „Der Spiegel“, in dem der Bundesregierung vorgeworfen wurde, mit

Hilfe von BMM die Einrichtung von geschlossenen Internierungszellen in sudanesischen Flüchtlingslagen zu finanzieren (Dahlkamp und Popp 2016). Als Beleg dafür wurden Aussagen eines sudanesischen Offiziellen zitiert, der von einer deutschen Regierungsdelegation dafür die Zusage erhalten habe. Dieser Artikel wurde einige Tage später vom ARD-Magazin „Report Mainz" aufgegriffen. Dort äußerte sich eine Expertin einer deutschen NRO, ebenfalls am Beispiel von BMM, äußerst kritisch über die EU-Zusammenarbeit mit afrikanischen Staaten (Das Erste 2016b).

BMM war damit in der Öffentlichkeit und in der politischen Diskussion um die EU-Afrikapolitik angekommen. Die politische Kommunikation des Vorhabens ist seitdem fester Bestandteil der Projektarbeit. Die GIZ konnte erst im November 2016, nachdem das BMM-Steuerungskomitee die Ergebnisse der Prüfphase abgenommen und den Auftrag genehmigt hatte, detailliert in der Öffentlichkeit vermitteln, was Ziel und Inhalt des Projektes sind – und eben auch, was nicht zu den Aufgaben von BMM gehört. In GIZ internen und externen Informations- und Diskussionsveranstaltungen stellte das Projektteam die Transparenz her, die aus dem politischen Raum, von den Medien und von der Zivilgesellschaft eingefordert wurde. Bis Juli 2017 haben 16 Anfragen von Bundestagsfraktionen und eine Vielzahl von Presseveröffentlichungen BMM thematisiert (siehe z. B. Boyes 2016; Die Zeit 2016; Kirchner et al. 2016; Schlindwein 2016; Reiche 2016). Nach einer Medienresonanzanalyse trug die Berichterstattung im Jahr 2016 zu BMM zu einer insgesamt kritischeren Gesamtwahrnehmung der GIZ in den Medien bei.

Lernerfahrungen: Es gibt viele Kritiker der beim Valletta-Gipfel formulierten europäischen Afrikapolitik; ihre Erfolgsaussichten werden in den Mitgliedsstaaten der EU intensiv diskutiert. Ein Kernpunkt der Kritik ist dabei die Zusammenarbeit mit Ländern wie Eritrea und Sudan, die für schwere Menschenrechtsverletzungen bekannt sind, allerdings bei Fragen des Migrationsmanagements in Afrika nicht ignoriert werden dürfen. Die Erfahrungen aus BMM zeigen, dass sich die Vorhaben auf entsprechende Kritik vorbereiten und darauf eingehen müssen. Das bedeutet, einen engen Schulterschluss mit den politisch Verantwortlichen und den Auftraggeber/innen zu suchen. Klare Sprach- und Verhaltensregeln müssen festgelegt und eine offensive und transparente Kommunikationspolitik im politischen, medialen und öffentlichen Raum verfolgt werden. Kritik muss aufgenommen und reflektiert und in zielgruppenspezifischen Veranstaltungen und via Pressebriefings als fester Bestandteil der Projektarbeit adressiert werden. Dafür müssen alle Projektbeteiligten, aber auch die Durchführungsorganisationen mit ihren Managementstrukturen, Stabsabteilungen und

Kommunikationsexpert/innen sensibilisiert und eingestimmt werden. Für die Mitarbeiter/innen in dem Projekt ist es unerlässlich, dass sie sich bei jeder Tätigkeit in diesem politisch so sensiblen Umfeld ihrer Aufgaben und Rolle vergewissern, diese reflektieren und für sich selbst Rollenklarheit herstellen und im Austausch mit Vorgesetzten und Partner/innen diese auch absichern.

5.4.2.2 Die BMM Implementierungsprinzipien und Lernerfahrungen

Implementierungsprinzipien
1. **Ganzheitliches Verständnis** von Migrationsmanagement unter Beachtung regionaler Rahmenwerke und internationaler Konventionen.
2. Gemeinsames Verständnis der **positiven Effekte von Migration** auf regionale Entwicklung und Stabilität.
3. Umsetzung eines kontext- und konfliktsensiblen Ansatzes unter Einhaltung der „**Do No Harm**" Prinzipien.
4. Beachtung geltender **internationaler Gesetze und Konventionen** und nationaler Rechtsprechung.
5. **Förderung regionaler Kooperation** zwischen den Partnerländern, relevanter Regionalorganisationen und Beratungsmechanismen.
6. Förderung der nationalen „**ownership**" von **und starken Partnerschaft** mit den Partnerländern.
7. Sicherstellung und Förderung der **Komplementarität** mit anderen Regionalinitiativen.
8. Förderung innovativer Partnerschaften mit **zivilgesellschaftlichen Organisationen.**

Die kritische Wahrnehmung und Diskussion von BMM, insbesondere bzgl. Entwicklungsorientierung des Vorhabens in der Zivilgesellschaft und informierten Öffentlichkeit führten im Projekt-Vorbereitungsteam zu Verunsicherungen. Es gab Befürchtungen, BMM solle im Sinne der europäischen Innenpolitik instrumentalisiert werden. Versteckte Agenden wurden vermutet, gerade zu der Zusammenarbeit mit Grenzmanagement- und Polizeiinstitutionen in Afrika. Durch die Medienberichte und die Äußerungen v. a. sudanesischer Regierungsvertreter, die BMM als Ausrüstungsprojekt, z. B. von Internierungszellen in Flüchtlingslagern, darstellten, wurden diese Zweifel und auch Selbstzweifel verstärkt.

Es folgten intensive Diskussionen im Projektteam und mit Vertreter/innen der Auftraggeber/innen BMZ und EU über die Rolle und Ausrichtung des Programms und über die Prinzipien, die BMM bei der Umsetzung anwenden sollte. Ziel war es, ein tragfähiges Verständnis für die Entwicklungslogik von BMM zu finden, das allen Beteiligten und auch den Partner/innen in den Khartum-Prozess-Ländern klar vermittelt werden kann. Das Projekt-Vorbereitungsteam hatte bereits, bevor die Kontroversen ausgelöst wurden, Implementierungsleitfäden entwickelt, die vom Steuerungskomitee abgenommen, den Partner/innen vermittelt und in den Projektantrag aufgenommen wurden und damit Vertragsbestandteil und Grundlage der Aufgabenbeschreibung für die GIZ und alle Implementierungspartner/innen wurden.

Lernerfahrungen: Die Umsetzungserfahrungen aus BMM zeigen, dass schon bei Beginn der Auftragsklärung und der Konzeption des Vorhabens Risiken und Bedenken im Projektteam und mit den Auftraggeber/innen und politischen Partner/innen offen thematisiert und diskutiert werden müssen. Die Mitarbeiter/innen in Projekten, die politisch hoch exponiert sind, benötigen Klarheit und Sicherheit für ihre anspruchsvolle und schwierige Tätigkeit. Die Vertreter/innen der Partnerländer benötigen ebenfalls Klarheit über die Möglichkeiten und Grenzen, die in der Zusammenarbeit im Rahmen dieser Projekte enthalten sind. Der Rahmen muss für alle Beteiligten klar und stabil beschrieben sein und kontinuierlich vermittelt werden.

5.4.2.3 Das Ziel der Bekämpfung von Menschenhandel und Lernerfahrungen

Ist es die Aufgabe von BMM, kriminelle Schlepper und Menschenhändler am Horn von Afrika zu bekämpfen? Ist dies Aufgaben der Entwicklungszusammenarbeit, welche Rolle und welche Kernkompetenz kann die GIZ da einbringen? Mit diesen Fragen ging das Projektteam in die erste Steuerungsgruppen-Sitzung, die überwiegend mit innenpolitischen und Polizeivertreter/innen der EU und der beteiligten EU-Mitgliedsstaaten besetzt war.[15] Nach den ersten Diskussionen in der Steuerungsgruppe und v. a. nachdem die Ergebnisse der Projektprüfung vorlagen, war allen Beteiligten klar: die GIZ ist die richtige Organisation, gerade mit ihrer Kernkompetenz der Kapazitätsstärkung von Partnerorganisationen, mit Trai-

---

[15]Nur die Vertreter/innen von EU DG DEVCO, dem deutschen BMZ, sowie ein Vertreter von DFID repräsentieren die europäische Entwicklungspolitik. Italien, Frankreich und die Niederlande sind jeweils mit Repräsentant/innen der Außen- und Innenministerien vertreten, die EU zudem noch mit einem Vertreter der DG Home.

ning, Beratung und Qualifizierung von zentralen Akteuren und Institutionen wie Polizei, Gerichte, Staatsanwälte, Grenzbehörden, aber auch Migrationsbehörden und Betreiber von Betreuungs- und Versorgungseinrichtungen für Migrant/innen und Flüchtlinge nachhaltig zu beraten und damit deren Arbeit zu verbessern. Verbessern heißt im BMM-Kontext: menschenrechtskonform auszurichten, transparent zu agieren und nachhaltig wirksam zu sein. Eine Beratung von diesen Institutionen in der Anwendung von Menschenrechts- und anderen Prinzipien der europäischen Entwicklungszusammenarbeit auch bei der Identifikation und Verfolgung von Kriminellen gehört zum Kerngeschäft der Entwicklungszusammenarbeit.

Lernerfahrungen: Capacity Development ist nicht wertfrei. Gerade im Migrationskontext sind die Einhaltung von Menschenrechten (insbesondere der Schutz der Menschenrechte von Migrant/innen, v. a. in besonders vulnerablen Situationen wie Irregularität) und der Missbrauch von Menschenrechten (z. B. durch Menschenhändler/innen) oft sehr nahe beieinander. Die EZ kann mit ihren Methoden und Instrumenten hier einen spürbaren Unterschied herstellen. Für die EZ und ihre Institutionen ist die Zusammenarbeit mit Sicherheitsinstitutionen nicht risikofrei. Darauf muss sie vorbereitet sein, um zu vermeiden, dass sie in Bereiche vordringt, wo sie keine alleinige Definitionshoheit hat bzw. ggf. Gefahr läuft, sich zu stark unterordnen zu müssen. Dazu bedarf es klarer Orientierungen und Managementprinzipien, die den Mitarbeiter/innen die Identifikation von Tätigkeitsfeldern und Institutionen, die die EZ negativ vereinnahmen und instrumentalisieren könnten, erleichtert.

5.4.2.4 Das ROCK[16] und Lernerfahrungen, ein harter Brocken

Schon bei der ersten Sitzung des Steuerungskomitees im Februar 2016 brachten Vertreter/innen Frankreichs den Vorschlag ein, ein oder zwei Trainingszentren für Polizei und Grenzmanagement in Khartum bzw. Kairo über das Projekt BMM zu finanzieren. Es stellte sich heraus, dass für diese Trainingszentren bereits Konzepte vorlagen, für die von französischer Seite schon länger eine Unterstützungsmöglichkeit gesucht wurde. Das BMM-Steuerungskomitee verhielt sich zunächst abwartend und vertagte die Entscheidung über eine Förderung dieses Zentrums bis zum Vorliegen der Ergebnisse der Projektprüfung. Bei der Besprechung und der Abnahme des Prüfungsdesigns erging der Auftrag an die GIZ, das ROCK

---

[16]Regional Operational Center in support of the Khartoum Process and AU-Horn of Africa Initiative (ROCK).

ergebnisoffen in die Prüfung aufzunehmen. Während der Prüfung im Sudan wurde schnell deutlich, dass es sich bei dem ROCK nicht nur um ein Trainings-zentrum handeln sollte, sondern dass in diesem Zentrum vermutlich auch ein umfassender Daten- und Informationsaustausch zu Flüchtlingen und Migrant/innen zwischen den Ländern am Horn von Afrika stattfinden sollte. In Unter-stützung dessen sollten auch hochrangige entsandte Polizist/innen aus den afrika-nischen und europäischen Partnerländern am ROCK tätig werden, deren Mandate weit über die Implementierung eines EZ-Vorhabens hinausgehen würden. Eine Beteiligung von einzelnen nationalen Geheimdiensten konnte in diesem Fall nicht ausgeschlossen werden.

Das Ergebnis der Projektprüfung war die Empfehlung, ROCK nicht über BMM zu finanzieren und zu unterstützen. Hauptsächlich vier Argumente wurden dem Steuerungskomitee von der GIZ vorgelegt:

1. In Gesprächen mit den Regierungen anderer Khartum-Prozess-Staaten wurde mehrmals die Aussage getroffen, dass diese Regierungen (z. B. Kenia und Äthiopien) ihre Sicherheitsorgane nicht nach Khartum zum Training senden würden. Damit würde das ROCK seinen Ausbildungsauftrag nicht unein-geschränkt erfüllen können.
2. Die für das ROCK veranschlagte Finanzierungssumme hätte einen wesent-lichen Anteil des Projektbudgets verschlungen, sodass die anderen geplanten Projektmaßnahmen hätten deutlich reduziert werden müssen.
3. Im Lauf der Prüfung hat sich bestätigt, dass im ROCK Daten zwischen den Sicherheitsbehörden der Khartum-Prozess-Staaten ausgetauscht und abgeglichen werden, was ein klares Risiko für die Umsetzung des gesamten Vorhabens dargestellt hätte. Die menschenrechtskonforme Ver-wendung und der Datenschutz würden durch BMM nicht im Rahmen seiner Implementierungsprinzipien sichergestellt werden können und somit den menschenrechtlichen Standards der deutschen EZ widersprechen.
4. Die kritische Wahrnehmung der Arbeit von BMM im Sudan würde durch den Standort Khartum und einen aus Sicht der GIZ nicht ausreichend kontrollier-baren Missbrauch des ROCK verschärft werden. Das damit verbundene politi-sche Risiko würde die Arbeit von BMM insgesamt nachhaltig beschädigen.

Das Steuerungskomitee nahm sich der Argumente in einer intensiven und kriti-schen Diskussion an. Die letzte Entscheidung darüber, dass das ROCK im Rah-men von BMM aus o. g. Gründen nicht umgesetzt werden sollte, wurde auf dem Khartum-Prozess-Meeting im Juli 2016 in Rom getroffen.

Lernerfahrung: Die Diskussion um die Rolle von BMM beim Aufbau und Management des ROCK hat deutlich gemacht, dass sich die EZ mit BMM und ähnlichen Vorhaben zum Migrationsmanagement einem für sie intransparenten und nicht zu kontrollierenden Bereich nähert: dem Sicherheitsapparat von Polizei, Geheimdiensten, evtl. auch Militär, und den damit verbundenen politischen und wirtschaftlichen Interessen von internationalen Beteiligten. Dieser Bereich ist – anders als die internationale Zusammenarbeit, die Auftrag und Mandat der GIZ definiert – für die GIZ gar nicht und für ihre Auftraggeber/innen nur äußerst bedingt beeinflussbar, geschweige denn kontrollierbar im Sinne von Wahrung menschenrechtlicher Prinzipien von Sicherheitskräften (z. B. bei Grenzkontrollen und im Umgang mit [irregulären] Migrant/innen). Erschwert, im Fall von ROCK und BMM, wird diese intransparente Situation durch beteiligte Partnerländer wie Sudan, Eritrea, Äthiopien und andere, die nicht nach demokratischen Grundsätzen regiert werden. In solchen Situationen ist die Gefahr der Instrumentalisierung durch undurchschaubare Partikularinteressen ein enormes Risiko. Bei der Entscheidung über ein Engagement in diesen Bereichen muss die Beeinflussbarkeit dieses Risikos für die GIZ und ihre Auftraggeber/innen handlungsleitend sein. Dafür stehen als Instrumente z. B. Durchführungsvereinbarungen, Rahmenabkommen und Regierungsvereinbarungen zur Entwicklungszusammenarbeit zur Verfügung.

5.4.2.5 Die Komponente Information und Beratung[17] und Lernerfahrungen

Diese Komponente schien zunächst im Vergleich zu den anderen drei Komponenten konzeptionell einfach gestaltbar. Es geht darum, Informationsangebote für Flüchtlinge in Aufnahmeländern, Migrant/innen und die lokale Bevölkerung, die potenziell migrieren könnte, zu konzipieren und über Partner/innen zur Verfügung zu stellen. Ziel sollte hierbei sein, die Entscheidung für oder gegen Migration informierter zu machen. Die Erwartungen zu den Inhalten in den Partnerländern und im Steuerungskomitee variierten jedoch enorm. Mit Information ist in diesem Fall ,artikulierte Politik' gemeint. Von Abschreckungskommunikation bis zu ,Richtigstellung' der sogenannten Pullfaktoren[18] wollten alle, dass BMM

---

[17]Die englische Bezeichnung „Awareness Raising" wird im Migrationskontext häufig in Richtung ,Abschreckungs- und Risikokommunikation' ausgelegt und angewandt; die deutsche Bezeichnung „Information und Beratung" ist offener und neutraler, um eine derartige Ausrichtung zu vermeiden.

[18]Laut der eritreischen Regierung gehört dazu auch die deutsche ,Willkommenskultur' im Sommer 2015.

genau ihre eigenen Botschaften aufnehme und an die Zielgruppe kommuniziere – jeweils mit dem Ziel, Menschen von Migration abzuhalten und somit Migration, insbesondere in Richtung Europa zu reduzieren. Ein klarer Widerspruch zur Gesamtausrichtung des BMM.

Das Projektteam konnte das Steuerungskomitee jedoch von folgender Lösung überzeugen: Verzicht auf Abschreckungskommunikation und stattdessen Angebote zu Einkommens-, Beschäftigungs-, Bildungs- und Aufenthaltsmöglichkeiten in den jeweiligen Ländern der Region aufbereiten. Auch Möglichkeiten legaler Migration sollen vermittelt werden, da einzig eine Ausweitung von legalen Migrationswegen eine signifikante Alternative zu irregulären Migrationsbewegungen bieten würde. Diese Möglichkeiten sind in jedem der BMM-Länder andere und oft nur mit großem Aufwand zu identifizieren.

Lernerfahrung: Um die entsprechenden Alternativen zu Migration zu identifizieren und aufzubereiten ist es wichtig, auf konkrete Unterstützungsprogramme der beteiligten Partnerländer und auch der Geber/innengemeinschaft Bezug zu nehmen. Wirtschaftsförderungs- und Qualifizierungsprogramme, die auch Flüchtlingen und Migrant/innen offenstehen, müssen in die Konzeption der Informations- und Beratungsangebote einbezogen werden. Für viele Migrant/innen selbst, aber auch für Kritiker/innen der europäischen Migrationspolitik wird das Angebot erst rund, wenn es realistische Wege der legalen Migration – nach Europa aber auch anderen Zielregionen sowie innerhalb Afrikas – gibt (bei der Schaffung legaler Migrationswege setzt die Komponente ‚Politikharmonisierung' des BMM an). Die Qualität der Informations- und Beratungsangebote für Flüchtlinge und Migrant/innen verbessert sich mit der Anzahl der Migrationsalternativen und mit der Möglichkeit konkrete und glaubwürdige legale Wanderungsoptionen vermitteln zu können.

5.5   Fazit

Die dargestellten Erfahrungen aus dem *Better Migration* Management-Projekt geben einen Einblick in die Risiken und Schwierigkeiten, aber auch die Potenziale für die deutsche EZ im Bereich Migrationsmanagement.

Die Risiken von EZ-Engagement in diesem Kontext müssen klar definiert und benannt werden, um entsprechend darauf reagieren zu können:

Wird die Öffentlichkeit nicht rechtzeitig umfassend informiert, besteht das Risiko der Verunsicherung aufseiten der Zivilgesellschaft und auf politischer

Seite in Deutschland – es muss klar definiert und transparent informiert werden, was mit welchen Partner/innen zu welchem Zweck geplant ist.

Menschenhandel und Menschenschmuggel werden von kriminellen Netzwerken dominiert. Diese sind für die Entwicklungszusammenarbeit intransparent und nicht beeinflussbar – jedoch neben staatlichen und zivilgesellschaftlichen Strukturen entscheidende Akteure im Kontext Migrationsmanagement. Auch die Involvierung in derartigen kriminellen Netzwerken von Vertreter/innen der Regierungen der Länder, wo Migrationsmanagement von der EZ bearbeitet wird, ist nicht einfach zu erkennen oder zu beeinflussen. Das Verhalten der Partnerländer in sicherheitssensiblen Bereichen, insbesondere wo andere, wenig klassische Akteure im EZ-Kontext wie Polizei, Grenzschutz etc. aktiv sind, kann durch EZ-Interventionen nur wenig beeinflusst werden. Hier muss sich aus EZ-Perspektive klar die Frage gestellt werden – kann sich mit oben dargestellten klassischen Aktivitäten der EZ überhaupt eine Wirkung im entwicklungspolitischen Sinn entfalten, oder wird mit diesem Engagement doch nur an der Oberfläche gekratzt? Dies stellt ein Risiko für die Durchführung derartiger Vorhaben, insbesondere für die entwicklungspolitische Zielerreichung dar.

Schlussendlich muss die EZ insbesondere wachsam sein und klar ihre Prinzipien in den Vordergrund stellen und diese eisern vertreten, um jegliche mögliche Instrumentalisierung durch andere politische Interessen – sowohl von EU-Seite, aber auch vonseiten anderer Durchführungspartner/innen oder der Partnerregierungen in den Ländern selbst – zu vermeiden.

Hieraus ergeben sich bereits gewisse Grenzen des EZ-Engagements im Bereich Migrationsmanagement. Diese müssen in der komplizierten Gemengelage der Diskussion rund um Politikkohärenz im Migrationsbereich definiert werden. Es müssen aus EZ-Sicht eindeutig entwicklungspolitische Grundsätze verfolgt werden, wie sie in den Implementierungsprinzipien des BMM definiert wurden.

Die Rolle der EZ bettet sich somit innerhalb der definierten Grenzen ein und leitet sich prinzipiell aus dem enormen Entwicklungspotenzial ab, das Migration für alle Beteiligten bietet. Dieses Entwicklungspotenzial kann nur mit starken Institutionen gehoben werden. Institutionen, die Menschenrechte achten, die die Herausforderungen für den Schutz von Migrant/innen und Flüchtlingen genauso annehmen, wie die Herausforderungen, die sich aus dem Handeln krimineller Netzwerke von Menschenhändler/innen und –schlepper/innen ergeben. Genau da gibt es originäre Ansatzpunkte für die Entwicklungszusammenarbeit. Aus diesem Grund sind klassische EZ-Aufgaben wie Politikberatung, Stärkung der Kapazitäten der Partner/innen – sowohl auf individueller als auch institutioneller und

Organisationsebene – oder die Förderung von Dialog in diesem Feld von hoher Bedeutung.

Vor diesem Hintergrund kann somit der Versuch einer Definition für *entwicklungsorientiertes Migrationsmanagement* gewagt werden:

Entwicklungsorientiertes Migrationsmanagement zielt darauf ab, die Entwicklungspotenziale von Migration für beteiligte Länder und Menschen zu fördern, indem die mit ungeregelter und irregulärer Migration verbundenen Risiken adressiert werden. Es verfolgt einen ausgewogenen Ansatz mit einem klaren Fokus auf menschenrechtliche Standards und die Verbesserung des Schutzes der Rechte von Migrant/innen. Ermöglicht wird entwicklungsorientiertes Migrationsmanagement durch klassische Ansätze der EZ wie Stärkung der Kapazitäten der Partner/innen und Partnerinstitutionen, Politikberatung oder die Förderung von Dialog zwischen unterschiedlichen Ressorts und Ländern, aber auch Zivilgesellschaft und Regierungen. Oberstes Ziel ist in jedem Fall die Verbesserung der Lebensbedingungen der Menschen vor Ort, egal ob ansässige Bevölkerung, (potenzielle) Migrant/innen oder Rückkehrer/innen.

Um als EZ-Organisation entwicklungsorientiertes Migrationsmanagement erfolgreich zu betreiben, müssen drei Prinzipien ganz besonders beachtet werden:

1. Die beteiligten Projektmitarbeiter/innen sind in einem hochpolitischen, konfliktiven und öffentlich sehr exponierten Umfeld tätig. Aktive politische Kommunikation, enger Schulterschluss mit den politischen Verantwortlichen und eine hohe Sensibilisierung aller Projektbeteiligten ist unumgänglich.
2. Die Zusammenarbeit mit Sicherheitsorganen ist beim Migrationsmanagement unvermeidlich. Wenn der Sicherheitsapparat für die EZ-Organisation intransparent und unkontrollierbar ist, müssen Schutz- und Absicherungsmechanismen vorhanden sein, um sicherzustellen, dass die EZ-Organisation handlungs- und entscheidungsfähig bleibt und vor Vereinnahmung und Instrumentalisierung geschützt ist.
3. Migrationsmanagement geht über Grenzmanagement hinaus. Neben der Ermöglichung legaler Migration hat Migrationsmanagement auch einen klaren Schutzauftrag, für Betroffene von Menschenhandel und andere vulnerable, schutzbedürftige Gruppen.

Die Erfahrungen mit BMM zeigen, wie groß die Herausforderungen sind – sie bestätigen aber auch die Chancen, die für die Partner, für die EZ-Organisationen und für die Migrant/innen und Flüchtlinge in einem entwicklungsorientierten Migrationsmanagement liegen.

Literatur

Afrikanische Union. 2006a. *Migration Policy Framework for Africa*. http://www.unhcr. org/protection/migration/4d5258ab9/african-union-migration-policy-framework-africa. html. Zugegriffen: 16. Juli 2017.

Afrikanische Union. 2006b. *African Common Position on Migration and Development*. http://www.un.org/en/africa/osaa/pdf/au/cap_migrationanddev_2006.pdf. Zugegriffen: 16. Juli 2017.

Afrikanische Union. 2006c. *Ouagadougou Action Plan to Combat Trafficking In Human Beings, Especially Women and children*. https://www.au.int/web/sites/default/files/ newsevents/workingdocuments/28041-wd-ouagadougou_action_plan_-_english.pdf. Zugegriffen: 16. Juli 2017.

Afrikanische Union, EU. 2015. *The Africa-EU Partnership. 2015 Valletta Summit on Migration*. http://www.africa-eu-partnership.org/en/newsroom/all-news/2015-valletta-summit-migration. Zugegriffen: 29. Juli 2017.

Agence de Presse Africaine (APA-News). 2017. *AU revises Migration Policy Framework for Africa*, 3. Juli 2017. http://apanews.net/en/news/au-revises-migration-policy-framework-for-africa. Zugegriffen: 16. Juli 2017.

Angenendt, S., und A. Koch. 2017. *„Global Migration Governance" im Zeitalter gemischter Wanderungen. Folgerungen für eine entwicklungsorientierte Migrationspolitik*. SWP-Studie S. 8, April 2017. Berlin: Stiftung Wissenschaft und Politik.

Angenendt, S., und D. Kipp. 2017. *„Better Migration Management". Ein guter Ansatz zur Zusammenarbeit mit Herkunfts- und Transitstaaten?* SWP-Aktuell 52, Juli 2017. Berlin: Stiftung Wissenschaft und Politik.

Baraulina, T., M. Bommes, T. El-Cherkeh, H. Daume, und F. Vadean. 2006. *Ägyptische, afghanische und serbische Diasporagemeinden in Deutschland und ihre Beiträge zur Entwicklung ihrer Herkunftsländer*. Diskussionspapier. Eschborn: GIZ. https://www.giz. de/fachexpertise/downloads/giz2006-de-aegyptische-afghanische-serbische-diaspora. pdf. Zugegriffen: 19. September 2017.

Betts, A., und P. Collier. 2017. *Refuge – Transforming a Broken Refugee System*. Great Britain: Allen Lane.

Boyes, R. 2016. Supping with the devil. *The Times*, 18. Mai 2016. https://www.thetimes. co.uk/article/354a6e9e-1c60-11e6-bf22-78061c6f2b5c. Zugegriffen: 19. September 2017.

Büro der Vereinten Nationen für Drogen- und Verbrechensbekämpfung (UNODC). 2000. *Übereinkommen gegen die grenzüberschreitende organisierte Kriminalität*. https:// www.unodc.org/unodc/en/treaties/CTOC/. Zugegriffen: 10. September 2017.

Dahlkamp, J., und M. Popp. 2016. Pakt mit Despoten. *Der Spiegel*, 20/2016. http://www. spiegel.de/spiegel/print/d-144788048.html. Zugegriffen: 4. August. 2017.

Das Erste. 2016a. Konkretes Projekt zum "Migrationsmanagement" bestätigt MONITOR-Recherchen: EU-Kommission setzt auf Stärkung von Polizei und Grenzbeamten in afrikanischen Staaten. *WDR*, 22. April 2016. http://www1.wdr.de/daserste/ monitor/extras/monitorpresse-afrika-100.html. Zugegriffen: 15. Juli 2017.

Das Erste. 2016b. Flüchtlingsdeal mit Despoten. *Report Mainz*, 17. Mai 2016 https:// www.swr.de/report/fluechtlingsdeal-mit-despoten-deutsche-entwicklungshilfeorganisation-giz-koordiniert-umstrittenes-grenzschutzprojekt/-/id=233454/did=17450240/ nid=233454/e3lx15/index.html. Zugegriffen: 4. August 2017.

Deutscher Bundestag. 2016a. Antwort der Bundesregierung auf die Kleine Anfrage der Abgeordneten U. Kekeritz, C. Roth (Augsburg), L. Amtsberg, weiterer Abgeordneter und der Fraktion BÜNDNIS 90/DIE GRÜNEN. *EU-Migrations- und Grenzmanagement in Afrika.* Drucksache 18/8928, 18. Wahlperiode, 23. Juni 2016. http:// dipbt.bundestag.de/doc/btd/18/089/1808928.pdf. Zugegriffen: 15. Juli 2017.

Deutscher Bundestag. 2016b. Antwort der Bundesregierung auf die Kleine Anfrage der Abgeordneten N. Movassat, A. Groth, H. Hänsel, weiterer Abgeordneter und der Fraktion DIE LINKE. Drucksache 18/8384; 18. Wahlperiode, 10. Mai 2016. http://dip21. bundestag.de/dip21/btd/18/083/1808384.pdf. Zugegriffen: 15. Juli 2017.

Deutscher Bundestag. 2016c. Antwort der Bundesregierung auf die Kleine Anfrage der Abgeordneten N. Movassat, H. Hänsel, W. Gehrcke, weiterer Abgeordneter und der Fraktion DIE LINKE. Drucksache 18/9246; 18. Wahlperiode, 20. Juli 2016. http:// dip21.bundestag.de/dip21/btd/18/092/1809246.pdf. Zugegriffen: 15. Juli 2017.

Die Zeit. 2016. GIZ hilft Diktatoren in Afrika beim Grenzschutz. *Die Zeit,* 14. Mai 2016. http://www.zeit.de/politik/ausland/2016-05/fluechtlinge-giz-grenzschutz-afrika. Zugegriffen: 19. September 2017.

EU DG Migration and Home Affairs. 2017. *Common European Asylum System.* https:// ec.europa.eu/home-affairs/what-we-do/policies/asylum_en. Zugegriffen: 2. Juli 2017.

EU, ICMPD. 2016. *EU/Horn of Africa Migration Route Initiative – Khartoum Process.* https://www.khartoumprocess.net/about/the-khartoum-process. Zugegriffen: 29. Juli 2017.

Fioramonti, L., und C. Nshimbi. 2016. *Regionale Migrationspolitik auf dem afrikanischen Kontinent. Aktuelle Situation und Zukunftsperspektiven.* sef:Studie. Bonn: Stiftung Entwicklung und Frieden.

GIZ. 2013. *Migrationspolitik – Orientierung für die Praxis.* Bonn, Eschborn: GIZ. https:// www.giz.de/fachexpertise/downloads/giz2013-de-handreichung-migrationspolitik.pdf. Zugegriffen: 25. Juni 2017.

GIZ. 2016. *Better Migration Management: Der Schutz der Menschen steht an erster Stelle.* https://www.giz.de/de/mediathek/41460.html. Zugegriffen: 15. Juli 2017.

Inter-Governmental Authority on Development (IGAD). 2012. *IGAD Regional Migration Policy Framework.* http://migration.igad.int/wp-content/uploads/2017/02/Regional-Migration-Policy-Framework1.pdf. Zugegriffen: 16. Juli 2017.

International Labour Organization (ILO). 1949. *Migration for Employment Convention (No. 97).* http://www.ilo.org/dyn/normlex/en/f?p=NORMLEXPUB:12100:0::NO:12100: P12100_INSTRUMENT_ID:312242:NO. Zugegriffen: 4. August 2017.

International Labour Organization (ILO). 1975. *Migrant Workers (Supplementary Provision) Convention (No. 143).* http://www.ilo.org/dyn/normlex/en/f?p=NORMLEX-PUB:12100:0::NO:12100:P12100_INSTRUMENT_ID:312288:NO. Zugegriffen: 4. August 2017.

International Labour Organization (ILO). 2011. *Domestic Workers Convention (No. 189).* http://www.ilo.org/dyn/normlex/en/f?p=NORMLEXPUB:12100:0::NO:12100:P12100_ INSTRUMENT_ID:2551460:NO. Zugegriffen: 4. August 2017.

IOM. Federal Office for Migration, Switzerland. 2005. *International Agenda for Migration Management. Common understandings and effective practices for a planned, balanced, and comprehensive approach to the management of migration.* The Berne Initiative. Schweiz: IOM, FOM.

Jakob, C. 2016. Europäische Migrationspolitik in Afrika. Stillgestanden, Flüchtling! Kehrt um! *TAZ*, 15. Dezember 2016. http://www.taz.de/!5367014/. Zugegriffen: 15. Juli 2017.

Kirchner, T., M. Matzner, und I. Pfaff. 2016. Europa verschiebt seine Außengrenzen nach Afrika. *Süddeutsche Zeitung*, 30. Dezember 2016 http://www.sueddeutsche.de/politik/migrationspolitik-wie-europa-fluechtlinge-in-afrika-aufhalten-will-1.3314104. Zugegriffen:19. September 2017.

Marchand, K., I. Roosen, J. Reinold, und M. Siegel. 2017. *Irregular Migration from and in the East and Horn of Africa.* Maastricht Graduate School of Governance. Maastricht University.

Maru, M. T. 2015. *Das Valletta-Dilemma. Warum afrikanische Migrations-Governance im Mittelpunkt stehen sollte.* Global Governance Spotlight, 8/2015. Bonn: Stiftung Entwicklung und Frieden.

Office of the High Commissioner for Human Rights (OHCHR). 1990. *International Convention on the Protection of the Rights of All Migrant Workers and Members of Their Families.* http://www.ohchr.org/EN/ProfessionalInterest/Pages/CMW.aspx. Zugegriffen: 4. August 2017.

Organisation der Afrikanischen Einheit (Organisation of African Unity, OAU). 1969. *OAU Convention governing the specific aspects of refugee problems in Africa.* http://www.unhcr.org/about-us/background/45dc1a682/oau-convention-governing-specific-aspects-refugee-problems-africa-adopted.html. Zugegriffen: 16. Juli 2017.

Papademetriou, D.G. 2011. *The Governance of International Migration. Defining the Potential for Reform in the Next Decade.* Council Statement from the 6th Plenary Meeting of the Transatlantic Council on Migration. Washington D.C.: Migration Policy Institute.

Pries, L. 2011. *Transnationalisierung der sozialen Welt als Herausforderung und Chance. Transnationalismus & Migration. Dossier.* Heinrich Böll Stiftung. https://heimatkunde.boell.de/sites/default/files/dossier_transnationalismus_und_migration.pdfZugegriffen: 8. August 2017.

Pro Asyl. 2016. *Deals mit Despoten: Wie Europa seine Werte opfert, um Fluchtbewegungen zu verringern.* https://www.proasyl.de/news/deals-mit-despoten-wie-europa-seine-werte-opfert-um-fluchtbewegungen-zu-verringern/. Zugegriffen: 15. Juli 2017.

Reiche, M. 2016. Was tut Eritrea gegen Fluchtursachen? *MDR*, 13. Februar 2017 http://www.mdr.de/nachrichten/politik/ausland/bekaempfung-fluchtursachen-eritrea100.html. Zugegriffen: 19. September 2017.

Schlindwein, S. 2016. Europas neuer Umriss. *TAZ*, 22. Oktober 2016. http://www.taz.de/!5347547/. Zugegriffen: 19. September 2017.

UNHCR. 1951. *Abkommen über die Rechtstellung der Flüchtlinge (1951) und Protokoll über die Rechtstellung der Flüchtlinge (1967).* http://www.unhcr.org/dach/wp-content/uploads/sites/27/2017/03/Genfer_Fluechtlingskonvention_und_New_Yorker_Protokoll.pdf. Zugegriffen: 2. Juli 2017.

UNHCR. 1984. *Cartagena Deklaration für Flüchtlinge.* http://www.unhcr.org/about-us/background/45dc19084/cartagena-declaration-refugees-adopted-colloquium-international-protection.html. Zugegriffen: 2. Juli 2017.

United Nations Population Fund. 2005. *International Migration and the Millennium Development Goals.* Selected Papers of the UNFPA Expert Group Meeting. http://www.unfpa.org/sites/default/files/resource-pdf/migration_report_2005.pdf. Zugegriffen: 2. Juli 2017.

United Nations. 2015. *Millennium Development Goals and Beyond 2015.* http://www.un.org/millenniumgoals/. Zugegriffen: 2. Juli 2017.

Vereinte Nationen (VN). 1948. *Allgemeine Erklärung der Menschenrechte.* http://www.ohchr.org/EN/UDHR/Documents/UDHR_Translations/ger.pdf. Zugegriffen: 10. September 2017.

Vorrath, J. 2017. *Die Eindämmung illegaler Ströme an afrikanischen Grenzen. Fallstricke für Europa.* SWP-Aktuell 42, Juni 2017. Berlin: Stiftung Wissenschaft und Politik.

Martin Weiß ist Landesdirektor der Deutschen Gesellschaft für Internationale Zusammenarbeit (GIZ) GmbH für Südafrika, Lesotho und Swasiland. Zuvor leitete er die Abteilung „Afrika überregional und Horn von Afrika" bei der GIZ. Das Vorhaben Better Migration Management (BMM) wird von dieser Abteilung durchgeführt. Martin Weiß hat selbst die Vorbereitung des Projekts geleitet und ist als Vertreter der GIZ Mitglied des BMM Steuerungskomitees.

Stephanie Deubler ist Beraterin zu Flucht und Migration in der GIZ. Sie war Mitglied der Prüfmission des Vorhabens Better Migration Management und dort für die Planung der Komponente „Information und Beratung" verantwortlich.

Hinterfragung des Partnerschaftsansatzes in der internationalen Migrationszusammenarbeit

6

Demetrios G. Papademetriou und Kate Hooper

Zusammenfassung

Seit Anfang der 2000er Jahre setzt die internationale Migrationspolitik verstärkt auf den „Partnerschaftsansatz", um eine engere – und vor allem stärker auf Gleichberechtigung beruhende – Zusammenarbeit auf dem Gebiet der Migration zwischen Ziel- und Herkunfts- und Transitländern zu erreichen. Die jüngsten Migrationsbewegungen nach Europa haben das Interesse an der Rolle von Partnerschaften bei der Steuerung der Migration wieder geweckt, und zwar nicht zuletzt deshalb, weil die chaotischen Ereignisse von 2015 und 2016 verdeutlicht haben, wie wichtig Grenzen und gute Beziehungen zu wichtigen Transitländern sind. In diesem Kapitel wird die Entwicklung des Partnerschaftsansatzes in der internationalen Migrationszusammenarbeit untersucht und der Frage nachgegangen, wie sich die Verhandlungsstrategien und -ziele im Laufe der Zeit entwickelt haben. Anhand von Beispielen aus der europäischen Nachbarschaft und Nord- und Mittelamerika werden die Stärken und Grenzen neuerer Ansätze diskutiert und daraus Lehren für künftige Partnerschaften gezogen.

D. G. Papademetriou (✉) · K. Hooper
Migration Policy Institute (MPI), Washington, DC, USA
E-Mail: DPapademetriou@MigrationPolicy.Org

K. Hooper
E-Mail: khooper@migrationpolicy.org

© Springer Fachmedien Wiesbaden GmbH, ein Teil von Springer Nature 2020
C. Beier et al. (Hrsg.), *Globale Wanderungsbewegungen*,
https://doi.org/10.1007/978-3-658-28237-0_6

Schlüsselwörter

Globale Wanderungsbewegungen · Migration · Partnerschaftsansatz ·
Bilaterale Zusammenarbeit · Migrationspartnerschaften ·
Migrationsmanagement · Bekämpfung von Fluchtursachen

6.1   Einleitung

Seit Anfang der 2000er Jahre setzt die internationale Migrationspolitik verstärkt auf den „Partnerschaftsansatz", um eine engere – und vor allem stärker auf
Gleichberechtigung beruhende – Zusammenarbeit auf dem Gebiet der Migration
zwischen Ziel- und Herkunfts- und Transitländern zu erreichen.[1] Die Partner-
schaftsstrategie beruht auf der Ansicht, dass Ziel-, Herkunfts- und Transitländer
unter bestimmten Bedingungen partnerschaftlich zusammenarbeiten können, um
in Sachen Migration gemeinsame Ziele auf eine Art und Weise zu verfolgen, von
der beide Seiten profitieren.[2]

Viele Länder haben längst den Nutzen der Zusammenarbeit in Migrationsfragen erkannt. Selbst Länder, die Migration als souveränes Vorrecht betrachten,
wie die Vereinigten Staaten, Australien und viele andere, erkennen an, dass ein-
seitiges Handeln gerade in Krisenzeiten zahlreiche unbeabsichtigte Folgen
nach sich ziehen kann. Zum Beispiel führt die Schließung einer Grenze vielfach lediglich dazu, dass Migrationsbewegungen umgeleitet werden und dass
die Menschen umständlichere (und oft gefährlichere) Routen wählen, um in das
Zielland zu gelangen. Durch die Zusammenarbeit mit anderen Ländern bei der
Steuerung der Migration lassen sich solche Entwicklungen begrenzen, denn eine

---

[1]Das Thema Migration hat sich in den 1990er Jahren zu einem Schwerpunktbereich der
Vereinten Nationen und anderer internationaler Organisationen entwickelt. Anfang der
2000er Jahre wurden verschiedene hochrangige Konsultationsprozesse zur Steuerung der
internationalen Migration und anderer migrationsbezogener Fragen eingerichtet (Newland
2011; Weinar 2011).

[2]Nach Lavenex und Panizzon kommt in dem Partnerschaftsansatz „die Überzeugung zum
Ausdruck, dass Migration im Geiste der Zusammenarbeit zwischen allen betroffenen Ländern angegangen werden kann…[und] dass diese beiderseitigen Vorteile auf der Grundlage
der gemeinsamen Verantwortung für die Steuerung von Migration sowie auf der Grundlage
von Vertrauen, Dialog, Capacity Building und technischer Zusammenarbeit erreicht werden
können" (2013, S. 4).

solche Zusammenarbeit bietet teilweise neue Möglichkeiten zur Erreichung von migrationspolitischen Zielen.

Auf bilateraler Ebene reicht die Zusammenarbeit in Fragen der Migrationssteuerung (Themen wie die Rückführung von Personen, die Anwerbung von Arbeitsmigrant/innen oder Visaerleichterungen) viele Jahrzehnte zurück,[3] während die multilaterale Kooperation erst Anfang der 2000er Jahre begonnen hat. Tatsächlich wurde der Partnerschaftsansatz formell Teil der EU-Strategie *Gesamtansatz für Migration und Mobilität* von 2005. Darin ruft die Europäische Union dazu auf, bei der Bekämpfung der illegalen Einwanderung (einschließlich der Rückkehr) mit Drittländern zusammenzuarbeiten, Möglichkeiten für eine legale Migration zu eröffnen und neue Erkenntnisse darüber zu gewinnen, wie Migration zu einem Motor der Entwicklung werden kann (Europäischer Rat 2005).

Die jüngsten Migrationsbewegungen nach Europa haben das Interesse an der Rolle von Partnerschaften bei der Steuerung der Migration wieder geweckt, und zwar nicht zuletzt deshalb, weil die chaotischen Ereignisse von 2015 und 2016 verdeutlicht haben, wie wichtig Grenzen und gute Beziehungen zu wichtigen Transitländern sind. Vor diesem Hintergrund haben die europäischen Entscheidungsträger/innen in den letzten drei Jahren Mittel in nie da gewesener Höhe für den Aufbau von Partnerschaften mit den Ländern bereitgestellt, die auf den wichtigsten Migrationsrouten nach Europa liegen. Das bekannteste Beispiel ist die im März 2016 unterzeichnete EU-Türkei-Erklärung, die dazu dienen sollte, die irreguläre Migration auf dem Seeweg aus der Türkei nach Griechenland einzudämmen. Daneben gibt es noch zahlreiche weitere Beispiele. Dazu gehören der Migrationspartnerschaftsrahmen der Europäischen Union mit Äthiopien, Mali, dem Niger, Nigeria und dem Senegal sowie verschiedene bilaterale Vereinbarungen, die Länder wie Deutschland, Italien, Frankreich und Spanien mit wichtigen nord- und westafrikanischen Ländern geschlossen haben bzw. anstreben.

Diese Partnerschaften zeichnen sich sowohl durch ihren großen Regelungsumfang als auch ihre ehrgeizigen Ziele aus und belegen, wie entschlossen die Zielländer sind, die Migration auf breiter Basis und in kooperativer Weise mit den wichtigsten Ländern in ihrer Nachbarschaft zu steuern. Dabei sind die zentralen Fragen dieselben wie bei früheren Partnerschaften, nämlich wie wirkungsvoll diese Partnerschaften bei der Erreichung der Ziele sind und ob es sich dabei tatsächlich um „Partnerschaften" im eigentlichen Sinne des Wortes handelt. Eine

---

[3]In Europa beispielsweise gehen bilaterale Rückkehrabkommen auf die Zeit nach dem Zweiten Weltkrieg oder sogar davor zurück (Coleman 2009).

vorläufige Bewertung der mithilfe von Partnerschaften erzielten Ergebnisse liefert ein gemischtes Bild, obwohl die für Partnerschaften zur Verfügung stehenden
Mittel erheblich aufgestockt wurden: So haben einige Partnerschaften zu konkreten Fortschritten geführt (beispielsweise zu einer Verringerung der irregulären
Migration), während andere Partnerschaften nur unzureichend umgesetzt wurden.

Dabei wird deutlich: In Bezug auf den Partnerschaftsansatz besteht zwischen
Rhetorik und Praxis nach wie vor eine große Diskrepanz. Partnerschaften stehen immer noch in dem Ruf, von den Zielländern stark asymmetrisch gestaltet,
gesteuert und finanziert zu werden und sich (was kaum überraschen dürfte) auf
die Schwerpunkte der Zielländer zu konzentrieren. Dazu zählen unter anderem
die Zusammenarbeit bei der Bekämpfung der illegalen Einwanderung und der
Steuerung der Rückkehr von Migrant/innen. Den Interessen der Herkunfts- und
Transitländer – wozu beispielsweise die Ausweitung der legalen Migrationsmöglichkeiten sowie Investitionen in den für diese Länder besonders wichtigen
Bereichen zählen, – wird dabei nur wenig Beachtung geschenkt.

In diesem Kapitel wird die Entwicklung des Partnerschaftsansatzes in der
internationalen Migrationszusammenarbeit untersucht und der Frage nachgegangen, wie sich die Verhandlungsstrategien und -ziele im Laufe der Zeit entwickelt haben. Anhand von Beispielen aus der europäischen Nachbarschaft und
Nord- und Mittelamerika werden die Stärken und Grenzen neuerer Ansätze diskutiert und daraus Lehren für künftige Partnerschaften gezogen.

6.2 Wie haben sich die Verhandlungsstrategien und -ziele von Migrationspartnerschaften im Laufe der Zeit verändert?

Partnerschaften mit wichtigen Herkunfts- oder Transitländern sind seit langem ein fester Bestandteil der Strategien, mit denen die Zielländer versuchen,
Migrationsbewegungen zu steuern. Im Laufe der Jahre haben die Zielländer in
Bezug auf Migrationsfragen enge Arbeitsbeziehungen zu bestimmten Ländern in
ihrer unmittelbaren Nachbarschaft entwickelt, insbesondere zu solchen, mit denen
sie durch die Geschichte in besonderer Weise verbunden sind, mit denen sie
eine gemeinsame Land- oder Seegrenze haben bzw. die auf einer viel genutzten
Migrationsroute liegen. Beispiele dafür sind Spanien und Marokko sowie Italien
und Libyen oder Tunesien.

Die bilateralen Partnerschaften zu Migrationsfragen in Europa reichen von
Rückführungsabkommen (die frühesten gehen auf das 19. Jahrhundert zurück)
über bilaterale Arbeitsabkommen zwischen Ziel- und Herkunftsländern (wie die

in den 1950er und 1960er Jahren vielfach geschlossenen Gastarbeiter/innen-abkommen mit südeuropäischen Ländern und der Türkei) bis hin zur Zusammen-arbeit bei der Überwachung gemeinsamer Grenzen (beispielsweise das deutsche Abkommen mit Polen in den 1990er Jahren, in dem sich Polen zur Überwachung der Grenze zu Deutschland verpflichtet und im Gegenzug von Deutschland bei seinen Bemühungen um einen EU-Beitritt unterstützt wurde).[4] Spanien und Marokko sowie Italien und Libyen/Tunesien sind Beispiele für Ziel- bzw. Her-kunfts-/Transitländer mit einer gemeinsamen Land- oder Seegrenze, die eine enge Arbeitsbeziehung zur besseren Steuerung von Migrationsbewegungen entwickelt haben. Heutzutage berühren diese Beziehungen oft eine Reihe verschiedener migrationsbezogener Fragen, darunter die Zusammenarbeit beim Grenzschutz, die finanzielle und technische Unterstützung beim Aufbau von Grenzschutzfähig-keiten, gemeinsame Patrouillen, die gemeinsame Nutzung von Informationen, die Zusammenarbeit bei der Durchführung einer erzwungenen oder freiwilligen Rückkehr und häufig auch die Öffnung legaler Migrationswege im Rahmen von Arbeitsabkommen oder durch die Liberalisierung von Visaregeln. Vor dem Hintergrund der jüngsten Migrationsbewegungen, die nach wie vor anhalten, haben diese Themen an Bedeutung gewonnen. So hatte Deutschland im Vorfeld der EU-Türkei-Erklärung bei den Verhandlungen mit der Türkei die Federführung inne und hat Abkommen mit Ägypten, Afghanistan, Tunesien und anderen Län-dern geschlossen. Italien wiederum hat durch seine Verhandlungen mit der von der UNO unterstützten libyschen Regierung die Bemühungen zur Eindämmung der Migration über die zentrale Mittelmeerroute vorangetrieben.

Die Europäische Union hat die Zusammenarbeit im Bereich der Migration seit Beginn der 2000er Jahre zu einem Handlungsschwerpunkt erklärt und baut dabei auf einer langen Geschichte bilateraler Partnerschaften auf, die die EU-Mit-gliedstaaten mit wichtigen Herkunfts- oder Transitländern in der europäischen Nachbarschaft geschlossen haben. Nach dem Gesamtansatz für Migration und Mobilität von 2005 hat die Europäische Union 2007 Mobilitätspartnerschaften mit Kap Verde, Moldawien, Georgien, Armenien, Aserbaidschan und Bela-rus ins Leben gerufen.[5] Diese Partnerschaften sehen eine Zusammenarbeit bei der Bekämpfung der illegalen Einwanderung, der Rückführung von illegal Ein-

---

[4]Zur Geschichte der europäischen Rückführungsabkommen siehe Coleman (2009, S. 11–26).
[5]Die Europäische Kommission hat Mobilitätspartnerschaften mit Kap Verde und Mol-dawien (2008), Georgien (2009), Armenien (2011), Marokko und Aserbaidschan (2013), Tunesien und Jordanien (2014) und Belarus (2016) geschlossen.

gewanderten und teilweise eine Ausweitung der Möglichkeiten vor, als Arbeits-
migrant/in legal nach Europa zu gelangen.[6]
Da das Thema Migration auf der außenpolitischen Agenda inzwischen jedoch
einen viel höheren Stellenwert hat, verfolgt die Europäische Union mit ihren
Partnerschaften nun deutlich ehrgeizigere Ziele. Während sich die neueren
Partnerschaften nach wie vor in erster Linie auf die Steuerung von Migrationsbewegungen konzentrieren, werden inzwischen mehr Mittel dafür eingesetzt,
Perspektiven für die Migrant/innen in oder in der Nähe ihrer Herkunftsländer
und damit Alternativen zu dem lebensgefährlichen Versuch zu schaffen, nach
Europa zu gelangen. Dies zeigt sich nicht zuletzt darin, dass Akteur/innen aus
den Bereichen humanitäre Hilfe und Entwicklungszusammenarbeit viel stärker eingebunden werden und einen großen Teil der im Rahmen dieser neuen
Partnerschaften mobilisierten Mittel bereitstellen. So stammt ein Großteil der
Investitionsmittel des 2016 vorgestellten Migrationspartnerschaftsrahmens der
Europäischen Union aus dem Nothilfe-Treuhandfonds der Europäischen Union
für Afrika, dessen Budget hauptsächlich von den europäischen Entwicklungsfonds getragen wird.[7] Von den für die Versorgung der Flüchtlinge in der Türkei
zugesagten Mittel sind 1,3 Mrd. EUR für humanitäre Hilfe bestimmt.[8] Genau wie
die nationalen Entscheidungsträger/innen gehen die EU-Politiker/innen über die
bekannten Herkunfts- und Transitländer in Nordafrika und Osteuropa hinaus und
prüfen, welche Möglichkeiten der Zusammenarbeit es mit neuen Schwerpunktländern in Subsahara-Afrika gibt. In diesem Zusammenhang hat die Europäische
Union die Mittel für die Umsetzung der neuen Partnerschaften erheblich erhöht.
So arbeitet die Europäische Union im Rahmen von Migrationspartnerschaften
derzeit mit Äthiopien, Mali, dem Niger, Nigeria und dem Senegal zusammen,
und auf einem Mini-Gipfel im August 2017 haben die europäischen Staats- und
Regierungschefs Libyen, dem Niger und dem Tschad zusätzliche Unterstützung
bei der Steuerung von Migrationsbewegungen zugesichert.[9]

---

[6]Die Tatsache, dass bisher nur wenige Evaluierungen von Mobilitätspartnerschaften vorliegen, deutet darauf hin, dass in dem letztgenannten Punkt nur geringe Fortschritte erzielt
wurden (García Andrade et al. 2015, S. 32).

[7]Dazu gehören auch Mittel aus dem Haushalt der Europäischen Kommission (GD
DEVCO) und dem Europäischen Entwicklungsfonds (Europäische Kommission 2017a).

[8]Von insgesamt 2,88 Mrd. EUR, die im Rahmen der Fazilität für Flüchtlinge in der Türkei
bereitgestellt wurden (Stand: 16. Juni 2017) (Europäische Kommission 2017b).

[9]An dem durch den französischen Staatspräsidenten Macron einberufenen Mini-Gipfel
nahmen die Staats- und Regierungschefs von Italien, Deutschland, Spanien, des Tschad,
des Niger und der von der UNO unterstützten Regierung in Libyen sowie die Hohe Ver-

Diese Entwicklungen sind eindeutig das Ergebnis einer veränderten Einstellung zum Thema Migration, bei der beispielsweise das Migrationsmanagement in den Vordergrund gerückt ist. Gleichzeitig sind sie eine Folge des Krisenmodus, in dem sich die europäischen und US-amerikanischen Entscheidungsträger/innen seit einigen Jahren bewegen. Die in unregelmäßigen Abständen auftretenden Spitzen in den Migrationsbewegungen führen in der Regel dazu, dass das Interesse an Migrationspartnerschaften wieder steigt. So haben Spanien, Marokko und der Senegal seit Mitte der 2000er Jahre ihre Zusammenarbeit bei der Bekämpfung der zunehmenden irregulären Migration nach Spanien auf dem Seeweg verstärkt. Die Vereinigten Staaten und Mexiko wiederum haben, nachdem die Zahl Familien und allein reisenden Minderjährigen aus Mittelamerika, die über die mexikanische Grenze in die Vereinigten Staaten einreisten, 2014 einen neuen Höhepunkt erreicht hatte, eine noch viel umfassendere Kooperation auf den Weg gebracht, um der steigenden Zahl ankommender Migrant/innen Herr zu werden. Aufgrund des Ausmaßes der Migrationsbewegungen in Europa sind diese drängenden Fragen in den Verhandlungen inzwischen in den Vordergrund gerückt (Papademetriou und Katsiaficas 2017).

Diese Trends haben zu mehreren wichtigen Entwicklungen geführt:

- *Blick über den Tellerrand.* Die Zielländer blicken inzwischen nicht mehr nur auf die Länder, mit denen sie eine gemeinsame Grenze haben, sondern streben Partnerschaften mit Herkunfts- und Transitländern an, die wichtige Stationen auf den am meisten genutzten Migrationsrouten sind. Darin spiegelt sich die Erkenntnis wider, dass die Zielländer es sich nicht leisten können zu warten, bis die Menschen vor ihrer Haustür stehen, und dass eine effektive Steuerung der Migrationsbewegungen auch die Zusammenarbeit mit Ländern erfordert, die auf den Migrationsrouten ‚weiter stromaufwärts' liegen. So hat die steigende Zahl von Familien und allein reisenden Minderjährigen aus den drei Ländern des sogenannten Northern Triangle (Honduras, El Salvador und Guatemala) ab 2013 zu einer engen Abstimmung zwischen den USA und Mexiko bei der Eindämmung der Flüchtlingsbewegung geführt. Gleichzeitig haben die USA auch direkt mit den Herkunftsländern bei der Bekämpfung

---

treterin der Europäischen Kommission für auswärtige Angelegenheiten und Sicherheit, Federica Mogherini, teil (Al Jazeera 2017).

der Fluchtursachen zusammengearbeitet. So haben die USA die Hilfen für die betreffenden Länder aufgestockt (und Informationskampagnen durchgeführt), Möglichkeiten zur Geltendmachung von Rechtsansprüchen in den Herkunftsländern der Flüchtlinge geschaffen, Menschen mit gültigen Schutzansprüchen wiedereingegliedert und den Aufbau von Wiedereingliederungszentren für zurückgekehrte Kinder und Familien unterstützt.[10]

- *Erweiterung der Partnerschaften.* Die neueren Partnerschaften sind breiter aufgestellt und berücksichtigen verschiedene Komponenten des Migrationsmanagements. In ihrer gemeinsamen Erklärung treffen die EU und die Türkei beispielsweise Vereinbarungen zur Kontrolle der Grenzen, zur Rückführung von irregulären Migrant/innen sowie zur Vermeidung von Fluchtursachen, und zwar insbesondere zur Sicherung der türkischen Grenzen, zur Bekämpfung der irregulären Migration, zur Rücknahme von irregulär Eingewanderten aus Griechenland sowie zur Unterstützung von syrischen Flüchtlingen durch die Bereitstellung von zusätzlichen Umsiedlungskapazitäten und EU-Mitteln in Höhe von bis zu 6 Mrd. EUR. In diesen Vereinbarungen spiegelt sich die Erkenntnis wider, dass die politischen Entscheidungsträger/innen es sich nicht mehr leisten können, einzelne Aspekte der Migrationssteuerung isoliert zu regeln, und dass sie auch die Schwerpunkte und Interessen der Partnerländer berücksichtigen müssen, wenn sie diese ernsthaft einbinden wollen.
- *Bereitstellung weiterer Mittel für die Partnerschaften.* Da sich das Thema Migration zu einem außenpolitischen Schwerpunktthema entwickelt hat, stellen die politischen Entscheidungsträger/innen deutlich mehr und vielfältigere Ressourcen zur Verfügung, damit diese Partnerschaften funktionieren. Neben den klassischen Fonds und Instrumenten zur Migrationssteuerung greifen

---

[10]Die vom US-amerikanischen Kongress im Haushaltsjahr 2016 genehmigten erhöhten Auslandshilfen beliefen sich auf 750 Mio. US-D. Für 2017 wurden 655 Mio. US-D für die Umsetzung der neuen US-Strategie für das Engagement in Mittelamerika bereitgestellt, mit der die Sicherheit, die Regierungsführung und der Wohlstand in der Region gefördert werden sollen. Ferner haben die USA verschiedene Maßnahmen getroffen, um die Einwanderungsvorschriften im eigenen Land konsequenter durchzusetzen. Zu diesem Zweck wurden die Kapazitäten der Aufnahmezentren erhöht, in denen eingewanderte Familien auf ihr Asylverfahren warten, die Abschiebung von allein reisenden Minderjährigen beschleunigt und in begrenztem Umfang eine Bearbeitung der Anträge von Kindern aus El Salvador, Guatemala und Honduras im Herkunftsland eingeführt, sofern die Kinder für einen humanitären Schutz in den USA infrage kommen (vergleichbar mit dem Europa vorgeschlagenen „Hotspot"-Ansatz) (Meyer et al. 2016; Meyer 2017; Rosenblum 2015; Hipsman und Meissner 2015).

sie auch auf Ressourcen aus den Bereichen Entwicklungszusammenarbeit, humanitäre Hilfe, Nachbarschaftspolitik, Außenpolitik und Handel zurück. Infolgedessen wurden für einige der neuesten Partnerschaften, die von der Europäischen Union ins Leben gerufen wurden, deutlich höhere Beträge aufgewendet. So sieht die Erklärung der EU und der Türkei vor, dass die Türkei letztendlich bis zu 6 Mrd. EUR an (meistens umgewidmeten) EU-Mitteln erhält, während der Migrationspartnerschaftsrahmen der Europäischen Union und andere Partnerschaften mit Schwerpunktländern in Nordafrika (z. B. Libyen) auf den *Emergency Trust Fund for Africa* zurückgreifen, der im August 2017 über 2,9 Mrd. EUR an Mitteln der EU und der Mitgliedstaaten verfügte (Europäische Kommission o. D.).

- *Sektorübergreifende Zusammenarbeit im Rahmen der Partnerschaften.* In der Regel richten sich Migrationspartnerschaften nach den Belangen der Akteur/innen des Migrationsmanagements. Doch die erneute Fokussierung auf die Fluchtursachen und die Notwendigkeit, weitaus mehr Ressourcen einzusetzen, um in diesem Punkt etwas zu erreichen, hat zu einer viel umfassenderen Einbindung der außenpolitischen und entwicklungspolitischen Akteur/innen geführt. Außerdem denkt die Politik darüber nach, wie der Privatsektor, die zivilgesellschaftlichen Akteur/innen sowie die bereits im Ausland lebenden Staatsangehörigen der Herkunftsländer eingebunden werden können, denn sie alle sind für eine erfolgreiche Umsetzung der Abkommen entscheidend. Allerdings wurde gerade erst damit begonnen, diese ebenso zahlreichen wie unterschiedlichen Akteur/innen in einer gleichsam natürlichen Art und Weise in die gemeinsame Bearbeitung dieser Themen einzubinden.

6.3   Was brauchen Migrationspartnerschaften, um erfolgreich zu sein?

Trotz des großen politischen und wirtschaftlichen Kapitals, das in die jüngsten Partnerschaften eingebracht wurde, ist deren Bilanz durchwachsen. So haben einige Partnerschaften ihre Hauptziele klar erreicht. Die EU-Türkei-Erklärung beispielsweise führte sofort dazu, dass die Zahl der Menschen, die auf dem Seeweg von der Türkei nach Griechenland gelangte, zurückging.[11] Andere Partner-

---

[11]Die Zahl der Menschen, die über die Ägäis nach Griechenland kamen, ging von 57.066 im Februar 2016 auf 26.971 im März 2016 und schließlich auf 3650 im April 2016 zurück (UNHCR o. D.).

schaften sind hingegen ins Stocken geraten, bereits in der Verhandlungsphase
zusammengebrochen oder wurden nie vollständig umgesetzt. Dies gilt für viele
der bilateralen und EU-Abkommen zur Steigerung der Rücknahmequoten.
Ein Grundproblem dieser Partnerschaften besteht darin, dass es schwierig ist,
sich auf einen gemeinsamen Nenner zu einigen. Die Zielländer konzentrieren
sich in der Regel auf die Steuerung der Migration, d. h. auf Fragen der Grenz-
kontrolle und der Rückführung von illegal eingereisten Personen und abgelehnter
Asylbewerber/innen. Diese Anliegen laufen jedoch den Interessen der Partnerländer vielfach zuwider. Darüber hinaus befassen sich viele Herkunfts- oder
Transitländer nicht allzu sehr mit dem Thema Migration, weil sie mit viel grund-
sätzlicheren Governance-, Sicherheits- oder Wirtschaftsproblemen konfrontiert
sind. Außerdem unterscheiden sich die migrationspolitischen Ziele der Her-
kunfts- und Transitländer stark von denen der Zielländer. So wünschen sich die
Herkunftsländer häufig eine Ausweitung der legalen Migrationsmöglichkeiten
oder die Maximierung der Höhe *und* des Entwicklungsnutzens von Remittances
– Anliegen, die sich nur schwer mit der Grenzsicherung und der Rückführung von
Migrant/innen vereinbaren lassen. Infolgedessen kann die Frage der Rücknahme
von Migrant/innen ein sensibles Thema für die Herkunftsländer sein, denn die
Remittances von im Ausland lebenden Staatsangehörigen sind häufig eine für die
Bevölkerung wichtige Einkommensquelle.

Ein noch grundsätzlicheres Problem ist die diesen Abkommen innewohnende
Machtasymmetrie: Zwar wird im Partnerschaftsansatz die Zusammenarbeit zwischen gleichberechtigten Partnern betont, doch letztlich wählen die Zielländer
die potenziellen Partner aus, stellen die Mittel bereit und legen die Schwerpunkte
und Bedingungen für die Zusammenarbeit fest, sodass ihre „Partner" tatsächlich
wenig Einfluss haben (Axiotis und Bonin 2017).

Damit eine Partnerschaft erfolgreich ist, müssen zahlreiche anspruchsvolle
Aufgaben gut gelöst werden. Aus der Sicht der Herkunfts- oder Transitländer
müssen die Zielländer mehr Verständnis für die Probleme aufbringen, mit denen
die Herkunfts- und Transitländer konfrontiert sind, und bereit sein, sie bei der
Bewältigung dieser Probleme zu unterstützen. Dazu gehören Kapazitätsprobleme,
beispielsweise in Form von schwachen staatlichen Institutionen, eine gering
ausgeprägte Rechtsstaatlichkeit, Korruption sowie eine häufig unzureichende
Kontrolle über Regionen, die sich ethnisch oder religiös vom Rest des Landes
unterscheiden. Hinzu kommen die Kompromisse, die bei einer Zusammenarbeit
eingegangen werden müssen, und der wirtschaftliche Rückschlag, den die Familien hinnehmen müssen, wenn sie künftig auf die Remittances von im Ausland
lebenden Angehörigen verzichten müssen, denn Remittances bilden vielfach
eine wichtige Existenzgrundlage. In dieser Situation stellt sich die Frage – die

Gegenstand der Verhandlungen sein wird-, was die Zielländer den Herkunfts- und Transitländern bieten können, um deren Bedenken auszuräumen und einige der negativen Folgen der Partnerschaft auszugleichen. Um zu vermeiden, dass rein transaktionale Partnerschaften entstehen, die oft nicht erfolgreich umgesetzt werden können, müssen die Zielländer die Anliegen ihrer Partner inhaltlich berücksichtigen. Dies kann durch eine Erweiterung der Möglichkeiten für eine legale Einwanderung (beispielsweise durch zusätzliche Arbeitsmigrationsquoten, neue [Austausch]Programme, Visaerleichterungen oder Umsiedlungsmöglichkeiten für Flüchtlinge) oder durch besser durchdachte wirtschaftliche Entwicklungsinitiativen geschehen, sei es in Form von Entwicklungshilfe oder durch die Förderung von Investitionen privater Unternehmen in den Partnerländern, die Auswanderungswilligen eine Perspektive in ihrem Herkunftsland bieten.

Aus diesen Grundsätzen sowie den Erfahrungen aus früheren Partnerschaften können die Zielländer mehrere Erkenntnisse ableiten:

6.3.1 Erkenntnis 1: Keine standardisierten Partnerschaftsabkommen

Die jüngsten Migrationsbewegungen haben die Europäische Union und ihre Mitgliedstaaten dazu veranlasst, die Zusammenarbeit mit solchen Ländern zu suchen, die an wichtigen Punkten entlang der großen Migrationsrouten nach Europa liegen. Dazu gehören neue Initiativen zur Intensivierung der Zusammenarbeit mit langjährigen Partnern wie der Türkei, Marokko und Tunesien, aber auch der Aufbau neuer Arbeitsbeziehungen mit anderen Ländern in Nord- und Westafrika sowie am Horn von Afrika. Die unterschiedlichen Gegebenheiten in jedem dieser Schwerpunktländer schließen jedoch eine standardisierte Vorgehensweise in der Zusammenarbeit aus.

Nach dem Erfolg des Abkommens zwischen der EU und der Türkei bei der Eindämmung der illegalen Einwanderung auf dem Seeweg von der Türkei nach Griechenland verlagerte sich das Gespräch schnell auf die Frage, ob ein ähnliches Abkommen geschlossen werden könnte, um die Migrationsbewegungen auf der Mittelmeerroute nach Italien einzudämmen. Zu den Kandidaten für eine Partnerschaft gehörten die nordafrikanischen Länder, die die letzte Station vor dem Sprung nach Europa bilden, nämlich Libyen, Tunesien, Algerien und Ägypten (Collett 2017). So schlug Österreich beispielsweise informell eine Partnerschaft mit Tunesien vor, die vorsah, dass die tunesische Küstenwache Boote mit irregulären Migrant/innen abfängt. Im Gegenzug sollte das Land finanzielle Unterstützung von der Europäischen Union erhalten. Gleichzeitig investiert die

Europäische Union unter italienischer Federführung in den Auf- und Ausbau der libyschen Küstenwache, die die irreguläre Migration auf dem Seeweg eindämmen soll. Außerdem fördert die Europäische Union die Verbesserung der Bedingungen in den Aufnahmelagern und unterstützt die libyschen Behörden bei der Kontrolle der Südgrenze des Landes (Collett 2017; Michael 2017). Und schließlich bemühen sich die Europäische Kommission, Deutschland, Italien, Spanien und Frankreich um eine Kooperation mit mehreren nord- und westafrikanischen Ländern auf dem Gebiet der Rückführung von Migrant/innen sowie des Grenzschutzes.[12]

Das erfolgreiche Abkommen zwischen der EU und der Türkei und andere Beispiele für eine gelungene Zusammenarbeit sind zwar aufschlussreich, aber nicht auf andere Länder und Kontexte übertragbar. So wurde der EU-Türkei-Vertrag zwischen Deutschland und einem EU-Beitrittskandidaten mit mittlerem Einkommen ausgehandelt, der zudem über starke Institutionen verfügt.[13] Die beiden Partner hatten nicht nur enge politische und wirtschaftliche Beziehungen, sondern die Europäische Union hat der Türkei bereits zuvor umfangreiche finanzielle Unterstützung zukommen lassen (sowohl auf Ebene der Kommission als auch der Mitgliedstaaten), die dann im Rahmen des Abkommens umgewidmet werden konnten. Vor allem aber verfügt die Türkei über die institutionellen Kapazitäten und Mittel, um das Abkommen sofort durchzusetzen, die Seerouten zügig zu schließen, die Grenzen zu sichern und die zurückgekehrten Migrant/innen aufzunehmen und gleichzeitig die größte Flüchtlingsbevölkerung der Welt im eigenen Land zu versorgen.[14]

Nur wenige der Länder, mit denen die EU und ihre Mitgliedstaaten jetzt enger zusammenarbeiten wollen, weisen diese Merkmale auf. Libyen, der wichtigste Startpunkt für Migrant/innen, die Italien erreichen wollen, ist nach wie vor ein gescheiterter Staat: Rivalisierende Regierungen, eine katastrophale Wirtschaftslage und die prekäre und von Gewalt gekennzeichnete Sicherheitslage

---

[12]Siehe beispielsweise die Abkommen zwischen Deutschland und Ägypten, Deutschland und Italien mit Tunesien sowie das Gipfeltreffen im August 2017 zwischen der Europäischen Kommission, Deutschland, Spanien, Italien, Frankreich, Libyen, dem Niger und dem Tschad (Siehe Reuters 2017; Deutsche Welle 2017; Bocchi 2017; Samuel 2017).

[13]Bundeskanzlerin Merkel war die Architektin des unterschriftsreifen Abkommens, das anschließend den anderen EU-Mitgliedstaaten als *fait accompli* vorgelegt wurde.

[14]Bis zum 19. Juni 2017 waren nur 1217 Personen aus Griechenland in die Türkei zurückgeführt worden, obwohl in dem Abkommen die Rückführung von bis zu 72.000 Personen vereinbart worden war (UNHCR 2017).

in weiten Teilen des Landes lassen eine erfolgreiche Schließung der Grenzen unwahrscheinlich erscheinen und bieten keinesfalls ein stabiles und relativ sicheres Umfeld für zurückkehrende Migrant/innen. Zwar befinden sich die Nachbarstaaten von Libyen in einer wesentlich besseren Verfassung, verfügen aber nur über begrenzte Grenzschutzkapazitäten, sodass Algerien, Ägypten und Tunesien nicht in der Lage sind, Migrant/innen auf dem Weg nach Europa abzufangen und zurückzuschicken. In Ländern wie Mali oder dem Niger wird die Kooperation durch extrem schwache Regierungen erschwert, die insbesondere in den Grenzregionen keine Kontrolle über das Land haben.

Vor diesem Hintergrund müssen die Zielländer ihre Partner sorgfältig auswählen und realistisch einschätzen, was tatsächlich erreicht werden kann. Partnerschaften nach dem Modell des Abkommens zwischen der Europäischen Union und der Türkei sind die Ausnahme und nicht die Regel. Probleme wie eine schwache oder korrupte Zentralregierung oder fehlende Stabilität in anderen Schwerpunktländern lassen eine begrenzte Form der Zusammenarbeit aussichtsreicher erscheinen, sofern die Geber/innen nicht bereit sind, langfristig erhebliche Mittel zu investieren, um eigentlichen Problemursachen anzugehen. Damit eine Partnerschaft erfolgreich sein kann, müssen beide Seiten eine realistische Erwartungshaltung im Hinblick auf die möglichen Ergebnisse und die tatsächlich von dem Partnerland benötigte Unterstützung entwickeln, um beispielsweise starke Institutionen und eine unabhängige Justiz aufzubauen und dauerhaft zu verankern.

6.3.2 Erkenntnis 2: Gemeinsame Ziele und Schwerpunkte identifizieren und fördern

Eine weitere wichtige Voraussetzung für den Erfolg einer Partnerschaft ist die Festlegung gemeinsamer Schwerpunkte. Die meisten bilateralen und multilateralen Partnerschaften auf dem Gebiet der Migration sind per definitionem stark asymmetrisch und konzentrieren sich auf die Prioritäten der Zielländer. Selbst wenn Partnerschaften zunächst mit dem Anspruch antreten, die Belange der Partnerländer zu berücksichtigen (häufig unter der Überschrift „addressing the root causes of migration"), tritt dieser Anspruch relativ schnell gegenüber den Interessen der Zielländer zurück, die auf die Sicherung der Grenzen und die Rechtsdurchsetzung drängen. So sollen mit den Mobilitätspartnerschaften der Europäischen Union die irreguläre Migration bekämpft, die Steuerung der Migration gefördert und Möglichkeiten der legalen Migration eröffnet werden, doch in der Praxis konzentrieren sich die Partnerschaften auf die ersten beiden Ziele, während das Ziel, Wege für eine legale Migration zu schaffen, wegen der geringen Bereitschaft der EU-Mitgliedstaaten, die Regeln für die Einreise von Arbeitsmigrant/innen und die Visavergabe zu lockern, vernachlässigt wurde (Europäische Kommission 2007; Weinar 2011). Dies zeigt sich nicht zuletzt darin, dass die Bereitschaft der Partnerländer zur Zusammenarbeit bei der Bekämpfung der irregulären Migration und der Rückführung von Migrant/innen zur Voraussetzung für die Partnerschaft erklärt wurde (Europäische Kommission 2007; Axiotis und Bonin 2017). Teilweise spiegelt sich darin auch wider, dass die Bekämpfung der Fluchtursachen (dazu zählen beispielsweise Armut, eine unzureichende Regierungsführung oder Korruption) in auch nur einem Land eine gewaltige Aufgabe darstellt, geschweige denn in mehreren Ländern.[15]

Dadurch, dass sie den Anstoß für die Partnerschaften geben, die dafür benötigten Mittel bereitstellen und entscheiden, mit wem sie zusammenarbeiten wollen, legen die Geberländer per definitionem die Agenda für die Zusammenarbeit fest. Dadurch stellen die Partnerschaften für die Herkunfts- oder Transitländer nicht so sehr ein Instrument zur Verfolgung gemeinsamer migrationspolitischer Ziele dar, sondern bieten vielmehr eine Möglichkeit, sich durch politischen Druck finanzielle Unterstützung zu sichern. So überrascht es nicht, dass diese asymmetrischen Vereinbarungen zu enttäuschenden Ergebnissen führen. Italien und Tunesien haben seit den 1990er Jahren im Rahmen verschiedener kurzfristiger Abkommen auf dem Gebiet der Migration zusammengearbeitet. Die Partnerschaften konzentrierten sich auf die italienischen Interessen im Bereich des Grenzschutzes und der Rückführung von Migrant/innen; im Gegenzug sollte Italien Visaquoten für Arbeitsmigrant/innen einführen und verstärkt in Tunesien investieren. Allerdings wurden diese Vereinbarungen in der Regel nur unzureichend umgesetzt – so waren die Bemühungen zur Verbesserung der Rücknahmequoten zum Beispiel nicht sehr erfolgreich – und durch die kurze Laufzeit der Vereinbarungen wurden Fehlanreize gesetzt, denn die Partnerländer ließen mehr Menschen ausreisen und nutzten diese Möglichkeit als Hebel zur Nachverhandlung der Vereinbarungen (Lixi 2017).

---

[15]Es ist bereits in einem Land eine Herausforderung, Armut und Korruption zu bekämpfen, transparente Institutionen aufzubauen, den Aufbau einer unabhängigen Justiz zu unterstützen, die in der Lage ist, die ‚Rechtsstaatlichkeit' zu gewährleisten, oder freie und faire Wahlen zu organisieren und diese Errungenschaften dauerhaft zu verankern. Doch der Versuch, dies in mehreren Ländern zu erreichen, ist finanziell nicht zu leisten und erfordert über einen langen Zeitraum außerordentliche Geduld. Aus diesem Grund blicken viele Expert/innen skeptisch auf die Versuche, die Fluchtursachen zu bekämpfen.

Zwar können die Zielländer finanzielle Anreize nutzen, um die Zusammenarbeit auf dem Gebiet der Rechtsdurchsetzung zu fördern, doch führt dies
regelmäßig zu steigenden Kosten. Infolgedessen bewegen sich die politischen
Entscheidungsträger/innen in den Zielländern immer mehr in Richtung ‚Zucker-
brot und Peitsche' und suchen nach alternativen Wegen zur Förderung der
Zusammenarbeit. Eine Möglichkeit, die von einigen politischen Entscheidungs-
träger/innen bevorzugt wird, besteht darin, negative Anreize zu setzen und beispielsweise kooperationsunwilligen Ländern die nicht-humanitäre Hilfe zu
kürzen. So forderte der österreichische Außenminister Sebastian Kurz im Dezember 2016 die Europäische Union dazu auf, die Entwicklungshilfe für Länder
zu kürzen, die keine Rückkehrer/innen aufnehmen (Brady 2016). Eine solche
Bestrafung kooperationsunwilliger Länder ist jedoch nur dann wirksam, wenn in
großem Umfang Entwicklungshilfe geleistet wird und das betreffende Land fehlende Entwicklungshilfeleistungen nicht ersetzen kann (z. B. durch Leistungen
anderer Geber/innen oder durch Remittances).[16] Jeder Versuch, die Entwicklungshilfe dazu zu nutzen, Druck auf die Herkunfts- und Transitländer auszuüben,
muss zudem mit längerfristigen strategischen Überlegungen in Einklang gebracht
werden, denn ein solcher Versuch droht nicht nur, die entwicklungspolitischen
Ziele zu untergraben, sondern gefährdet auch die Zusammenarbeit in anderen für
die Geberländer wichtigen Bereichen, wie der Terrorismusbekämpfung.

Zwar können die Zielländer mit verschiedenen Anreizen und härteren politischen Instrumenten (wie z. B. negativer Konditionalität) experimentieren, um
die Partnerländer auf den von ihnen gewünschten Kurs zu bringen, doch letztendlich hängt der Erfolg davon ab, ob die Zielländer die Belange und Interessen
der Partnerländer wirklich ernst nehmen und diese zum Gegenstand der Partnerschaft machen. Vor diesem Hintergrund ist ein offener Dialog zur Ermittlung von
gemeinsamen migrationspolitischen Zielen entscheidend: So wurde in Bezug
auf die Migrationspartnerschaften der Schweiz verschiedentlich positiv hervorgehoben, dass sie regelmäßig die Möglichkeit zum Dialog bieten (Siegel et al.
2015). Ganz allgemein ist es wichtig, dass sich beide Seiten dazu verpflichten,
in diesen Fragen umfassend zusammenzuarbeiten und flexibler zu werden. So
sind nachhaltige Fortschritte beim Migrationsmanagement nur dann möglich,
wenn die Herkunfts- oder Transitländer davon überzeugt sind, dass dies auch
in ihrem eigenen Interesse liegt, denn nur dann werden sie bereit sein, konkrete
Maßnahmen zum Schutz ihrer Grenzen zu treffen. Die Zielländer wiederum

---

[16]Siehe Collett und Ahad (2017).

müssen bereit sein, den Partnerländern in einigen Punkten entgegenzukommen, auch wenn eine solche Politik bei der eigenen Bevölkerung unbeliebt ist, beispielsweise bei der Liberalisierung der Visaregeln oder bei der Ausweitung der befristeten Einreisemöglichkeiten für Arbeitsmigrant/innen. Partnerschaften, die diese Bezeichnung auch verdienen, dürfen nicht von unverhandelbaren Positionen ausgehen, sondern müssen auf der Achtung der Interessen und Belange des jeweils anderen beruhen. In vielen Fällen werden beide Seiten sich zu solchen politischen Positionen bekennen und *danach handeln* müssen, die ihren Bürger/innen nicht gefallen werden.

6.3.3 Erkenntnis 3: Schaffung von wirtschaftlichen Perspektiven für die Menschen in den Partnerländern (oder -regionen)

In den jüngsten Partnerschaften ist die Bekämpfung der Fluchtursachen in den Vordergrund getreten, was sich nicht zuletzt in einer erheblichen Aufstockung der Mittel für Investitionen in den Partnerländern sowie in entsprechenden politischen Bekenntnissen niedergeschlagen hat. In den Zielländern hat sich inzwischen die Erkenntnis durchgesetzt, dass sie zur Bewältigung der Herausforderungen, die sich durch die Migration stellen, über die Themen Grenzschutz und Rechtsdurchsetzung hinausgehen und intensiver darüber nachdenken müssen, wie sie in Herkunfts- und Transitländern investieren können, um die Ursachen für irreguläre Migration und Flucht im Laufe der Zeit zu beseitigen.

Der Grundgedanke ist, dass strategische Investitionen zur Beseitigung wichtiger Migrationsursachen in den Schwerpunktregionen dazu führen, dass die Anreize und die Motivation für eine Auswanderungsentscheidung im Laufe der Zeit abnehmen. Studien haben gezeigt, dass Migration vor allem durch folgende Faktoren begünstigt wird:[17]

- begrenzte wirtschaftliche Perspektiven, insbesondere eine hohe Jugendarbeitslosigkeit, Armut und ein eingeschränkter Zugang zu Bildungs- und Berufsbildungsmöglichkeiten;
- politische Instabilität, die zu Gewalt oder größeren Konflikten führt;

---

[17]Nach Demetrios G. Papademetriou und Kate Hooper, Building *Partnerships to Respond to the Next Decade's Migration Challenges,* Migration Policy Institute, Washington, DC, erscheint in Kürze.

- systematische Diskriminierung ethnischer oder religiöser Minderheiten;
- demografischer Wandel, der zu mehr Wettbewerb um Waren und Dienstleistungen führen kann;
- der Klimawandel und einmalige Ereignisse (wie Überschwemmungen oder Dürren), die damit in Zusammenhang stehen, sowie Umweltzerstörungen, die die Ernährungssicherheit beeinträchtigen und durch die Menschen aus ihren angestammten Gebieten vertrieben werden.

In vielen instabilen Ländern, die Schwerpunktländer der Entwicklungszusammenarbeit sind, tragen schwache staatliche Institutionen, eine gering ausgeprägte Rechtsstaatlichkeit, Korruption sowie die Tatsache, dass der Staat kaum Kontrolle über Regionen hat, deren Bevölkerung sich in ethnischer oder religiöser Hinsicht vom Rest des Landes unterscheidet, dazu bei, dass sich viele Menschen dafür entscheiden, ihrer Heimat den Rücken zu kehren.

Die politischen Entscheidungsträger/innen in Europa und den USA stellen erhebliche Mittel zur Bekämpfung der Fluchtursachen zur Verfügung. Nachdem die Zahl der Familien und alleinreisenden Kinder aus Mittelamerika, die über die Grenze der USA zu Mexiko in die USA eingereist sind, 2014 stark gestiegen war, haben die USA damit begonnen, Mexiko finanziell und technisch bei der Grenzsicherung zu unterstützen; gleichzeitig wurde die Entwicklungshilfe für El Salvador, Guatemala und Honduras aufgestockt, um die Fluchtursachen in diesen Ländern zu bekämpfen (Rosenblum 2015; Meyer et al. 2016). Die Europäische Union wiederum hat ebenfalls Mittel mobilisiert, um den Herausforderungen durch die Migration zu begegnen, beispielsweise im Rahmen des Notfall-Treuhandfonds für Afrika, des Regional Trust Fund in Response to the Syrian Crisis (auch bekannt als Madad-Fonds) sowie der Fazilität für Flüchtlinge in der Türkei. Ferner haben die EU-Mitgliedstaaten die Entwicklungshilfe für die betroffenen Länder aufgestockt. So ist der Haushalt des Bundesministeriums für wirtschaftliche Zusammenarbeit und Entwicklung (BMZ) zwischen 2014 und 2017 um ein Drittel gestiegen. Insbesondere die Sonderinitiativen zur Bekämpfung von Fluchtursachen und Hunger sowie zur Förderung der Stabilität und Entwicklung im Nahen Osten und in Nordafrika wurden mit deutlich mehr Mitteln ausgestattet.[18]

---

[18]In der Summe stieg das Budget für die drei Sonderinitiativen von 159,9 Mio. EUR im Jahr 2014 auf 685 Mio. EUR im Jahr 2017; das Gesamtbudget des BMZ wurde von 6,4 Mrd. EUR im Jahr 2014 auf 8,5 Mrd. EUR im Jahr 2017 aufgestockt (Bundesfinanzministerium 2017).

Die Bekämpfung der Fluchtursachen erfordert über einen langen Zeitraum massive Investitionen, und das ohne Erfolgsgarantie. Denn Entwicklungshilfe wirkt häufig nur langfristig, und es besteht stets die Gefahr des Missmanagements, insbesondere in instabilen Ländern mit schwachen Institutionen und einer von Korruption und politischer Instabilität geprägten Geschichte. Zwar haben die Geber/innen damit begonnen, konsequenter in diese Bereiche zu investieren, doch müssen die Investitionen erheblich aufgestockt *und über viele Jahre hinweg aufrechterhalten* werden, wenn sie etwas bewirken sollen. Darüber hinaus liefern mehrere Studien Hinweise darauf, dass der Anstieg des Haushaltseinkommens in armen Ländern auch die Bereitschaft zur Auswanderung steigen lässt; dies gilt zumindest, bis ein bestimmter Entwicklungsstand erreicht ist. So dürften Investitionen in ärmere Länder die Migration eher fördern als bremsen.[19] Somit besteht die Gefahr, dass die Maßnahmen zur Ursachenbekämpfung kurz- bis mittelfristig genau das Gegenteil der angestrebten Ziele bewirken.

Politische Entscheidungsträger/innen, die bei potenziellen Migrant/innen einen Einstellungswandel erreichen und die Fluchtursachen in den Partnerländern beseitigen wollen, werden akzeptieren müssen, dass die von ihnen auf den Weg gebrachten Investitionen wahrscheinlich erst weit nach Ende ihrer politischen Karriere Früchte tragen werden. Nichtsdestotrotz sind genau solche Investitionen notwendig, und wenn sie getätigt werden sollen, sind die Sichtweisen und Erkenntnisse der Partnerländer – d. h. der Regierungen auf nationaler und lokaler Ebene, der Zivilgesellschaft und der Privatwirtschaft – entscheidend, um herauszufinden, in welche Bereiche die Investitionen am besten fließen sollten.

6.3.4   Erkenntnis 4: Bewerten, was funktioniert und was nicht

Die politischen Entscheider/innen sollten systematisch die Erfolge und Misserfolge früherer Kooperationsversuche analysieren, um bei einem neuen Abkommen dafür zu sorgen, dass das Rad nicht neu erfunden werden muss. In den letzten zwei Jahrzehnten wurden auf bilateraler und multilateraler Ebene

---

[19]Die Studie von Clemens (2014) zeigt, dass sich die Bereitschaft zur Auswanderung rückläufig entwickelt, sobald das durchschnittliche Haushaltseinkommen ein Niveau von 7000 bis 8000 US-Dollar pro Kopf erreicht hat. Michael Clemens, *Does Development Reduce Migration?* Arbeitspapier 359 des Center for Global Development, März 2014, https://www.cgdev.org/sites/default/files/does-development-reduce-migration_final_0.pdf.

zahllose Rahmen und Prozesse zur Förderung der Zusammenarbeit auf dem Gebiet der Migration entwickelt. Diese reichen von bilateralen Abkommen zur Regelung einer zirkulären Migration oder die Rücknahme von Migrant/innen, die von Akteur/innen der Migrationssteuerung initiiert werden, über Projekte zur Steigerung des entwicklungspolitischen Nutzens der Migration, die von Akteur/innen der Entwicklungszusammenarbeit durchgeführt werden, bis hin zu umfassenden Dialogen und Konsultationsprozessen zu Migrationsfragen, die von Ländergruppen oder internationalen Organisationen geleitet werden. Die zahlreichen Initiativen bieten ein enormes Potenzial zur Nutzung von Größeneffekten, bergen gleichzeitig aber auch das Risiko von thematischen Überschneidungen und Redundanzen.

Schon vor den jüngsten Migrationsbewegungen in Europa wurden die Migrationspartnerschaften dafür kritisiert, dass sie keiner umfassenden Evaluierung unterliegen. So hat der Europäische Rechnungshof 2016 in einem Bericht die Finanzmittel, die die Europäische Union zwischen 2010 und 2014 zur Lösung von Migrationsproblemen in den Ländern des südlichen Mittelmeerraums eingesetzt hat, sowie die Östliche Partnerschaft wegen nicht klar definierter Ziele und schwammiger Indikatoren kritisiert, die eine Evaluierung der Investitionen erschweren (Europäischer Rechnungshof 2016).

Probleme wie eine unzureichende Evaluierung und Koordination werden im Laufe einer Krise in der Regel verschärft. Die politischen Entscheidungsträger/innen stehen unter enormem öffentlichen Druck und müssen zeigen, dass sie die Migration effektiv steuern können. In dieser Situation ist die Wahrscheinlichkeit groß, dass sie auf vertraute Instrumente zurückgreifen (beispielsweise Maßnahmen zur Grenzsicherung und Rechtsdurchsetzung) und sich keine allzu hohen Ziele stecken, um kurzfristig sichtbare Erfolge vermelden zu können, die jedoch die Fluchtursachen keinesfalls beseitigen. In diesem Zusammenhang wird die Festlegung von Bewertungskriterien und -prozessen häufig vernachlässigt. Es wäre jedoch sehr wichtig, die Initiativen so zu gestalten, dass aktuelle Daten erhoben werden, die sich für eine Evaluierung eignen (Festlegung klar definierter Outcomes und messbarer Erfolgsindikatoren) und kontinuierlich überwacht werden können. Eine weitere Voraussetzung besteht darin, dass die politischen Entscheidungsträger/innen Zugriff auf diese Ergebnisse haben und sie zu interpretieren wissen, um sie als Entscheidungsgrundlage verwenden zu können. Zu wissen, was in diesen Partnerschaften funktioniert und was nicht, ist entscheidend für den künftigen Erfolg der Zusammenarbeit. Daher müssen die politischen Entscheidungsträger/innen eindeutige Erfolgskriterien festlegen, regelmäßig Evaluierungen durchführen und auf diesem Feedback aufbauen, um die Partnerschaften zu verbessern.

6.4   Fazit

Die jüngsten Migrationsbewegungen haben die politischen Entscheider/innen dazu veranlasst, die Rolle von Partnerschaften bei der Migrationssteuerung zu überdenken, und zwar sowohl im Hinblick auf den Grenzschutz oder die Rückführung von Personen ohne Aufenthaltsrecht als auch als Instrument, um die tief verwurzelten Probleme anzugehen, die die Menschen überhaupt erst dazu bringen, ihre Heimat zu verlassen, und zu denen vor allem Armut, instabile Verhältnisse, eine schlechte Regierungsführung und Korruption zählen. Dazu gehören auch die Suche nach neuen Partnern, die Erweiterung des Arbeitsbereichs der Partnerschaften sowie die Suche nach Möglichkeiten zur sektorübergreifenden Umsetzung dieser Initiativen. Daher haben die politischen Entscheidungsträger/innen in den letzten drei Jahren in nie da gewesenem Umfang politisches und finanzielles Kapital in die Aushandlung, den Abschluss und die Umsetzung von Partnerschaften mit wichtigen Herkunfts- oder Transitländern investiert und diese Partnerschaften zu einem zentralen Bestandteil ihrer Migrationsstrategie erklärt.

Die Bilanz dieser Partnerschaften ist jedoch nach wie vor durchwachsen, und viele Initiativen liefern nur enttäuschende Ergebnisse. Es ist äußerst schwierig, die konkurrierenden politischen Schwerpunkte von Ziel-, Herkunfts- und Transitländern auf dem Gebiet der Migration miteinander in Deckung zu bringen und die typischen Asymmetrien zu vermeiden, die solche Partnerschaften bisher gekennzeichnet haben. Zusätzlich verschärft wird dieses Spannungsverhältnis durch den Druck, den die Wähler/innen auf die politischen Entscheider/innen ausüben, damit diese die Krise „lösen", und zwar ohne unpopuläre politische Entscheidungen, wie die Ausweitung der legalen Migrationsmöglichkeiten im Fall der Zielländer oder die Aufnahme von Rückkehrer/innen im Fall der Herkunftsländer.

Ein Teil der Lösung besteht darin, sorgfältig zu analysieren, wie wichtige Stakeholder/innen im eigenen Land in die Partnerschaft eingebunden werden können, um dafür zu sorgen, dass wichtige Ziele beider Seiten Gegenstand der Partnerschaft werden. Dazu gehört auch die Bereitschaft, viel stärker darüber nachzudenken, wie mittel- bis langfristig in den Herkunfts- oder Transitländern investiert werden kann, um die Ursachen einer unerwünschten Migration zu beseitigen. Ferner müssen die politischen Entscheidungsträger/innen prüfen, wie sie die Zusammenarbeit besser nutzen können. Dabei sollte der Fokus nicht nur auf finanziellen Anreizen liegen (da deren Kosten zwangsläufig immer weiter steigen). Eine Alternative können auch politische Instrumente wie eine negative Konditionalität in Bezug auf (nicht humanitäre) Hilfsleistungen oder die Einschränkung (oder sogar den Entzug) von Vorzugsregelungen im Handel sein.

Grundsätzlich aber wird auch eine wohldurchdachte Partnerschaft nur dann gelingen, wenn sich beide Seiten zu einer Zusammenarbeit in diesen Fragen verpflichten und sich flexibel zeigen. Ein erfolgreiches Migrationsmanagement setzt voraus, dass alle Seiten in einigen Punkten Zugeständnisse machen, die für sie von politischer Bedeutung sind. Dies kann beispielsweise bedeuten, dass Herkunfts- und Transitländer konkrete Maßnahmen zur Grenzsicherung ergreifen und die Rückführung von Migrant/innen akzeptieren müssen; die Zielländer wiederum müssen eventuell ihre Visaregeln und weitere Einreisemöglichkeiten für Arbeitsmigrant/innen schaffen. Die Bildung dauerhaft tragfähiger Partnerschaften setzt somit voraus, dass die Partner die Ziele und Interessen des anderen ernst nehmen und bereit sind, sich dafür einzusetzen *und entsprechend zu handeln*.

Literatur

Al Jazeera. 2017. EU, African leaders back new plan over migrant crisis. *Al Jazeera,* 28. August 2017. http://www.aljazeera.com/news/2017/08/eu-african-leaders-plan-migrant-crisis-170828193540666.html.

Axiotis, M., und P. Bonin. 2017. *Migration Partnerships for Sustainable International Cooperation: Reconsidering the Principles of Partnership.* Diskussionspapier für den Transatlantic Council on Migration, 2.-3. Februar 2017.

Bocchi, A. 2017. Tunisia and Italy sign deal on illegal migration, agree to support Libya. *Libya Herald,* 9. Februar 2017. https://www.libyaherald.com/2017/02/09/tunisia-and-italy-sign-deal-on-illegal-migration-agree-to-support-libya/.

Brady, K. 2016. Austrian foreign minister threatens refugee homelands with severe sanctions. *Deutsche Welle,* 29. Dezember 2016. http://www.dw.com/en/austrian-foreign-minister-threatens-refugee-homelands-with-severe-sanctions/a-36946752.

Bundesfinanzministerium. o. D. *Einzelpläne: Bundesministerium für wirtschaftliche Zusammenarbeit und Entwicklung.* https://www.bundeshaushalt-info.de/#/2017/soll/ausgaben/einzelplan/23.html. Zugegriffen: 30. August 2017.

Clemens, M. 2014. *Does Development Reduce Migration?* Arbeitspapier 359 des Center for Global Development, März 2014. https://www.cgdev.org/sites/default/files/does-development-reduce-migration_final_0.pdf.

Coleman, N. 2009. *European Readmission Policy: Third Country Interests and Refugee Rights.* Leiden und Boston: Martinus Nijhoff Publishers.

Collett, E. 2017. *New EU Partnerships in North Africa: Potential to Backfire?* Migration Policy Institute Europe commentary, Februar 2017. http://www.migrationpolicy.org/news/new-eu-partnerships-north-africa-potential-backfire.

Collett, E., und A. Ahad. *EU Migration Partnerships: A Work in Progress.* Brüssel: Migration Policy Institute Europe, Dezember 2017. https://www.migrationpolicy.org/research/eu-migration-partnerships-work-progress.

Europäischer Rat. 2015. *Schlussfolgerungen des Europäischen Rates, Schlussfolgerungen des Vorsitzes – Brüssel, 15./16. Dezember 2005,* 15914/05. Brüssel, 17. Dezember 2015. http://www.statewatch.org/news/2005/dec/eu-summit-concl-dec-05.pdf.

Deutsche Welle. 2017. New Tunisian-German immigration deal trades aid for speedier deportation. *Deutsche Welle*, 3. März 2017. http://www.dw.com/en/new-tunisian-german-immigration-deal-trades-aid-for-speedier-deportation/a-37798162.

Europäische Kommission. 2007. *Circular migration and mobility partnerships between the European Union and third countries*, MEMO/07/197. Brüssel, 16. Mai 2007. http://europa.eu/rapid/press-release_MEMO-07-197_en.pdf.

Europäische Kommission. 2017a. *EU-Finanzierungsquellen für die Entwicklung von Afrika*. Stand: 28. Juni 2017. https://ec.europa.eu/europeaid/sites/devco/files/eu_Finanzierungsquellen_fuer_die_Entwicklung_von_Afrika_5.pdf.

Europäische Kommission. 2017b. GD NEAR. *Facility for Refugees in Turkey: projects committed/decided, contracted, disbursed*. Stand: 16. Juni 2017. https://ec.europa.eu/neighbourhood-enlargement/sites/near/files/170616_facility_table_website.pdf.

Europäische Kommission. o. D. *The EU Emergency Trust Fund for Africa*. Letzte Aktualisierung: 28. August 2017. https://ec.europa.eu/europeaid/regions/africa/eu-emergency-trust-fund-africa_en.

Europäischer Rechnungshof. 2016. *EU-Ausgaben im Bereich externe Migration in Ländern des südlichen Mittelmeerraums und der östlichen Nachbarschaft bis 2014*. Luxemburg: Amt für Veröffentlichungen der Europäischen Union.

García A., P., I. Martín, und S. Mananashvili. 2015. *EU Cooperation with Third Countries in the Field of Migration*. Studie für den LIBE-Ausschuss des Europäischen Parlaments. http://statewatch.org/news/2015/oct/ep-study-migration-coop-third-countries.pdf.

Hipsman, F., und D. Meissner. 2015. *In-Country Refugee Processing in Central America: A Piece of the Puzzle*. Washington D.C.: Migration Policy Institute. http://www.migrationpolicy.org/research/country-processing-central-america-piece-puzzle.

Lavenex, S., und M. Panizzon. 2013. *Multilayered Migration Governance: The Partnership Approach in the EU and Beyond*. Entwurf eines Papiers für die Konferenz „Regional Governance of Migration and Socio-Political Rights: Institutions, Actors and Processes, 14–15 January 2013, Geneva, Switzerland". United Nations Research Institute for Social Development (UNRISD).

Lixi, L. 2017. *Beyond Transactional Deals: Building Lasting Partnerships in the Mediterranean*. Brüssel: Migration Policy Institute Europe.

Meyer, P. J. 2017. *U.S. Strategy for Engagement in Central America: Policy Issues for Congress*. Washington D.C.: Congressional Research Service. https://fas.org/sgp/crs/row/R44812.pdf.

Meyer, P. J., R. Margesson, C. Ribando Seelke, und M. Taft-Morales. 2016. *Unaccompanied Children from Central America: Foreign Policy Considerations*. Washington D.C.: Congressional Research Service. https://fas.org/sgp/crs/homesec/R43702.pdf.

Michael, M. Backed by Italy, Libya enlists militias to stop migrants. *Associated Press*, 29. August 2017. http://abcnews.go.com/International/wireStory/backed-italy-libya-enlists-militias-stop-migrants-49484692.

Newland, K. 2011. Global Governance: Fear and Desire. In *Improving the Governance of International Migration*, Hrsg. Bertelsmann Stiftung und Migration Policy Institute. Gütersloh: Bertelsmann Stiftung.

Papademetriou, D. G. mit Caitlin Katsiaficas (unveröffentlicht). *Europe's Enduring Migration Crisis: Scale, Trends, Governance Challenges... and ‚Solutions?'*. Beitrag für das

Transatlantic Forum on Inclusive Early Years, Expanding Effective ECEC Services for Young Refugee Children, Berlin, 11.-12. September 2017.

Reuters. 2017. Germany and Egypt Agree Deal to Stem Migrant Flow. *Reuters*, 28. August 2017. https://www.reuters.com/article/us-europe-migrants-germany-egypt-idUSKCN1B815J.

Rosenblum, M. R. 2015. *Unaccompanied Child Migration to the United States: The Tension between Protection and Prevention*. Washington, D.C.: Migration Policy Institute. http://www.migrationpolicy.org/research/unaccompanied-child-migration-united-states-tension-between-protection-and-prevention.

Samuel, H. 2017. EU leaders offer support to Libyan coastguards, Chad and Niger to stem migrant flow at Paris summit. *The Telegraph*, 28. August 2017. http://www.telegraph.co.uk/news/2017/08/28/eu-leaders-offer-support-libyan-coastguards-chad-niger-stem/.

Siegel, M., K. Marchand, und E. McGregor. 2015. *Independent Evaluation of Swiss Migration Partnerships: Final Report*. Barcelona: United Nations University, Migration Network. http://migration.unu.edu/publications/reports/independent-evaluation-of-swiss-migration-partnerships-final-report.html.

UNHCR. o. D. *Mediterranean Situation: Greece*. Letzte Aktualisierung am 27. August 2017. http://data2.unhcr.org/en/situations/mediterranean/location/5179.

UNHCR. 2017. *Returns from Greece to Turkey*. 21. Juni 2017. https://data2.unhcr.org/en/documents/download/58003.

Weinar, A. 2011. EU Mobility Partnerships: A Model for International Cooperation on Migration? In *Improving the Governance of International Migration*, Hrsg. Bertelsmann Stiftung und Migration Policy Institute. Gütersloh: Bertelsmann Stiftung.

Demetrios G. Papademetriou ist ein transatlantischer Fellow am Migration Policy Institute, das er bis 2014 als erster Präsident mitbegründete und leitete und wo er weiterhin Präsident Emeritus und Mitglied des Kuratoriums ist. Bis 2018 war er Gründungspräsident von MPI Europe, einem gemeinnützigen, unabhängigen Forschungsinstitut in Brüssel, das sich für ein besseres Verständnis von Migrationstrends und -effekten in Europa einsetzt; er ist weiterhin im Verwaltungsrat von MPI Europe und führt den Vorsitz im Beirat.

Kate Hooper ist Policy Analystin im International Program des Migration Policy Institute in Washington D.C. und arbeitet hauptsächlich beim Transatlantic Council on Migration. Ihre Forschungsgebiete umfassen Arbeitsmigration, Migration und Entwicklung sowie Flüchtlings- und Einwanderungspolitik mit Schwerpunkt auf Europa und Nordamerika. Sie hat einen Master-Abschluss mit Auszeichnung vom Committee on International Relations der University of Chicago und einen Bachelor of the Arts in Geschichte von der University of Oxford. Sie hat außerdem einen Abschluss in internationaler politischer Ökonomie von der London School of Economics.

Jenseits des Notfalls: Plädoyer für eine differenzierte Betrachtung der Auswirkungen von Krisen auf Migrant/innen

7

Lukas Gehrke und Albert Kraler

Zusammenfassung

Als Reaktion auf Appelle, die dazu aufriefen, Migrant/innen in Krisenzeiten weltweit besser zu schützen und zu unterstützen, wurde 2014 die Initiative Migrants in Countries in Crisis (MICIC) ins Leben gerufen, und zwar unter anderem von Peter Sutherland, dem UN-Sonderbeauftragten für Migration. Im ersten Teil dieses Kapitels zeichnen wir die Entstehung der MICIC-Initiative nach und stellen sie vor dem Hintergrund von drei eng miteinander verflochtenen, gleichwohl unterschiedlichen Debatten dar: der Debatte über Migrant/innen in Konfliktsituationen, der Debatte über von Naturkatastrophen betroffene Migrant/innen und der Debatte über in Transitländern gestrandete Migrant/innen. Im zweiten Teil des Kapitels untersuchen wir anhand einer vergleichenden Studie zu sechs Krisensituationen, die vom International Centre for Migration Policy Development (ICMPD) in Zusammenarbeit mit dem

Wir danken Aurelie Sgro und Maegan Hendow für ihre Kommentare zu den Entwürfen für diesen Beitrag.

L. Gehrke (✉) · A. Kraler
International Centre for Migration Policy Development (ICMPD), Wien, Österreich
E-Mail: Lukas.Gehrke@icmpd.org

A. Kraler
E-Mail: Albert.Kraler@icmpd.org

International Migration Institute an der Universität Oxford durchgeführt und von der Europäischen Union finanziert wurde, wie sich Krisen auf Migrant/innen auswirken.

Schlüsselwörter

Globale Wanderungsbewegungen · Migration · Initiative Migrants in Countries in Crisis (MICIC) · Resilienz · Krise · Krisenbewältigung · Irreguläre Migration

7.1 Einleitung

In den letzten Jahren haben eine Reihe von Konflikten und Naturkatastrophen, wie die gewaltsamen Auseinandersetzungen nach der libyschen Revolution, die Dreifachkatastrophe in Japan, die Überschwemmungen in Thailand oder der Konflikt in der Zentralafrikanischen Republik, zahlreiche Migrant/innen schwer getroffen. Als Reaktion auf mehrere Appelle, die dazu aufriefen, Migrant/innen in Krisenzeiten weltweit besser zu schützen und zu unterstützen, wurde 2014 die Initiative *Migrants in Countries in Crisis* (MICIC) ins Leben gerufen, und zwar unter anderem von Peter Sutherland, dem UN-Sonderbeauftragten für Migration. Die als informeller Prozess gestaltete Initiative sollte Leitlinien entwickeln, die Staaten und anderen Stakeholdern Orientierung für ihr Handeln bieten, wenn sich Migrant/innen in ihrem Zielland in einer humanitären Krisensituation wiederfinden. Mitte 2016 wurden die MICIC-Leitlinien[1] verabschiedet und von den Vereinten Nationen in der Erklärung von New York gebilligt (UN 2016). Damit bilden die MICIC-Leitlinien eine Grundlage für den Global Compact on Migration (GCM)-Prozess, der auf dem Gipfel der Vereinten Nationen über große Flüchtlings- und Migrant/innenbewegungen auf den Weg gebracht wurde.

Im ersten Teil dieses Kapitels zeichnen wir die Entstehung der MICIC-Initiative nach und stellen sie vor dem Hintergrund von drei eng miteinander

---

[1]Die MICIC-Leitlinien können eingesehen werden unter: https://micicinitiative.iom.int/guidelines. Die MICIC-Leitlinien werden jetzt durch Unterstützung beim Capacity-Building umgesetzt. Nähere Informationen dazu unter: https://www.icmpd.org/our-work/migrants-in-countries-in-crisis/capacity-building/.

verflochtenen, gleichwohl unterschiedlichen Debatten dar: der Debatte über Migrant/innen in Konfliktsituationen, der Debatte über von Naturkatastrophen betroffene Migrant/innen und der Debatte über in Transitländern gestrandete Migrant/innen. Während die ersten beiden Themen eindeutig im humanitären Bereich angesiedelt sind, hängt die Debatte über gestrandete Migrant/innen darüber hinaus eng mit grundsätzlichen Fragen der Migrationssteuerung und insbesondere der Politik gegenüber irregulären Migrant/innen zusammen. Wie die jüngsten migrationsbezogenen Initiativen auf globaler Ebene ist auch die MICIC-Initiative dem liberalen Multilateralismus und der so genannten „Soft Governance" verpflichtet, die darauf abzielen, durch Leitlinien und Wissenstransfer in Form von Best Practices Maßstäbe zu setzen. Durch ihre praktische Herangehensweise auf operativer Ebene kann sich die MICIC-Initiative den jüngsten Veränderungen des politischen Klimas, dem Wiederaufleben einer einseitig auf nationale Interessen gerichteten Politik und der abnehmenden Unterstützung für den politischen Multilateralismus durch eine Reihe von Staaten teilweise entziehen.

Im zweiten Teil des Kapitels untersuchen wir anhand einer vergleichenden Studie zu sechs Krisensituationen, die vom *International Centre for Migration Policy Development* (ICMPD) in Zusammenarbeit mit dem *International Migration Institute* an der Universität Oxford durchgeführt und von der Europäischen Union finanziert wurde, wie sich Krisen auf Migrant/innen auswirken. Für die Zwecke der Studie wurde der Krisenbegriff im Sinne der von der MICIC-Initiative vorgenommenen Definition verstanden als eine Situation, „in der soziale, politische, wirtschaftliche, natürliche oder ökologische Faktoren oder Ereignisse und strukturelle Schwächen zusammenwirken, bzw. in der das Ausmaß dieser Ereignisse oder Faktoren die Resilienz und Reaktionsfähigkeit von Personen, Gemeinschaften oder Ländern überfordert" (MICIC-Initiative 2014). Unsere Studie zeigt und der Krisenbegriff der MICIC impliziert, dass ‚Krise' in gewissem Maße ein relativer Begriff ist, weil sich Krisen auf unterschiedliche Personengruppen unterschiedlich stark auswirken, die die Krise zudem unterschiedlich wahrnehmen und erleben und infolgedessen unterschiedliche Krisenbewältigungsstrategien anwenden. Diese „vielfältigen Outcomes" (Kraler et al. 2017) spiegeln nicht nur sehr unterschiedliche Krisensituationen wider, sondern zeigen auch, dass die Krisen – und die Fähigkeit, mit einer Krise und ihren Folgen umzugehen – durch die Gesellschaft vermittelt werden.

7.2   Die Ursprünge der MICIC-Initiative

Die Revolution in Libyen, die 2011 zum Sturz des Gaddafi-Regimes führte und
in einen gewaltsamen Konflikt und Instabilität mündete, stellte bezogen auf den
Schutz von Migrant/innen einerseits eine Besonderheit dar, verdeutlichte andererseits jedoch die Notlage von Migrant/innen in einer solchen Krisensituation.
Nicht nur große Teile der libyschen Bevölkerung waren von dem Bürgerkrieg
stark betroffen, mussten fliehen und fanden sich als Binnenvertriebene oder
Flüchtlinge im Ausland wieder. Auch die vielen Migrant/innen, die in Libyen
leben und deren Zahl 2011 auf 1,5 bis 3 Mio. Personen geschätzt wurde (bei
einer Gesamtbevölkerung von nicht einmal 6,2 Mio.[2]), hatten sehr unter der
Situation zu leiden. Sie wurden überproportional häufig Opfer von Gewalt – so
waren fremdenfeindliche Ausschreitungen und Übergriffe ein wichtiges Merkmal
des Konflikts in Libyen (siehe Hendow 2017). Gleichzeitig hatten die Migrant/
innen keinen Anspruch auf internationalen Schutz, wenn sie auf der Suche nach
Arbeit nach Libyen eingereist waren.[3] Vielmehr waren sie als Bürger/innen eines
anderen Staates auf den Schutz ihres Herkunftslandes angewiesen. Angesichts
ihres Rechtsstatus als ausländische Arbeitsmigrant/innen galt die Rückkehr der
Betroffenen in das jeweilige Herkunftsland als notwendig und sinnvoll. Infolgedessen und angesichts der Krisensituation in Libyen ging man davon aus, dass die
Migrant/innen in ihr Herkunftsland zurückkehren würden und wollten.

Während die europäischen Länder ihre Bürger/innen schnell ausflogen und
die EU eine große Evakuierung startete, die von der Generaldirektion *Europäischer Katastrophenschutz und humanitäre Hilfe* koordiniert wurde (Perchinig
et al. 2017), verfügten viele der ärmeren Länder, aus denen die Migrant/innen
in Libyen stammten, damals weder über die Kapazitäten noch über die Ressourcen, um ihre Bürger/innen in vergleichbarer Weise in Sicherheit zu bringen oder
in anderer Form zu unterstützen. Darüber hinaus übten die Migrant/innen aus
den ärmeren Herkunftsländern vielfach weniger qualifizierte und oft informelle
Tätigkeiten aus. Dadurch konnten sie im Gegensatz zu den höher qualifizierten

---

[2]Die Bevölkerungszahlen stammen aus der Datenbank der Weltbank, die im Internet unter
http://databank.worldbank.org/data/reports.aspx?source=2&country=LBY   aufgerufen
werden kann; die geschätzten Migrant/innenzahlen stammen von Zampagni et al. (2017).
[3]Libyen ist schon seit langem ein wichtiges Transitland für Flüchtlinge, die sich auf den
Weg nach Europa machen. Dies gilt insbesondere für Migrant/innen aus den Ländern südlich der Sahara, vor allem vom Horn von Afrika, daneben aber auch aus anderen Ländern
(Zampagni et al. 2017).

Arbeitnehmer/innen größerer Unternehmen nicht oder nur in wesentlich geringerem Umfang auf die Unterstützung ihrer Arbeitgeber/innen zurückgreifen, wodurch sie zusätzlich benachteiligt wurden. Und schließlich verfügten viele Migrant/innen aus ärmeren Ländern nicht über genügend eigene Mittel, um sich in Sicherheit zu bringen – zum einen und hauptsächlich, weil sie ein geringeres Einkommen hatten, zum anderen aber auch, weil sie während des gewaltsamen Konflikts nicht auf ihre Ersparnisse zugreifen konnten oder ihr Geld und Vermögen sogar verloren hatten (Zampagni et al. 2017; Weerasinghe et al. 2015).

Vor diesem Hintergrund wurde eine groß angelegte internationale humanitäre Aktion für die in Libyen und den Nachbarländern gestrandeten Migrant/innen eingeleitet, die größtenteils von der Internationalen Organisation für Migration (IOM) durchgeführt und von verschiedenen Geber/innen, insbesondere der Europäischen Union, finanziert wurde. Zwar kam auf diese Weise eine Lösung zustande, mit der die internationale Gemeinschaft den spezifischen Bedürfnissen der von der Krise betroffenen Migrant/innen Rechnung trug, doch legte der Bürgerkrieg in Libyen gleichzeitig offen, dass ein systematischer Rahmen fehlt, um den Schutz und die Unterstützung von Migrant/innen zu gewährleisten, die in ihrem Aufenthaltsland Opfer einer Krise werden. In vielerlei Hinsicht entsprach der Umgang mit der Krise einer Ad-hoc-Reaktion. So waren verschiedene Herkunftsländer und internationale Organisationen wie die EU sowie andere Länder in irgendeiner Form an der Krise beteiligt bzw. von ihr betroffen, sodass viele Reaktionen und Maßnahmen spontan entwickelt und umgesetzt wurden, was – wenig überraschend – zu neuen Problemen führte. So fehlten nicht nur eine effektive Koordination zwischen den verschiedenen Durchführungsorganisationen, sondern auch klare operative Leitlinien sowie Finanzierungsmechanismen.[4] Eine beträchtliche Zahl von Migrant/innen hatte offensichtlich keine Möglichkeit, Hilfe in Anspruch zu nehmen und musste allein zurückkehren. Dabei waren sie häufig auf die Unterstützung von Familienangehörigen angewiesen, und zwar in einer Situation, in der die Preise für Vermittlung und Transportdienstleistungen rasant in die Höhe schnellten, Korruption an der Tagesordnung war und verschiedene Milizen die Migrant/innen erpressten. In den Herkunftsländern war

---

[4]Als Reaktion auf diese Herausforderungen und zur Gewährleistung einer schnellen und zuverlässigen Nothilfe hat die IOM einen Notfall-Finanzierungsmechanismus ins Leben gerufen, der die Lücke zwischen dem Ausbruch einer Krise und den von den Gebern zugesagten Finanzierungen schließen soll. Nähere Informationen dazu sind der Website https://micicinitiative.iom.int/micicinitiative/iom-migration-emergency-funding-mechanism-mefm zu entnehmen.

vielfach nicht bekannt, wo sich die ausgereisten Staatsbürger/innen befanden oder wie viele von ihnen sich bei Ausbruch des Konflikts tatsächlich in Libyen aufhielten. Außerdem wurden nicht in allen Teilen des Landes Evakuierungen durchgeführt und Hilfe geleistet (Hendow et al. 2016).

Ausgehend von den Erfahrungen, die man in der jüngeren Vergangenheit in Libyen und anderen Ländern gesammelt hatte, wurden die spezifischen Bedürfnisse von Migrant/innen und anderen Ausländer/innen, die sich zum Zeitpunkt einer humanitären Krise in ihrem Zielland befinden, anschließend Diskussionsgegenstand auf mehreren internationalen Foren. Dazu zählte insbesondere der hochrangige Dialog über Migration und Entwicklung im Jahr 2013.

Parallel dazu rückte die besondere Situation der internationalen Migrant/innen im Rahmen der Debatten über den menschengemachten Klimawandel, Naturkatastrophen und Umweltzerstörung zunehmend in den Fokus der politisch Verantwortlichen.[5] In einer solchen Situation sind Migrant/innen häufig besonderen Risiken ausgesetzt – wegen ihres Rechtsstatus, Diskriminierung, mangelnder Sprachkenntnisse oder anderer Nachteile, die dazu führen, dass sie in ihren Möglichkeiten, auf Katastrophenereignisse zu reagieren und diese zu bewältigen, eingeschränkt sind (siehe Bravi et al. 2017).

Durch die irreguläre Migration aus asiatischen und afrikanischen Ländern in die EU, die insbesondere nach dem arabischen Frühling im Jahr 2011 zunahm, rückten auch die Herausforderungen im Zusammenhang mit in Transitländern gestrandeten Migrant/innen in den Fokus der Politik. 2005 legte die IOM mit der *Stranded Migrant Facility* ein spezielles Hilfsprogramm für diese Migrant/innengruppe auf (siehe Collyer et al. 2014). Erst durch die humanitären Krisen in Libyen und Syrien nach dem arabischen Frühling und die Zunahme der

---

[5]Der Zusammenhang zwischen Migration und negativen Umweltveränderungen ist in den 2000er Jahren immer deutlicher geworden, weil es immer mehr Belege dafür gibt, dass die negativen Folgen des Klimawandels Auswirkungen auf die Mobilität der Menschen haben (siehe Foresight 2011). 2012 wurde die Nansen-Initiative (https://www.nanseninitiative.org) ins Leben gerufen, um die Herausforderungen zu bewältigen, die sich aus katastrophenbedingten grenzüberschreitenden Fluchtbewegungen ergeben. 2015 wurde die Initiative mit der Veröffentlichung der *Agenda for the Protection of Cross-Border Displaced Persons in the Context of Disasters and Climate Change* (Agenda zum Schutz von Vertriebenen im Kontext von Katastrophen und Klimawandelfolgen) abgeschlossen. Gegenstand dieser Schutzagenda sind speziell Menschen, die sich bei Eintritt einer Katastrophe im Ausland aufhalten. Die in der Schutzagenda niedergelegten Empfehlungen werden nun von der *Platform on Disaster Displacement* umgesetzt (siehe http://disasterdisplacement.org/).

irregulären Einwanderung aus Nordafrika, dem Nahen Osten und Südasien erfuhren die in Transitländern gestrandeten Migrant/innen international Aufmerksamkeit (Chetail und Bräunlich 2013). Die Herausforderungen im Zusammenhang mit der irregulären Migration stehen in einem engen Zusammenhang mit der Frage nach dem Umgang mit diesen Migrant/innen. Diese gewann nach der europäischen ‚Migrations- und Flüchtlingskrise' von 2015 an Bedeutung, die der Grund für die Durchführung des UN-Gipfels über große Flüchtlings- und Migrant/innenbewegungen vom Herbst 2016 war, auf dem der GCM-Prozess auf den Weg gebracht wurde.

Die MICIC-Initiative ist ein von den USA und den Philippinen gemeinsam geleiteter und von verschiedenen anderen Ländern und Stakeholdern geförderter Prozess, der aus diesen verschiedenen Einzeldebatten hervorgegangen ist. In ihrer Konzeption erinnert die MICIC-Initiative sehr stark an die erfolgreiche Initiative zur Entwicklung eines normativen Rahmens für Binnenvertriebene in den 1990er Jahren. Unter der Leitung des UN-Sonderbeauftragten für Binnenvertriebene Francis M. Deng und mit Unterstützung durch ein unabhängiges Projekt der *Brookings Institution* wurde dieser Prozess 1998 mit der Verabschiedung der Leitlinien für Binnenvertriebene[6] abgeschlossen. Anschließend entwickelte sich die Initiative zum Vorbild für eine Reihe weiterer ‚Soft Law'-Initiativen, darunter die Nansen-Initiative zu katastrophenbedingten grenzüberschreitenden Vertreibungsprozessen (Cohen 2013).[7] Auch die MICIC-Initiative verfolgte das Ziel, unverbindliche Leitlinien zu entwickeln, die jedoch im Gegensatz zu den Leitlinien für Binnenvertriebene eher praktische als normative Orientierung bieten sollten. 2016 legte die MICIC-Initiative ihre Leitlinien vor (MICIC-Initiative 2016). Diese beruhten auf ebenso umfassenden wie inklusiven Konsultationen von Regierungen, Akteur/innen der Zivilgesellschaft, Vertreter/innen des Privatsektors sowie internationalen Organisationen. Durch die Konsultationen sollten einerseits Informationen und Anregungen für die parallel dazu entwickelten

---

[6]https://www.unhcr.org/protection/idps/43ce1cff2/guiding-principles-internal-displacement.html

[7]Roberta Cohens Arbeit wurde vom *Institute for the Study of International Migration* (ISIM) der Universität Georgetown im Rahmen des ISIM-Projekts zum Thema Migration in Krisensituationen in Auftrag gegeben, um daraus Lehren für die Entwicklung von Leitlinien im Rahmen des MICIC-Projekts zu ziehen. Neben dem EU-finanzierten MICIC-Projekt des ICMPD bildeten die wissenschaftlichen Erkenntnisse aus dem ISIM-Projekt die zweite wichtige Grundlage für die MICIC-Initiative. Außerdem gehörte das ISIM der MICIC-Arbeitsgruppe an.

Leitlinien gesammelt und andererseits die Ansprechpartner/innen für die Ziele der Initiative sensibilisiert werden. Ergänzend zu den Konsultationen wurden im Rahmen der Initiative umfangreiche Studien und gezieltes Capacity-Building durchgeführt. Dabei kam Unterstützung aus verschiedenen Projekten, die von der EU und den USA gefördert wurden.[8] Inzwischen gilt der MICIC-Prozess als in jeder Hinsicht erfolgreiches Modell, mit dem sich die Migrationssteuerung stärken und die Zusammenarbeit fördern lassen. In seinem Bericht, den der UN-Sonderbeauftragte für Migration Peter Sutherland im Anschluss an den UN-Gipfel für Flüchtlinge und Migrant/innen von 2016 vorgelegt hat, bezeichnet er den MICIC-Prozess als entscheidenden Schritt auf dem Weg zu einer weiteren Klärung der Zuständigkeiten und der Verantwortung gegenüber Migrant/innen in Krisensituationen.

Im Rahmen der MICIC-Initiative wird der gesamte „Krisenzyklus", d. h. die Phase vor der Krise, die eigentliche Notsituation und die Phasen nach der Krise betrachtet. Dabei deckt die MICIC-Initiative ein breites Themenspektrum ab, das von Fragen des Katastrophenmanagements und der Krisenvorsorge über Fremdenfeindlichkeit, konsularischen Schutz und Menschenhandel in krisenhaften Situationen bis hin zu Rückkehr und Wiedereingliederung reicht. Es trifft durchaus zu, dass sich die Initiative mit ihrer Fokussierung auf Ausländer/innen in Krisensituationen (Migrant/innen und sich vorübergehend im Krisenland aufhaltende Personen) in Bezug auf den Personenkreis relativ stark beschränkt hat. Gleichwohl war die Initiative thematisch sehr breit aufgestellt, sodass „eine Reihe wichtiger Themen unter einem Dach gebündelt werden konnten"[9], wie es ein an der Initiative beteiligter Berater ausdrückte. Dadurch gelang es, eine Vielzahl von Themen in den Blickpunkt der Aufmerksamkeit zu rücken, die an der Schnittstelle zwischen humanitärer Krise, Entwicklung und Migration angesiedelt

---

[8]In Zusammenarbeit mit der MICIC-Initiative wurden zwei große Forschungsprojekte gefördert, nämlich das ISIM-Projekt *Crisis Migration* (https://isim.georgetown.edu/Crisis-Migration) und die ICMPD-Studie zu Migrant/innen in Krisenländern (siehe http://www.icmpd.org/our-work/migrants-in-countries-in-crisis/research/). Darüber hinaus wurden mehrere länderspezifische Studien, unter anderem zu Mexiko und Thailand, gesondert von der IOM in Auftrag gegeben. Die Forschungsergebnisse zu diesem Thema sind auf der Website der MICIC-Initiative unter https://micicinitiative.iom.int/resources-and-publications/studies-and-research zusammengefasst.

[9]Aussage eines an der Initiative beteiligten Beraters gegenüber einem der Autoren, März 2016.

sind und von denen etliche nur selten diskutiert werden. Darüber hinaus war es aufgrund des thematisch breiten Rahmens der Initiative möglich, Fragen der humanitären Hilfe und des Katastrophenmanagements so mit dem Thema Migrationssteuerung zu verknüpfen, dass die Akteur/innen auf dem Gebiet der humanitären Hilfe, die sich normalerweise auf die Bereitstellung von Hilfsleistungen für Flüchtlinge und Binnenvertriebene konzentrieren, ihr Augenmerk verstärkt auf Migrationsfragen richteten. Dabei folgte MICIC-Initiative konsequent einer menschenrechtsorientierten Logik mit dem Ziel, „Schutzlücken" zu schließen und – eng damit verbunden – den (internationalen) Schutz sowie die damit einhergehenden internationalen Verpflichtungen von Staaten so zu erweitern, dass sie über die grundlegenden Menschenrechtsnormen, wie sie etwa in der Genfer Flüchtlingskonvention von 1951 niedergelegt sind, hinausgehen.

7.3 Vergleich verschiedener Krisensituationen zulasten von Migrant/innen

Wie bereits erwähnt, ist die MICIC-Initiative zu einem bestimmten historischen Zeitpunkt vor dem Hintergrund bestimmter Erfahrungen und der damit zusammenhängenden Debatten entstanden. Dabei konnte die Initiative auf umfangreiche praktische Erfahrungen verschiedener Akteur/innen zurückgreifen, die an der Reaktion auf die Libyen-Krise und andere Krisen, die nicht zuletzt zulasten von Migrant/innen gingen, beteiligt waren. Allerdings gab es nur wenige systematische Forschungsarbeiten zu der Frage, wie sich Krisen auf Migrant/innen auswirken und wie die Politik auf Krisen reagiert. Zur Schließung dieser Wissenslücke hat das ICMPD in Zusammenarbeit mit dem *International Migration Institute* der Universität Oxford sowie einem Netz aus lokalen Forschungspartner/innen eine zweijährige Studie durchgeführt, in deren Rahmen sechs Krisensituationen untersucht und in dreizehn Ländern Feldforschung geleistet wurde (Kraler et al. 2017; siehe auch Hendow et al. 2016). Gegenstand der Studie waren die Zentralafrikanische Republik (Bürgerkrieg 2013–2014), Côte d'Ivoire (Bürgerkrieg 2002–2003 und 2010–2011), der Libanon (Krieg von 2006 und Konflikte bis in die Gegenwart), Libyen (Revolution von 2011 und der darauf folgende Konflikt), Südafrika (ausländerfeindliche Gewaltausbrüche in den Jahren 2008 und 2015) sowie Thailand (Überschwemmungen 2011). Im Libanon sowie in Südafrika und Thailand wurde die Feldforschung weitgehend in dem betreffenden Land durchgeführt, wobei einige Untersuchungen für die Fallstudie zu Südafrika in Simbabwe stattfanden. Bei den anderen drei Fallstudien konzentrierte sich die Feldforschung auf zurückgekehrte Migrant/innen und damit auf die

Herkunftsländer.[10] Konzeptionell lag der Fokus auf Migrant/innen, insbesondere Flüchtlingen oder Asylsuchenden, die sich längerfristig in den Krisenländern aufhielten.[11] Dabei wurde weitgehend der von der MICIC-Initiative festgelegte Krisenbegriff (siehe oben) zugrunde gelegt. Insgesamt wurden mehr als 650 Personen befragt, darunter Migrant/innen, Familienangehörige von Migrant/innen, Expert/innen und Vertreter/innen von Behörden, privaten Akteur/innen sowie zivilgesellschaftlichen und zwischenstaatlichen Organisationen. Im Folgenden werden die wichtigsten Ergebnisse der Feldstudien kurz vorgestellt.[12] In unseren Schlussfolgerungen setzen wir unsere Ergebnisse in Beziehung zur MICIC-Initiative und untersuchen die Leistungen, das Potenzial und die Grenzen dieses Instruments, das sich auf die Erfahrungen von Migrant/innen in Krisensituationen konzentriert.

7.3.1 Verschiedene Aspekte der Krise

Bei dem Krisenbegriff der MICIC-Initiative handelt es sich in erster Linie um ein Konzept, das auf Wechselwirkungen abstellt. Die Krise kann verstanden werden als das Ergebnis des Zusammenspiels von widrigen Ereignissen, die die Resilienz von einzelnen Personen, Gemeinschaften und Staaten bedrohen, sowie der Art und Weise, in der Einzelne, Gemeinschaften und Staaten auf diese Ereignisse reagieren. Eine Krise entsteht also nur, wenn widrige Ereignisse als grundlegende Herausforderung sowie als Zusammenbruch der sozialen und politischen Ordnung erlebt werden, die das Wohlergehen und die körperliche Unversehrtheit der von der Krise Betroffenen bedrohen und die Fähigkeit des/der Einzelnen und der Gemeinschaften beeinträchtigen, die widrigen Ereignisse zu bewältigen.

Unsere Studien haben gezeigt, dass die Studienteilnehmer/innen die Fragen, welche Ereignisse als Krise wahrgenommen werden, was konkret unter einer Krise zu verstehen ist und wie Krisen erlebt werden, sehr unterschiedlich beantworten. So wurden akute Krisenereignisse in bestimmten Kontexten, wie z. B. bei fremdenfeindlicher Gewalt in Südafrika, als besonders extreme Phasen

---

[10]In Tunesien, einem der Länder, in denen eine Feldstudie durchgeführt wurde, standen die in Tunesien gestrandeten Migrant/innen im Mittelpunkt.

[11]Die MICIC-Initiative berücksichtigte allerdings auch andere Ausländer/innen, z. B. Tourist/innen und andere Personen, die sich bei Ausbruch der Krise zufällig im Land aufhielten.

[12]Einzelheiten zu den Ergebnissen der Studie werden in Kraler et al. (2017) vorgestellt.

nach länger andauernden Feindseligkeiten erlebt, die bereits durch kleinere Übergriffe geprägt waren. Mit anderen Worten: Die Krise wurde als Höhepunkt eines bereits länger andauernden Prozesses gesehen. Auch in Kontexten, die durch einen fragilen Staat, eine gering entwickelte Volkswirtschaft, allgemeine Unsicherheit oder wiederkehrende Gewaltwellen gekennzeichnet sind, wurde die Krise nicht unbedingt als eine eigenständige Phase in einer Ereignisfolge erlebt, sondern als eine über einen längeren Zeitraum andauernde kritische Situation, die sich wiederholt zugespitzt hat und die von verschiedenen Personengruppen unterschiedlich erlebt wurde. Für viele der befragten Ägypter/innen, die nach Libyen ausgewandert waren, stellte die erste Phase der Gewalt in Libyen im Jahr 2011 weniger eine Herausforderung dar als der erneute Gewaltausbruch im Jahr 2014, bei der viele Ägypter/innen Opfer der vor allem von islamistischen Gruppen ausgeübten Gewalt wurden. Für die Befragten aus den Ländern südlich der Sahara hingegen brachte die erste Krise im Jahr 2011 bereits große Risiken für Leib und Leben, sodass viele von ihnen in ihr Herkunftsland zurückgekehrt sind oder sich frühzeitig in eines der Nachbarländer abgesetzt haben (Zampagni et al. 2017).

Der Krieg im Libanon 2006 wiederum zeigt beispielhaft, dass eine Krise von den Migrant/innen nicht zwangsläufig als solche wahrgenommen wird, so wie es bei den befragten Hausangestellten der Fall war (Mansour-Ille und Hendow 2017). Für viele dieser Menschen waren die Herausforderungen, die sich aus ihrem prekären rechtlichen und sozialen Status und ihrer Isolierung als in Privathaushalten angestellte Migrant/innen ergaben, viel schwerwiegender. Die Krise wurde daher nicht als Wendepunkt, sondern als vorübergehende Episode erlebt, die den Betroffenen deutlich machte, welchen Einschränkungen und Unwägbarkeiten sie tagtäglich im Libanon ausgesetzt sind. Zwar kam es während des Krieges von 2006 zu Massenevakuierungen von Ausländer/innen, doch betrafen diese Maßnahmen hauptsächlich nicht im Land lebende Ausländer/innen, die vielfach libanesische Wurzeln hatten und sich bei Kriegsausbruch im Libanon aufhielten (Jureidini 2011). Dies zeigt, dass die Krise sehr unterschiedlich wahrgenommen und erlebt wurde.

7.3.2 Handlungsautonomie, Resilienz und Krise

Wie sich eine Krise auf Migrant/innen auswirkt, hängt in hohem Maße von der Handlungsfähigkeit des/der Einzelnen im Angesicht widriger Ereignisse oder Bedingungen ab. Auch in einer solchen Situation gibt es verschiedene Reaktions- und Bewältigungsstrategien. Allerdings stehen nicht allen Menschen gleich viele oder gleich effektive Strategien zur Krisenbewältigung zur Verfügung. Welche Strategien sich tatsächlich realisieren lassen, hängt von zahlreichen Faktoren ab.

7.3.2.1 Individuelle Faktoren

Ein Teil der Faktoren für die Resilienz und Vulnerabilität eines Menschen liegt in der Person des Betroffenen begründet. Diese Faktoren sind entscheidend für die Wahrnehmung der zur Verfügung stehenden Handlungsmöglichkeiten durch die Migrant/innen. Zu diesen Faktoren zählen die Höhe und die Art der wirtschaftlichen Ressourcen der Migrant/innen, ihr Bildungsniveau, ihre Vertrautheit mit und ihr Wissen über den Umgang mit relevanten Institutionen sowie ihre Sprachkenntnisse. Die individuellen Faktoren wirken mit situationsabhängigen Merkmalen zusammen, die sozial vermittelt werden und daher mit dem Konzept der sozialen Einbettung zusammenhängen.

7.3.2.2 Soziale Einbettung und Umgang mit Krisen

Auf Meso- und Makroebene besteht der zweite Faktor in der allgemeinen sozialen Einbettung der Migrant/innen im Krisenland (Granovetter 1985). Die soziale Einbettung umfasst die sozioökonomische Integration der Migrant/innen, ihre Aufenthaltsdauer, ihren Rechtsstatus, ihre Beziehungen und ihre Kontakte zur einheimischen Bevölkerung (insbesondere Diskriminierung und die Einstellung der einheimischen Bevölkerung gegenüber Migrant/innen) sowie Art und Umfang der sozialen Vernetzung, durch die die Migrant/innen mit der lokalen Bevölkerung, Landsleuten sowie den Familien und Gemeinschaften im Herkunftsland verbunden sind.

7.3.2.3 Soziale Einbettung und Mobilität

Die soziale Einbettung der Migrant/innen spielt auch bei der Rückkehr ins Herkunftsland eine große Rolle. Denn die Entscheidung der Migrant/innen, in ihr Herkunftsland zurückzukehren oder aber trotz der Krise im Zielland zu bleiben bzw. nach der Rückkehr ins Herkunftsland erneut in das Zielland zu ziehen, wird davon beeinflusst, wie die Migrant/innen im Ziel- oder Herkunftsland sozial eingebettet sind. Dabei geht es beispielsweise um die Frage, ob sie familiäre und andere soziale Bindungen zum Herkunftsland haben, über die sie leicht Unterstützung erhalten, und ob sie in einem dieser Länder Beschäftigung finden oder sich andere Einkommensquellen erschließen können. Daher fällt die Entscheidung über eine Rückkehr ins Herkunftsland oder den Verbleib im Zielland je nach Situation des/der Betroffenen unterschiedlich aus. Zwar spiegeln sich in diesen Entscheidungen teilweise gravierende Einschränkungen wider, z. B. wenn Menschen in einer Situation gefangen oder gestrandet sind, doch oft zeigen sich darin auch eine große Handlungsautonomie sowie unterschiedliche Bewertungen der zur Verfügung stehenden Möglichkeiten.

7.3.3 Wahrnehmungen

Wahrnehmungen prägen den ,Möglichkeitsraum' der Migrant/innen, d. h. die Bandbreite der Möglichkeiten, die von den Migrant/innen als realistisch angesehen werden (zum Begriff des Möglichkeitsraums siehe Vogel und Kraler 2017). Dadurch haben Wahrnehmungen erheblichen Einfluss auf die Mobilitätsentscheidungen von Migrant/innen: Wie schätzen sie die Risiken und Bedrohungen ein, die eine Krise für sie mit sich bringt? Und wie bewerten sie die Bedingungen in ihrem Herkunftsland? Hinzu kommen andere subjektive Aspekte, wie etwa mögliche Schamgefühle, weil der/die Migrant/in den Eindruck hat, mit der Suche nach einem besseren Leben im Zielland gescheitert zu sein. Und schließlich steuern Wahrnehmungen auch die Strategien, die die Migrant/innen nach der Rückkehr im Zuge der Wiedereingliederung anwenden.

7.3.4 Zugang zu Informationen und die Bedeutung einer erfolgreichen Kommunikation

Wahrnehmungen können auch ungerechtfertigt sein – beispielsweise wenn irreguläre Migrant/innen aus Angst vor Verhaftung und Abschiebung nicht versuchen, öffentliche Nothilfe zu erhalten. Daher kommt es darauf an, dass Migrant/innen Zugang zu relevanten Informationen haben und dass erfolgreich kommuniziert wird. Diese beiden Voraussetzungen sind jedoch in vielen Fällen nicht gegeben, was auch dazu beigetragen haben könnte, dass laut den Studien ein Missverhältnis zwischen der von den Migrant/innen wahrgenommenen Unterstützung und der nach Angaben von Regierungen und anderen Akteuren geleisteten Unterstützung besteht. Dabei ist eine unzureichende Beherrschung der Landessprache ein wesentlicher Grund dafür, dass Migrant/innen vielfach keinen Zugang zu relevanten Informationen haben. Weitere wichtige Faktoren sind das Fehlen von wirkungsvollen Kommunikationsmitteln und -strategien aufseiten der Hilfsorganisationen und der Staaten. Eine solche Strategie könnte beispielsweise darin bestehen, dass sich Behörden und Hilfsorganisationen gezielt darum bemühen, Gebiete mit einer großen Migrant/innenpopulation zu erreichen, oder über Mittelspersonen versuchen, schwer fassbare Bevölkerungsgruppen wie irreguläre Migrant/innen anzusprechen.

7.3.5   Institutionelle Maßnahmen zur Krisenbewältigung

Die Fähigkeit zur Krisenbewältigung ist bei den einzelnen Staaten unterschiedlich stark ausgeprägt. So sind Staaten mit gewaltsamen internen Konflikten vielfach in ihrem Bestand gefährdet. In diesen Fällen funktionieren die staatlichen Institutionen vielfach nur noch eingeschränkt oder brechen zusammen und werden selbst in Konflikte verwickelt, wodurch Gewalt und Instabilität weiter zunehmen. Unsere Studien haben gezeigt, dass bei einem solchen Staatsversagen andere Akteur/innen wie Vermieter/innen, Arbeitgeber/innen, Migrant/innennetzwerke und Glaubensgemeinschaften in die Bresche gesprungen sind und insbesondere in einer ersten Krisenreaktion Unterstützung geleistet und Informationen, Unterkünfte und Nahrungsmittel für Migrant/innen bereitgestellt haben.

Bei den Herkunftsländern war festzustellen, dass der Staat häufig nicht in der Lage war, wirkungsvoll zu reagieren, weil die entsprechenden Kapazitäten und Ressourcen fehlten. Darüber hinaus war auch der fehlende politische Wille ein Problem sowie das Misstrauen der Migrant/innen gegenüber Staatsbediensteten. Zwar kann die internationale Hilfe die begrenzten Mittel des Herkunftslandes ergänzen und fehlende Mittel teilweise auch ersetzen, doch die Studie belegt, dass diese Bemühungen nicht notwendigerweise alle Bedürftigen erreichen, da eine beträchtliche Anzahl an Migrant/innen ohne Hilfe aus eigener Kraft in ihr Herkunftsland zurückkehren und dazu ihre eigenen Ressourcen einsetzen. Auch die Familien der Migrant/innen und andere informelle Netzwerke leisten in dieser Situation vielfach Hilfe, und zwar häufig unter schwierigen Umständen. Neben der begrenzten Unterstützung waren die wenigen Möglichkeiten der Einkommenserzielung und in manchen Fällen ein wirtschaftlicher und sozialer Absturz die Hauptgründe dafür, dass die Migrant/innen eine Rückkehr ins Herkunftsland ernsthaft in Erwägung zogen.

7.3.6   Koordinationsbedarf

In allen untersuchten Beispielen waren mehrere Akteur/innen an der Krisenreaktion beteiligt, darunter Organisationen der Zivilgesellschaft, zwischenstaatliche Organisationen und Akteur/innen des Privatsektors, wobei Staaten und zwischenstaatliche Organisationen im Hinblick auf den Umfang der Maßnahmen die wichtigsten Akteur/innen waren. Allerdings war die Koordination zwischen ihnen vielfach unzureichend. Infolgedessen war den Beteiligten oft nicht klar, welche Aufgabe ihnen und anderen im Rahmen der Krisenreaktion zufällt. Ferner fehlten Verfahren für einen strukturierten Informationsaustausch sowie Vereinbarungen darüber, wie die Zusammenarbeit und die Arbeitsteilung gestaltet werden sollten. Diese Mängel machten es schwer, die benötigten Hilfsleistungen bereitzustellen und hilfsbedürftige Migrant/innen zu erreichen. Zum Teil spiegelt sich in der unzureichenden Koordination auch das Fehlen von Notfallplänen sowie Koordinierungsmechanismen und -verfahren wider.

7.3.7 Rückkehr: die Herausforderung der Wiedereingliederung

Bei einer Rückkehr ins Herkunftsland kehren viele Migrant/innen in ein prekäres Umfeld zurück, das durch begrenzte wirtschaftliche Möglichkeiten und infolgedessen durch die (längerfristige) Abhängigkeit von familiärer Unterstützung sowie von Hilfsleistungen und Spenden gekennzeichnet ist. Diese Unterstützung war nicht immer gegeben, insbesondere dann, wenn die Migrant/innen längere Zeit im Ausland gelebt hatten oder im Ausland geboren wurden. In ländlichen Regionen war auch der Zugang zu Land ein wichtiges Thema. Dies zeigt, dass im Zusammenhang mit groß angelegten Rückkehrprogrammen sorgfältiger geprüft werden sollte, ob ausreichend Land für die Rückkehrenden zur Verfügung steht. Dabei waren viele der Faktoren, die ursprünglich zur Erstmigration geführt hatten, oft noch gegeben und ließen (wenn auch nur in wenigen Fällen) die Rückkehr in das Krisenland trotz anhaltender Instabilität oder Gewalt wünschenswert erscheinen. Es sind jedoch auch Fälle belegt, in denen Rückkehr und Wiedereingliederung erfolgreich verliefen und die Zurückgekehrten als Unternehmer/innen innovativ tätig wurden.

In mehreren der untersuchten Länder – etwa im Tschad oder in Liberia – waren zunächst umfassende Pläne zur Unterstützung von Rückkehrer/innen verabschiedet worden, doch ergaben sich im Zusammenhang mit anderen Krisen, die gleichzeitig oder nur wenig später ausbrachen, andere Notwendigkeiten. Dies war insbesondere beim Erstarken von Boko Haram im Tschadbecken sowie beim Ausbruch der Ebola-Epidemie in Liberia der Fall. Soweit es staatliche oder internationale Programme zur Unterstützung von Rückkehrer/innen gab, war die längerfristige Unterstützung für Rückkehrer/innen im Allgemeinen nicht so umfassend wie die Unterstützung für Flüchtlinge. Dieser Umstand ist in erster Linie darauf zurückzuführen, dass die internationalen Geber/innen für Flüchtlinge mehr Mittel bereitstellen. Da alle betrachteten Länder, die in großer Zahl Rückkehrer/innen aufgenommen haben, relativ arm sind, stehen zwangsläufig nur geringe Ressourcen zur Unterstützung der Rückkehrer/innen zur Verfügung, wenn es an internationaler Hilfe fehlt. Die Tatsache, dass unterschiedliche Migrant/innengruppen in unterschiedlichem Umfang unterstützt werden, wirft grundlegende Fragen auf. Insbesondere in Ländern mit einer wenig leistungsfähigen Volkswirtschaft und weit verbreiteter Armut stellt sich beispielsweise die Frage, inwieweit längerfristige Programme, die sich an eine bestimmte Bevölkerungsgruppe richten und andere Bevölkerungsgruppen ausschließen, gegen den Gleichberechtigungsgrundsatz verstoßen und dadurch letztlich kontraproduktiv wirken. In einer solchen Situation kann es sinnvoller sein, territoriale und sektorale Strategien miteinander zu verknüpfen und dadurch im Rahmen eines Unterstützungsprogramms eine größere Zahl von Zielgruppen zu erreichen, anstatt sich auf einige wenige zu konzentrieren.

7.4   Schlussfolgerungen

Studien belegen, dass Migrant/innen in Krisensituationen mit spezifischen Herausforderungen konfrontiert sind. Einige davon hängen mit tief verwurzelten Verhaltensweisen und Einstellungen gegenüber Migrant/innen zusammen, die grundsätzliche Fragen aufwerfen und über die Frage nach dem Umgang mit Migrant/innen in Krisensituationen hinausweisen. So wird in den Studien hervorgehoben, dass die allgemeine politische Praxis, die in den Zielländern vor Ausbruch der Krise vorherrschte, krisenspezifische Auswirkungen nach sich zieht. Dieser Punkt wurde auch in den MICIC-Empfehlungen zum Umgang mit den Phasen vor einer Krise aufgegriffen.[13] Andere Herausforderungen hängen direkt mit der Krisenbewältigung und insbesondere der fehlenden Bereitschaft der relevanten Stakeholder zusammen, zu denen unter anderem das Personal von Botschaften und Konsulaten, humanitäre Hilfsorganisationen sowie die für das Krisenmanagement zuständigen nationalen Institutionen gehören. Im Rahmen der MICIC-Initiative wurden mehrere Capacity-Building-Maßnahmen eingeleitet, um das Bewusstsein und das Reaktionsvermögen der Staaten und anderer Akteur/innen zu stärken, da diese für die Krisenreaktion entscheidend sein können.[14]

---

[13]Die meisten der in den MICIC-Leitlinien niedergelegten Prinzipien – nämlich acht von fünfzehn – beziehen sich auf die Phase vor der Krise. Bei Prinzip Nr. 3 („Migrant/innen zur Selbsthilfe befähigen") geht es konkret darum, strukturelle Hürden und Probleme zu überwinden, durch die Migrant/innen besonders gefährdet werden (siehe MICIC-Initiative 2016).
[14]Weitere Informationen über Capacity-Building-Maßnahmen finden Sie unter https://www.icmpd.org/our-work/migrants-in-countries-in-crisis/capacity-building/.

Einige der von der Forschung benannten Herausforderungen sind nicht notwendigerweise auf die Zielgruppen der MICIC-Initiative beschränkt. Dies gilt beispielsweise für die Wiedereingliederung von Migrant/innen, die aus einem Krisenland zurückkehren, sowie von Flüchtlingen, die sich nach Jahren im Exil wieder in der Heimat niederlassen. Darüber hinaus hat das vorliegende Kapitel gezeigt, dass die soziale Einbettung der Migrant/innen ein wichtiger Faktor ist, und zwar sowohl im Hinblick auf ihre Fähigkeit, die unmittelbare Krisensituation zu bewältigen, als auch im Hinblick auf den Neuanfang nach der Krise, sei es im Zielland oder im Herkunftsland. Insgesamt wird in der empirischen Forschung die Bedeutung von strukturellen, sozialen und individuellen Vermittlungsfaktoren für die Outcomes von Krisen bzw. die damit verbundenen Prozesse (z. B. Rückkehrbewegungen) hervorgehoben. Die Forschungsergebnisse verdeutlichen, dass Krisen differenziert und unter Berücksichtigung des jeweiligen Kontextes zu betrachten sind. Dabei ist zu analysieren, wie es zu der Krise gekommen ist, wie sie sich entwickelt hat und welche kurz- und langfristigen Folgen sie für verschiedene Personengruppen hat. Die Studie zeigt jedoch auch auf, welchen Grenzen der Krisenbegriff als analytische und praktische Kategorie unterliegt (Brubaker und Cooper 2000), d. h. als eine Kategorie, mit der sich die Auswirkungen von sehr unterschiedlichen Krisensituationen, von denen Migrant/innen betroffen sein können, analysieren lassen, sowie als eine politische Kategorie, die politische Entscheidungsprozesse beeinflusst.

Zwar ist es der MICIC-Initiative durchaus gelungen, die spezifische Situation von Migrant/innen in einem Krisenland in den Blickpunkt der Aufmerksamkeit zu rücken, doch kommt es entscheidend darauf an, die Fragen und Herausforderungen zu analysieren, die unterschiedliche Kategorien von Migrant/innen gleichermaßen betreffen, selbst wenn zwischen diesen Kategorien in Bezug auf normative Rahmenbedingungen und internationale Verpflichtungen Unterschiede bestehen. Die Verantwortlichen der MICIC-Initiative haben selbst erkannt, dass trotz der engen thematischen Beschränkungen die Ergebnisse der Initiative – insbesondere die Studien zu Migrant/innen in Krisenländern – Lernerfahrungen und Erkenntnisse bieten, die auf andere Migrationsszenarien angewendet werden können (siehe MICIC-Initiative, n. d.). Drei Jahre nach Beginn der Initiative werden nun weitere Anstrengungen unternommen, um die MICIC-Leitlinien auf breiter Basis einzuführen und die Kapazitäten von Staaten und anderen wichtigen Institutionen und Stakeholdern auf dem Gebiet der Krisenbewältigung zu stärken, damit sie in der Lage sind, besser auf Krisensituationen und die spezifischen Bedürfnisse der davon betroffenen Migrant/innen zu reagieren. Obwohl hierbei Fortschritte erzielt wurden, bedarf es weiterer Anstrengungen, um die Ziele der

MICIC-Initiative zu erreichen und das Leben von Migrant/innen zu retten, sie besser zu schützen und ihre Resilienz zu stärken.

Das Wissen, das Know-how und die Erfahrungen, die im Rahmen der MICIC-Initiative gewonnen wurden, sowie die MICIC-Leitlinien, die Capacity-Building-Programme und die evidenzbasierten Erkenntnisse aus Forschungsinitiativen liefern darüber hinaus wertvolle Hinweise und Anregungen, um durch den GCM-Prozess eine *sichere, geordnete und reguläre Migration* zu erreichen.

Literatur

Bravi, A., K. Schaur, A. Trupp, T. Sakulsri, R. Tadee, K. Apipornchaisakul, und S. Punpuing. 2017. *Migration and Natural Disasters – The Impact on Migrants of the 2011 Floods in Thailand.* Migrants in Countries in Crisis Thailand Case Study. Wien: ICMPD. http://www.icmpd.org/fileadmin/2017/Thailand_CS_FINAL.pdf.

Brubaker, R., und F. Cooper. 2000. Beyond Identity. *Theory and Society* 29: 1–47.

Chetail, V., und M. A. Braeunlich. 2013. *Stranded Migrants: Giving Structure to a Multifaceted Phenomenon.* Global Migration Research Paper No.5. Genf: Graduate Institute. http://graduateinstitute.ch/files/live/sites/iheid/files/sites/globalmigration/shared/Publications/GMC%20-%205%20Global%20Migration%20Research%20Paper%20Series.pdf.

Cohen, R. 2013. *Lessons Learned from the Development of the Guiding Principles on Internal Displacement.* Washington D.C.: Georgetown University, Institute for the Study of International Migration. https://isim.georgetown.edu/Crisis-Migration.

Collyer, M., F. Düvell, H. de Haas, und I. Molodikova. 2014. Transit Migrations and European Spaces. In T*ransit Migration in Europe*, Hrsg. F. Düvell, I. Molodikova und M. Collyer, M, 13–33. Amsterdam: Amsterdam University Press.

Foresight. 2011. *Migration and Global Environmental Change.* Final Project Report. Government Office for Science. London. https://www.gov.uk/government/uploads/system/uploads/attachment_data/file/287717/11-1116-migration-and-global-environmental-change.pdf.

Granovetter, M. 1985. Economic Action and Social Structure: The Problem of Embeddedness. *American Journal of Sociology* 91(3): 481–510.

Hendow, M., R. N. Pailey, und A. Bravi. 2016. *Migrants in Countries of Crisis. Emerging Findings. A Comparative Study of Six Crisis Situations.* Wien: ICMPD. http://www.icmpd.org/our-work/cross-cutting-initiatives/migrants-in-countries-in-crisis/research/comparative-results/.

Hendow, M. 2017. *Xenophobic violence during the 2011 Libya crisis.* Paper presented at the 14th Annual IMISCOE Conference. Rotterdam, 28–30 June 2017.

Jureidini, R. 2011. State and non-state actors in evacuations during the conflict in Lebanon, July–August 2006. In *The Migration-Displacement Nexus: Patterns, Processes and Policies*, Hrsg. K. Koser und S. Martin, 197–215. Oxford: Berghahn Books.

Kraler, A., O. Bakewell, M. Hendow, J. Peebles, und L. Rasche, Hrsg. 2017. *Migrants in Countries of Crisis. Comparative Report.* Wien: ICMPD. http://www.icmpd.org/our-work/cross-cutting-initiatives/migrants-in-countries-in-crisis/research/comparative-results/.

Mansour-Ille, D., und M. Hendow. 2017. *Lebanon Case Study: Migrant Domestic Workers and the 2006 Crisis.* Wien: ICMPD. http://research.icmpd.org/fileadmin/Research-Web-site/Project_material/MICIC/LEBANON-Case-Study-FINAL.pdf.

Migrants in Countries in Crisis Initiative. 2014. *Frequently Asked Questions.* Genf: MICIC. https://www.iom.int/files/live/sites/iom/files/What-We-Do/docs/MICIC-FAQs-Final-for-GFMD-5-8-2014.pdf.

Migrants in Countries in Crisis Initiative. 2016. *Guidelines to Protect Migrants in Countries Experiencing Conflict or Natural Disasters.* Genf: MICIC. http://micicinitiative. iom.int/sites/default/files/document/micic_guidelines_english_web_13_09_2016.pdf.

Perchinig, B. mit R. Lucas, und K. Schaur. 2017. *Humanitarian aid and civil protection policies in the European Union and the MICIC agenda.* MICIC Summary Report. Genf: MICIC. http://www.icmpd.org/index.php?id=2897.

United Nations. 2016. *Outcome Document for 19 September 2016 High-level meeting to address large movements of refugees and migrants.* Draft for adoption. http://www.un.org/en/development/desa/population/migration/events/ga/documents/2016/1August2016/Outcome_Declaration.pdf.

Vogel, D., und A. Kraler. 2017. *Demand-side Interventions Against Trafficking in Human Beings: Towards an Integrated Theoretical Approach.* DemandAT Working Paper No.14. Wien: ICMPD. http://www.demandat.eu/publications/demand-side-interventions-against-trafficking-human-beings-towards-integrated.

Weerasinghe, S., und A. Taylor, mit S. Drury, P. Indravudh, A. Gregg, und F. Flanagan. 2015. On the Margins: Noncitizens Caught in Countries Experiencing Violence, Conflict and Disaster. *Journal on Migration and Human Security* 3(1): 26–57.

Zampagni, F., H. Boubakri, R. Hoinathy, L. Kandilige, H. Manou Nabara, S. Sadek, M. El Sayeh, M. Zongo, und M. Hendow. 2017. *Libya Case Study. An unending crisis: Responses of migrants, states and organisations to the 2011 Libya crisis.* Wien: ICMPD. https://www.icmpd.org/fileadmin/2017/Libya_CaseStudy_FINAL.pdf.

Lukas Gehrke ist seit 2017 Director for Policy, Research and Strategy am International Centre for Migration Policy Development (ICMPD), wo er für das migrationspolitische Programm des ICMPD, die Bereiche Forschung, Strategieentwicklung und Wissensmanagement sowie die Außenbeziehungen verantwortlich ist. Außerdem ist er für die Kompetenzentwicklung und das Wissensmanagement des ICMPD sowie für strategische und politische Analysen zu den Themenkomplexen Migration, Migrationsmanagement und Governance, Migration und Entwicklung, legale Migration, Asyl- und Schutzsuchende, Grenzmanagement, irreguläre Migration, Schleuserkriminalität und Menschenhandel sowie sozialer Zusammenhalt und Integration zuständig.

Albert Kraler ist Assistenzprofessor für Migrationsforschung am Department für Migration und Globalisierung an der Donau-Universität Krems, wo er unter anderem zu internationalem Flüchtlingsschutz und Migrationspolitik im europäischen und globalen Zusammenhang forscht. Zwischen 2001 und 2018 gehörte Albert Kraler dem Forschungsteam des Internationalen Zentrums für Migrationspolitikentwicklung (ICMPD) an, wo er zwischen 2011 und 2015 auch die Leitung der Forschungsabteilung inne hatte. Albert Kraler koordinierte zwischen 2015 und 2017 die von der Generaldirektion für Internationale Zusammenarbeit finanzierte Studie zu Migranten in Krisenländern, auf deren Grundlage der in diesem Band veröffentlichten Beitrag erarbeitet wurde.

Legale Einwanderungsmöglichkeiten für gering qualifizierte Arbeitsmigrant/innen

8

Kathleen Newland und Andrea Riester

Zusammenfassung

In Ländern, deren einheimische Arbeitskräfte immer besser ausgebildet sind und die sich deshalb verstärkt auf Branchen mit mittleren und hohen Qualifikationsanforderungen konzentrieren, werden viele Stellen im Niedriglohnsektor, die nicht ausgelagert oder automatisiert werden können von Einwander/innen besetzt. Wenn es zu wenige legale Einreisemöglichkeiten für Geringqualifizierte gibt, um den Arbeitskräftebedarf zu decken, suchen Arbeitgeber/innen und im Ausland geborene Arbeitnehmer/innen oft nach Möglichkeiten einer illegalen Einwanderung, um die Lücke zu schließen. Die Aushandlung eines Global Compact for Safe, Orderly, and Regular Migration im Jahr 2018 bietet den Staaten eine hervorragende Gelegenheit, Bilanz zu ziehen und zu prüfen, welche Instrumente bisher bei der Einwanderung von Geringqualifizierten gut funktioniert haben und wie sich die erfolgreichen Instrumente künftig noch verbessern lassen. Dabei muss sich die Politik verschiedenen Herausforderungen stellen: Sie muss die Koordination zwischen Ziel- und Herkunftsländern verbessern, die Einwanderungsprogramme sowohl klar als auch flexibel gestalten und in die Programme den Schutz von Arbeitnehmer/innenrechten sowie eine effektive Wirkungsevaluierung integrieren.

K. Newland (✉)
Migration Policy Institute (MPI), Washington, DC, USA
E-Mail: knewland@migrationpolicy.org

A. Riester
Deutsche Gesellschaft für Internationale Zusammenarbeit (GIZ) GmbH,
Eschborn, Deutschland
E-Mail: andrea.riester@giz.de

© Springer Fachmedien Wiesbaden GmbH, ein Teil von Springer Nature 2020   159
C. Beier et al. (Hrsg.), *Globale Wanderungsbewegungen*,
https://doi.org/10.1007/978-3-658-28237-0_8

Schlüsselwörter

Globale Wanderungsbewegungen · Arbeitsmigration · Legale
Einwanderungsmöglichkeiten · Gering qualifizierte Arbeitsmigranten/innen ·
Global Compact for Safe, Orderly, and Regular Migration · Völkerrecht ·
Entwicklungspolitik

8.1 Einleitung

Am 19. September 2016 erklärten die Mitgliedstaaten der Vereinten Nationen, dass sie „die Erleichterung von Möglichkeiten für eine sichere, geordnete
und reguläre Migration, gegebenenfalls in Verbindung mit der Schaffung von
Arbeitsplätzen, die *Mobilität von Arbeitskräften aller Qualifikationsniveaus,*
Möglichkeiten für zirkuläre Migration und Familienzusammenführung sowie
Bildungsmöglichkeiten" prüfen werden (UN-Generalversammlung 2016, Ziffer 8(m)) (Hervorhebung durch die Verfasserinnen). Die Formulierung ‚prüfen'
anstelle von ‚umzusetzen' stellt eine relativ unverbindliche Verpflichtung dar. Auf
der gleichen hochrangigen Vollversammlung der Vereinten Nationen zum Thema
„Große Flüchtlings- und Migrantenströme" verpflichteten sich die Staaten jedoch
auch dazu, bis Ende 2018 einen Global Compact zur Migration auszuhandeln.
Zu den Ergebnissen der Konferenz zählt die New Yorker Erklärung für Flüchtlinge und Migrant/innen. Darin heißt es, dass ein Element des Flüchtlingspakts
die „Schaffung und Ausweitung sicherer, regulärer Migrationswege" sein könnte.
Diese Maßnahme wurde von den Staaten wiederholt als Teil ihrer Bemühungen
um ein weiteres mögliches Element des Flüchtlingspakts verstanden, nämlich die
„Verringerung von Fällen irregulärer Migration sowie die Bekämpfung der Auswirkungen irregulärer Migration" (ebd.).

Eine reguläre Migration ist für hochqualifizierte Personen mit anerkannten
Qualifikationen viel leichter möglich als für Arbeitnehmer/innen ohne formale
Qualifikationen. Letztere werden gewöhnlich als ‚Geringqualifizierte' bezeichnet,
obwohl sie eventuell durchaus über vielfältige Fertigkeiten in Bereichen wie
dem Obst- und Gemüseanbau, dem Bauhandwerk, dem traditionellen Kunst-
handwerk oder in Pflegeberufen verfügen. Die Verfasserinnen dieses Beitrags
folgen der Konvention, diese Arbeitnehmer/innen als ‚Geringqualifizierte' zu
bezeichnen, obwohl der Begriff ‚Niedriglohnarbeiter/innen' treffender wäre.

In diesem Beitrag geht es um die Möglichkeiten der internationalen Migration, die dieser Gruppe von Arbeitnehmer/innen zur Verfügung stehen, sowie um die Einschränkungen ihrer Mobilität und die Auswirkungen dieser Bedingungen auf die Entwicklung. In diesem Zusammenhang werden verschiedene Vereinbarungen beschrieben, mit denen auch gering qualifizierten Arbeitskräften Möglichkeiten der internationalen Migration eröffnet werden können. Gleichzeitig wird auf erhebliche Lücken in den politischen Maßnahmen hingewiesen, und es werden Vorschläge zur Lösung bislang ungelöster Probleme unterbreitet, insbesondere im Hinblick darauf, wie sich die Migrationserfahrung für die Geringqualifizierten verbessern lässt.

Die reguläre Migration zwischen Ländern im Sinne dieses Beitrags ist eine durch die Gesetze und Vorschriften der Herkunfts- und Zielländer genehmigte Migration, die den Bedingungen für den Aufenthalt im Zielland sowie den Anforderungen des Völkerrechts entspricht. Irreguläre Migration ist meistens deshalb irregulär, weil die Migrant/innen keine Einreise- oder Aufenthaltserlaubnis von den Behörden des *Ziellandes* haben.[1]

8.2   Das Völkerrecht und die Arbeitsmigration

In der Allgemeinen Erklärung der Menschenrechte wird anerkannt, dass „jeder das Recht hat, jedes Land, einschließlich seines eigenen, zu verlassen und in sein Land zurückzukehren" (UN-Generalversammlung 1948, Artikel 13.2, AEMR). Darüber hinaus, d. h. außerhalb des Rahmens des Flüchtlingsrechts, äußert sich das Völkerrecht kaum zum Recht auf Migration, obwohl es etliche Vorschriften über die Rechte von Migrant/innen umfasst. Migrant/innen unterliegen

---

[1]Bei irregulärer Migration, die gegen die Gesetze des *Herkunftslandes* verstößt, handelt es sich in erster Linie um Ausreisen, die von Kriminellen organisiert oder in der Absicht unternommen werden, sich einer Rechtspflicht im eigenen Land zu entziehen – etwa dem Wehrdienst, dem Antritt einer Haftstrafe oder der Zahlung von Steuern. Natürlich ist stark umstritten, ob diese Handlungen sowie für ihre Durchführung angebotene Dienstleitungen als kriminell zu bezeichnen sind: So kann der Wehrdienst unter Umständen als unfreiwillige Knechtschaft angesehen werden (die Einberufung in Eritrea wird oft so beurteilt), eine Haftstrafe kann aus politischen Gründen verhängt worden sein und Steuern werden eventuell in einer diskriminierenden Art und Weise erhoben. Jede dieser Bedingungen kann ein Grund dafür sein, sich auf den Flüchtlingsstatus zu berufen. Unter normalen Umständen wird die Verweigerung der Ausreisegenehmigung als unvereinbar mit den vereinbarten Menschenrechtsnormen angesehen.

selbstverständlich den grundlegenden Menschenrechtsverträgen, die für alle
Menschen gelten, sowie den Übereinkommen und Normen der Internationalen
Arbeitsorganisation (ILO), die für alle Arbeitnehmer/innen gelten. Allerdings
haben nur 49 Länder die UN-Konvention „zum Schutz der Rechte aller Wanderarbeitnehmer und ihrer Familienangehörigen" ratifiziert bzw. sind diesem zentralen Menschenrechtsübereinkommen beigetreten, das sich speziell mit den
Rechten von Wanderarbeitnehmer/innen befasst (UN-Generalversammlung
1990). Keines dieser Länder ist ein wichtiges Zielland, obwohl einige, wie
Mexiko und Marokko, gleichzeitig Herkunfts-, Transit- und Zielländer sind. Weitere 17 Länder (keines davon ein wichtiges Zielland) haben das Übereinkommen
unterzeichnet, was auf die Bereitschaft hindeutet, es anzuwenden, obwohl die
Unterzeichnung keine verbindliche Verpflichtung darstellt.

Eine noch geringere Anzahl an Staaten ist den meisten ILO-Übereinkommen
über Wanderarbeitnehmer/innen beigetreten. So wurde das Übereinkommen
Nr. 97 von 1949 über Arbeitsmigration von 49 Staaten ratifiziert (Internationale
Arbeitsorganisation 1949); alle anderen migrant/innenspezifischen Übereinkommen wurden von einer kleineren Anzahl an Staaten ratifiziert. Andere ILO-
Übereinkommen, die sich nicht speziell auf Arbeitsmigrant/innen beziehen, haben
jedoch aufgrund der Zahl der Migrant/innen, die in Bereichen beschäftigt sind,
die in den Regelungsbereich des Übereinkommens fallen, eine große Bedeutung.
Dies gilt beispielsweise für Übereinkommen, die sich auf die Themen Kranken-
pflege, Hausangestellte sowie Sicherheit und Gesundheitsschutz in der Landwirtschaft beziehen. Die ILO-Übereinkommen, auch solche, die nur von wenigen
Staaten ratifiziert wurden, gelten als Arbeitsnormen, in denen wichtige Grundsätze festgelegt werden, auch wenn diese nicht bindend sind.

Bestimmte Teile des internationalen Strafrechts zielen auf das organisierte Ver-
brechen, für das Migrant/innen zu den ‚Waren' zählen, die von Schlepper/innen
illegal über Staatsgrenzen gebracht werden. Zwei Protokolle zum UN-Überein-
kommen gegen die grenzüberschreitende organisierte Kriminalität aus dem Jahr
2000 sind für Migrant/innen unmittelbar relevant: das Protokoll gegen die Schleusung von Migrant/innen auf dem Land-, See- und Luftweg sowie das Protokoll
zur Verhütung, Bekämpfung und Bestrafung des Menschenhandels, insbesondere
des Frauen- und Kinderhandels. Diese beiden Protokolle sind die am häufigsten
ratifizierten Verträge, die sich speziell mit anderen Migrationsfragen als die UN-
Konvention von 1951 über die Rechtsstellung der Flüchtlinge befassen.

Zusätzlich zu diesen internationalen Übereinkommen gibt es eine Fülle von
regionalen, bilateralen und einseitigen Rahmenwerken, Gesetzen und Grund-
satzerklärungen, die die Rechte von Arbeitsmigrant/innen aller Qualifikationsniveaus schützen und in einigen Fällen auch geringqualifizierten Migrant/innen

legale Einwanderungsmöglichkeiten eröffnen. Allerdings existieren nur wenige Instrumente, die geringqualifizierten Migrant/innen einen einfachen Zugang zu Rechtsbehelfen bieten. Die Arbeitnehmer/innen, die diesen Schutz am dringendsten benötigen, haben im Allgemeinen die wenigsten Möglichkeiten, um auf internationaler, regionaler oder nationaler Ebene von Rechtsmitteln Gebrauch zu machen.

8.3 Weshalb legale Migrationsmöglichkeiten für gering qualifizierte Migrant/innen?

Das steigende Interesse an legalen Einwanderungsmöglichkeiten für gering qualifizierte Migrant/innen ist eine Folge der Tatsache, dass immer mehr Menschen irregulär in Länder mit hohem Einkommen einreisen, sich dort länger als vorgesehen aufhalten oder gegen die Visabestimmungen verstoßen. Die Migrationsbewegungen im Mittelmeerraum im Jahr 2015 haben dafür gesorgt, dass das Thema in Europa und darüber hinaus auf der politischen Agenda ganz nach oben gerückt ist. Es darf bezweifelt werden, dass die hochrangige Plenarsitzung der Vereinten Nationen über die großen Flüchtlings- und Migrationsbewegungen vom 19. September 2016 stattgefunden hätte, wenn sich nicht wegen der Geschehnisse im Mittelmeerraum Panik unter den politisch Verantwortlichen breitgemacht hätte.

Die meisten internationalen Migrant/innen verlassen ihre Herkunft auf der Suche nach Arbeit.[2] Anhand von Daten aus dem Jahr 2013 schätzt die ILO dass mehr als 150 Mio. der weltweit rund 232 Mio. internationalen Migrant/innen erwerbstätig sind und fast drei Viertel der Migrationsbevölkerung im erwerbsfähigen Alter ausmachen (Internationale Arbeitsorganisation 2015).

Die politischen Entscheidungsträger/innen sollten lernen, die Vorteile der legalen Einwanderung von gering qualifizierten Arbeitsmigrant/innen realistisch einzuschätzen. Denn legale Einreisemöglichkeiten für diese Migrant/innengruppe bieten im Wesentlichen drei Vorteile: Erstens kann die legale Einreise

---

[2]Allerdings ist darauf hinzuweisen, dass die Arbeitsmigration zwar die häufigste Form der internationalen Migration ist, aber nicht die einzige. Menschen verlassen ihre Herkunft auch, weil sie vor Gewalt oder Verfolgung fliehen, ihrer Familie folgen oder ihren Horizont durch ein Studium im Ausland oder andere Arten von nicht beruflichen Erfahrungen erweitern wollen. In vielen Fällen sind diese Formen der internationalen Mobilität eng mit der Arbeitsmigration verbunden und bedürfen ebenfalls legaler Einreisemöglichkeiten.

als ein Instrument zur Steuerung der Migration angesehen werden, das chaotische und ungeplante Grenzübertritte durch eine geordnete und vorhersehbare Einwanderung ersetzt und Migrationsbewegungen aus irregulären Kanälen in reguläre Kanäle umleitet. Zweitens ist die Schaffung legaler Einreisemöglichkeiten eine humanitäre Antwort auf die schrecklichen Gefahren, denen irreguläre Migrant/innen auf ihrer Reise ausgesetzt sind und die allein 2016 dazu geführt haben, dass mindestens 5085 Menschen im Mittelmeer ertrunken sind (Internationale Organisation für Migration 2017). Und drittens gilt die Schaffung weiterer legaler Einreisemöglichkeiten, damit gering qualifizierte Migrant/innen legal in ein wohlhabenderes Land einwandern und dort arbeiten können, als ein Entwicklungsinstrument, denn die Löhne, die die Migrant/innen im Zielland erwirtschaften können, liegen um ein Vielfaches über den Verdienstmöglichkeiten in ihrem Herkunftsland. Darüber hinaus bietet die legale Einreise den Migrant/innen noch weitere Vorteile, beispielsweise die Möglichkeit, ihre Qualifikationen zu erweitern, vom Technologietransfer zu profitieren sowie Zugang zu globalen Wissensnetzen und Wirtschaftspartnerschaften zu erhalten. Die Zielländer wiederum profitieren davon, dass benötigte Qualifikationen importiert werden, der Arbeitskräftebedarf gedeckt wird und ggf. einheimische Arbeitskräfte freigesetzt werden, sodass diese zur Besetzung von Arbeitsplätzen mit höherer Produktivität zur Verfügung stehen.

Im Rahmen des *Migrationsmanagements* wird häufig behauptet, dass die Öffnung legaler Einreisemöglichkeiten dazu führt, dass viele Migrant/innen nicht mehr versuchen, auf gefährlichen Migrationsrouten irregulär einzureisen, wodurch sowohl die Ordnung als auch die Sicherheit der internationalen Migration verbessert werden. Zwar entspricht genau dies dem, was sich die Verantwortlichen langfristig von der internationalen Zusammenarbeit auf dem Gebiet der Arbeitsmigration erhoffen, doch der Weg dahin wird noch steinig und kurvenreich. Denn kurzfristig besteht die Gefahr, dass eine Ausweitung der legalen Einreisemöglichkeiten zu einem weiteren Anstieg der irregulären Migration führt, da dadurch die Netzwerke gestärkt werden, die vielen Menschen bei der Migration helfen (bei der Finanzierung der Reise, durch die Bereitstellung von Informationen über den Arbeitsmarkt am Zielort und durch Unterbringung und Verpflegung bei der Ankunft), sodass noch mehr Menschen in den Herkunftsländern dazu ermutigt werden, ihr Glück im Ausland zu versuchen. Ob es mittelfristig gelingt, die illegale Einwanderung einzudämmen, wird wahrscheinlich davon abhängen, inwieweit die Zahl der Personen, die über die Mittel und die Motivation zur Auswanderung verfügen, aber keine Erlaubnis zur Einreise in ihr gewünschtes Zielland haben, mithilfe regulärer Einwanderungsmöglichkeiten bewältigt werden kann.

Inwieweit sich die irreguläre Migration langfristig mindern lässt, hängt dagegen von zahlreichen komplexen Faktoren ab, die sowohl in den Herkunfts- als auch in den Zielländern wirken. So wird die irreguläre Migration in den Zielländern vor allem dadurch gefördert, dass es zu wenige reguläre Möglichkeiten gibt, um den Bedarf an Arbeitsmigrant/innen zu decken. Daneben können sich jedoch auch andere Maßnahmen in Bereichen wie Familienzusammenführung und Asyl auf irreguläre Migrationsbewegungen auswirken. Im Herkunftsland können wiederum andere Faktoren einen Rückgang der irregulären Migration bewirken, beispielsweise der demografische Wandel, größere wirtschaftliche Chancen, Fortschritte in der Regierungsführung, ein nachhaltiger Friedensprozess sowie eine Verbesserung der Sicherheitslage. Ob die irreguläre Migration zurückgeht, hängt jedoch vor allem davon ab, ob die potenziellen Migrant/innen darauf vertrauen, dass sich ihre Situation zu Hause im Laufe der Zeit eher verbessert oder verschlechtert.

Zu beachten ist, dass die Mehrheit der internationalen Migrant/innen ganz legal einreist. In Nordamerika und Europa (ohne Osteuropa), wo weltweit die Hälfte aller Arbeitsmigrant/innen lebt, bieten die Familienzusammenführung, die Einreise aus humanitären Gründen, die Teilnahme an Studienprogrammen sowie die Besetzung von Arbeitsplätzen durch Hochqualifizierte umfassende Möglichkeiten der Einreise. Für Geringqualifizierte gibt es dagegen weniger Einwanderungsmöglichkeiten. Dementsprechend ist bei gering qualifizierten Migrant/innen, die auf der Suche nach Arbeit sind, die Wahrscheinlichkeit eines illegalen Einreiseversuchs höher. Somit sind sie das Hauptziel von Rechtsdurchsetzungsmaßnahmen, mit denen illegale Grenzübertritte unterbunden und irreguläre Migrant/innen abgeschreckt und ausgewiesen werden.

Wie groß die *humanitären* Auswirkungen von legalen Einreisemöglichkeiten für geringqualifizierte Migrant/innen sind, hängt nicht zuletzt davon ab, wie umfassend die legale Einwanderung ist, d. h. ob die legalen Einwanderungsmöglichkeiten genügend Kapazitäten bieten, um die irreguläre Migration deutlich zu senken. Viele der aus humanitären Anliegen geschaffenen legalen Einreisemöglichkeiten richten sich zu Recht an Flüchtlinge. Dazu zählt beispielsweise der Vorschlag der Europäischen Kommission, 50.000 Flüchtlinge aus Afrika umzusiedeln, um eine irreguläre Migration zu verhindern und dem Geschäftsmodell von Menschenschmuggler/innen die Grundlage zu entziehen (Nielson 2017). Doch viele der Migrant/innen, die versuchen, über Nordafrika nach Europa oder über Mexiko in die Vereinigten Staaten zu gelangen, werden wahrscheinlich nicht als Flüchtlinge anerkannt, sondern gelten als ‚Wirtschaftsmigrant/innen‘, obwohl viele von ihnen aufgrund von Umständen, auf die sie keinen Einfluss haben, dazu gezwungen waren, ihre Herkunft zu verlassen. Zu den Ursachen zählen beispielsweise organisierte kriminelle Gewalt, die soziale Unterdrückung von bestimmten gesellschaftlichen Gruppen oder Umweltzerstörungen, durch die die Existenzgrundlage der Menschen zerstört wird. Legale Einreisemöglichkeiten, die aus humanitären Gründen eingerichtet wurden, sind jedoch für viele gering qualifizierte, arbeitssuchende Migrant/innen nicht geeignet.

Vielmehr bieten *entwicklungspolitische Gründe* eine breitere Basis für die Eröffnung legaler Einreisemöglichkeiten. Es gibt zahlreiche Belege dafür, dass eine reguläre Migration für die Migrant/innen vorteilhafter ist als eine irreguläre Migration, da Migrant/innen, die sich legal im Zielland aufhalten, die Möglichkeit haben, sich auf bessere Arbeitsplätze zu bewerben, und seltener Opfer von Ausbeutung werden. Ein Rechtsstatus als reguläre/r Migrant/in umfasst Schutzmaßnahmen, die zwar verbesserungswürdig sind, jedoch mehr Sicherheit bieten als der mit irregulärer Arbeitsmigration verbundene Rechtsstatus. Es gibt einen direkten Zusammenhang zwischen der Möglichkeit, in einem Industrieland zu arbeiten, und einer Verringerung der Armut im Herkunftsland, weil viele Migrant/innen Geld an die im Herkunftsland verbliebenen Familienangehörigen überweisen.[3] Ein Teil dieser Gelder wird in Gesundheit, Bildung, Produktionsvermögen und die wirtschaftliche Entwicklung investiert (Newland 2013). Armutsbekämpfung, eine bessere Gesundheit und ein besserer Zugang zu Bildung sind selbst Entwicklungsindikatoren und bilden die Grundlage für die nachhaltige wirtschaftliche und menschliche Entwicklung eines Landes. Ferner haben die Remittances, Geldtransfers, die Migrant/innen in ihre Herkunftsländer tätigen, einen großen Einfluss auf die makroökonomische Stabilität vieler Entwicklungsländer, denn sie sind häufig die wichtigste Devisenquelle und stützen dadurch die Zahlungsbilanz. Längerfristig können Menschen mit Migrationshintergrund, die in der Diaspora leben, neue Handelsbeziehungen knüpfen, Investitionen tätigen oder in bestimmte Bereiche lenken, den Technologietransfer in ihr Herkunftsland fördern und dieses mit Wissens- und Einflussträgern vernetzen, wenn das Umfeld im Herkunftsland eine solche Entwicklung begünstigt.

Klar ist aber auch, dass Migration allein kein Allheilmittel gegen strukturelle Entwicklungshemmnisse wie fehlende Infrastrukturen, ungelöste ethnische oder

---

[3]Die aggregierten länderübergreifenden Daten von Wissenschaftler/innen der Weltbank zeigen, dass ein Anstieg des Anteils internationaler Migrant/innen an der Bevölkerung um 10 % die Zahl der Armen im Herkunftsland um 1,9 % zurückgehen lässt (Ratha 2013).

religiöse Konflikte und niedrige Governance-Standards ist, die sich nicht zuletzt in Korruption, mangelnder Transparenz und der Unfähigkeit zur Umsetzung von Gesetzen und politischen Maßnahmen niederschlagen. Die Entwicklungszusammenarbeit kann helfen, diese Herausforderungen zu bewältigen und den potenziellen Beitrag der Migrant/innen zur Entwicklung der Gesellschaft in ihren Herkunftsländern zu verstärken.

8.4 Faktoren für die Ausprägung legaler Migrationsmöglichkeiten für gering qualifizierte Arbeitsmigrant/innen

Ob und wie viele Geringqualifizierte in ein Industrieland einreisen dürfen, hängt von mehreren Faktoren ab, nämlich dem Zeitrahmen, dem Ziel-/Herkunftsland und der betroffenen Branche.

8.4.1 Der Zeitrahmen

Es kommt nur selten vor, dass ein Zielland dauerhaft legale Einreisemöglichkeiten für Geringqualifizierte vorsieht. Den meisten Menschen ohne formale Qualifikation, die in einem wohlhabenden Land einen dauerhaften Rechtsstatus mit Arbeitserlaubnis erhalten, gelingt dies indirekt aus familiären oder humanitären Gründen. Einige Länder, die eine große Zahl von Flüchtlingen aufnehmen oder Angehörige von sich rechtmäßig im Inland aufhaltenden Einwanderer/innen zu liberalen Bedingungen einreisen lassen, sind in der Lage, durch diese Formen der Einwanderung den größten Teil ihres Arbeitskräftebedarfs im Niedriglohnsektor zu decken; wenn Flüchtlinge, Asylbewerber/innen oder nachziehende Familienangehörige jedoch arbeitsrechtlichen Einschränkungen unterliegen, lassen sich die freien Stellen auf diesem Wege nur zum Teil besetzen. Ein Problem, das mit indirekten Einwanderungsmöglichkeiten zur Deckung des Arbeitskräftebedarfs im Niedriglohnsektor verbunden ist, besteht darin, dass manche der Migrant/innen, die diese Stellen besetzen, eigentlich nicht gering qualifiziert sind, ihre Fähigkeiten oder Qualifikationen im Zielland aber nicht anerkannt werden (Batalova et al. 2016). Dies kann dazu führen, dass die Vorteile der Migration für die Herkunfts- und Zielländer sowie für überqualifizierte Migrant/innen und ihre Familien geringer ausfallen, was als „Brain Waste" bezeichnet wird.

8.4.2   Die Zielländer

Die Zielländer legen im Allgemeinen Wert darauf, die Einreise von gering qualifizierten Migrant/innen im Rahmen von zeitlich befristeten Programmen zu steuern. Dabei wird vielfach darauf geachtet, dass keine Niedriglohnarbeiter/innen
ins Land kommen, die nach den Maßstäben des Ziellandes wahrscheinlich arm
bleiben, selbst wenn sie mit dem im Zielland erzielten Einkommen nach den
Maßstäben des Herkunftslandes zur Mittelschicht zählen würden. Infolgedessen
betreiben die meisten OECD-Länder zeitlich befristete Migrationsprogramme für
gering qualifizierte Arbeitskräfte, wobei sich die meisten Programme an Saison-
arbeiter/innen richten.

In Bezug auf solche zeitlich befristeten Arbeitsmigrationsprogramme wird
oft kritisiert, dass sie die Rechte von Migrant/innen nicht ausreichend schützen.
Bestenfalls bremsen sie die Integration von Migrant/innen im Zielland, und in
vielen Fällen ist dies eines der Programmziele. Durch die zeitliche Befristung
des Arbeitsaufenthalts besteht außerdem die Gefahr, dass die Arbeitsmigrant/
innen auch bei längeren oder wiederholten Aufenthalten im Zielland marginali-
siert werden. Andererseits bietet selbst ein nur vorübergehender Arbeitsaufenthalt
den Arbeitsmigrant/innen die Möglichkeit, ihre Einkommen erheblich zu steigern,
ohne dabei dauerhaft von ihrer Familie getrennt zu sein und die gesellschaftliche Bindung an ihr Herkunftsland zu verlieren. Manche Migrant/innen bevorzugen diese Form der Arbeitsmigration, insbesondere wenn sie die Möglichkeit
haben, wiederholt befristet einzureisen, um zu arbeiten. Der Pendelverkehr über
die Grenze zwischen den USA und Mexiko, der sich vor der Grenzdurchsetzung
in den 1980er Jahren verstärkte, zeigt (wie auch andere Beispiele), dass Migrant/
innen die Mobilität nutzen, wenn sie sich frei bewegen können (Newland et al.
2008).

Neuseeland war eines der ersten Länder, dass die saisonale Arbeitsmigration
im Rahmen des Recognized Seasonal Employer (RSE) Programms mit entwicklungspolitischen Zielen verband. Das RSE-Programm startete 2007 und
wurde bei der Anwerbung von Saisonarbeitskräften vom Entwicklungshilfe-
ministerium und vom Arbeitsministerium unterstützt. Das System wurde vielfach als Beispiel für eine gute Praxis angeführt, denn von Anfang an war ein
Evaluierungsmechanismus vorgesehen. Dabei erhoben zwei Ökonomen, John
Gibson und David McKenzie, Baseline-Daten und führten anschließend vier
Jahre lang Umfragen durch, um die Auswirkungen des Systems auf die teilnehmenden Haushalte in zwei Ländern – Tonga und Vanuatu – zu analysieren,
aus denen etwa die Hälfte der RSE-Arbeiter/innen stammte. Die Einkommens-

steigerung für einen Haushalt mit einem/einer RSE-Arbeiter/in betrug etwa 40 %. Neben einem höheren Einkommen und einem noch stärker ausgeprägten subjektiven Gefühl, wirtschaftlichen Wohlstand erreicht zu haben, erhöhte sich auch die Bereitschaft der teilnehmenden Haushalte, ein Bankkonto zu eröffnen, ihre Wohnsituation zu verbessern, langlebige Güter anzuschaffen und auf Tonga mehr Kinder im Alter von 15 bis 18 Jahren auf eine weiterführende Schule zu schicken (Gibson und McKenzie 2010).

Michael Clemens und Hannah Postel vom Center for Global Development haben vorgeschlagen, dass kurzfristige Arbeitsgenehmigungen in wohlhabenderen Ländern Teil von Entwicklungshilfeprogrammen werden sollten, nicht zuletzt, weil diese Maßnahme im Vergleich zu klassischen Formen der Entwicklungshilfe kostengünstig ist. Die beiden Autor/innen haben die Auswirkungen eines kleinen Pilotprogramms für aus Haiti stammende Saisonarbeiter/innen in der US-Landwirtschaft untersucht. Dabei wurden die für das Programm ausgewählten Arbeitnehmer/innen mit ähnlichen Arbeitnehmer/innen verglichen, die sich zwar beworben hatten, aber nicht ausgewählt worden waren. Die Autor/innen stellten fest, dass das monatliche Einkommen der Arbeitsmigrant/innen 15 Mal höher war als das derjenigen, die nicht migrieren konnten. Ein Arbeitsaufenthalt von ein bis zwei Monaten in den USA reichte, um das Jahreseinkommen der betreffenden Arbeitnehmer/innen zu verdoppeln. Die befristete Arbeitsmöglichkeit bot ferner zwei weitere Vorteile: Zum einen brachte sie sowohl dem Zielland als auch dem Herkunftsland einen wirtschaftlichen Nutzen, und zum anderen gingen die meisten Leistungen direkt an arme Familien, da die Arbeitsmigrant/innen mehr als 85 % ihres Einkommens nach Haiti zurückbrachten. Die Wirkung der von den Arbeitsmigrant/innen getätigten Ausgaben entsprach dem Zwölffachen der direkten Ausgaben der Arbeiter/innen, d. h. es ergab sich ein Multiplikatoreffekt (Clemens und Postel 2017).

Diese Beispiele zeigen, dass wohlstrukturierte, befristete Arbeitsmigrationsprogramme für Migrant/innen und Arbeitgeber/innen und damit auch für die Herkunfts- und Zielländer von Vorteil sein können. In vielen Fällen verursachen befristete Arbeitsvisa jedoch Probleme im Hinblick auf den Schutz und eine faire Behandlung der Arbeitsmigrant/innen. Häufig werden die Arbeitnehmer/innen im Rahmen des Programms an eine/n einzige/n Arbeitgeber/in gebunden; außerdem stehen den Arbeitsmigrant/innen nur begrenzte Rechtsbehelfe gegen den/die Arbeitgeber/in zur Verfügung, sodass sie sich nur unzureichend gegen Ausbeutung und Vertragsverstöße zur Wehr setzen können. Wenn die Nachfrage nach Arbeit im Ausland das Angebot an Visa übersteigt, besteht die Gefahr, dass skrupellose Mittelspersonen wie Personalvermittlungen, Reisebüros und Rechtsberater/innen einen großen Teil der Differenz zwischen der Vergütung,

die der/die Arbeitgeber/in zu zahlen bereit ist, und der Vergütung, die der/die
Migrant/in gerade noch akzeptiert, abschöpfen. Diese Ausnutzung von Ver-
gütungsniveaus kann dazu führen, dass die Arbeitsmigrant/innen in einer Art
Schuldknechtschaft gefangen sind, wenn die hohen Kosten der Einreise für einen
bestimmten Zeitraum praktisch ihr gesamtes im Ausland erzieltes Einkommen
aufzehren. Um solche Menschenrechtsprobleme zu vermeiden und Entwicklungs-
dividenden zu erzielen, müssen temporäre Migrationsprogramme sorgfältig
geplant und überwacht und ihre Bedingungen effektiv durchgesetzt werden.

Beispielsweise wurde die Rekrutierung von haitianischen Arbeiter/innen
in dem von Clemens und Postel untersuchten Pilotprogramm von zwei Land-
arbeiter/innengenossenschaften auf Haiti durchgeführt, die für ihre Leistungen
keine Beteiligung an der Vergütung der Landarbeiter/innen berechneten. Mehrere
Länder haben die Internationale Organisation für Migration (IOM) damit beauftragt, die Anwerbung von Arbeitskräften im Rahmen bilateraler Abkommen zu
unterstützen. Dies war beispielsweise bei den Abkommen zwischen Ecuador und
Spanien sowie zwischen Kanada und seinen Partner/innen im Rahmen des Seasonal Agricultural Worker Program (SAWP) der Fall. Andere Länder beauftragen
staatliche Stellen mit der Anwerbung von Arbeitskräften. Keines dieser Modelle
ist immun gegenüber Korruption, irreführenden Behauptungen und überhöhten
Gebühren, doch sind die Probleme wesentlich gravierender, wenn Personalver-
mittler/innen und andere Mittelspersonen in einem kaum oder nicht wirkungsvoll regulierten Umfeld tätig werden und die Nachfrage nach Arbeitsplätzen das
Angebot bei weitem übersteigt.

Für die politischen Entscheidungsträger/innen in den Zielländern ist die
befristete Migration gering qualifizierter Arbeitskräfte von Vorteil. Einerseits
bieten die entsprechenden Programme die Möglichkeit, bei der einheimischen
Bevölkerung unbeliebte Arbeitsplätze im Niedriglohnsektor zu besetzen.
Andererseits wird durch die Befristung verhindert, dass die Zahl der permanent
im Land lebenden ausländischen Arbeitskräfte steigt und dass die angeworbenen
Arbeitsmigrant/innen möglicherweise aus den Niedriglohnsektoren, in denen sie
eingestellt wurden, in andere Branchen abwandern, wenn sie die Möglichkeit
dazu haben. So hat Südkorea ein Programm aufgelegt, bei dem 55.000 Arbeit-
nehmer/innen aus 16 asiatischen und pazifischen Ländern eine befristete Arbeitserlaubnis erhalten (Park 2017). Das kanadische Seasonal Agricultural Worker
Program wiederum lässt etwa 18.000 Arbeitnehmer/innen für bis zu acht Monate
in einem bestimmten Jahr ins Land, wobei die meisten Arbeitsmigrant/innen in
der folgenden Saison erneut in Kanada arbeiten (Canadian Council for Refugees et al. 2016). Die Zahl der Arbeitsmigrant/innen, die im Rahmen des US-
amerikanischen H-2 A-Visaprogramms für eine befristete Beschäftigung in der

Landwirtschaft in die USA gekommen sind, hat sich in den fünf Jahren bis 2016 mit über 135.000 ausgestellten Visa mehr als verdoppelt. Gleichwohl liegt die Zahl der irregulären Migrant/innen in der Landwirtschaft immer noch weit über der Zahl der Arbeitsmigrant/innen, die im Rahmen des H-2 A-Visaprogramms legal einreisen (Martin 2017).

Für viele Verfechter/innen der Arbeitnehmer/innenrechte ist der befristete Status dieser Programme von Natur aus problematisch, da Arbeitsmigrant/innen mit befristeten Arbeitsverträgen in der Wahrnehmung ihrer bürgerlichen, politischen, wirtschaftlichen und sozialen Rechte eingeschränkt sind. In manchen Programmen ist vorgesehen, dass die Arbeitsmigrant/innen bei einem längeren oder wiederholten Arbeitsaufenthalt im Zielland mehr Rechte haben, doch derartige Regelungen stellen eine Ausnahme dar. Die meisten gering qualifizierten Arbeitsmigrant/innen, die befristet ins Land gelassen werden, können im Ausland beispielsweise nicht das Recht auf Familienleben genießen und sich nicht in vollem Umfang an der nationalen Politik beteiligen. In einigen Ländern ist es ihnen verboten, Gewerkschaften beizutreten. Außerdem können befristet ins Land gelassene Arbeitsmigrant/innen bei einer Konjunkturabkühlung einfach nach Hause geschickt werden, oder sie kommen für eine Vertragsverlängerung nicht mehr infrage, denn in den meisten Fällen ist die Aufenthaltserlaubnis an einen gültigen Arbeitsvertrag gebunden. Die Vereinbarung zwischen Spanien und Ecuador ist ein Beispiel für eine gute Praxis, bei der Arbeitsmigrant/innen, die vier befristete Beschäftigungszyklen erfolgreich absolviert haben (und dazwischen in ihr Herkunftsland zurückgekehrt sind), eine ständige Aufenthaltsberechtigung erhalten (Newland et al. 2008).

8.4.3 Die sektorale Dimension

Bestimmte Arten von Arbeiten können nicht ausgelagert oder automatisiert werden, sind jedoch nach klassischen wirtschaftlichen Maßstäben gemessen nicht sehr produktiv. Dazu zählen unter anderem die Bereiche Kinderbetreuung und Altenpflege, Hauswirtschaft, viele Tätigkeiten in der Landwirtschaft, die Gastronomie und der Service-Sektor, das Baugewerbe, das Hotelgewerbe, der Gartenbau oder auch Tätigkeiten mit geringem Qualifikationsprofil im Gesundheitswesen. In vielen westlichen Industrieländern sind vor allem Einwander/innen in diesen Branchen tätig. Verschiedene Faktoren haben dazu beigetragen, dass die Nachfrage nach den in diesen Branchen hergestellten Waren bzw. erbrachten Dienstleistungen gestiegen ist und dass es gleichzeitig weniger im Inland geborene Arbeitskräfte gibt, die bereit sind, in diesen Branchen zu Kosten zu arbeiten, die sich die meisten Menschen leisten können. Zu diesen Faktoren zählen das gestiegene Bildungsniveau der Einheimischen, der steigende Wohlstand in einigen Ländern, die Alterung der Gesellschaft, der Druck auf die öffentlichen Haushalte, die abnehmende Bedeutung der Großfamilie und die stärkere Mobilisierung von Frauen als Arbeitskräfte im formellen Sektor. In vielen Ländern haben die Maßnahmen, mit denen die Einwanderung von gering qualifizierten Arbeitskräften beschränkt wurde, und das Versäumnis, die benötigten Versorgungs-, Pflege- und sonstigen Leistungen auf andere Weise bereitzustellen, dazu geführt, dass Stellen im Niedriglohnsektor häufig nicht mit regulären Migrant/innen besetzt werden konnten (Triandafyllidou 2017).

Gering bezahlte Tätigkeiten weisen eine ausgeprägte Verteilung nach Geschlechtern auf: So sind in den Bereichen Hauswirtschaft, Gastronomie, Kinderbetreuung und Altenpflege überwiegend Frauen tätig, während Arbeiten in Landwirtschaft, Gartenbau und Baugewerbe sowie angelernte Tätigkeiten im verarbeitenden Gewerbe meistens von Männern übernommen werden. Befristete Stellen für Geringqualifizierte bieten sich vor allem in den von Männern dominierten Branchen. Vielfach handelt es sich dabei um Saisonarbeitsplätze in der Landwirtschaft, im Gartenbau und im Baugewerbe. (Natürlich gibt es auch Ausnahmen: So werden bei der Erdbeerernte in Spanien meistens marokkanische Frauen eingesetzt (González Enriquéz und Reynés Ramón 2011)). Es ist durchaus stimmig, befristete Arbeitsplätze mit einem ebenso befristeten Aufenthaltstitel zu verbinden, aber die Tätigkeiten, die in der Regel von Frauen übernommen werden, sind in den meisten Fällen nicht saisonal oder befristet. Menschen, die eine Migrantin zur Betreuung ihrer Kinder oder älteren Verwandten einstellen, wollen nicht alle sechs oder zwölf Monate eine Beziehung zu einer neuen Beschäftigten aufbauen müssen, auch wenn niedrige Löhne und schwierige Arbeitsbedingungen eine hohe Fluktuation im Betreuungs-, Pflege- und Hauswirtschaftsbereich begünstigen. Aus der Tatsache, dass es an legalen Möglichkeiten der Arbeitsmigration fehlt, um gering bezahlte, aber dennoch nachgefragte Arbeitsplätze zu besetzen, die traditionell als ‚Frauentätigkeiten‘ gelten, ergeben sich für Frauen besondere Risiken. Irreguläre Migrantinnen, die Hauswirtschafts- und Pflegeleistungen im Haushalt eines Arbeitgebers oder einer Arbeitgeberin erbringen, gehören in Ländern mit hohem Einkommen zu den am wenigsten geschützten Arbeitnehmer/innen.

8.4.4   Die geografische Dimension

Migration findet am häufigsten zwischen Nachbarländern statt. Fast die Hälfte der internationalen Migrant/innen aus dem Süden geht in ein anderes Land im Süden

(Auf die Süd-Süd-Migration entfielen 38 % aller internationalen Migrationsbewegungen und auf die Migration aus dem globalen Süden in ein Land des globalen Nordens 35 %; vgl. United Nations, International Migration Report 2017); 80 % davon in ein Nachbarland (Ratha and Shaw 2007). Die größten Süd-Süd-Migrationsbewegungen finden zwischen Indien und Bangladesch, Thailand und Myanmar, Indonesien und Malaysia, Ghana und der Elfenbeinküste sowie Mosambik und Südafrika statt. Weitere große Migrationsbewegungen zwischen Nachbarländern gibt es zwischen Mexiko und den USA, Polen und Deutschland, Marokko und Spanien sowie der Ukraine und Russland. Langjährige grenzüberschreitende Migrationsbewegungen setzen sich häufig auch dann fort, wenn sich die rechtlichen Rahmenbedingungen geändert haben. So gab es während des Zweiten Weltkriegs ein großangelegtes Gastarbeiter/innenprogramm in den USA, bei dem mexikanische Arbeiter/innen US-amerikanische Arbeiter/innen ersetzen sollten, die im Krieg andere Aufgaben hatten. Dieses Programm lief bis in die 1960er Jahre (Bracero-Programm) und begründete ein Arbeitsmigrationsmodell für gering qualifizierte Arbeitskräfte, das auch Jahrzehnte nach Beendigung des Programms noch fortwirkte (Martin 1989). Auf dem Gebiet der ehemaligen Sowjetunion hielt der Zuzug von Arbeitsmigrant/innen aus den weniger entwickelten ehemaligen Sowjetrepubliken in die Russische Föderation auch nach dem Zusammenbruch der Sowjetunion an, wobei diese Entwicklung durch die neuen rechtlichen Rahmenbedingungen noch gefördert wurde.

Ferner ist die Migrationsgeografie von historischen bzw. kolonialen Bindungen und den sich daraus ergebenden familiären und gesellschaftlichen Kontakten geprägt. Dies gilt beispielsweise für die Migration von Indonesien/Surinam in die Niederlande oder von Ecuador und Kolumbien nach Spanien sowie von den ehemaligen afrikanischen Kolonien nach Frankreich, Italien, Portugal und Großbritannien. Eine weitere Rolle spielt die Sprache: Denn wenn die Arbeitsmigrant/innen die Sprache des Ziellandes sprechen, beschleunigt dies eine schnelle Integration in den Arbeitsmarkt. Die Umsetzung von zeitlich befristeten Arbeitsmigrationsprogrammen ist für Länder, deren Sprachen nicht so weit verbreitet sind, wie Norwegen oder sogar Deutschland, komplizierter, denn für einen zeitlich befristeten Aufenthalt lohnt es sich nicht unbedingt, eine neue Sprache zu lehren und zu erlernen.

Andere Migrationsbewegungen sind besonders stark von Angebot und Nachfrage geprägt, z. B. die Migration von Süd- und Südostasien in die Golfstaaten. Dabei haben die Zielländer eine Präferenz für als Ausländer/innen erkennbare Minderheiten, die sich nicht so gut integrieren können, und lassen daher seltener Migrant/innen aus bevölkerungsreichen arabischen Ländern in der Nachbarschaft ins Land.

In manchen Fällen werden Arbeitsmigrationsprogramme auch unabhängig von geografischen oder historischen Bindungen entwickelt. Dabei werden legale Einwanderungsmöglichkeiten für gering qualifizierte Arbeitsmigrant/innen als politisches Instrument in einem oder mehreren Bereichen genutzt, und zwar am häufigsten in der Migrationszusammenarbeit und der Entwicklungshilfe. So wurde die zirkuläre Migration zwischen Mauritius und Kanada teilweise durch den Wunsch motiviert, den Menschen in einem gut regierten, aber geografisch isolierten Land Möglichkeiten der Arbeitsmigration zu bieten (Regierung von Mauritius 2012). Die ‚Nachbarschaftspolitik' der Europäischen Union wiederum interpretiert das Konzept der Nachbarschaft großzügig und versteht darunter nicht nur unmittelbar angrenzende Länder, sondern auch Länder mit niedrigem und mittlerem Einkommen, mit denen die EU-Mitgliedstaaten eine Migrationsbeziehung haben. Die Eröffnung von regulären Wegen der Migration stellt eine Möglichkeit dar, die Zusammenarbeit mit den Herkunftsländern in Migrationsfragen zu verbessern und zu belohnen, während in einer Einschränkung dieser Möglichkeiten eine große Unzufriedenheit mit der Migrationskooperation zum Ausdruck kommt.

8.5 Die Architektur regulärer Migrationsmöglichkeiten

Die umfassendsten Migrationsmöglichkeiten finden sich in Gebieten, in denen Personenfreizügigkeit herrscht, die sowohl auf bilateralen als auch auf regionalen Übereinkommen beruhen kann. So können sich die Staatsbürger/innen Australiens und Neuseelands beispielsweise weitgehend frei zwischen beiden Ländern bewegen, umziehen und im jeweils anderen Land arbeiten. Bürger/innen der EU-Mitgliedstaaten wiederum gelten als ‚EU-Bürger/innen' und haben das Recht, sich in der gesamten Union aufzuhalten und zu arbeiten.

Weitere große Regionalverbünde sind der MERCOSUR in Südamerika, die Gemeinschaft Unabhängiger Staaten (GUS), die elf Staaten der ehemaligen Sowjetunion umfasst, und die ECOWAS in Westafrika, die den Bürger/innen ihrer Mitgliedstaaten einen unterschiedlichen Grad an Freizügigkeit gewähren. MERCOSUR und die GUS verfügen bis zu einem gewissen Grad über einen gemeinsamen Arbeitsmarkt. Wenn die Erwerbsbevölkerung in einem Land nicht oder nur langsam wächst oder es schwierig ist, inländische Arbeitskräfte für Stellen im Niedriglohnsektor zu gewinnen, stellt die Ausweitung der Freizügigkeit und der Arbeitsmöglichkeiten innerhalb eines größeren Gebiets mit einem insgesamt niedrigeren Lohnniveau eine Möglichkeit dar, den Bedarf an Arbeitskräften zu decken. Eine solche Strategie kann jedoch auch eine Gegenreaktion auslösen, wie sich bei der Brexit-Abstimmung in Großbritannien gezeigt hat. Außerdem kann es eine Herausforderung darstellen, die Personenfreizügigkeit in Ländern mit weit entwickelten sozialen Sicherungssystemen aufrechtzuerhalten, da die Bewohner/innen entweder die Kosten für die Ausdehnung der uneingeschränkten sozialen Sicherungsleistungen auf gering verdienende Arbeitsmigrant/innen tragen oder die (moralischen und relationalen) Unannehmlichkeiten akzeptieren müssen, die sich aus dem Zusammenleben mit einer schlecht integrierten und unterprivilegierten Bevölkerungsgruppe ergeben.

Einige Länder entscheiden sich ganz explizit oder aber faktisch für „weiche Grenzen", die eine grenzüberschreitende Arbeitsmigration ermöglichen, ohne eine solche Politik offiziell zu beschließen. Dies war in der Vergangenheit an der Grenze zwischen den USA und Mexiko sowie an der rumänisch-moldauischen Grenze der Fall. Das rumänische Staatsbürgerschaftsrecht ist gegenüber Moldawier/innen großzügig, sodass viele moldauische Migrant/innen, die nach Rumänien einreisen, nicht als solche in der Einwanderungsstatistik erscheinen. Die mit einer weichen Grenze verbundenen Unklarheiten können zu Spannungen zwischen den beteiligten Ländern führen, wenn die Politik einseitig ist und die Migrant/innen jederzeit mit plötzlichen politischen Kurswechseln zu ihren Lasten rechnen müssen.

Auch in manchen Handelsabkommen werden Migrationsfragen geregelt. Dies gilt beispielsweise für das nordamerikanische Freihandelsabkommen (NAFTA). Allerdings sind die arbeitsrechtlichen Regelungen auf hochqualifizierte Migrant/innen beschränkt, was auch für viele ähnliche Abkommen gilt. Zu den globalen Handelsabkommen, die unter der Schirmherrschaft der Welthandelsorganisation geschlossen wurden, gehört das Allgemeine Abkommen über den Handel mit Dienstleistungen (GATS), das 1995 unterzeichnet wurde. Das unter der Bezeichnung GATS Mode 4 bekannt gewordene Abkommen regelt die Freizügigkeit von Personen zur Erbringung von Dienstleistungen. Für die Umsetzung müssen spezifische Abkommen ausgehandelt werden, in denen theoretisch die Personenfreizügigkeit zugunsten von gering qualifizierten Migrant/innen vereinbart werden könnte. Zwar haben die Entwicklungsländer auf den Abschluss solcher Abkommen gedrängt, doch tatsächlich wurden unter GATS Mode 4 praktisch keine Vereinbarungen zu Gunsten von gering qualifizierten Arbeitnehmer/innen getroffen. Der Anwendungsbereich von GATS Mode 4 ist eng begrenzt, und selbst dieser Geltungsbereich erstreckt sich fast ausschließlich auf hoch qualifizierte Arbeitskräfte, insbesondere solche, die innerhalb eines Unternehmens an einen anderen Standort versetzt werden (Chanda 2009).

Viele Regierungen bevorzugen stattdessen bilaterale Abkommen. Im Gegensatz zu den GATS Mode 4-Abkommen, die das ‚Meistbegünstigungsprinzip' vorsehen, oder sogar regionalen Vereinbarungen können bilaterale Abkommen so gestaltet werden, dass darin die spezifischen Anforderungen des Arbeitsmarkts im Zielland sowie eine besondere historische oder sprachliche Beziehung zum jeweiligen Herkunftsland berücksichtigt werden. Häufig werden legale Einreisemöglichkeiten für Arbeitsmigrant/innen mit anderen Themen wie der Zusammenarbeit bei der Bekämpfung der illegalen Einwanderung oder der Rücknahme von Staatsangehörigen durch das Herkunftsland (oder sogar von Transitmigrant/innen) kombiniert. Wie einige der oben beschriebenen Beispiele zeigen, können bilaterale Abkommen über legale Einreisemöglichkeiten Teil einer Entwicklungshilfestrategie sein. Da an bilateralen Abkommen nur zwei Länder beteiligt sind, lassen sie sich einfacher aushandeln und umsetzen und etwaige Verstöße können einfacher abgestellt werden. Darüber hinaus sind bilaterale Abkommen in der Regel nicht verbindlich (sofern sie nicht Teil eines völkerrechtlichen Vertrages sind) und können bei Bedarf geändert oder gekündigt werden (ebd.).

8.6   Schlussfolgerungen und Empfehlungen

Legale Einwanderungsmöglichkeiten für gering qualifizierte Migrant/innen haben sich in Bezug auf die Steuerung von Migration, humanitärer Hilfe und Entwicklungshilfe bewährt. Dennoch gibt es für gering qualifizierte Migrant/innen nach wie vor nur wenige Möglichkeiten, legal in das Zielland zu gelangen. Eine große Ausnahme stellen die Golfstaaten dar: In vielen dieser Länder übersteigt die Zahl der gering qualifizierten Migrant/innen die Zahl der Staatsangehörigen; allerdings sind die Rechte der Arbeitsmigrant/innen sehr stark eingeschränkt.

Die Erfahrungen mit regulären Migrationskanälen für Geringqualifizierte zeigen, dass einige der damit verbundenen Erwartungen erfüllt und andere enttäuscht wurden. Inzwischen dürfte es diesbezüglich keine Überraschungen mehr geben.

Eine reguläre Migration unterstützt die Verringerung der Armut – wenn auch nicht unbedingt ihre Häufigkeit – und fördert in vielen Fällen die Entwicklung des Humankapitals in den Herkunftsländern. Reguläre Migration kann zur Sicherung der Lebensgrundlagen einer Familie beitragen, wenn die traditionellen Lebensgrundlagen durch einen strukturellen wirtschaftlichen Wandel oder die Zerstörung der Umwelt bedroht sind. Entsprechende Erfahrungen haben die Arbeitsmigrant/innen gemacht, die im Rahmen des neuseeländischen RSE-Programms als Saisonarbeiter/innen von verschiedenen Pazifikinseln, die vom Anstieg des Meeresspiegels betroffen sind, nach Neuseeland kamen.

In vielen Fällen lernen gering qualifizierte Arbeitskräfte neue Praktiken und Technologien kennen (z. B. Tröpfchenbewässerung), mit denen sie die

Entwicklung in ihrem Herkunftsland voranbringen können, wenn sie sie nach ihrer Rückkehr zu Hause nutzen. Migrantinnen oder Frauen, die faktisch die Rolle des Haushaltsvorstands übernehmen, wenn ihre Männer ins Ausland gehen, haben die Chance, restriktive Geschlechterrollen zu überwinden, die die Entwicklung ihres Landes behindern.

Allerdings sind die bisherigen Erfahrungen, die mit regulären Migrationsmöglichkeiten für Geringqualifizierte gesammelt wurden, nicht durchweg positiv. Erstens ist es durch die Schaffung von legalen Einreisemöglichkeiten nicht gelungen, die irreguläre Einwanderung zu stoppen. Zwar war diese Hoffnung schon immer unrealistisch, doch die Erfahrung hat gezeigt, dass sowohl die reguläre als auch die irreguläre Migration erst abnehmen und schließlich auf einem niedrigeren Niveau verharren, wenn komplexe wirtschaftliche, politische und soziale Faktoren zusammenwirken. Migration trägt dazu bei, dass die Migrant/innen sowie ihre Familien und die Herkunftsländer besser in der Lage sind, die Verwerfungen wirtschaftlicher Transformationsprozesse zu bewältigen.

Allerdings kann die Migration auch negative soziale Folgen für Migrant/innen mit geringer, mittlerer und hoher Qualifikation mit sich bringen, vor allem im Zusammenhang mit der Trennung von Familienangehörigen. Geringqualifizierte Migrant/innen haben nur in seltenen Fällen das Recht, Familienangehörige mitzunehmen, wenn sie auswandern, und können es sich auch nur selten leisten, ihre Familien im Zielland mit einem im Niedriglohnsektor erzielten Einkommen zu versorgen. Die Entscheidung, ohne die Angehörigen ins Ausland zu gehen, ist angesichts der begrenzten Möglichkeiten häufig die bestmögliche Entscheidung für Arbeitsmigrant/innen und verdient Respekt.

Politische Entscheidungsträger/innen, die sich mit der Migration von Geringqualifizierten beschäftigen, dürfen den Bereich der Anwerbung von Arbeitsmigrant/innen bei ihren Regulierungsmaßnahmen keinesfalls unberücksichtigt lassen, da geringqualifizierte Arbeitsmigrant/innen in diesem Punkt besonders hohen Risiken ausgesetzt sind. Die Regierungen der Herkunftsländer müssen den Schutz von Arbeitsmigrant/innen verbessern, insbesondere von solchen mit befristeten Verträgen. Der Zugang zur Justiz und ein verbesserter Schutz gehören zu den Themen, bei denen Herkunfts- und Zielländer von einer engeren Kooperation profitieren. Denn zu geringe Löhne und zu schlechte Arbeitsbedingungen für Arbeitsmigrant/innen bedrohen auch den sozialen Schutz und die Einkommen der Bevölkerung des Ziellandes.

Unter der Annahme, dass bilaterale Abkommen auch künftig der bevorzugte Mechanismus zur Schaffung von legalen Einreisemöglichkeiten für gering qualifizierte Arbeitsmigrant/innen sein werden, gilt es herauszufinden, wie ein Abkommen gestaltet werden muss, damit es sich für Herkunftsländer, Zielländer und Arbeitsmigrant/innen gleichermaßen als vorteilhaft erweist, sodass die berühmte, aber schwer fassbare Triple-Win-Situation entsteht. Wie eine gelungene Vereinbarung gestaltet werden kann, lässt sich aus regionalen, multilateralen und bilateralen Abkommen ableiten; die wichtigsten Merkmale sind Klarheit, Transparenz und Detailgenauigkeit. Bei der Festlegung der Bedingungen der Vereinbarung sollten Unklarheiten soweit wie möglich vermieden werden. Dies gilt insbesondere für folgende Regelungsinhalte: die Gruppen von Arbeitnehmer/innen und die Arbeitsplätze, für die die Vereinbarung gilt; die Beschäftigungsbedingungen; etwaige Mindestlöhne; Aufenthaltsdauern; Voraussetzungen für einen Wechsel des Arbeitgebers/der Arbeitgeberin; Kontingente; die Möglichkeit der Anpassung an den ständigen Wohnsitz sowie eine Vielzahl anderer Merkmale, die in einem Arbeitsvertrag zu regeln sind. Sobald die Einzelheiten festgelegt sind, sollte die Vereinbarung flexibel umgesetzt werden, um den individuellen Bedürfnissen und den sich ändernden Arbeitsmarktbedingungen Rechnung tragen zu können. Auch wenn die Vereinbarungen hinreichend detailliert sein müssen, dürfen die bürokratischen Anforderungen, die bei der Einstellung von Arbeitsmigrant/innen zu erfüllen sind, sowie der Nachweis, dass die Arbeitsbedingungen eingehalten werden, nicht so groß sein, dass Arbeitgeber/innen und Arbeitsmigrant/innen der irregulären Arbeitsmigration den Vorzug geben.

Die Umsetzung von legalen Einwanderungsmöglichkeiten erfordert eine enge Zusammenarbeit zwischen Herkunfts- und Zielländern. Beide Seiten müssen in der Lage sein, das Vertrauen in das Handeln der Partnerländer zu wahren. Zu diesem Zweck ist der institutionellen Integrität der privaten und öffentlichen Akteur/innen auf dem gesamten Gebiet der Migration ein hoher Stellenwert einzuräumen. Eine nationale oder binationale (oder bei regionalen oder überregionalen Vereinbarungen sogar multilaterale) Ombudsstelle könnte ein wirksames Instrument zur Aufrechterhaltung der Transparenz und zur Untersuchung von Verstößen sein. Mehrere Länder haben in ihren bilateralen Vereinbarungen eine entsprechende Rolle für die IOM vorgesehen – diese Funktion könnte weiter ausgebaut und intensiver genutzt werden.

Es wäre klug, wenn mehr Länder der guten Praxis Neuseelands folgen und bei der Gestaltung von legalen Einreisemöglichkeiten für gering qualifizierte Migrant/innen eine Folgenabschätzung durchführen würden. Für diese und andere Formen des Monitorings ist eine Investition in qualitativ hochwertige Daten unerlässlich.

Immer häufiger werden direkt und indirekt Forderungen nach legalen Einreisemöglichkeiten zur Erleichterung einer sicheren, geordneten und regulären Migration erhoben: Sie finden sich in der Agenda 2030 und den Zielen für nachhaltige Entwicklung (SDGs), der Aktionsagenda von Addis Abeba, dem Sutherland-Bericht und der Erklärung von New York, um nur einige der jüngsten Dokumente zu nennen, in denen diese Forderungen aufgegriffen werden. Mit dem Global Compact on Migration sollen diese Ansprüche an zentraler Stelle formuliert werden. Die Verwirklichung dieser Forderungen erfordert die Bereitschaft zur Umsetzung von breit angelegten und dabei inhaltlich konkreten kooperativen Maßnahmen.

Literatur

Batalova, J., M. Fix, und J. D. Bachmeier. 2016. *Untapped Talent: The Costs of Brain Waste among Highly Skilled Immigrants in the United States.* Washington D.C.: Migration Policy Institute. https://www.migrationpolicy.org/research/untapped-talent-costs-brain-waste-among-highly-skilled-immigrants-united-states.

Canadian Council for Refugees, Affiliation of Multicultural Societies and Service Agencies of BC, Alberta Association of Immigrant Serving Agencies, Ontario Council of Agencies Serving Immigrants. 2016. *Migrant Workers: Precarious and Unsupportetd. A Canada-wide study on access to services for migrant workers.* http://ccrweb.ca/sites/ccrweb.ca/files/migrant-workers-2016.pdf.

Chanda, R. 2009. Mobility of Less-Skilled Workers under Bilateral Agreements: Lessons for the GATS. *Journal of World Trade* 43. No.3: 479–506.

Clemens, M., und H. Postel. 2017. *Shared Harvest: Temporary Work Visas as US-Haiti Development Cooperation.* Center for Global Development Briefs. https://www.cgdev.org/publication/shared-harvest.

Gibson, J., und D. McKenzie. 2010 *The development impact of a best practice seasonal worker policy.* Working Paper 286. Bureau for Research and Economic Analysis of Development (BREAD).

González E., und C. und M. Reynés Ramón. 2011. *Circular Migration between Morocco and Spain: Something more than agricultural work?* Florenz: European University Institute. http://cadmus.eui.eu/handle/1814/19727.

Government of Mauritius. 2012. *Circular Migration: More Mauritian workers to take employment in Canada.* News release 21. Juni. http://www.google.de/url?sa=t&rct=j&q=&esrc=s&source=web&cd=1&ved=0ahUKEwjW2_XCmNXaAhWGEywKHQkHADwQFgguMAA&url=http%3A%2F%2Fwww.govmu.org%2FEnglish%2FNews%2FPages%2FCircular-Migration--More-Mauritian-Workers-to-take-Employment-in-Canada.aspx&usg=AOvVaw2JbuukF0CuFT5iultW_o1r.

International Labor Organization. 1949. *Migration for Employment Convention* (Revised). C097. Genf. http://www.ilo.org/dyn/normlex/en/f?p=NORMLEX-PUB:12100:0::NO::P12100_INSTRUMENT_ID:312242.

International Labor Organization. 2015. *ILO Global Estimates on Migrant Workers.* Genf. http://www.ilo.org/global/topics/labour-migration/publications/WCMS_436343/lang–en/index.htm.

International Organization for Migration, Global Migration Data Analysis Center. 2017. *Migrant Deaths and Disappearances Worldwide: 2016 Analysis*. GMDAC Data Briefing Series. Issue No. 8. https://gmdac.iom.int/gmdac-data-briefing-8.

Newland, K., D. Agunias, und A. Terrazas. 2008. *Learning by Doing: Experiences of circular migration*. Policy Brief. Washington D.C.: Migration Policy Institute. https://www.migrationpolicy.org/research/learning-doing-experiences-circular-migration.

Newland, K. 2013. *What We Know about Migration and Development*. Policy Brief no. 9. Migration Policy Institute. https://www.migrationpolicy.org/research/what-we-know-about-migration-and-development.

Nielson, N. 2017. EU proposes to resettle 50,000 African Refugees. *EUobserver*. 28. September. https://euobserver.com/migration/139191.

Martin, P. L. 1989. *Labor Migration and Economic Development*. Working Paper No. 3. Commission for the Study of International Migration and Cooperative Economic Development.

Martin, P. L. 2017. *Immigration and Farm Labor: From unauthorized to H-2A for some?* Issue Brief August 2017. Migration Policy Institute. https://www.migrationpolicy.org/research/immigration-and-farm-labor-unauthorized-h-2a-some.

Park, Y. 2017. *South Korea carefully tests the waters on immigration with a focus on temporary workers*. Migration Information Source. March 1. www.migrationpolicy.org/article/south-korea-carefully-tests-waters-immigration-focus-temporary-workers.

Ratha, D., und W. Shaw. 2007. *South-South Migration and Remittances*. Working Paper No. 102. Washington, D.C.: World Bank.

Ratha, D. 2013. *The Impact of Remittances on Economic Growth and poverty Reduction*. Policy Brief no. 8. Migration Policy Institute.

Triandafyllidou, A. 2017. A Sectorial Approach to Labor Migration: Agriculture and Domestic Work. In *Migration Research Leaders' Syndicate: Ideas to inform international cooperation on safe, orderly and regular migration*. International Organization for Migration. www.publications.iom.int/system/files/pdf/migration_research_leaders_sydicate.pdf.

UN General Assembly. 1948. *Universal Declaration of Human Rights*. New York. www.un.org/en/universal-declaration-human-rights/.

UN General Assembly. 1990. *International Convention on the Protection of the rights of All Migrant Workers and Members of their Families*. New York. A/Res/45/158. http://www.ohchr.org/EN/ProfessionalInterest/Pages/CMW.aspx.

UN General Assembly. 2016. *Outcome document of the High-Level Plenary Meeting on Addressing Large Movements of Refugees and Migrants: The New York Declaration for Refugees and Migrants*. New York. A/Res/71/1.

Kathleen Newland ist Senior Fellow und Mitbegründerin des Migration Policy Institute (MPI). Der thematische Schwerpunkt ihrer Arbeit liegt auf den Zusammenhängen zwischen Migration und Entwicklung, der Steuerung der internationalen Migration und dem Schutz von Flüchtlingen. Außerdem war Newland Gründerin und Verwaltungsratsmitglied der International Diaspora Engagement Alliance (IdEA), als die Allianz zwischen 2011 und 2013 am MPI ins Leben gerufen wurde.

Andrea Riester ist aktuell Bereichsberaterin bei ELVIS (dem GIZ-internen Dienstleister). Zuvor war sie Stellvertretende Leiterin des Sektorvorhabens Migration und Entwicklung der Deutschen Gesellschaft für Internationale Zusammenarbeit (GIZ). Bevor sie 2004 zur GIZ kam, arbeitete sie in der Abteilung für Migration der Organisation der Vereinten Nationen für Bildung, Wissenschaft und Kultur (UNESCO) in Paris. 2011 promovierte sie in Sozialanthropologie an der Martin-Luther-Universität Halle/Wittenberg mit einer Arbeit über die Wiedereingliederung von aus Côte d'Ivoire vertriebenen Arbeitsmigranten aus Burkina Faso. Riester ist assoziiertes Mitglied des Max-Planck-Instituts für Ethnologie in Halle.

Kooperieren oder nicht kooperieren? Eine Analyse der Governance-Aspekte der internationalen Migration

9

Jason Gagnon und David Khoudour-Castéras

Zusammenfassung

Der derzeitige Umgang mit der internationalen Migration ist durch mangelnde Kooperation gekennzeichnet. Während die Globalisierung von Handel und Finanzen auf dem Prinzip des Laissez-faire beruht, verfolgen die meisten Länder eine restriktive Migrationspolitik. Der Hauptgrund dafür ist die asymmetrische Verteilung des sich aus der Migration ergebenden Nutzens zwischen einkommensstarken Ländern auf der einen und Entwicklungsländern auf der anderen Seite. Die fehlende Gegenseitigkeit ist jedoch eine Illusion und keinesfalls real. Erstens ist eine restriktive Migrationspolitik nicht nur für Migrant/innen und deren Herkunftsländer kostspielig, sondern auch für die Zielländer, die die Migration beschränken. Zweitens bedeuten hohe Kosten keinesfalls, dass die Maßnahmen zur Begrenzung der Einwanderung

Der Inhalt dieses Kapitels beruht zu einem großen Teil auf den bereits früher vom *OECD Development Centre* veröffentlichten Berichten, insbesondere OECD (2011, 2016, 2017c). Die in diesem Dokument geäußerten Meinungen und Argumente liegen in der alleinigen Verantwortung der Autoren und spiegeln nicht unbedingt die offiziellen Ansichten der OECD-Mitgliedsländer oder des *OECD Development Centre* wider.

J. Gagnon (✉)
OECD Development Centre, Paris Cedex 16, Frankreich
E-Mail: jason.gagnon@oecd.org

D. Khoudour-Castéras
Head of the Migration and Skills Unit,
OECD Development Centre, Paris Cedex 16, Frankreich

wirkungsvoll sind. Denn formale Migrationsbewegungen lassen sich durch strenge Grenzkontrollen zwar verringern, doch führen Grenzkontrollen stets auch zum Anstieg der irregulären Migration. Drittens profitieren die Zielländer auch von der Einwanderung. So wirken Zuwander/innen dem Arbeitskräftemangel in bestimmten Branchen entgegen und tragen dazu bei, das demografische Ungleichgewicht infolge der Alterung der Bevölkerung zu verringern. Viertens können die Zielländer das Thema Einwanderung in politischen Verhandlungen dazu nutzen, um in anderen wichtigen Politikfeldern Verbesserungen durchzusetzen. Der Spielraum für Kooperationsmöglichkeiten ist also größer, als allgemein angenommen wird.

Schlüsselwörter

Governance · Internationale Migration · Migrationspolitik · Steuerung · Regulierung · Internationale Zusammenarbeit

9.1   Einleitung

Die internationale Migration hat sich zu einem festen Bestandteil der globalen Entwicklungsagenda entwickelt. Sowohl in der Addis Abeba Action Agenda 2015 als auch in der Agenda für nachhaltige Entwicklung 2030 wird der positive Beitrag gewürdigt, den Migrant/innen zu inklusivem Wachstum und nachhaltiger Entwicklung in den Herkunfts-, Transit- und Zielländern leisten. Ferner wird in den Erklärungen betont, dass die internationale Zusammenarbeit intensiviert werden muss, um unabhängig vom Migrationsstatus eine sichere, geordnete und geregelte Migration unter uneingeschränkter Achtung der Menschenrechte zu gewährleisten. In den Zielen für nachhaltige Entwicklung wird dieses Anliegen berücksichtigt; so sollen die Rechte von Wanderarbeitnehmer/innen, insbesondere von Frauen, geschützt (Ziel 8.8), eine geordnete und sichere Migration erleichtert (Ziel 10.7) und die Transaktionskosten für Remittances, also Geldtransfers, die Migrant/innen in ihre Herkunftsländer tätigen, gesenkt werden (Ziel 10.c). Ferner haben die durch den Bürgerkrieg in Syrien ausgelösten massiven Flüchtlings- und Migrationsbewegungen die internationale Gemeinschaft dazu veranlasst, über die Umsetzung von zwei internationalen Übereinkommen zu diskutieren, die sich noch in Verhandlung befinden: eines hat eine sichere, geordnete und reguläre Migration zum Gegenstand, das andere den Umgang mit Flüchtlingen.

Auch wenn diese neuen vertraglichen Verpflichtungen wichtige Meilensteine auf dem Weg zu einer besser koordinierten internationalen Migrationsagenda

darstellen, fehlt nach wie vor ein umfassender internationaler Rechtsrahmen
für den grenzüberschreitenden Personenverkehr. Die meisten Länder der Welt
verfolgen mit ihrer Migrationspolitik einseitige Ziele und scheinen die Auswirkungen ihrer Politik auf andere Länder nicht zu berücksichtigen. Doch
naturgemäß ist es unvermeidlich, dass die Migrationspolitik eines Landes Auswirkungen auf andere Länder hat. Wenn ein Land beispielsweise einseitig
seine Grenzen für ausländische Arbeitnehmer/innen schließt, kann deren Auswanderung nicht mehr als ‚Sicherheitsventil' für die Herkunftsländer dienen, die
unter wirtschaftlichen und sozialen Problemen leiden. Und auch das Land, das
seine Grenzen schließt, wird unter den negativen Folgen dieser Beschränkungen
zu leiden haben.

Die einseitige Schließung der Grenzen für Migrant/innen lässt sich mit einer
Situation vergleichen, in der ein Land Handelsbeschränkungen einführt, ohne
deren Auswirkungen auf seine wichtigsten Handelspartner/innen oder die damit
verbundenen Risiken für das eigene Wirtschaftswachstum zu berücksichtigen.
Während die Welthandelsorganisation (WTO) und die G20 immer wieder darauf
hinweisen, dass Handelsschranken die internationale Stabilität gefährden, gibt
es nur wenige Stimmen, die vor den kontraproduktiven Auswirkungen von Maßnahmen zur Begrenzung von Migration warnen. Warum also setzen sich die Her-
kunfts- und Aufnahmeländer nicht an einen Tisch, um über Migrationsfragen zu
diskutieren, so wie es bei den Themen Handel und Finanzen bereits jetzt der Fall
ist?

Ein Grund dürfte darin liegen, dass sich Migration zu einem sehr sensiblen
Thema entwickelt hat, das zunehmend – ob zu Recht oder zu Unrecht, sei dahin-
gestellt – mit Arbeitslosigkeit, steigender Kriminalität und geringer wirtschaftlicher und gesellschaftlicher Integration von Migrant/innen in Zusammenhang
gebracht wird. Aber sind die Probleme mit der Migration die Ursache für die
fehlende internationale Zusammenarbeit oder ist es nicht vielmehr umgekehrt?
Mit anderen Worten: Könnte es nicht sein, dass die mangelnde internationale
Zusammenarbeit die eigentliche Ursache für die wahrgenommenen oder wirklich
vorhandenen Schwierigkeiten ist, die mit der Migration verbunden sind?

In diesem Kapitel soll dargestellt werden, dass der gesamte Bereich der Migration – im Gegensatz zu den internationalen Waren- und Kapitalströmen, die
durch internationale Organisationen und das Laissez-faire-Prinzip geregelt werden – durch das Fehlen von regelnden Institutionen sowie durch restriktive politische Maßnahmen gekennzeichnet ist. Der Hauptgrund für diesen grundsätzlichen
Unterschied besteht darin, dass der sich aus der Migration ergebende Nutzen
zwischen einkommensstarken Ländern auf der einen und Entwicklungsländern
auf der anderen Seite asymmetrisch verteilt ist. Allerdings entstehen durch die

fehlende internationale Zusammenarbeit Kosten, und zwar nicht nur für die Herkunftsländer, sondern auch für die Zielländer, die versuchen, die Migration einzuschränken.

9.2   Eine durch fehlende Zusammenarbeit gekennzeichnete Steuerung der Migration

Die Steuerung der internationalen Migrationsbewegungen umfasst zwei Aspekte: die Regulierung der internationalen Migrationsbewegungen und das Zusammenspiel zwischen Migration und Entwicklung. Diese beiden Aspekte ergänzen sich im Wesentlichen. So sind die Auswirkungen der Mobilität von Arbeitskräften auf die Entwicklung stark von der Migrationspolitik der Zielländer abhängig.

9.2.1   Die Regulierung von Migrationsbewegungen

Zwischen der Steuerung der internationalen Migration und der Steuerung von Waren- und Kapitalströmen bestehen zwei entscheidende Unterschiede. Der erste besteht darin, dass auf dem Gebiet der Migration regulierende Institutionen fehlen; der zweite darin, dass in der internationalen Politik Kompromisse zwischen Freihandel und Protektionismus ausgehandelt und vereinbart werden, auf dem Gebiet der Migration dagegen nicht.

9.2.1.1 Fehlende regulierende Institutionen
Während die Welthandelsorganisation über die Verhandlungen zu Fragen des Welthandels wacht und zur Beilegung von Streitigkeiten beiträgt, gibt es auf dem Gebiet der Migration keine Institution, die regelnd eingreift. Darüber hinaus fehlt eine Institution, die in der Lage wäre, Fragen der internationalen Migration auf die gleiche Weise anzugehen wie der Internationale Währungsfonds (IWF) oder der Finanzstabilitätsrat (FSB) im Bereich der Kapitalströme. Trotz der Fortschritte, die in den letzten zehn Jahren bei der Steuerung der Migration erzielt wurden, bestand die Aufgabe der Internationalen Organisation für Migration (IOM) bis jetzt vor allem darin, für Mitgliedstaaten und Migrant/innen Dienstleistungen rund um das Thema Migration zu erbringen (bspw. Anwerbung und Auswahl von Arbeitskräften; Orientierung), nicht jedoch in der Koordination und Überwachung von migrationspolitischen Maßnahmen. Auch die Tatsache, dass die IOM im Jahr 2016 eine Unterorganisation der Vereinten Nationen wurde, hat daran im Grundsatz nichts geändert.

Auch andere internationale Organisationen befassen sich mit Migrations-fragen, so zum Beispiel die Internationale Arbeitsorganisation (IAO), deren Auf-gabe darin besteht, internationale Arbeitsnormen zu gestalten und ihre Einhaltung zu überwachen. Im Zuge der sich verschärfenden humanitären Krise hat der Hohe Flüchtlingskommissar der Vereinten Nationen (UNHCR), der dafür zuständig ist, die Maßnahmen zum Schutz internationaler Flüchtlinge zu leiten und zu koordinieren, für die Steuerung der internationalen Migration an Bedeutung gewonnen. So hat der Hohe Flüchtlingskommissar die Europäische Union bereits mehrfach dazu aufgefordert, sich stärker für eine Lösung der humanitären Krise einzusetzen. Auch auf dem Gipfel der Vollversammlung der Vereinten Natio-nen zu Flucht und Migration, der im September 2016 stattfand, fiel dem Hohen Flüchtlingskommissar eine entscheidende Aufgabe zu.

Grundsätzlich spielen die internationalen Organisationen bei der Regulierung von Migrationsbewegungen jedoch nur eine begrenzte Rolle. Vielfach sind es die Staaten selbst, die über die Einhaltung von internationalen Standards wachen, was bedeutet, dass sie nur geringe Konsequenzen fürchten müssen, wenn die Standards nicht eingehalten werden. Hinzu kommt, dass internationale Überein-kommen nicht immer bindend sind und sich die reichsten Länder nur selten daran halten. Die IAO-Erklärung von 1998 über grundlegende Prinzipien und Rechte bei der Arbeit, in der eine Reihe von grundlegenden Arbeitsnormen festgelegt wurden, die als grundlegende Menschenrechte gelten, enthält keine Normen für Wanderarbeitnehmer/innen. Die beiden IAO-Übereinkommen, die sich ausdrück-lich auf Wanderarbeitnehmer/innen beziehen, nämlich das Übereinkommen von 1949 über Wanderarbeiter/innen (Nr. 97)[1] und das Übereinkommen von 1975 über Missbräuche bei Wanderungen und die Förderung der Chancengleichheit und der Gleichbehandlung der Wanderarbeitnehmer/innen (Nr. 143)[2], wurden nur von 49 bzw. 23 der 187 Mitgliedstaaten der IAO ratifiziert (Stand: Septem-ber 2017). Die Internationale Konvention der Vereinten Nationen von 1990 zum „Schutz der Rechte aller Wanderarbeitnehmer und ihrer Familienangehörigen"

---

[1]Einzusehen unter:
http://www.ilo.org/wcmsp5/groups/public/---ed_norm/---normes/documents/nor-mativeinstrument/wcms_c097_de.htm. Stand der Ratifizierung einzusehen unter: http://www.ilo.org/dyn/normlex/en/f?p=1000:11300:0::NO:11300:P11300_INSTRUMENT_ID:312242.

[2]Einzusehen unter:
http://www.ilo.org/wcmsp5/groups/public/---ed_norm/---normes/documents/nor-mativeinstrument/wcms_c143_de.htm. Stand der Ratifizierung einzusehen unter: http://www.ilo.org/dyn/normlex/en/f?p=1000:11300:0::NO:11300:P11300_INSTRUMENT_ID:312288.

wurde bislang ebenfalls nur von 51 der 193 UN-Mitgliedstaaten (38 Unter-
zeichnerstaaten) ratifiziert, von denen Chile das einzige Land mit hohem Einkommen ist.[3]

Das IAO-Übereinkommen von 2011 über menschenwürdige Arbeit für Hausangestellte (Nr. 189), in dem grundlegende Rechte bei der Arbeit garantiert werden und die auch für Wanderarbeitnehmer/innen gilt, stellt jedoch einen großen
Fortschritt in Bezug auf die Rechte von Wanderarbeitnehmer/innen dar (IAO
2013). Durch die Zunahme der weltweiten Mobilität von Hausangestellten
haben Migrant/innen (insbesondere Migrantinnen) heute ein höheres Risiko, aus-
gebeutet oder missbraucht zu werden. 2015 gab es weltweit schätzungsweise
11,5 Mio. Hausangestellte mit Migrationshintergrund (IAO 2015). Das IAO-
Übereinkommen wurde von 24 Ländern ratifiziert (Stand September 2017), darunter acht OECD-Mitgliedstaaten.

9.2.1.2 Eine restriktive Entwicklung

Seit dem Ende des Zweiten Weltkriegs wurden im Rahmen des Allgemeinen
Zoll- und Handelsabkommens schrittweise tarifäre und nichttarifäre Handels-
hemmnisse im Verhandlungswege abgebaut. In ähnlicher Weise wurde der Prozess der finanziellen Globalisierung unter der Schirmherrschaft des IWF durch
den Abbau von Devisenkontrollen und internationalen Hindernissen im Kapitalverkehr vorangetrieben. Im Gegensatz dazu hat die internationale Regulierung
der Migrationsbewegungen in den letzten fünf Jahrzehnten zu einem Anstieg der
Hindernisse für die Mobilität von Arbeitskräften geführt. Dieser setzte mit der
Ölkrise von 1973 ein, als die Länder begannen, den Zuzug ausländischer Arbeitskräfte zu begrenzen. Die Wirtschaftskrise der 70er Jahre ist ein gutes Beispiel
dafür, wie externe Schocks erhebliche Veränderungen in der Migrationspolitik
bewirken können (Roos und Zaun 2016).

Auch wenn andere Formen der Migration florierten, nämlich im Rahmen von
Asyl- und Familienzusammenführungsprogrammen (die beide völkerrechtlich
garantiert sind und bei denen die Regierungen daher weniger Ermessensspiel-
raum haben), wurden nicht nur auf administrativer Ebene (z. B. mit der Gründung von Frontex[4] im Jahr 2004), sondern auch durch den Bau von Grenzmauern

---

[3]Einzusehen unter:
  https://treaties.un.org/Pages/ViewDetails.aspx?src=IND&mtdsg_no=IV-13&chap-
  ter=4&lang=en.

[4]Europäische Agentur für die Grenz- und Küstenwache.

Hürden für die Einwanderung errichtet, die vor allem gegen Migrant/innen aus Ländern mit geringerem Einkommen gerichtet sind.

Über die Einschätzung, dass die Einwanderungspolitik grundsätzlich restriktiver geworden ist, herrscht jedoch keineswegs Einigkeit. So legen die von de Haas et al. (2014) und DEMIG (2015) vorgelegten Daten nahe, dass die Migrationspolitik zwischen 1945 bis 2013 immer liberaler geworden ist (OECD 2016). Tatsächlich lässt sich in den einkommensstarken Ländern die Tendenz beobachten, dass die Einwanderungsregeln immer präziser gefasst werden, um ganz gezielt nur bestimmte Einwander/innen ins Land zu lassen (Hatton und Williamson 2005; OECD 2016). In dieser Hinsicht wurden nach der Finanzkrise von 2008 striktere Einwanderungsvorschriften eingeführt, doch die neuen Hürden waren nur von kurzer Dauer (OECD 2016).

Die internationale Reaktion auf die Finanz- und Wirtschaftskrise von 2008 verdeutlicht beispielhaft, wie unterschiedlich die Themen Handel und Migration behandelt werden. Mit Beginn der Finanz- und Wirtschaftskrise äußerten die OECD, die WHO sowie zahlreiche Wirtschaftswissenschaftler/innen die Sorge, dass die Länder der Welt wieder verstärkt auf protektionistische Maßnahmen setzen könnten (Baldwin und Evenett 2009). Darüber hinaus haben sich die Staats- und Regierungschefs der G20 dazu verpflichtet, die Fehler zu vermeiden, die nach der Weltwirtschaftskrise in den 1930er-Jahren begangen wurden, als die Beggar-thy-Neighbor-Politik den Rückgang des Welthandels und damit der weltweiten Warenproduktion beschleunigte. Im Gegensatz dazu ergriffen viele Staaten nach der Wirtschafts- und Finanzkrise unter dem – realen oder vermeintlichen – Druck der öffentlichen Meinung Maßnahmen zur Begrenzung der Einwanderung (Kuptsch 2012; Tilly 2011; Roos und Zaun 2016).

Eine ähnliche Entwicklung vollzog sich während der humanitären Krise in den Jahren 2015 und 2016, als verschiedene, insbesondere osteuropäische Länder Maßnahmen trafen, um den Zuzug von Einwander/innen einzudämmen (Graham-Harrison 2015; Jones 2016; Kanter 2017). Allerdings lässt sich noch nicht sagen, ob die wichtigsten Zielländer die während der Finanz- und Wirtschaftskrise beschlossenen Einwanderungsbeschränkungen beibehalten werden oder – nachdem die größten negativen Auswirkungen der Finanz- und Wirtschaftskrise nun überwunden sind – wieder einen liberaleren Kurs einschlagen. Allerdings ist die Wahrscheinlichkeit hoch, dass die Zahl der Flüchtlinge, die wegen neuer Konflikte oder der Auswirkungen des Klimawandels ihrer Herkunft den Rücken kehren, deutlich ansteigen wird. Angesichts der Tatsache, dass Migration in der öffentlichen Meinung in vielen Zielländern negativ gesehen wird, ist davon auszugehen, dass die Migrationspolitik restriktiver und selektiver bleibt als die internationale Handels- und Finanzpolitik.

Inzwischen ist die Bekämpfung der irregulären Einwanderung zu einem der wichtigsten Ziele auf der migrationspolitischen Agenda geworden. Viele europäische Regierungen haben Maßnahmen getroffen, um den Migrationsdruck auf ihr Land zu verringern. So wurde sogar das Dubliner Übereinkommen aufgegeben[5] (Orrenius und Zavodny 2016). Ungarn beispielsweise hat ein Gesetz verabschiedet, das den Behörden mehr Befugnisse bei der Inhaftierung von Migrant/innen und Asylbewerber/innen einräumt (Dearden 2017) und Dänemark hat zur Verringerung der mit Migration verbundenen Kosten Vorschriften erlassen, die es den Behörden erlauben, „nicht benötigtes Eigentum" von Neuankömmlingen zu beschlagnahmen (Crouch und Kingsley 2016). Auch bei dem britischen Referendum über den Austritt aus der Europäischen Union war die Einwanderung ein zentrales Thema. Abgesehen von der Debatte über die Legitimität solcher Maßnahmen sind diese eventuell durch einen Sperrklinkeneffekt (bzw. eine institutionelle Pfadabhängigkeit; Roos und Zaun 2016) gekennzeichnet, die sich daraus ergibt, dass die die politischen Entscheidungsträger/innen restriktive Einwanderungsvorschriften nach der Verabschiedung nur mit großem Aufwand wieder ändern können.

9.2.2 Der Zusammenhang zwischen Migration und Entwicklung

Trotz der fehlenden internationalen Zusammenarbeit ist in den letzten zehn Jahren das Interesse daran gewachsen, Migration als Katalysator für Entwicklung zu nutzen, und zwar insbesondere in den Herkunftsländern. Dieses Interesse wurde weltweit offenkundig, als die Vereinten Nationen 2006 ihren ersten Hochrangigen Dialog über Migration und Entwicklung organisierten, bei dem Minister/innen und Delegierte über politische Maßnahmen und denkbare Partnerschaften diskutierten. Zwar wurden die Ergebnisse des Dialogs nicht direkt durch formale Kooperationsmechanismen umgesetzt (Martin et al. 2007), doch trug der Prozess zur Förderung einer weltweiten Debatte über Migrationsfragen bei und führte zur Gründung des *Global Forum on Migration and Development* (GFMD). Dabei handelt es sich um einen von den beteiligten Staaten geführten Prozess, der darauf abzielt, wirksame Partnerschaften aufzubauen, um die Auswirkungen der

---

[5]Die seit 1997 geltende Dublin-Verordnung der EU schreibt vor, dass ein Antrag eines/einer Migrant/in auf internationalen Schutz in dem ersten EU-Mitgliedstaat zu bearbeiten ist, in den die Person einreist.

internationalen Migration für die Erreichung von Entwicklungszielen zu nutzen. Das GFMD fand erstmals 2007 in Brüssel statt. In den folgenden Jahren wurde die Veranstaltung auf verschiedenen Kontinenten durchgeführt: 2008 in Manila; 2009 in Athen; 2010 in Puerto Vallarta; 2011 in Genf; 2012 in Port Louis; 2014 in Stockholm; 2015 in Istanbul und 2016 in Dhaka. 2017 fand die 10. Konferenz des GFMD unter dem gemeinsamen Vorsitz von Deutschland und Marokko (2017–2018) in Berlin statt. Die nächste Konferenz ist für Dezember 2018 in Marrakesch geplant. 2013 luden die Vereinten Nationen zum zweiten Hochrangigen Dialog über Migration und Entwicklung am Sitz der Vereinten Nationen in New York.

Auf dem GFMD diskutieren Vertreter/innen von Herkunfts-, Transit- und Zielländern über politische Maßnahmen, die sich in der Vergangenheit bewährt haben. Bislang hat das Forum eine Reihe von politischen Empfehlungen vorgelegt, die darauf abzielen, die Migrationsbedingungen zu verbessern, die Migrant/innen – insbesondere durch Migrant/innen-Communities in den Aufnahmeländern – stärker in die Gesellschaft zu integrieren und migrations- und entwicklungspolitische Maßnahmen genauer aufeinander abzustimmen. Trotz dieser Bemühungen ist es jedoch noch ein weiter Weg, bis ein globaler Konsens über Migration und Entwicklung erreicht ist, denn das GFMD verfolgt nicht das Ziel, bilaterale oder internationale Abkommen herbeizuführen. Außerdem konzentriert sich das *Global Forum on Migration and Development,* wie der Name schon sagt, auf die Zusammenhänge zwischen Migration und Entwicklung, befasst sich jedoch nicht mit der Regulierung von Migrationsbewegungen. Allerdings steht die Migrationspolitik zumindest implizit im Mittelpunkt der Diskussionen. Jedoch ist es schwierig, Migrationsprozesse für die Erreichung entwicklungspolitischer Ziele zu nutzen, wenn Einwanderung unterbunden wird.

Neben dem GFMD wurde 2006 die *Global Migration Group* gegründet. Dabei handelt es sich um eine interinstitutionelle Gruppe von UN-Unterorganisationen, die sich mit migrationsbezogenen Themen befasst. Die *Global Migration Group* soll den Mitgliedstaaten Analysen zur Verfügung zu stellen, die Anwendung globaler und regionaler Instrumente und Normen fördern und die Koordinierung der Migrations- und Entwicklungspolitik unterstützen. Aber auch in diesem Gremium werden keine Entscheidungen über die Regulierung von Migrationsbewegungen getroffen oder verbindliche internationale Übereinkommen über Migration geschlossen.

Die jüngste humanitäre Krise könnte jedoch die internationale Migrationspolitik verändern. Im September 2015 – im Vorfeld der Krise – lud der damalige UN-Generalsekretär Ban-Ki Moon zu einer Sitzung, auf der über eine verstärkte Zusammenarbeit in Bezug auf Migration und Flüchtlingsbewegungen diskutiert werden sollte. Die Sitzung markiert den Beginn einer Reihe von Ereignissen in der Migrationspolitik. So forderte die UN-Vollversammlung einen Bericht „über große Flüchtlings- und Migrantenströme", im September 2016 fand eine hochrangige Plenarsitzung zum Thema „Umgang mit großen Flüchtlings- und Migrantenströmen" statt und schließlich wurde ein *Joint Global Compact for Migration* gefordert, der weit reichende Auswirkungen auf die Steuerung der internationalen Migrationsbewegungen haben könnte.

Der Gipfel vom September 2016 zur Bewältigung großer Flüchtlings- und Migrationsbewegungen führte zu den ersten (hoffentlich konkreten) Maßnahmen zur Verbesserung der internationalen Migrationspolitik. In ihrer New Yorker Erklärung für Flüchtlinge und Migrant/innen haben die Mitgliedstaaten eine Einigung erzielt und den Schutz von Migrant/innen, die Unterstützung von Rettungseinsätzen, eine bessere Integration von Migrant/innen in den Aufnahmeländern, die Bekämpfung von negativen Wahrnehmungen im Zusammenhang mit Migrationsprozessen sowie eine bessere weltweite Steuerung der Migration gefordert. Der letzte Punkt veranlasste die UN-Vollversammlung dazu, die Entwicklung von zwei internationalen Übereinkommen voranzutreiben: den *Global Compact on Migration,* der eine sichere, geordnete und geregelte Migration gewährleisten soll, und den *Global Compact on Refugees,* der den Umgang mit Flüchtlingen regeln soll. Für beide Übereinkommen wurden im April 2017 Konsultationsprozesse eingeleitet. Von Mai bis Oktober 2017 fanden sechs Konsultationssitzungen statt, die sich jeweils mit verschiedenen Aspekten von Migration befasst haben. Die beiden *Global Compacts* wurden 2018 verabschiedet.

9.3   Die politische Ökonomie einer geregelten Migration

Zwischen dem Fehlen einer Weltmigrationsorganisation[6] und einer nach wie vor restriktiven und selektiven Migrationspolitik besteht ein enger Zusammenhang. Die Einwanderungsländer lehnen es ab, auch nur einen kleinen Teil ihrer Souveränität abzugeben, da ihnen die Vorteile einer engeren Kooperation in der Migrationspolitik offenbar nicht klar sind.

---

[6]Die Gründung einer Weltmigrationsorganisation wurde erstmals von Bhagwati (2003) und Helton (2003) vorgeschlagen.

9.3.1 Ein Problem der Asymmetrie

Der Hauptgrund für die Schwierigkeiten bei der Zusammenarbeit im Migrationsbereich liegt in der asymmetrischen Verteilung der Vorteile zwischen Industrie- und Entwicklungsländern. Während der Welthandel hauptsächlich durch komparative Vorteile angetrieben wird, die darauf beruhen, dass jedes Land über Güter verfügt, bei dem es Vorteile gegenüber anderen Ländern hat, beruht die Migration auf absoluten Vorteilen (Hatton 2007).[7] Mit anderen Worten, reichere Länder ziehen sowohl hochqualifizierte als auch gering qualifizierte Arbeitskräfte an, wohingegen die Möglichkeit, in einem armen Land zu arbeiten, nur für wenige Arbeitskräfte attraktiv ist.

Diesbezüglich zeigt Abb. 9.1 die Einkommensunterschiede zwischen den zehn einkommensstärksten OECD-Ländern, die Zielländer für Migrant/innen sind, und den jeweils wichtigsten Herkunftsländern mit niedrigem oder mittlerem Einkommen. Die Grafik veranschaulicht die asymmetrische Nutzenverteilung zwischen Arbeitnehmer/innen aus Hoch- und Niedriglohnländern. So ist das britische Pro-Kopf-Einkommen mehr als sechs Mal so hoch wie das Pro-Kopf-Einkommen in Indien und das Pro-Kopf-Einkommen in Spanien ist fünf Mal so hoch wie das in Marokko. Das bedeutet, dass der durchschnittliche britische Arbeitnehmer bei einem Umzug nach Indien Einkommenseinbußen von 85 % hinnehmen müsste, während die durchschnittliche spanische Arbeitnehmerin bei einem Umzug nach Marokko auf 78 % ihres bisherigen Einkommens verzichten müsste. Arbeitnehmer/innen aus den Vereinigten Staaten, die nach Mexiko ziehen, würden im Durchschnitt „nur" 69 % ihres bisherigen Einkommens verlieren.[8]

Abb. 9.1 Die Berechnungen der Autoren beruhen auf der Grundlage der Weltentwicklungsindikatoren der Weltbank: http://data.worldbank.org/indicator/NY.GDP.PCAP.PP.CD. Die Einkommenslücke entspricht der Differenz zwischen dem BIP pro Kopf im Zielland und dem BIP pro Kopf im Herkunftsland. Die Zahlen zeigen (in Prozent), wie viel das BIP pro Kopf im Zielland höher als das BIP pro Kopf im Herkunftsland ist. Die Migrationskorridore wurden anhand der zehn wichtigsten Zielländer unter den einkommensstarken OECD-Ländern

---

[7]Hatton argumentiert, dass das Reallohngefälle zwischen reichen und armen Ländern auf Unterschiede in der totalen Faktorproduktivität und – anders als im Welthandel – nicht auf die relative Faktorausstattung zurückzuführen ist. Daher beruht der Anreiz zur Migration eher auf absoluten als auf komparativen Vorteilen.

[8]Zur Berechnung wird das Verhältnis zwischen dem BIP pro Kopf des Herkunftslands und dem BIP pro Kopf des Ziellandes von eins subtrahiert.

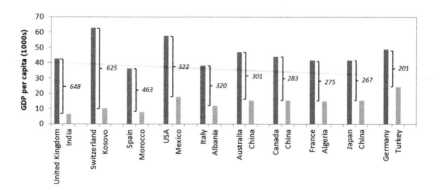

Abb. 9.1 Einkommenslücke in ausgewählten Migrationskorridoren, 2016 (BIP pro Kopf, in aktuellen Internationalen US-Dollar, Kaufkraftparität)

ausgewählt. Herkunftsländer mit hohem Einkommen sind aus der Betrachtung ausgeschlossen. Die Länder sind nach absteigender Größe der Differenz zwischen dem BIP pro Kopf der Herkunftsländer und dem BIP pro Kopf der Zielländer geordnet. © D. Khoudour, J. Gagnon.

Darüber hinaus sind die Unterschiede in den Auffassungen der Länder über die Grundsätze, die Einwanderung und Personenfreizügigkeit regeln sollten, größer als die Unterschiede in den Auffassungen über die Grundsätze für den Waren- und Kapitalverkehr. Ein Grund dafür liegt darin, dass Einwander/innen im Gegensatz zu Waren eigene Präferenzen haben (Gordon 2010). Dadurch ist es viel einfacher, den Handel mit Waren zu akzeptieren, denn die Beendigung eines Abkommens wirkt sich auf die sozialen Kosten der Güter selbst kaum aus.

Dabei besteht das Asymmetrieproblem in zweifacher Hinsicht: Auf nationaler Ebene gibt es praktisch keine organisierten Interessengruppen in den Industrieländern, die bereit sind, sich für den Zugang zu den Arbeitsmärkten anderer Länder einzusetzen – im Gegensatz zu der Exportwirtschaft eines Landes, die ein eindeutiges Interesse am Zugang zu ausländischen Märkten hat. Auch auf internationaler Ebene fehlt in den migrationspolitischen Verhandlungen ein übergreifendes gemeinsames Ziel, nämlich die Personenfreizügigkeit. Die Industrieländer wollen sich nicht auf Ziele festlegen, die sie für unvereinbar mit ihren eigenen – vor allem politischen – Interessen halten.

In den meisten (um nicht zu sagen: in allen) Einwanderungsländern wird der Zuzug ausländischer Arbeitskräfte kritisch gesehen, und die Ablehnung scheint mit einem zunehmenden Anteil der Einwander/innen an der Gesamtbevölkerung

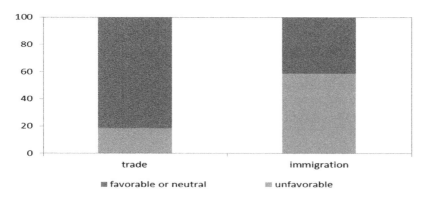

Abb. 9.2 Einstellungen zu Handel und Einwanderung: ausgewählte Industrieländer, 2014 (relativer Anteil in %). (Quelle: Originaldaten des Pew Research Center und von Gallup für die Vereinigten Staaten. Zu den ausgewählten Volkswirtschaften zählen Deutschland, Frankreich, Griechenland, Großbritannien, Italien, Spanien und die Vereinigten Staaten. Quelle: Jaumotte et al. (2017): http://voxeu.org/article/immigration-and-economic-prosperity. © Khoudour, Gagnon)

noch zu steigen (Dustmann und Preston 2001; Hatton 2007). Daten des Pew Research Center und von Gallup zeigen, dass der freie Warenverkehr in der öffentlichen Meinung wesentlich positiver gesehen wird als die Einwanderung (Abb. 9.2).

Die Gründe dafür sind sowohl wirtschaftlicher als auch nicht-wirtschaftlicher Natur. So sind es vor allem zwei nicht-wirtschaftliche Themen, die den Bürger/innen der Aufnahmeländer besonders wichtig sind: die innere Sicherheit und die Wahrung der nationalen Identität. Durch die Ausbreitung des Terrorismus seit Beginn der 2000er-Jahre hat die Gefahr von Terroranschlägen in den westlichen Ländern zugenommen. Dies wiederum hat dazu geführt, dass die öffentliche Meinung die Ursache für die Verschlechterung der inneren Sicherheitslage zunehmend im Zuzug von Migrant/innen sieht. Parallel dazu nimmt die Sorge zu, dass die Einwander/innen sich nicht in die Aufnahmegesellschaft integrieren, wie die Debatte belegt, die in den Vereinigten Staaten geführt wurde, nachdem Samuel Huntington (2004) behauptet hatte, dass „der anhaltende Zustrom hispanischer Einwander/innen die Vereinigten Staaten in zwei Völker, zwei Kulturen und zwei Sprachen zu spalten droht". Auch führende Politiker/innen aus Nordamerika und Europa haben in jüngster Zeit den in ihren Ländern herrschenden Multikulturalismus infrage gestellt und damit gegen Einwanderung und

Einwander/innen gerichteten politischen Kräften Vorschub geleistet. Das britische Brexit-Referendum 2016 und die migrationsfeindliche Rhetorik im US-Präsidentschaftswahlkampf von 2016 sind zwei Beispiele für diese Entwicklung.

Allerdings scheinen zumindest für die Teilnehmer/innen des Arbeitsmarktes wirtschaftliche Determinanten wichtiger zu sein als kulturelle und politische Faktoren. In einer Umfrage zu Einstellungen der US-Bevölkerung zeigt Mayda (2006), dass die arbeitsmarktbezogenen Erklärungen für die Einstellung gegenüber Ausländer/innen nicht durch nicht-ökonomische Variablen verändert werden, auch wenn fremdenfeindliche Einstellungen sich in der Ablehnung von Einwanderung äußern. Einheimische Arbeitskräfte betrachten Einwander/innen mit ähnlichen Kompetenzen häufig als direkte Konkurrenz auf dem Arbeitsmarkt. Daher befürworten Hochqualifizierte den Zuzug von ausländischen Einwander/innen, solange diese größtenteils ungelernt sind, lehnen aber den Zuzug von höher Qualifizierten ab.

Hatton (2007) und O'Rourke und Sinnott (2006) belegen, dass ein geringes Ausbildungsniveau eine große Rolle bei der Einstellung zur Einwanderung spielt. Hochqualifizierte Arbeitskräfte in einkommensstarken Ländern fühlen sich durch ausländische Konkurrenz auf dem Arbeitsmarkt weniger bedroht als hochqualifizierte Arbeitskräfte in einkommensschwachen Ländern. Außerdem werden ausländische Arbeitskräfte in durch Gleichheit geprägten Ländern weniger als Bedrohung wahrgenommen als in Ländern mit höherer Ungleichheit. Boeri (2010) geht davon aus, dass auch die Sozialsysteme einen Einfluss darauf haben, welche Einwander/innen ein Land anzieht: So besteht ein Zusammenhang zwischen höheren Sozialausgaben und gering qualifizierten Einwander/innen. Arme, arbeitslose und gering qualifizierte Migrant/innen ziehen vor allem in Aufnahmeländer mit einem hohen Sozialleistungsniveau, und die Bevölkerung dieser Länder betrachtet die Einwander/innen als direkte Konkurrenz um Sozialleistungen.

9.3.2   Von der individuellen Einstellung zur konkreten Einwanderungspolitik

Um zu erklären, wie aus den individuellen Einstellungen gegenüber Migrant/innen eine konkrete Einwanderungspolitik wird, betrachten Facchini und Mayda (2008) zwei alternative Modelle der politischen Ökonomik: Eines beruht auf dem Medianwählertheorem, das andere auf der Dynamik von Interessengruppen. Die Autor/innen vertreten die Auffassung, dass zwischen der Einwanderungspolitik eines Landes und den Präferenzen der Wählenden ein direkter Zusammenhang besteht, d. h. je stärker der/die Medianwähler/in Einwanderung ablehnt, desto restriktiver ist die Migrationspolitik. Allerdings ist die Migrationspolitik trotz der ausgeprägt negativen Einstellung gegenüber Einwanderung in den meisten Zielländern nach wie vor relativ liberal. Eine Erklärung dafür ist, dass die politischen Entscheidungsträger/innen im Allgemeinen gebildeter und liberaler sind, und damit der Einwanderung weniger ablehnend gegenüberstehen als der/die Medianwähler/in (Betts 1988; Hansen 2000).

Eine weitere Erklärung ist, dass Interessengruppen, die Einwanderung befürworten, den Präferenzen der Wählenden durch aktive Lobbyarbeit für eine einwanderungsfreundliche Gesetzgebung entgegenwirken, während Bevölkerungsgruppen, die der Einwanderung kritisch gegenüberstehen (z. B. Steuerzahlende, ungelernte Arbeitskräfte, fremdenfeindlich eingestellte Personen), häufig unscharf definierte Interessen haben und deshalb in ihrer Lobbyarbeit nicht so erfolgreich sind. Facchini et al. (2011) haben gezeigt, dass Lobbygruppen bei der Gestaltung der Einwanderungspolitik eine wichtige Rolle spielen. Sie konnten nachweisen, dass ein Anstieg der Ausgaben für Lobbyarbeit pro einheimischem/er Arbeitnehmer/in um 10 Prozent dazu führt, dass die Zahl der Visa pro einheimischem/er Arbeitnehmer/in zwischen 3,1 und 5 % steigt. Umgekehrt lässt ein Anstieg des gewerkschaftlichen Organisationsgrads um 1 Prozent (der gewerkschaftliche Organisationsgrad steht stellvertretend für die Ausgaben für Lobbyarbeit durch die Interessenvertretungen von Arbeitnehmer/innen) die Zahl der Visa pro einheimischem/er Arbeitnehmer/in um 2,6 bis 5,6 % zurückgehen.

Auch in Ländern mit niedrigem und mittlerem Einkommen sind Zuwanderungsbeschränkungen die Regel: So werden hochqualifizierte ausländische Arbeitskräfte leichter ins Land gelassen als gering qualifizierte Migrant/innen, und Zuwanderer/innen, die nur vorübergehend bleiben wollen, haben Vorrang vor Migrant/innen, die sich dauerhaft im Aufnahmeland niederlassen wollen (UNDP 2009). Einheimische Arbeitnehmer/innen in Entwicklungsländern haben möglicherweise den Eindruck, dass die Einwanderung für sie noch negativere Auswirkungen hat, als es in einem Land mit höherem Einkommen der Fall wäre, da der Anteil gering Qualifizierter in Ländern mit niedrigerem Einkommen im Allgemeinen höher ist. Diese Annahme entspricht auch den Schlussfolgerungen von Mayda (2006). Die Tatsache, dass Einwander/innen in Entwicklungsländern in aller Regel aus den Nachbarländern kommen und daher ggf. die gleiche Sprache sprechen und der Bevölkerung im Aufnahmeland kulturell näher stehen, hindert die politisch Verantwortlichen keineswegs daran, das Thema Einwanderung für politische Zwecke zu missbrauchen. So ist die postkoloniale Geschichte Westafrikas von fremdenfeindlicher Gewalt und wiederholten Versuchen geprägt,

Einwander/innen zu Sündenböcken zu machen. Dies galt und gilt insbesondere in wirtschaftlich schwierigen Zeiten (Gagnon und Khoudour-Castéras 2011). Dadurch, dass die europäischen Länder zunehmend versuchen, die Last der Bekämpfung der illegalen Einwanderung im Austausch für finanzielle und technische Zusammenarbeit auf die Herkunfts- und Transitländer abzuwälzen, wurde die restriktive Einwanderungspolitik vieler Entwicklungsländer noch verstärkt (Ndiaye und Robin 2010).

9.4 Kontraproduktive Auswirkungen einer nicht auf Zusammenarbeit setzenden Politik

Die derzeitige Steuerung der internationalen Migrationsbewegungen ist durch fehlende internationale Zusammenarbeit und den restriktiven und selektiven Charakter der einwanderungspolitischen Maßnahmen gekennzeichnet und stellt das Ergebnis eines politischen Kompromisses zwischen den Präferenzen der Wählenden und dem Druck von Interessengruppen dar, die Einwanderung befürworten. Auffällig ist jedoch, dass die Hauptnutznießer/innen einer liberalen Einwanderungspolitik, also die Migrant/innen selbst, in den Einwanderungsländern nicht Teil des politischen Prozesses sind, zumindest nicht *ex ante* (Hatton 2007). Das bedeutet jedoch nicht, dass sie in dem derzeitigen System die einzigen Verlierenden sind. Tatsächlich unterscheidet sich Migrationsprotektionismus nicht grundsätzlich von Handelsprotektionismus, denn auch hierbei handelt es sich um eine nicht auf Kooperation setzende Strategie, die zu einem suboptimalen Ergebnis führt. Doch inwiefern wirkt sich eine restriktive Migrationspolitik negativ aus?

9.4.1 Die Kosten einer restriktiven Migrationspolitik

Die Kosten einer restriktiven Einwanderungspolitik sind nicht so offensichtlich wie die Kosten des Handelsprotektionismus, dessen negative Auswirkungen seit langem bekannt sind.[9] Doch auch eine durch fehlende Kooperation gekennzeichnete Migrationspolitik erzeugt negative externe Effekte, und zwar nicht nur

---

[9]Handelsprotektionismus hat – unabhängig von dem jeweils eingesetzten politischen Instrument (Zölle, Subventionen, Kontingente usw.) – höhere Preise für die Verbraucher und ein niedrigeres Produktivitätsniveau zur Folge.

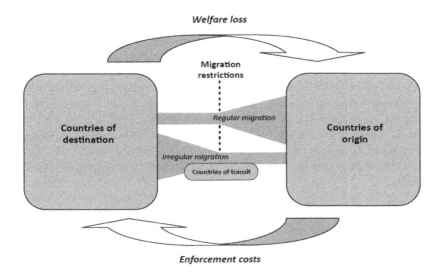

Abb. 9.3 Die negativen externen Effekte einer nicht auf Kooperation beruhenden Migrationspolitik. (Quelle: © OECD 2011)

für die Herkunftsländer, sondern auch für die Aufnahmeländer (Fernández-Huertas Moraga 2008).

Diese negativen Effekte werden in Abb. 9.3 veranschaulicht. Die Herkunftsländer müssen einen Wohlfahrtsverlust hinnehmen, da die Auswanderung nicht als Sicherheitsventil zur Entlastung des Arbeitsmarkts dienen kann und die Wirtschaft in geringerem Umfang von Remittances profitiert (Filipski und Taylor 2011). Dadurch wiederum ist der Anreiz für die Herkunftsländer geringer, mit den Zielländern zur Beschränkung der Migration zusammenzuarbeiten, sodass die irreguläre Einwanderung meistens zunimmt. Dadurch wiederum entstehen den Zielländern hohe Kosten zur Durchsetzung der Einwanderungsvorschriften, die letztendlich von den Steuerzahler/innen getragen werden müssen.

Strengere Grenzkontrollen, die Ausstellung von Visa, die Durchsetzung von Vorschriften, die Grenzsicherung und die Abschiebung irregulär Einwanderter erfordern mehr Personal. Martin (2004) schätzt, dass allein die fünf Industrieländer Kanada, Deutschland, die Niederlande, Großbritannien und die Vereinigten Staaten 2002 rund 17 Mrd. US-Dollar für die Durchsetzung von Einwanderungsbeschränkungen ausgegeben haben. Salant und Weeks (2007) zeigen, dass die Rechtsdurchsetzungsmaßnahmen im Zusammenhang mit irregulären Einwander/innen in den 24 Countys an der Grenze zwischen den USA und Mexiko

2006 rund 192 Mio. US$ gekostet haben; zwischen 1999 und 2006 beliefen sich die Kosten insgesamt auf 1,23 Mrd. US$. Fast die Hälfte dieser Kosten (565 Mio. US$) entfielen auf den County San Diego. Insgesamt gaben die Vereinigten Staaten 2016 rund 23,1 Mrd. US$ für Einwanderung und Grenzsicherung aus und beschäftigten mehr als 49.000 Personen mit diesen Aufgaben. Von 1986 – dem Jahr, in dem die US-Einwanderungsvorschriften zum letzten Mal umfassend reformiert wurden – bis 2016, verwendete die US-Bundesregierung schätzungsweise 263 Mrd. US-Dollar auf die Durchsetzung der Einwanderungsvorschriften (AIC 2017). Zum Vergleich: 2016 haben die USA 34 Mrd. US$ für die staatliche Entwicklungshilfe bereitgestellt (OECD 2017b).

Darüber hinaus haben mehrere Länder die radikale Entscheidung getroffen, Mauern zu errichten, nicht nur aus Sicherheitsgründen (bspw. Israel und das Westjordanland, Indien und Pakistan, Süd- und Nordkorea), sondern auch und in zunehmendem Maße, um irreguläre Grenzübertritte zu verhindern. Anders als die meisten Menschen glauben, ist dies ein neues Phänomen. So ist die Zahl der Grenzsicherungsmauern zwischen dem Ende des Zweiten Weltkriegs und 2016 von 5 auf beinahe 70 gestiegen (Jones 2016). Die beiden bekanntesten Anlagen befinden sich an der Grenze zwischen den USA und Mexiko sowie zwischen Spanien und Marokko. Vor kurzem wurden auch in Osteuropa vergleichbare Grenzsicherungsanlagen errichtet. Doch diese Anlagen sind bei weitem nicht die einzigen:

• So hat Botswana, das zu den reichsten Ländern Afrikas zählt, einen 500 km langen Elektrozaun an der Grenze zu Simbabwe errichtet, um irreguläre Einwanderung zu verhindern.
• Saudi-Arabien hat an der Grenze zum Jemen eine Mauer zum Schutz vor Drogen-, Waffen- und Menschenschmuggel errichtet.
• Indien hat an der 4000 km langen Grenze zu Bangladesch einen Grenzsicherungszaun errichtet, um vor Umweltveränderungen Fliehende am Grenzübertritt zu hindern.
• Ecuador hat 2017 eine 2,2 km lange Mauer am wichtigsten Grenzübergang zu Peru gebaut.
• Seit kurzem wird auch über den Bau von Grenzsicherungsanlagen an den Grenzen zwischen Südafrika und Mosambik, Argentinien und Bolivien sowie Thailand und Malaysia diskutiert.

Insgesamt führt diese Entwicklung zu einem deutlichen Anstieg der öffentlichen Ausgaben (ganz zu schweigen von den politischen Kosten), und zwar nicht nur

für den Bau, sondern auch für die Instandhaltung der Anlagen sowie die Grenzsicherung, für die teilweise hochentwickelte, kostspielige Technik erforder-
lich ist (Mergier 2009). Für die Wiedereinführung der Grenzkontrollen an den
Binnengrenzen des Schengen-Raums dürften Einmalkosten in Höhe von 0,1 bis
19 Mrd. EUR sowie jährliche Betriebskosten von 2 bis 4 Mrd. anfallen (EPRS
2016).

Eine restriktive Einwanderungspolitik zieht auch indirekte Kosten nach
sich, darunter die negativen Auswirkungen der Einwanderungsbeschränkungen
auf den Tourismus im jeweiligen Land. Darüber hinaus können gegen Einwanderung gerichtete Maßnahmen inländische Unternehmen dazu veranlassen,
ihre Geschäftstätigkeit in andere Länder verlagern, in denen die Vorschriften
liberaler sind. Dadurch steigt die Gefahr für die einheimischen Arbeitnehmer/
innen, arbeitslos zu werden, stärker als durch den Zuzug von Einwander/innen
(Bhagwati und Blinder 2009).

9.4.2 Eine kostspielige Migrationspolitik ist nicht immer wirkungsvoll

Es ist keineswegs sicher, dass die Verschärfung von Grenzkontrollen die internationalen Migrationsbewegungen bremst (Orrenius und Zavodny 2016; Bilfinger und Rietig 2017). Tatsächlich hat die Migration in den letzten Jahrzehnten
scheinbar zugenommen; lediglich nach der Finanzkrise von 2008 war ein kurz-
zeitiger Rückgang zu beobachten. Bereits 2014 erreichte der kontinuierliche
Zuzug von Einwander/innen in die OECD-Länder wieder das Vorkrisenniveau
(OECD 2017a). Verschiedene Studien belegen, dass Grenzkontrollen die Zahl der
irregulären Grenzübertritte mindern. Allerdings gibt es zwei Hauptgründe dafür,
warum diese Schlussfolgerung möglicherweise nicht zutrifft. Zum einen lässt
sich eine eindeutige Kausalitätsbeziehung kaum nachweisen. Vielmehr dürfte die
Zahl der irregulär Einwandernden durch die relativen wirtschaftlichen Aussichten
auf beiden Seiten der Grenze und nicht so sehr durch Umfang und Intensität der
Grenzkontrollen beeinflusst werden (Konjunkturzyklen; Orrenius 2014; Orrenius und Zavodny 2016). Zum anderen gibt es einen Zusammenhang zwischen
strengeren Grenzkontrollen und längeren Aufenthaltsdauern im Zielland. Dies
wiederum führt dazu, dass die Zahl der Visumüberschreitungen und damit der
irregulären Migrant/innen steigt und die abschreckende Wirkung durch strikte
Grenzkontrollen aufgehoben wird (Bilfinger und Rietig 2017). So dürfte die
Zahl der irregulär Eingewanderten nicht trotz, sondern vielmehr wegen der verschärften Grenzkontrollen gestiegen sein. Solange die Kluft in der menschlichen

und finanziellen Entwicklung zwischen den verschiedenen Ländern so groß bleibt, wie sie derzeit ist, werden die Menschen sich weder durch rechtliche noch durch bauliche Hürden davon abhalten lassen, in wohlhabendere Teile der Welt zu ziehen.

Zwar gibt es Hinweise darauf, dass strengere Grenzkontrollen in manchen Fällen zu einem Rückgang der Zahl irregulär Einwandernder führen, doch stehen die dafür anfallenden Kosten nur in seltenen Fällen in einem vernünftigen Verhältnis zum erzielten Nutzen (Jones 2016). Verschärfte Grenzkontrollen sind außerdem auch deshalb unwirksam, weil sie unbeabsichtigte Konsequenzen nach sich ziehen. So können Maßnahmen, die Migrant/innen an der Einreise in das Zielland hindern, dazu führen, dass die Löhne und Gehälter im Zielland steigen, wodurch das Zielland für Migrant/innen noch attraktiver wird (Orrenius 2014).

Ferner können restriktive einwanderungspolitische Regelungen als ‚Subventionierung' von Schleusenden interpretiert werden, die vom Menschenschmuggel profitieren. So lässt sich belegen, dass strengere Grenzkontrollen dazu führen, dass mehr Migrant/innen auf Schleuser/innen setzen. Bei dem Versuch, irregulär in das Zielland einzureisen, kommen mehr Menschen zu Tode, da die Schleusenden wegen der verschärften Grenzkontrollen auf riskantere Routen ausweichen (Orrenius und Zavodny 2016). Die durchschnittlichen Kosten für die Schleusung einer Person über die mexikanische Grenze in die USA sind zwischen 1990 und 2012 in einer unregelmäßigen Entwicklung von etwa 1000 US$ auf ca. 2500 US$ gestiegen (+ 150 %) (Alden et al. 2013).

Aufgrund ihres unsicheren Status haben irreguläre Migrant/innen ein größeres Risiko, Opfer von Ausbeutung und Menschenhandel zu werden. Infolgedessen nimmt in den Aufnahmeländern der Wettbewerb zwischen solchen Unternehmen zu, die Arbeitnehmer/innen mit (in- oder ausländischen) Papieren beschäftigen, und solchen Unternehmen, die zu unlauteren Wettbewerbspraktiken greifen und irregulär Eingewanderte zu menschenunwürdigen Bedingungen beschäftigen und sie ausbeuten. Durch diese Form der Schattenwirtschaft entgehen dem Staat Steuereinnahmen in beträchtlicher Höhe (Legrain 2007). Ferner sind Migrant/innen ohne Papiere in der Regel nicht bereit, langfristige Investitionen im Zielland zu tätigen (Hanson 2010).

Alles in allem beeinflusst die Einwanderungspolitik lediglich das zahlenmäßige Verhältnis zwischen regulären und irregulären Einwander/innen, nicht jedoch die Gesamtzahl der Einwander/innen. Eine Verschärfung der Einwanderungspolitik und der Grenzkontrollen führt dazu, dass klassische Migrationskorridore verlagert werden. Dadurch wird die irreguläre Einwanderung gefährlicher und verursacht steigende menschliche Kosten.

Die wirtschaftlichen Bedingungen in den Herkunfts- und den Aufnahmeländern bestimmen zusammen mit den bereits im Zielland lebenden Migrant/
innen die internationale Mobilität der Menschen stärker als die eigentliche
Migrationspolitik. So ging die Zahl der Migrant/innen mit Beginn der weltweiten
Wirtschafts- und Finanzkrise zurück; dieser Rückgang war keineswegs eine
direkte Folge einer restriktiveren Einwanderungspolitik (OECD 2009). Denn in
Zeiten, in denen sich die Konjunktur dynamisch entwickelt, hält die Schließung
von Grenzen nur wenige ausländische Arbeitskräfte von der Einreise ab, denn
die Migrant/innen werden von den ihnen bekannten wirtschaftlichen Chancen
angezogen. Wenn sich die Wirtschaftslage dagegen verschlechtert, werden restriktive einwanderungspolitische Maßnahmen häufig so weit verschärft, dass sie
über das Ziel hinausschießen; gleichzeitig nehmen Auswanderungswillige in den
Herkunftsländern Abstand von ihrem Vorhaben, weil sich das Zielland in einer
Rezession befindet (OECD 2016).

9.5 Fazit

Die zurzeit fehlende internationale Zusammenarbeit in Migrationsfragen hängt
mit der asymmetrischen Nutzenverteilung zwischen Ländern mit hohem und solchen mit niedrigem Einkommen zusammen. So haben Arbeitnehmer/innen aus
wohlhabenden Ländern im Allgemeinen kein Interesse daran, in Länder zu ziehen, die im Vergleich zu ihrem Herkunftsland ärmer sind. Dieses Problem der
Gegenseitigkeit erschwert einen Konsens innerhalb der internationalen Gemeinschaft und erklärt sicherlich, weshalb keinem multilateralen Gremium die Aufgabe übertragen wurde, die Freizügigkeit von Arbeitnehmer/innen zu regeln oder
sogar die Migrationspolitik der verschiedenen Länder zu koordinieren.
    Diese festgefahrene Situation ist vermutlich jedoch unrealistischen Annahmen
geschuldet, denn:

- auch die Zielländer profitieren von Zuwanderung, die sowohl zum Wirtschaftswachstum als auch zur Finanzierung der sozialen Sicherungs- und
  Rentensysteme beiträgt;
- strenge Grenzkontrollen sind kostspielig, und zwar nicht nur für die Herkunftsländer, sondern auch für die Zielländer;
- auch die Herkunftsländer können sich an der Steuerung der Migrationsbewegungen beteiligen;

- die Zielländer können die Verhandlungen über die Migration dazu nutzen, um ihre Ziele bei anderen wichtigen Themen wie dem Umweltschutz oder der sozialen Sicherheit durchzusetzen.

Der Spielraum für Kooperationsmöglichkeiten ist also größer als allgemein zugegeben wird. Aufgrund der Wechselwirkungen zwischen der Regulierung der Migrationsbewegungen, der Integration der Einwander/innen in den Aufnahmeländern und der Entwicklung der Herkunftsländer sollten die Verhandlungen über die Steuerung der Migrationsbewegungen hinausgehen und auch andere Themen in den Blick nehmen. Umgekehrt sollte in den Diskussionen über den Zusammenhang zwischen Migration und Entwicklung die Regulierung der Migrationsbewegungen nicht außer Acht gelassen werden, wie dies derzeit beim GFMD der Fall ist. Und schließlich sollten Länderinitiativen zur Verbesserung der internationalen Zusammenarbeit auf eine Kombination aus bilateralen, regionalen und weltweiten Abkommen setzen (OECD 2016, 2017c).

Literatur

AIC. 2017. *The Cost of Immigration Enforcement and Border Security*. Washington D.C.: American Immigration Council (AIC). https://www.americanimmigrationcouncil.org/research/the-cost-of-immigration-enforcement-and-border-security.
Alden, E., B. Roberts, und J. Whitley. 2013. Managing illegal immigration to the United States. *Journal of Population Economics* Vol.12: 91–116.
Baldwin R., und S. Evenett. 2009. *The collapse of global trade, murky protectionism, and the crisis: Recommendations for the G20*. London: Centre for Economic Policy Research.
Betts, K. 1988. *Ideology and Immigration: Australia, 1976–1987*. Melbourne: Melbourne University Press.
Bhagwati, J. 2003. Borders beyond Control. *Foreign Affairs* 82(1): 98–104.
Bhagwati, J., und A. Blinder. 2009. *Offshoring of American Jobs: What Response from U.S. Economic Policy?* Cambridge, Massachusetts: Massachusetts Institute of Technology.
Bilfinger, C., und V. Rietig. 2017. Walls Against Migration? *International Reports*, Issue 1: 40–53. Berlin: Konrad-Adenauer-Stiftung.
Boeri, T. 2010. Immigration to the Land of Redistribution. *Economica* 77(4): 651–687.
Crouch, D., und P. Kingsley. 2016. Danish parliament approves plan to seize assets from refugees. *The Guardian*. 26. Januar 2016. https://www.theguardian.com/world/2016/jan/26/danish-parliament-approves-plan-to-seize-assets-from-refugees.
Dearden, L. 2017. Hungarian parliament approves law allowing all asylum seekers to be detained. The Independent. 7. März 2017. https://www.independent.co.uk/news/world/europe/hungary-parliament-asylum-seekers-detain-law-approve-refugees-immigration-crisis-arrests-border-a7615486.html.

de Haas, H., K. Natter, und S. Vezzoli. 2014. *Growing restrictiveness or changing selection? The nature and evolution of migration policies.* International Migration Institute Working Papers, No. 96. Oxford: International Migration Institute. https://www.imi. ox.ac.uk/publications/wp-96-14.

DEMIG, 2015. *Determinants of International Migration: A Theoretical and Empirical Assessment of Policy, Origin and Destination Effects* (database). Oxford: International Migration Institute. www.imi.ox.ac.uk/data/demig-data/demig-policy-1. Accessed: 17. Juni 2016.

Dustmann, C., und I. Preston. 2001. *Attitudes to Ethnic Minorities: Ethnic Context and Location Decisions. Economic Journal* 111(470): 53–373.

European Parliamentary Research Service. 2016. *The Cost of Non-Schengen: Civil Liberties, Justice and Home Affairs aspects.* Brüssel: European Parliament. http://www. europarl.europa.eu/RegData/etudes/STUD/2016/581387/EPRS_STU(2016)581387_ EN.pdf#page=40.

Facchini, G., und A. M. Mayda. 2008. From individual attitudes towards migrants to migration policy outcomes: Theory and evidence. *Economic Policy* 23(56): 651–713.

Facchini, G., A. M. Mayda, und P. Mishra. 2011. Do Interest Groups Affect US Immigration Policy? *Journal of International Economics* Elsevier, Vol.85(10): 14–128.

Fernández-Huertas Moraga, J. 2008. *A General Model of Bilateral Migration Agreements.* UFAE and IAE Working Paper Series, No. 755.08.

Filipski, M., und J. E. Taylor. 2011. *The Impact of Migration Policies on Rural Household Welfare in Mexico and Nicaragua.* OECD Development Centre Working Paper No.298. Paris: OECD.

Gagnon, J., und D. Khoudour-Castéras. 2011. *South-South Migration in West Africa: Addressing the challenge of immigrant integration.* OECD Development Centre Working Paper Number 312. Paris: OECD.

Gordon, J. 2010. People are not Bananas: How Immigration Differs from Trade. *Northwestern University Law Review* 104(3): 1109–1145.

Graham-Harrison, E. 2015. Still the refugees are coming, but in Europe the barriers are rising. *The Guardian.* 31. Oktober 2015. https://www.theguardian.com/world/2015/ oct/31/austria-fence-slovenia-wire-europe-refugees.

Helton, A., 2003. People Movement: The Need for a World Migration Organisation. *Open Democracy,* 30. April 20013. https://www.opendemocracy.net/people-migrationeurope/ article_1192.jsp.

Hansen, R. 2000. *Citizenship and Immigration in Postwar Britain: The Institutional Origins of a Multicultural Nation.* Oxford: Oxford University Press.

Hanson, G. 2010. The Governance of Migration Policy. *Journal of Human Development and Capabilities* 11(2): 185–207.

Hatton, T., und J. Williamson. 2005. *Global Migration and the World Economy: Two Centuries of Policy and Performance.* Cambridge, Massachusetts: MIT Press.

Hatton, T. 2007. Should We Have a WTO for International Migration? *Economic Policy* 22(50): 339–383.

Huntington, S. 2004. The Hispanic Challenge. *Foreign Policy,* March/April.

IAO. 2013. *Migrant Domestic Workers in Focus: an ILO newsletter.* 1. Auflage. Genf: International Labour Organization (ILO). http://www.ilo.org/wcmsp5/groups/public/—ed_ protect/—protrav/—migrant/documents/publication/wcms_243384.pdf.

IAO. 2015. *ILO Global Estimates on Migrant Workers: Special focus on migrant domestic workers*. Geneva: International Labour Organization (ILO), Labour Migration Branch. http://www.ilo.org/wcmsp5/groups/public/—dgreports/—dcomm/documents/publication/wcms_436343.pdf.

Jaumotte, F., K. Kolovskova, und S. Saxena. 2017. Immigration and Economic Prosperity. *VoxEU*, 12. Januar 2017. London: CEPR. http://voxeu.org/article/immigration-and-economic-prosperity.

Jones, R. 2016. Borders and Walls: *Do barriers deter unauthorised migration?* 5. Oktober 2016. Washington D.C.: Migration Policy Institute. http://www.migrationpolicy.org/print/15717#.Wa7Jvm995hE.

Kanter, J. 2017. EU Moves Against 3 Countries That Don't Take Refugees. *The New York Times*, 13. Juni 2017. https://www.nytimes.com/2017/06/13/world/europe/eu-refugees-czech-republic-hungary-poland.html?mcubz=3.

Kuptsch, C. 2012. The Economic Crisis and Labour Migration Policy in European Countries. *Comparative Population Studies*, Number 37(1–2): 15–32.

Legrain, S. 2007. *Immigrants: Your Country Needs Them*. London: Abacus.

Martin, S. 2004. Migration. In *Global Crises, Global Solutions*, Hrsg. B. Lomborg, 443–477. Cambridge: Cambridge University Press.

Martin, P., S. Martin, und S. Cross. 2007. High-level Dialogue on Migration and Development. *International Migration* 45(1): 7–25.

Mayda, A. M. 2006. Who Is Against Immigration? A Cross-country Investigation of Individual Attitudes Toward Immigrants. *Review of Economics and Statistics* 88(3): 510–530.

Mergier, A.M. 2009. Los otros muros. *Proceso*, 9. November.

Ndiaye, M., und N. Robin. 2010. *Les migrations internationales en Afrique de l'Ouest: Une dynamique de régionalisation articulée à la mondialisation*. IMI Working Paper 23. Oxford.

OECD. 2009. *International Migration Outlook 2010*. Paris: OECD Publishing.

OECD. 2011. *Tackling the Policy Challenges of Migration: Regulation, Integration, Development*. Paris: Development Centre Studies, OECD Publishing. http://www.oecd-ilibrary.org/social-issues-migration-health/tackling-the-policy-challenges-of-migration_9789264126398-en.

OECD. 2016. *Perspectives on Global Development 2017: International Migration in a Shifting World*. Paris: OECD Publishing. http://www.oecd.org/dev/perspectives-on-global-development-22224475.htm.

OECD. 2017a. *International Migration Outlook 2017*. Paris: OECD Publishing.

OECD. 2017b. *Development Aid Rises Again in 2016*. Paris: The Development Assistance Committee, OECD. https://www.oecd.org/dac/financing-sustainable-development/development-finance-data/ODA-2016-detailed-summary.pdf.

OECD. 2017c. *Interrelations between public policies, migration and development*. Paris: OECD Publishing.

Orrenius, S. 2014. *Enforcement and Illegal Migration*. Bonn: IZA World of Labor 2014 (81). https://wol.iza.org/articles/enforcement-and-illegal-migration.

Orrenius, P., und M. Zavodny. 2016. *Irregular Immigration in the European Union*. Issue 2016 (2), Januar. Swedish Institute for European Policy Studies. http://www.sieps.se/en/publications/2016/irregular-immigration-in-the-european-union-20162epa/Sieps_2016_2_epa.

O'Rourke, K., und R. Sinnott. 2006. The Determinants of Individual attitudes Toward Immigration. *European Journal of Political Economy* 22(4): 838–861.

Roos, C., und N. Zaun. 2016. The Global Economic Crisis as a Critical Juncture? The crisis's impact on migration movements and policies in Europe and the U.S. *Journal of Ethnic and Migration Studies*, Vol.42(10): 1579–1589.

Salant, T., und J. Weeks. 2007. *Undocumented Immigrants in U.S.-Mexico Border Counties: The Costs of Law Enforcement and Criminal Justice Services*. US/Mexico Border Counties Coalition, University of Arizona.

Tilly, C. 2011. The Impact of the economic crisis on international migration: a review. *Work, Employment and Society*, Vol.25(4): 675–692. http://journals.sagepub.com/doi/pdf/10.1177/0950017011421799.

UNDP. 2009. *Human Development Report 2009. Overcoming Barriers: Human Mobility and Development*. New York: United Nations Development Program, Palgrave Macmillan.

Jason Gagnon ist Ökonom in der Abteilung für Migration und Qualifikation der OECD und Koordinator des Berichts Perspectives on Global Development (PGD). Gagnon ist Entwicklungsökonom am OECD-Entwicklungszentrum und bereits seit 2007 für die OECD tätig, unter anderem in der Direktion für Beschäftigung, Arbeit und Soziales (ELS). Derzeit beschäftigt er sich mit den Zusammenhängen zwischen Migration und Entwicklung in Entwicklungsländern. Neben seinen zahlreichen Beiträgen zur Migrationsforschung ist Gagnon derzeit Koordinator der vom OECD-Entwicklungszentrum herausgegebenen Leitveröffentlichung Perspectives on Global Development (PGD). Bei dieser Publikation handelt es sich um einen Jahresbericht, in dem die Auswirkungen des Aufstiegs der Schwellenländer auf die Entwicklung dokumentiert und analysiert werden. Gagnon hat an der École d'économie de Paris (PSE) in Wirtschaftswissenschaften promoviert.

David Khoudour-Castéras ist ein französischer Entwicklungsökonom, der sich in seiner Forschungstätigkeit auf den Nexus Migration und Entwicklung konzentriert, zu dem er zahlreiche Arbeiten veröffentlicht hat. Khoudour war viele Jahre lang Leiter der Abteilung Migration und Qualifikation im OECD-Entwicklungszentrum und Vorsitzender der KNOMAD-Arbeitsgruppe „Politische und institutionelle Kohärenz". Bevor er 2010 zur OECD wechselte, hat er am CEPII, einem französischen Think-Tank für ökonomische Fragestellungen, geforscht. Außerdem war Khoudour Dozent an der HEC Paris, der Université Paris Nanterre und der Sciences Po, an der er auf dem Gebiet der Wirtschaftswissenschaften promoviert hat. Ferner war er Fulbright-Stipendiat an der University of California-Berkeley und Hochschullehrer für Ökonomie. Außerdem hat er die Forschungstätigkeit zur internationalen Migration an der Universidad Externado de Colombia in Bogota geleitet und war als Berater für die ILO und die IOM tätig.

Gemeindebasierte Patenschaften für Flüchtlinge

10

Jennifer Bond und Gregory A. Maniatis

Zusammenfassung

In einer Zeit, in der die Zahl der Flüchtlinge und Vertriebenen einen historischen Höchststand erreicht hat und es an nachhaltigen Schutzlösungen fehlt, wecken gemeindebasierte Patenschaftsprogramme große Hoffnungen in aller Welt. Gemeindebasierte Patenschaften sind eine Form der Umsiedlung, bei der die Bürger/innen in den Aufnahmegemeinden für die Aufnahme, Unterstützung und Integration von Flüchtlingen verantwortlich sind. In diesem Kapitel werden die Vorteile gemeindebasierter Patenschaften dargelegt, und entsprechende Programme in Kanada, Großbritannien und Argentinien beschrieben. Außerdem wird die Global Refugee Sponsorship Initiative vorgestellt, eine Partnerschaft, die weltweit die Einführung neuer Patenschaftsprogramme unterstützt.

Für ihre wissenschaftlichen Beiträge und ihre redaktionelle Unterstützung bei der Arbeit an diesem Artikel danken wir Ania Kwadrans, Jessica Walsh, Rhian Foley und Fraser Massie. Alle Fehler und Auslassungen sind selbstverständlich den Verfasser/innen zuzurechnen.

J. Bond (✉)
The Refugee Hub, University of Ottawa, Ottawa, Kanada
E-Mail: jennifer.bond@uottawa.ca

G. A. Maniatis
Migration Policy Institute (MPI), Washington, DC, USA

Schlüsselwörter

Private Patenschaften · Gemeindebasierte Patenschaften · Flüchtling ·
Umsiedlung · Integration · Global Refugee Sponsorship Initiative · Kanada ·
Großbritannien · Argentinien

10.1 Gemeindebasierte Patenschaften – ein Konzept mit großem Potenzial

In einer Zeit, in der die Zahl der Menschen, die auf der Flucht sind, einen historischen Höchststand erreicht, und in der es zunehmend an nachhaltigen Schutzlösungen fehlt, nimmt ein Konzept Gestalt an, das Menschen in aller Welt fasziniert: Umsiedlungsprogramme, bei denen die Bürger/innen vor Ort die Hauptverantwortung für die Aufnahme, Unterstützung und Integration von Ankommenden tragen. Kanada hat in den 1970er-Jahren mit den so genannten *private sponsorships* eine Vorreiterrolle übernommen und auf diese Weise[1] und unter Einbeziehung von mehreren Millionen Bürger/innen 300.000 Flüchtlinge umgesiedelt. Das kanadische Umsiedlungsprogramm hat nicht nur Hunderttausenden Flüchtlingen eine neue Bleibe gegeben, sondern auch zur Verbesserung der Integrations-Outcomes beigetragen und die Beziehungen innerhalb der Gemeinden gestärkt.

Am 18. September 2016 kündigte Kanada auf dem UN-Gipfeltreffen über Flüchtlinge und Migrant/innen eine Partnerschaft mit dem UN-Hochkommissariat für Flüchtlinge (UNHCR) und *Open Society Foundations* an, die Regierungen und zivilgesellschaftliche Organisationen beim Aufbau von gemeindebasierten Patenschaftsprogrammen unterstützen will. „Die gemeinsame Initiative bietet den Aufnahmeländern eine ausgezeichnete Möglichkeit, von dem in Kanada sehr erfolgreichen Modell der *private sponsorships* zu lernen", so der UN-Hochkommissar für Flüchtlinge, Filippo Grandi an jenem Tag. „Gleichzeitig zeigt die Partnerschaft der Zivilgesellschaft und den lokalen Gemeinden Wege auf, wie sie aktiv einen Beitrag zum Schutz von Flüchtlingen leisten können" (UNHCR 2016a).

Im Dezember 2016 wurde die *Global Refugee Sponsorship Initiative* (GRSI) im kanadischen Ottawa offiziell ins Leben gerufen, als sich die *Radcliffe Foundation* und die Universität Ottawa den drei ursprünglichen Partner/innen angeschlossen haben.

---

[1]Immigration, Refugees and Citizenship Canada. Permanent Residents, April 2017 (persönliches Gespräch, 28. September 2017).

Im ersten Jahr ihrer Tätigkeit verzeichnete die GRSI einen deutlichen Anstieg der Nachfrage nach Unterstützungsleistungen. Bereits zum ersten Jahrestag ihrer Gründung im September 2017 arbeitete die GRSI mit führenden Entscheidern der Zivilgesellschaft sowie öffentlichen Amtsträgern aus mehr als zwölf Ländern zusammen, darunter Großbritannien, Argentinien, Neuseeland und Irland (GRSI 2017a, S. 1). 2017 forderte Papst Franziskus (Pope Francis 2017) die Länder der Welt öffentlich zur Einführung gemeindebasierter Patenschaften für Flüchtlinge auf, und Amnesty International (o. D.) begann im Rahmen seiner „I Welcome"-Kampagne damit, für das Konzept der gemeindebasierten Patenschaften zu werben. „Millionen von Menschen weltweit wollen einen größeren Beitrag leisten, um Flüchtlingen zu helfen", so George Soros, Gründer von *Open Society Foundations*, am Jahrestag der Gründung von GRSI. „Ich freue mich darüber, dass sich weitere Akteure zur Einführung von Patenschaftsprogrammen verpflichtet haben" (GRSI 2017a, S. 2).

Gemeindebasierte Patenschaften können die zahllosen Probleme, die sich aus Flucht und Vertreibung ergeben, natürlich nicht komplett lösen – ebenso wenig wie andere Formen der Umsiedlung. Die Beschränkungen liegen auf der Hand: Zurzeit kommen nur relativ wenige Migrant/innen für Umsiedlungen infrage, nämlich jene, die vom internationalen System als Flüchtlinge rechtlich anerkannt werden;[2] die Umsiedlung von Menschen aus ihren Herkunftsländern ist kostspielig,[3] logistisch aufwendig und mit Herausforderungen wie der Trennung von Familienangehörigen und kulturellen Unterschieden verbunden (UNHCR o. D.). Selbst wenn die derzeitigen Anstrengungen deutlich verstärkt würden (was unserer Ansicht nach sinnvoll wäre), werden die Anzahl der Menschen und die Personengruppen, die von dieser Form der Unterstützung profitieren, stets politischen und pragmatischen Beschränkungen unterliegen.[4]

Nichtsdestoweniger stellt die Umsiedlung von Menschen eine wichtige, in vielen Fällen überlebenswichtige Maßnahme dar, die Tausenden von Flüchtlingen, die im Erstaufnahmeland einer ungewissen Zukunft entgegenblicken,

---

[2]Nach Angaben des UNHCR gibt es derzeit etwa 22,5 Mio. anerkannte Flüchtlinge und 65,6 Mio. Vertriebene (2017, S. 2). Dies ist nur ein Teil der 244 Mio. internationalen Migrant/innen (Schätzung für 2015, GMDAC 2017).

[3]So wendete das US-Außenministerium 2016 knapp 545 Mio. USD für das *United States Refugee Admissions Program* auf (Bureau of Population et al. 2016, S. 1).

[4]Das UNHCR (2016d, S. 13) hat den weltweiten Umsiedlungsbedarf für 2017 auf 1,19 Mio. Menschen geschätzt. 2016 siedelte die Weltgemeinschaft jedoch nur 189.300 Flüchtlinge um (UNHCR 2017 S. 3).

eine langfristige Perspektive bietet.[5] Gleichzeitig handelt es sich um eine reguläre, geordnete Form der Einwanderung, bei der das Aufnahmeland erhebliche Steuerungsmöglichkeiten hat. So haben die Aufnahmestaaten den Luxus, die Flüchtlinge noch im Erstaufnahmeland nach eigenen, nationalen Kriterien auszuwählen, und können die Einreise der Menschen gezielt planen und vorbereiten. Gleichzeitig führt dieses Konzept dazu, dass sich die internationalen Aufnahmeländer bis zu einem gewissen Grad die Verantwortung für Menschen auf der Flucht teilen. Dies zeigt sich nicht zuletzt darin, dass Länder in den schwach entwickelten Teilen der Welt sage und schreibe 84 % der Menschen aufnehmen, die weltweit auf der Flucht sind (UNHCR o. D. S. 2); die vier größten Aufnahmeländer, die 89,5 % der Umgesiedelten aufnehmen, sind dagegen wohlhabende Länder der G20.[6] In einer Zeit, in der die internationale Gemeinschaft ausdrücklich anerkannt hat, dass die stark steigende Zahl von Flüchtlingen und Migrant/innen „globale Ansätze und Lösungen erfordert" (UN-Generalversammlung 2016, S. 2), kann und muss eine deutliche Ausweitung von Umsiedlungsprogrammen zu den Strategien gerechnet werden, mit denen eine grundlegende Neuausrichtung des internationalen Systems bewirkt wird.

Eine der wichtigsten Möglichkeiten für eine deutliche Ausweitung von Umsiedlungen besteht in der Ausweitung von Programmen, die an das Mitgefühl der Bürger/innenappellieren und sie direkt und umfassend beteiligen. Gemeindebasierte Patenschaftsprogramme bieten die Chance, die einzelnen Ankommenden zur Verfügung stehenden Unterstützungssysteme zu ergänzen, die Regierungen finanziell und programmtechnisch zu entlasten und die Integration insgesamt zu verbessern. Darüber hinaus besitzen Patenschaften dieser Art auch das Potenzial, die Menschen in den Aufnahmegemeinden auf sinnvolle Weise zusammenzuführen

---

[5]Einzelpersonen oder Familien müssen die folgenden Voraussetzungen erfüllen, um für eine Umsiedlung in Betracht zu kommen: 1) Vom UNHCR muss festgestellt werden, dass es sich bei dem Kandidaten um einen Flüchtling handelt und dass eine Umsiedlung, nachdem alle dauerhaften Lösungen geprüft wurden, die beste Lösung darstellt (Ausnahmen gelten für Staatenlose ohne Flüchtlingsstatus sowie für Familienangehörige eines Flüchtlings, die selbst keine Flüchtlinge sind). 2) Die Person oder die Familie müssen mindestens einer der vom UNHCR definierten Umsiedlungskategorien zuzurechnen sein: rechtliches und/oder körperliches Schutzbedürfnis; Überlebender von Gewalt und/oder Folter; medizinische Bedürfnisse; gefährdete Frauen und Mädchen; Familienzusammenführung; gefährdete Kinder und Jugendliche; Fehlen dauerhafter Alternativen (UNHCR 2015, S. 4–5).
[6]89,5 % aller UNHCR-Einreichungen entfallen auf die Vereinigten Staaten, Kanada, Großbritannien und Frankreich (UNHCR 2016c).

und auf breiter Basis vielfältige Unterstützer/innen zu mobilisieren, die sich um die Ankommenden kümmern. Diese breite Grundlage für Unterstützung kann wiederum ambitionierte politische Projekte im Zusammenhang mit Flucht und Migration ermöglichen und einen wichtigen Beitrag zur Überwindung der gesellschaftlichen Spaltung leisten.

In einer Zeit, in der Migration durch ebenso große wie komplexe globale Herausforderungen geprägt ist, mag es seltsam oder naiv anmuten, einem einzigen Konzept so große Bedeutung beizumessen. Das Potenzial, das gemeindebasierte Patenschaften bieten, existiert jedoch keineswegs nur theoretisch, und auch wenn einige der oben genannten Outcomes ambitioniert und langfristiger Natur sind, hat sich das Konzept im Rahmen des langjährigen kanadischen Umsiedlungsprogramms als erfolgreich erwiesen.

10.2 Drei Modelle gemeindebasierter Patenschaften

Im nächsten Abschnitt wird das kanadische System im Detail vorgestellt. Außerdem geht es um Erkenntnisse, die im Zusammenhang mit neuen Programmen in Großbritannien und Argentinien gewonnen wurden. Der letzte Teil dieses Beitrags nimmt die GRSI und die Arbeit der Initiative zur weltweiten Förderung gemeindebasierter Patenschaften in den Blick.

10.2.1 Kanada: Ein bewährtes Programm

Das kanadische *Private Sponsorship of Refugees* (PSR)-Programm wurde 1979 als Reaktion auf die ‚Flüchtlingskrise' in Indonesien ins Leben gerufen und hat sich seitdem weiterentwickelt.[7] Derzeit fügt sich das Programm in die umfassenderen Umsiedlungsprogramme des Landes ein; dabei lassen sich drei Arten des Flüchtlingszuzugs unterscheiden:

(1) Government-assisted refugees (GARs; staatlich unterstützte Flüchtlinge) sind Flüchtlinge, die das UNHCR zur Ansiedlung in Kanada an die kanadische Regierung vermittelt. Die Flüchtlinge dieser Kategorie erhalten vom kanadischen

---

[7]Der Begriff „indonesische Flüchtlingskrise" bezieht sich auf die Massenflucht von Menschen, die einsetzte, nachdem die Kommunisten 1975 in Vietnam, Kambodscha und Laos gesiegt hatten (UNHCR 2000, S. 79).

Staat ein Jahr lang Ansiedlungsunterstützung, die über ein Netz aus Nichtstaatlichen Organisationen (NROs) geleistet wird; diese sind als Dienstleistungsorganisationen *(service provider organisations)* bekannt. Die NROs kümmern sich um Wohnraum, Sprachvermittlung, finanzielle Unterstützung und die Integration insgesamt (Government of Canada 2016). Wenn die Flüchtlinge sich nach einem Jahr, in dem sie Ansiedlungsunterstützung erhalten haben, noch nicht selbst versorgen können, haben sie die Möglichkeit, sich um Leistungen aus einem Sozialprogramm der kanadischen Provinzen zu bewerben (Government of Canada 2017d; 2017e).

(2) Privately sponsored refugees (PSRs; privat unterstützte Flüchtlinge) sind Flüchtlinge, die von kanadischen Förder/innen für eine Umsiedlung nach Kanada benannt wurden. Dabei sind 60 % der PSR-Flüchtlinge Familienangehörige der privaten Förder/innen (Immigration, Refugees, and Citizenship Canada 2016b S. 21). Zwar kann jeder Flüchtling benannt werden, doch muss ein PSR-Flüchtling der Flüchtlingsdefinition der Konvention über die Rechtsstellung der Flüchtlinge oder der kanadischen *Country of Asylum Class* entsprechen.[8]

PSR-Flüchtlinge können nur von dafür infrage kommenden Gruppen unterstützt werden. Dabei kann es sich um einen Zusammenschluss aus fünf oder mehr kanadischen Staatsbürger/innen oder Personen mit dauerhaftem Bleiberecht *(groups of five),* Organisationen, Vereine oder Körperschaften *(community sponsors)* oder besondere Gruppen handeln, die mit der kanadischen Regierung einen Vertrag über die Unterstützung mehrerer Flüchtlinge pro Jahr abschließen und als *sponsorship agreement holders* (SAHs) bezeichnet werden. SAHs sind häufig glaubensbasierte Organisationen oder ethnisch-kulturelle Gruppen, von denen viele schon seit Jahren Flüchtlinge unterstützen.

In jedem Fall verpflichten sich die SAHs dazu, ein Jahr lang sämtliche Unterstützungsleistungen für die Begünstigten zu übernehmen. Dazu zählen unter anderem Wohnung, Wohnungseinrichtung, Unterstützung bei der Orientierung in der kanadischen Gesellschaft, finanzielle Unterstützung, Unterstützung bei der Arbeitssuche, die Anmeldung der Ankommenden bei Sprachkursen, Grund- und Sekundarschulen, und der Krankenversicherung der jeweiligen kanadischen

---

[8]Die Kriterien für Flüchtlinge gemäß der kanadischen *Country of Asylum Class* lauten wie folgt: Die betreffende Person muss a) sich außerhalb ihres Heimatlands befinden und b) durch einen Konflikt ernsthaft gefährdet sein, oder ihr müssen laufend grundlegende Menschenrechte verweigert worden sein (Government of Canada 2017g).

Provinz sowie die Begleitung der Ankommenden bei (zahn-) ärztlichen Terminen. Ferner haben die Förder/innen die Ankommenden auch emotional zu unterstützen, sie mit der kanadischen Kultur vertraut zu machen und sich darum zu kümmern, dass sie Anschluss finden (*Refugee Sponsorship Training Program* (RSTP) o. D.a).

Um gegenüber der kanadischen Regierung nachzuweisen, dass sie in der Lage sind, Flüchtlinge zu unterstützen, müssen die *groups of five* und *community sponsors* Angaben zu ihren finanziellen Verhältnissen sowie einen detaillierten Ansiedlungsplan für jeden von ihnen unterstützten Flüchtling vorlegen. SAHs werden dagegen strenger geprüft (Government of Canada 2017a), müssen jedoch keine Angaben zu ihrer Finanzlage oder ihren Ansiedlungskapazitäten für jeden einzelnen Fall vorlegen (Government of Canada 2017f). Außerdem können SAHs Flüchtlinge sowohl direkt als auch über *constituent groups* fördern – kleinere Gruppen, denen eine SAH im Rahmen eines Vertrags die Unterstützung von Flüchtlingen gestattet. Ferner können SAHs auch mit *co-sponsors* zusammenarbeiten. Dabei handelt es sich häufig um kanadische Familienangehörige oder Freunde der begünstigten Flüchtlinge, die im Rahmen des Ansiedlungsvorhabens bestimmte Pflichten übernehmen (Government of Canada 2017c). Letztlich liegt die Verantwortung für alle von *constituent groups* oder *co-sponsors* übernommenen Unterstützungsaufgaben jedoch bei den SAHs.

(3) Visa-office-referred (VOR; vom Visa-Büro vermittelte Flüchtlinge) sind Flüchtlinge, die das UNHCR zur Umsiedlung nach Kanada vermittelt und die nach Einschätzung der kanadischen Visumsverantwortlichen im Ausland für eine *private sponsorship* infrage kommen. Im Laufe der Jahre hat Kanada mehrere Arten von VOR-Patenschaften *(VOR sponsorships)* entwickelt, die sich im Hinblick auf die Höhe und Laufzeit der finanziellen und der Ansiedlungsunterstützung durch die kanadische Regierung bzw. die privaten Fördernden unterscheiden. Derzeit gibt es im Wesentlichen drei Arten von *VOR sponsorships* im Rahmen des kanadischen Umsiedlungsprogramms:

‚Simple' VOR sponsorships (einfache VOR-Patenschaften), bei denen private Förder/innen mit den vom UNHCR identifizierten Flüchtlingen zusammengebracht werden und ein Jahr lang die gesamte Einkommens- und Ansiedlungsunterstützung übernehmen (RSTP o. D.b);

Blended VOR sponsorships (BVOR; gemischte VOR-Patenschaften), bei denen private Förder/innen mit vermittelten Flüchtlingen zusammengebracht werden und sechs Monate für die Einkommenssicherung und zwölf Monate für die Ansiedlungsunterstützung aufkommen; die kanadische Regierung übernimmt die Einkommenssicherung für weitere sechs Monate (Government of Canada 2017b); und

Joint assistance sponsorships (JAS; Patenschaften mit gemeinsamer Unterstützung), bei denen die kanadische Regierung die gesamte Einkommens-
unterstützung übernimmt, während private Förder/innen für den gesamten
Förderzeitraum (in der Regel zwei Jahre) die gesamte Ansiedlungsunterstützung
leisten. JAS-Flüchtlinge werden wegen besonderer Bedürfnisse ausgewählt, die
dazu führen, dass sie zusätzliche Unterstützung benötigen, damit Ansiedlung
und Integration gelingen können. Infrage kommen beispielsweise Menschen,
die traumatisiert sind oder gefoltert wurden, Menschen mit Behinderungen oder
besonders kinderreiche Familien.

Die kanadische Regierung legt jedes Jahr Zielvorgaben für die Gesamtzahl der
Menschen fest, die im Rahmen der oben genannten Umsiedlungsprogramme (und
aller anderen Einwanderungsmöglichkeiten) einreisen dürfen. Diese Zielvorgaben
werden mit den Regierungen der Provinzen und Territorien sowie mit anderen
Stakeholder/innen abgestimmt.

2017 gab Kanada die Absicht bekannt, 25.000 Flüchtlinge aufzunehmen, darunter 7500 GAR-Flüchtlinge, 1500 BVOR-Flüchtlinge und 16.000 PSR-Flüchtlinge (Immigration, Refugees, and Citizenship Canada 2016c). Seit Einführung
des Programms im Jahr 1979 hat Kanada etwa 300.000 Menschen als PSR- bzw.
VOR-Flüchtlinge aufgenommen.[9]

Bemerkenswert ist, dass die kanadischen PSR-Flüchtlinge sich in der Regel
schneller und besser integrieren als GAR-Flüchtlinge. So zeigen Studien, dass
70 % der PSR-Flüchtlinge, aber nur 57 % der GAR-Flüchtlinge fünf Jahre nach
ihrer Einreise ein eigenes Einkommen erzielen. Außerdem liegt das mittlere Einkommen der PSR-Flüchtlinge zwanzig Jahre nach der Ansiedlung über dem mittleren Einkommen für das gesamte Land, während das mittlere Einkommen der
GAR-Flüchtlinge knapp darunter liegt (Angaben für den Zeitraum 1993–2013)
(Paperny 2016) Auch die wirtschaftliche Integration verläuft bei PSR-Flüchtlingen schneller als bei GAR-Flüchtlingen: So gaben nur 25 % der PSR-Flüchtlinge an, dass sie in den 12 Monaten nach ihrer Ansiedlung Sozialleistungen in
Anspruch genommen hätten, was jedoch bei 93 % der GAR-Flüchtlinge der Fall
war (Immigration, Refugees, and Citizenship Canada 2016d). Die überwiegende
Mehrheit der Einwander/innen einschließlich der Flüchtlinge erklärt, dass sie ein

---

[9]Immigration, Refugees and Citizenship Canada. Permanent Residents, April 2017 (persönliches Gespräch, 28. September 2017). Weitere Informationen über das kanadische *private
refugee sponsorship*-Programm können von der kanadischen Regierung angefordert werden
(Immigration, Refugees, and Citizenship Canada 2017).

starkes Zugehörigkeitsgefühl zu Kanada entwickelt hat (Immigration, Refugees, and Citizenship Canada 2016d, S. 23; Hou et al. 2017).

Die in Kanada gesammelten Erfahrungen zeigen, dass gemeindebasierte Patenschaften nicht nur eine Möglichkeit darstellen, Flüchtlingen Schutz zu bieten, sondern darüber hinaus den Gemeinden neue Impulse geben. 2016 nahmen mehr als 375 kanadische Gemeinden im Rahmen einer speziellen nationalen Umsiedlungsaktion syrische Flüchtlinge auf und eine noch größere Zahl an Gemeinden nahm sich in den letzten Jahrzehnten der Ankommenden aus anderen Ländern an (Government of Canada 2017h). Kanadische Förder/innen berichten übereinstimmend, dass ein positiver Effekt der Flüchtlingspatenschaften darin besteht, dass sie die Menschen in den Gemeinden wieder zusammenzubringen. Dabei entstehen neue Freundschaften und ebenso große wie vielfältige Gruppen, die Unterstützung leisten (Eggertson 2016). Ferner wird berichtet, dass gemeindebasierte Patenschaften in ländlichen Gemeinden besonders positiv wirken. So wurden viele Orte auf dem Land durch die Ansiedlung von PSR-Flüchtlingen neu belebt (Kumin 2015, S. 20).

Ferner hat sich in Kanada gezeigt, dass ein weiterer Vorteil gemeindebasierter Patenschaften darin besteht, dass sie zum Aufbau einer nachhaltigen Infrastruktur beitragen, mit denen die Gemeinden auch künftige Ankommende aufnehmen und integrieren können. Wenn Aufnahmestrukturen und Netzwerke erst einmal bestehen und Mitglieder der Gemeinden sich an der Ansiedlung einer Flüchtlingsfamilie beteiligt haben, wird es einfacher, Unterstützung für weitere Patenschaften zu gewinnen. Geförderte Flüchtlinge werden eventuell eines Tages selbst zu Fördernden, wie sich jüngst an dem Beispiel von vietnamesisch-stämmigen Kanadiern zeigte, die zu Beginn des Programms im Rahmen einer privaten Patenschaft nach Kanada gekommen waren und nun ihrerseits Patenschaften für syrische Flüchtlinge übernommen haben (Stewart 2016).

Und schließlich gibt es Hinweise darauf, dass die normiert-strukturierte Vorgehensweise bei gemeindebasierten Flüchtlingspatenschaften das öffentliche und politische Selbstbild des Landes beeinflusst hat. Zwar ist es schwierig, belastbare Aussagen zu Ursache und Wirkung zu treffen, doch fällt auf, dass sowohl nationale als auch lokale kanadische Sender Flüchtlinge und ihre Geschichten sehr menschlich und überwiegend positiv schildern (Mahboob 2016). Dies steht in Gegensatz zu anderen Ländern, in denen Geschichten über Flüchtlinge und Migrant/innen sich häufig auf die negativen Aspekte wie Kriminalität und mangelnde Integrationsbereitschaft beschränken (Huggler 2017). Schätzungen zufolge haben sich seit der Einführung des Programms mehrere Millionen Kanadier/innen an der Unterstützung von PSR-Flüchtlingen beteiligt – entweder direkt oder weil ein/e Förder/in in der Nachbarschaft um Hilfe bei der Kinderbetreuung oder beim

Schwimmunterricht gebeten hat. Dies wiederum hat zur Herausbildung einer sehr
heterogenen Unterstützergruppe geführt, die dafür sorgt, dass die standardisiert-
strukturierte Um- und Ansiedlung von Flüchtlingen in der kanadischen Gesellschaft akzeptiert wird.

Ein großer Teil dieser Gruppe engagiert sich auch politisch und setzt sich bei
der kanadischen Regierung für die Zulassung einer wesentlich größeren Anzahl
an privaten Flüchtlingspatenschaften sowie für eine deutlich schnellere Um- und
Ansiedlung von Flüchtlingen ein (Canada4Refugees o. D.; Keung 2017). Inte-
ressant ist dabei, dass sich dieser Personenkreis von den klassischen Flücht-
lingshelfer/innen oder -verteidiger/innen deutlich unterscheidet. Das Konzept
gemeindebasierter Patenschaften hat offensichtlich dazu geführt, dass sich einerseits mehr Menschen politisch für die Ansiedlung von Flüchtlingen einsetzen,
dass diese Gruppe andererseits aber heterogener ist als früher. Die Tatsache, dass
gemeindebasierte Patenschaften im ganzen Land und im gesamten politischen
Spektrum akzeptiert werden, zeigt sich nicht zuletzt darin, dass die drei größten
politischen Parteien des Landes, darunter die Mitte-Rechts-Partei *Conservative
Party,* sich öffentlich zu dem Programm bekennen (Rempel 2016).[10]

10.2.2 Großbritannien: Ein neues Patenschaftsprogramm in einem klassischen Einwanderungsland

Großbritannien hat mit der Aufnahme und Integration von Einwander/innen viel
Erfahrung und über mehrere Jahrzehnte im Rahmen verschiedener formeller und
informeller Umsiedlungsprogramme Flüchtlinge aufgenommen. Dabei stützten
sich die bisherigen Programme zum Teil sehr stark auf den Einsatz ehrenamt-
licher Helfer/innen und zum Teil auf erfahrene Organisationen (Refugee Council
o. D.; El-Enany et al. 2013). 2015 kündigte die damalige Innenministerin Theresa
May jedoch an, dass Großbritannien: „… gemeindebasierte Patenschaften entwickeln wird, um Einzelpersonen, gemeinnützigen und glaubensbasierten Organisationen, Kirchen und Unternehmen die Möglichkeit zu geben, Flüchtlingen

---

[10]Die Oppositionsparteien dringen auf eine weitere Ausweitung des PSR-Programms
Die regierenden Liberaldemokraten unterstützen das PSR-Programm ebenfalls auf breiter Front. So hat die Regierung einerseits die Zahl der Flüchtlinge, die nach Kanada
umgesiedelt werden können, deutlich angehoben, und sich andererseits dazu verpflichtet,
andere Länder, die ein eigenes gemeindebasiertes Patenschaftsprogramm auflegen wollen,
bei der Kooperation mit der GRSI zu unterstützen.

direkt zu helfen" (Electronic Immigration Network 2015). Diese Erklärung bildete die Grundlage für das neue gemeindebasierte Patenschaftsprogramm Großbritanniens. Das britische Programm ist Teil der Zusage, bis 2020 insgesamt 20.000 syrische Flüchtlinge und 3000 gefährdete Kinder aus dem Nahen Osten und Nordafrika aufzunehmen (Home Office und UK Visas und Immigration 2017).

Das britische *Community Sponsorship Scheme* wurde am 19. Juli 2016 (Rudd 2016) ins Leben gerufen. Während des ersten Programmjahrs wurden von 10 gemeindebasierten Gruppen 53 Flüchtlinge angesiedelt (Rudd 2017). Außerdem wurden erhebliche Investitionen in Programmplanung und Capacity Building getätigt und zwar sowohl im Innenministerium als auch bei den Stakeholder/innen.

Britische Bürger/innen können über das *Community Sponsorship Scheme* eine Patenschaft für eine Flüchtlingsfamilie übernehmen. Dazu müssen sie einen Antrag über gemeindebasierte Organisationen, darunter glaubensbasierte Gruppen, Unternehmen und gemeinnützige Einrichtungen (Rudd 2016), einreichen. Die Gruppen müssen dem Innenministerium einen Umsiedlungsplan zur Prüfung vorlegen, Regeln festlegen, die geeignet sind, ein integres Verhalten der Gruppenmitglieder zu gewährleisten, und verschiedene Erlaubnisse der jeweils relevanten örtlichen Behörden einholen. Im Rahmen des Umsiedlungsplans müssen die Förder/innen nachweisen, dass sie über ausreichende Finanzmittel und eine sichere Unterkunft verfügen, in der die Flüchtlinge 24 Monate wohnen können, dass sie sich um Dolmetscher/innen und Englischunterricht für 12 Monate kümmern und dass sie über Erfahrung in der Arbeit mit Flüchtlingen oder gefährdeten Personen verfügen oder eine/n Partner/in haben, der/die über entsprechende Erfahrungen verfügt (Home Office 2017a, S. 1).

Sobald das Innenministerium einem Patenschaftsantrag stattgegeben und einen Vertrag mit der Fördergemeinschaft geschlossen hat, wählen beide Seiten einvernehmlich eine Flüchtlingsfamilie aus den vom UNHCR an das Innenministerium vermittelten Familien aus (Home Office 2017b, S. 2). Wie bei dem kanadischen Programm bereiten die Förder/innen dann die Aufnahme und Unterstützung der Ankommenden vor, und zwar ab dem Moment, in dem sie die Flüchtlinge am nächstgelegenen Flughafen in Empfang nehmen.

Zum ersten Jahrestag des Programms bekräftigte der britische Innenminister das Bekenntnis der Regierung zum Konzept der gemeindebasierten Umsiedlung und stellte 1 Mio. GPB bereit, um die am Programm beteiligten Gemeindegruppen durch Fort- und Weiterbildungen zu unterstützen (Rudd 2017). Im selben Monat kündigte der Bürgermeister von London ein stadtweites gemeindebasiertes Patenschaftsprogramm für syrische Flüchtlinge in London an (Mayor of London 2017).

Im Juli 2017 wurden im gesamten Land eine Reihe von Roadshows ver-
anstaltet, in dem die Regierung das neue Patenschaftsprogramm vorstellte und
erläuterte. An den Veranstaltungen beteiligten sich neben Regierungsvertreter/
innen und Politiker/innen auch örtliche Behörden sowie verschiedene zivilgesellschaftliche Gruppen und Fördergemeinschaften. Die GRSI vermittelte
dabei den Kontakt zu verschiedenen kanadischen Expert/innen; darunter
waren der kanadische Minister für Einwanderung, Flüchtlinge und das Staatsangehörigkeitsrecht; ein Bürgermeister, dessen Kommune sich umfassend an
dem gemeindebasierten Programm beteiligt; ein langjähriger, führender Förderer;
die kanadische Behörde für die Schulung von Fördernden *(Refugee Sponsorship Training Program)* und drei Mitglieder der Organisationsleitung der GSRI.
Die Vertreter/innen sprachen in Podiumsdiskussionen über ihre Erfahrungen
mit gemeindebasierten Patenschaften und nahmen in sechs Städten im ganzen
Land an verschiedenen Workshops teil.[11] Die Roadshows zählten mehr als 500
Besucher/innen pro Woche und trugen dazu bei, wichtige britische Stakeholder/
innen, insbesondere potenzielle Fördergemeinschaften, für das Konzept zu
gewinnen.

Politik, Flüchtlingshelfer/innen und andere Stakeholder/innen begrüßen das
neue Programm, von dem sie sich viel versprechen. Dennoch bestehen nach wie
vor verschiedene Herausforderungen. Die größte besteht darin, dass in der jeweiligen Gemeinde ein/e ausreichend finanzierte/r Partner/in fehlt, der/die sich nicht
nur für das Patenschaftskonzept einsetzt, sondern gleichzeitig als Gesprächs-
partner/in zwischen der Regierung einerseits und den NROs und Förder/innen
andererseits vermittelt. Zwar haben verschiedene Organisationen und Einzelpersonen diese Aufgabe informell und aus reinem Idealismus übernommen, doch
die Nachhaltigkeit des britischen Programms hängt davon ab, ob es gelingt, eine
robuste gemeindebasierte Infrastruktur aufzubauen. Andere Herausforderungen
hängen damit zusammen, dass das Programm relativ neu ist. So gilt es zunächst,
bei allen Stakeholder/innen, insbesondere potenziellen Fördergemeinschaften, ein
Bewusstsein für die Möglichkeiten des Programms zu schaffen und den Widerstand zu überwinden, den die klassischen, bislang mit der Umsiedlung von
Flüchtlingen befassten Behörden gegenüber der ‚Entprofessionalisierung' des
Um- und Ansiedlungsprozesses an den Tag legen. Im britischen Modell ist vorgesehen, dass die Fördergemeinschaften sowohl die Genehmigung des Innen-
ministeriums als auch der Behörden vor Ort einholen und kostengünstigen

---

[11]Kingston-Upon-Thames, London, Manchester, Birmingham, Bristol und Aberystwyth.

Wohnraum bereitstellen müssen – zwei Anforderungen, die selbst Personengruppen, die ansonsten gute Voraussetzungen für die Ansiedlung und Integration von Flüchtlingen mitbringen, scheitern lassen können. Die Beschaffung von
erschwinglichem Wohnraum ist auch für Fördernde in bestimmten kanadischen
Städten ein Problem.

Trotz dieser Schwierigkeiten ist Großbritannien entschlossen, sein gemeindebasiertes Patenschaftsprogramm auszuweiten, und verfolgt eine sehr positive,
kooperative und proaktive Strategie bei der Entwicklung der Instrumente und
Ressourcen, die notwendig sind, um die Bürger/innen dazu zu befähigen, die
Umsiedlung von Flüchtlingen selbst in die Hand zu nehmen.

10.2.3 Argentinien: Ein neues Patenschaftsprogramm in einem neuen Einwanderungsland

Im Juli 2016 kündigte die argentinische Regierung an, 3000 syrische Flüchtlinge
aufzunehmen. Zwar bot Argentinien in seiner Geschichte immer wieder Menschen aus anderen Ländern eine neue Bleibe,[12] gilt jedoch nicht als klassisches
Einwanderungsland. Aus diesem Grund haben die internationale Gemeinschaft
und das UNHCR die Ankündigung der argentinischen Regierung sehr begrüßt.
Außerdem kündigte Argentinien im April 2017 an, 1000 syrische Studierende,
die geflohen waren, über ein Stipendiatenprogramm mit Unterstützung einer US-
amerikanischen NRO ins Land zu holen (Griffin 2017).

Das derzeit in Argentinien entwickelte Umsiedlungsprogramm bietet Bür-
ger/innen, gemeindebasierten Gruppen und Organisationen die Möglichkeit,
sich direkt in die Umsiedlung und Integration von syrischen Flüchtlingen einzubringen und dazu Unterkünfte bereitzustellen und finanzielle Unterstützung
zu leisten (Aldwinckle 2017). Im September 2017 wurde das Programm erfolgreich auf den Weg gebracht, und 300 Syrer/innen konnten mit Unterstützung

---

[12]In der argentinischen Geschichte der letzten zweihundert Jahre hat es immer wieder Ein-
wanderungswellen gegeben. Besonders wichtig war dabei die Zeit zwischen 1880 und
1930, die auch als Zeit der ‚Masseneinwanderung' gilt, als Argentinien nach den USA
das Land war, das die meisten europäischen Emigrant/innen aufnahm. Im 20. Jahrhundert
verschoben sich die Migrationsbewegungen und es kamen nicht mehr in erster Linie Ein-
wander/innen aus Europa ins Land, sondern Menschen aus den direkten Nachbarländern
und anderen Staaten Südamerikas. Dieser Trend hat sich bis ins 21. Jahrhundert fortgesetzt.
So kommen die meisten Einwander/innen seit dem Jahr 2000 aus den Nachbarländern
(Meter 2014; Organization of American States 2014).

von gemeindebasierten Fördernden einreisen.[13] Auf subnationaler Ebene wurden verschiedene Arbeitsgruppen eingerichtet, die sich darum bemühen, wichtige gemeindebasierte Stakeholder/innen zusammenzubringen, um die Planungen auf lokaler Ebene voranzutreiben.

Die argentinische Regierung arbeitet mit einer Vielzahl an Staaten und internationalen Akteur/innen eng zusammen, um das Programm-Design zu konsolidieren, eine bedarfsgerechte Infrastruktur aufzubauen und die Integrationskapazitäten insgesamt zu erhöhen. Dabei erhält das Land umfassende Koordinationsunterstützung vom *Emerging Resettlement Country Mechanism* (ERCM), der vom UNHCR und der Internationalen Organisation für Migration gemeinsam geführt wird.[14]

Um festzustellen, wie sie in Argentinien am effektivsten tätig werden und die bestehenden Umsiedlungsinitiativen sowie die vorhandene Infrastruktur am besten nutzen können, arbeiten GRSI und der ERCM mit einem örtlichen Berater an einer ‚Umfeldanalyse‘, in der die zur Verfügung stehenden Ressourcen, Partner/innen und Möglichkeiten erfasst werden. Damit werden zwei Ziele verfolgt: Zum einen soll ein Outcome-Dokument entstehen, das internationalen Partner/innen und inländischen Stakeholder/innen Orientierung bei der Weiterentwicklung des Programms bietet, und zum anderen soll ein Dialog mit wichtigen Stakeholder/innen aus der argentinischen Regierung, den Provinzen, der Zivilgesellschaft und der Privatwirtschaft auf den Weg gebracht werden, um diese Akteur/innen einzubinden.

Wie in Großbritannien besteht eine der größten Herausforderungen beim Aufbau des gemeindebasierten Patenschaftsprogramms darin, dass die dafür notwendige Infrastruktur auf Ebene der Gemeinden fehlt. Insbesondere ist nicht klar, welche Partner/innen in den Gemeinden die Kapazitäten oder den Auftrag haben, zwischen der Regierung und anderen zivilgesellschaftlichen oder lokalen Gruppen zu vermitteln. Dieses Problem wird in Argentinien noch dadurch verschärft, dass selbst eine grundlegende Infrastruktur für die Ansiedlung und Integration von Ankommenden fehlt. Außerdem sind viele Akteur/innen sehr interessiert daran, die entsprechenden Kapazitäten in Argentinien aufzubauen, damit das Umsiedlungsprogramm erfolgreich anläuft. Dazu zählen sowohl etliche Staaten als auch internationale Initiativen. Zwar werden diese Unterstützungszusagen

---

[13]UNHCR (persönliches Gespräch, 4. Oktober 2017).

[14]Der ERCM ist eine gemeinsame Initiative des UNHCR und der Internationalen Organisation für Migration, die neue und angehende Aufnahmeländer bei der Planung und Umsetzung von Umsiedlungsprogrammen unterstützt. Die begünstigten Länder erhalten technische und finanzielle Unterstützung für den Aufbau der Kapazitäten, die sie für die Entwicklung und Durchführung des Umsiedlungsprogramms benötigen (UNHCR 2016b).

sicherlich gebraucht und sind willkommen, doch stellen sie auch eine Herausforderung im Hinblick auf die Gesamtkoordination und Abstimmung zwischen
den verschiedenen Projekten dar. In dieser Hinsicht kann die Umfeldanalyse von
GRSI/ERCM hoffentlich einen ebenso wichtigen Beitrag zu einer klaren Struk-
turierung leisten wie der jüngst aufgestellte nationale Aktionsplan. Dieser hat
eine wichtige Koordinations- und Leitfunktion für die Programmentwicklung und
stellt das gemeindebasierte Patenschaftsmodell in den Mittelpunkt des argentinischen Flüchtlingsprogramms.

10.3   Die Global Refugee Sponsorship Initiative

Die Partnerschaft, die der GRSI zugrunde liegt, verfolgt drei Hauptziele:

1. Ausweitung und Verbesserung der weltweiten Programme zur Umsiedlung
   von Flüchtlingen durch direkte Einbindung von Bürger/innen, Gemeinden und
   Unternehmen in die Umsiedlungs- und Integrationsmaßnahmen;
2. Stärkung der Aufnahmegemeinden durch gemeinsame, verbindende Ziele im
   Hinblick auf eine erfolgreiche Aufnahme und Integration von Flüchtlingen;
   und
3. positive Veränderung der politischen Narrative im Hinblick auf Flüchtlinge
   und andere Ankommende (GRSI 2017b).

Bei der ersten Ankündigung der GRSI steckte die Partnerschaft noch in den
Kinderschuhen, und zahlreiche programmatische Details waren noch zu definieren. Die Partner/innen legten Schwerpunkte für das erste Jahr fest und starteten
auf einem ersten Stakeholder/innen -Meeting, das im Dezember 2016 in Kanada
stattfinden sollte, verschiedene öffentliche Aktivitäten (Immigration, Refugees,
and Citizenship Canada 2016a).
    Zum offiziellen Start der GRSI fanden an drei Tagen Konsultationen und Ver-
anstaltungen statt, an denen mehr als 100 Expert/innen, Partner/innen und andere
Stakeholder/innen teilnahmen. Die Delegierten für die Sitzungen wurden sorgfältig ausgewählt, denn das Ziel bestand darin, kanadische Expert/innen mit
sehr unterschiedlichen Sichtweisen auf Förderkonzepte an einen Tisch zu bringen. Gleichzeitig wurde eine andere Gruppe aus internationalen Stakeholder/
innen gebildet, die sich in ihren eigenen Ländern voraussichtlich federführend für
gemeindebasierte Patenschaftsprogramme einsetzen wollten. Außerdem sorgte
die Leitung der GRSI dafür, dass eine Mischung aus Vertretern von Behörden,
NROs und Akteur/innen des privaten Sektors vertreten war, um die gemeinsame

Überzeugung aller zum Ausdruck zu bringen, dass ein erfolgreiches Patenschaftsprogramm einer echten Partnerschaft bedarf, an der jeder dieser Sektoren mitwirkt. Insgesamt wurden die ersten Veranstaltungen der GRSI von staatlichen und NRO-Vertretern aus neun Ländern besucht: Argentinien, Australien, Brasilien, Kanada, Chile, Deutschland, Neuseeland, Großbritannien und die Vereinigten Staaten entsandten jeweils eine Delegation. Ferner waren verschiedene gemeinnützige Gruppen und Unternehmen vertreten, die bereit sind, sich in Fördermaßnahmen einzubringen. Bei Abschluss der Sitzungen standen die vier Bereiche fest, auf die sich die GRSI im ersten Jahr konzentrieren wollte:

1. Entwicklung von ebenso zugänglichen wie umfassenden Fort-/Weiterbildungsmodulen für staatliche und gemeindebasierte Akteur/innen auf der Grundlage des höchst erfolgreichen kanadischen Fördermodells;
2. Anerkennung und Förderung von Akteur/innen, die bereit und in der Lage sind, sich vor Ort federführend in den Aufbau des gemeindebasierten Patenschaftsprogramms einzubringen;
3. Erbringung von technischen und Strategieberatungsleistungen für interessierte Akteur/innen; und
4. Zusammenarbeit mit lokalen Partner/innen beim Capacity Development und dem Aufbau lokaler Partnerschaften zur Unterstützung neuer gemeindebasierter Patenschaftsprogramme.

Die GRSI-Partnerschaft hat sich zu einer kontinuierlichen Zusammenarbeit mit dem Staat, zivilgesellschaftlichen Organisationen und der Privatwirtschaft verpflichtet, um die besonderen Stärken und Netzwerke zu nutzen, die jede/r GRSI-Partner/in für die gemeinsame Sache einbringt. Im ersten Jahr organisierte die GRSI zahlreiche Workshops und Einsätze in Europa, Lateinamerika und Nordamerika, um den Stakeholder/innen das Patenschaftskonzept zu vermitteln und in Erfahrung zu bringen, wie sich das Konzept am besten an die Rahmenbedingungen des jeweiligen Landes anpassen lässt.

10.4   Ausblick

Das kanadische PSR-Programm ist fest verankert und wird auch künftig ein wichtiger Teil des übergeordneten Umsiedlungsprogramms des Landes sein. In Kanada gibt es eine lange Warteliste mit Interessenten, die gerne eine Patenschaft für Flüchtlinge übernehmen würden, und obwohl die Umsiedlungskontingente vor kurzem erhöht wurden, wird es Jahre dauern, bis die derzeitige Nachfrage gedeckt ist.

Die Zukunft der gemeindebasierten Patenschaftsprogramme in Großbritannien und Argentinien ist dagegen mit Unwägbarkeiten behaftet. Beide Initiativen bieten großartige Möglichkeiten, aber es ist noch zu früh, um mit Gewissheit sagen zu können, welchen Umfang und welche Größenordnung die Programme eines Tages erreichen werden. Ebenso schwierig ist es abzuschätzen, wie viele andere neue Programme weltweit aufgelegt werden, und es wird Jahre dauern, bis es möglich ist, die Wirkungen dieser Modelle gründlich zu studieren und zu analysieren.

Bis dahin werden jedoch die einzelnen Flüchtlinge sowie die Aufnahmegemeinden Tag für Tag erleben, wie positiv gemeindebasierte Patenschaftsprogramme wirken. Welche Chancen sich bieten, wenn man den Bürger/innen die unmittelbare Verantwortung für die Ansiedlung und Integration von Flüchtlingen überträgt, geht am besten aus den Aussagen von Bürger/innen hervor, die an einem solchen Programm beteiligt waren:

„Hier in Merton (Großbritannien) hat das die Menschen zusammengebracht; man hat uns und die Familie unterstützt, und dabei haben wir neue Leute kennengelernt … Die Familie berichtet uns immer wieder, wie gut sie sich hier auf- und angenommen fühlt. Das ist wunderbar und die Warmherzigkeit und Tapferkeit dieser Menschen begeistern uns jeden Tag aufs Neue. Wir sind inzwischen mit der Familie eng befreundet und werden sie immer unterstützen. Sie gehören zu uns, so lange sie wollen." (Emily 2017)

Aussagen wie diese sind in kanadischen Gemeinden bereits seit Jahrzehnten immer wieder zu vernehmen. Und jetzt auch in Großbritannien und Argentinien. Die weltweit stark steigenden Flüchtlingszahlen verlangen von uns, dass wir die Augen öffnen, hinsehen und handeln.

Literatur

Aldwinckle, J. 2017. *Escaping war at home, Syrian couple start over in Argentina*. UNHCR. http://www.unhcr.org/news/stories/2017/4/58e4b61a4/escaping-war-home-syrian-couple-start-argentina.html. Zugegriffen: 3. September 2017.
Amnesty International. o. D. *I Welcome. Amnesty International*. https://www.amnesty.org/en/get-involved/i-welcome/. Zugegriffen: 3. Oktober 2017.
Bureau of Population, Refugees, and Migration. 2016. *FY 2016 Summary of Major Activities*. U.S. Department of State. https://www.state.gov/documents/organization/265231.pdf. Zugegriffen: 1. September 2017.

Canada4Refugees. o. D. *Home. Canada4Refugees.* https://canada4refugees.org/. Zugegriffen: 4. Oktober 2017.

Eggertson, L. 2016. The Two Solitudes of Canada's Refugees. *Policy Options.*

Electronic Immigration Network. 2015. *Home Secretary uses Conservative Party conference speech to warn UK needs to have an immigration limit.* Electronic Immigration Network. http://www.ein.org.uk/news/home-secretary-use-conservative-party-conference-speech-warn-uk-needs-have-immigration-limit#speech. Zugegriffen: 2. September 2017.

El-Enany, N.(EUI), J. Bernhaut (ECRE), und the Know Reset Team. 2013. *Know Reset – Building Knowledge for a Concerted and Sustainable Approach to Refugee Resettlement in the EU and its Member States.* Know Reset. http://www.know-reset.eu/files/texts/00170_20130919160801_knowresetcountryprofileunitedkingdom.pdf. Zugegriffen: 4. Oktober 2017.

Emily. 2017. *Refugee Family Supported By Salvation Army Meet Home Secretary To Mark One-Year Anniversary Of Community Sponsorship Of Refugees.* The Salvation Army News Centre.

Global Refugee Sponsorship Initiative (GRSI). 2017a. *Five countries working on new refugee sponsorship programs, Global Refugee Sponsorship Initiative (GRSI) launches Guidebook to share best practices.* Global Refugee Sponsorship Initiative. http://refugeesponsorship.org/_uploads/59bff91a4ec65.pdf. Zugegriffen: 3. Oktober 2017.

Global Refugee Sponsorship Initiative (GRSI). 2017b. *Who We Are.* Global Refugee Sponsorship Initiative. http://refugeesponsorship.org/who-we-are. Zugegriffen: 4. Oktober 2017.

Government of Canada. 2017a. *Apply – Sponsorship Agreement Holders.* Government of Canada. http://www.cic.gc.ca/english/refugees/sponsor/sah-how.asp. Zugegriffen: 3. Oktober 2017.

Government of Canada. 2017b. *Blended Visa Office-Referred Program – Sponsoring refugees.* Government of Canada. http://www.cic.gc.ca/english/refugees/sponsor/vor.asp. Zugegriffen: 3. Oktober 2017.

Government of Canada. 2017c. *Determine your eligibility – Sponsorship Agreement Holders.* Government of Canada. http://www.cic.gc.ca/english/refugees/sponsor/sah-who.asp. Zugegriffen: 3. Oktober 2017.

Government of Canada. 2017d. *How Canada's Refugee System Works.* Government of Canada. http://www.cic.gc.ca/english/refugees/canada.asp. Zugegriffen: 2. September 2017.

Government of Canada. 2017e. *Joint Assistance Program – Sponsoring refugees with special needs.* Government of Canada. http://www.cic.gc.ca/english/refugees/sponsor/jas.asp. Zugegriffen: 3. Oktober 2017.

Government of Canada. 2017f. *Private Sponsorship of Refugees (PSR) Application Guide* (IMM 5413). Government of Canada. http://www.cic.gc.ca/english/information/applications/guides/5413ETOC.asp. Zugegriffen: 3. Oktober 2017.

Government of Canada. 2017g. *Resettlement from outside Canada.* Government of Canada. http://www.cic.gc.ca/english/refugees/outside/index.asp#countryasylum. Zugegriffen: 3. Oktober 2017.

Government of Canada. 2017h. *#WelcomeRefugees: Key figures.* Government of Canada. http://www.cic.gc.ca/english/refugees/welcome/milestones.asp. Zugegriffen: 2. September 2017.

Government of Canada. 2016. *Government-Assisted Refugees Program*. Government of Canada. http://www.cic.gc.ca/english/refugees/outside/gar/index.asp. Zugegriffen: 3. Oktober 2017.

Griffin, O. 2017. Argentina grants 1,000 scholarships to Syria refugees, urges others to follow. *Reuters*.

Home Office. 2017. *Syrian Vulnerable Persons Resettlement Scheme (VPRS): Guidance for local authorities and partners*. GOV.UK. https://www.gov.uk/government/uploads/system/uploads/attachment_data/file/631369/170711_Syrian_Resettlement_Updated_Fact_Sheet_final.pdf. Zugegriffen: 3. September 2017.

Home Office. 2017. Department for Communities and Local Government, and Department for International Development. *Community Sponsorship Guide*. GOV.UK. http://www.socialfinance.org.uk/wp-content/uploads/2017/06/Community-Sponsorship-MiniGuide.pdf. Zugegriffen: 2. September 2017.

Home Office and UK Visas and Immigration. 2017. *Refugees of all nationalities fleeing Syria are now eligible for resettlement in the UK*. GOV.UK. https://www.gov.uk/government/news/refugees-of-all-nationalities-fleeing-syria-are-now-eligible-for-resettlement-in-the-uk. Zugegriffen: 2. September 2017.

Hou, F., G. Schellenberg, und J. Berry. 2017. Patterns and determinants of immigrants' sense of belonging to Canada and their source. *Ethnic and Racial Studies*. https://doi.org/10.1080/01419870.2017.1295162.

Huggler, J. 2017. Migrant crime in Germany rises by 50 per cent, new figures show. *The Telegraph*. http://www.telegraph.co.uk/news/2017/04/25/migrant-crime-germany-rises-50-per-cent-new-figures-show/. Zugegriffen: 4. Oktober 2017.

Immigration, Refugees, and Citizenship Canada. 2017. *Guide to the Private Sponsorship of Refugees Program*. Government of Canada. http://www.cic.gc.ca/english/resources/publications/ref-sponsor/index.asp. Zugegriffen: 3. Oktober 2017.

Immigration, Refugees, and Citizenship Canada. 2016a. *Canada, UNHCR & the Open Society Foundations Seek to Increase Refugee Resettlement through Private Sponsorship*. Government of Canada. https://www.canada.ca/en/immigration-refugees-citizenship/news/2016/09/canada-unhcr-open-society-foundations-seek-increase-refugee-resettlement-through-private-sponsorship.html. Zugegriffen: 1. September 2017.

Immigration, Refugees, and Citizenship Canada. 2016b. *Evaluation of the Resettlement Programs (GAR, PSR, BVOR and RAP)*. Government of Canada. http://www.cic.gc.ca/english/pdf/pub/resettlement.pdf. Zugegriffen: 2. September 2017.

Immigration, Refugees, and Citizenship Canada. 2016c. *Notice – Supplementary Information 2017 Immigration Levels Plan*. Government of Canada. http://www.cic.gc.ca/english/department/media/notices/2016-10-31.asp. Zugegriffen: 2. September 017.

Immigration, Refugees, and Citizenship Canada. 2016d. *Rapid Impact Evaluation of the Syrian Refugee Initiative*. Government of Canada. http://www.cic.gc.ca/english/resources/evaluation/rapid-syria.asp. Zugegriffen: 3. Oktober 2017.

IOM's Global Migration Data Analysis Centre (GMDAC). 2017. *GMDAC MigFacts: International Migration*. IOM's Global Migration Data Analysis Centre. https://gmdac.iom.int/gmdac-migfacts-international-migration. Zugegriffen: 1. September 2017.

Keung, N. 2017. Refugee sponsorship groups urge Ottawa to clear backlog. *Toronto Star*.

Kumin, J. 2015. *Welcoming Engagement: How Private Sponsorship Can Strengthen Refugee Resettlement in the European Union.* The Migration Policy Institute. http://www. migrationpolicy.org/research/welcoming-engagement-how-private-sponsorship-can-strengthen-refugee-resettlement-european. Zugegriffen: 2. September 2017.

Mahboob, T. 2016. 12 stories about Syrian refugees in Canada that warmed our hearts. *CTV News.*

Mayor of London. 2017. *Mayor to bring Londoners together to support Syrian refugees.* Greater London Authority. https://www.london.gov.uk/press-releases/mayoral/mayor-supports-syrian-refugees-with-new-initiative. Zugegriffen: 3. September 2017.

Meter, A. 2014. Argentina in the Era of Mass Immigration. *Latin American Studies.* https:// doi.org/10.1093/obo/9780199766581-0163.

Organization of American States. 2014. *Argentina – Overview of the history of international migration in Argentina.* http://www.migracionoea.org/index.php/en/sicremi-en/214-argentina-1-sintesis-historica-de-la-migracion-internacional-en-argentina-2. html. Zugegriffen: 4. Oktober 2017.

Paperny, A.M. 2016. Refugees out-earn millionaire ,business class' immigrants years after arriving in Canada. *Global News.*

Pope Francis. 2017. *Welcoming, protecting, promoting and integrating migrants and refugees.* The Holy See. https://w2.vatican.va/content/francesco/en/messages/migration/documents/papa-francesco_20170815_world-migrants-day-2018.html. Zugegriffen: 3. Oktober 2017.

Refugee Council. o. D. *Refugee resettlement: the facts.* Refugee Council. https://www. refugeecouncil.org.uk/what_we_do/refugee_services/resettlement_programme/refugee_ resettlement_the_facts. Zugegriffen: 2. September 2017.

Refugee Sponsorship Training Program (RSTP). o. D.a. *Overview of Sponsorship Responsibilities.* Refugee Sponsorship Training Program. http://www.rstp.ca/en/sponsorship-responsibilities/responsibilities/. Zugegriffen: 3. Oktober 2017.

Refugee Sponsorship Training Program (RSTP). o. D.b. *Visa-Office Referred Sponsorships.* Refugee Sponsorship Training Program. http://www.rstp.ca/en/special-initiatives/visa-office-referred-sponsorships/. Zugegriffen: 3. Oktober 2017.

Rempel, M. 2016. *Urgent Measures Required to Assist Yazidi Victims of Genocide.* Conservative Party of Canada. https://www.conservative.ca/urgent-measures-required-to-assist-yazidi-victims-of-genocide/. Zugegriffen: 4. Oktober 2017.

Rudd, A. 2017. *Home Secretary announces £1 million to help communities support refugees.* Department for Communities and Local Government, Department for International Development, and Home Office. https://www.gov.uk/government/news/home-secretary-announces-1-million-to-help-communities-support-refugees. Zugegriffen: 2. September 2017.

Rudd, A. 2016. *Community sponsorship scheme launched for refugees in the UK.* Department for Communities and Local Government, Department for International Development, and Home Office. GOV.UK. https://www.gov.uk/government/news/community-sponsorship-scheme-launched-for-refugees-in-the-uk. Zugegriffen: 2. September 2017.

Stewart, B. 2016. Former Vietnamese refugee pays it forward by sponsoring Syrian family. *CBCnews.*

United Nations General Assembly. 2016. *New York Declaration for Refugees and Migrants.* UNHCR. http://undocs.org/a/res/71/1. Zugegriffen: 1. September 2017.

UNHCR. o. D. *Resettlement Flow Chart.* http://www.unhcr.org/protection/resettlement/3bd58ce9a/resettlement-procedures-case-identification-determination-process. html. Zugegriffen: 4. Oktober 2017.

UNHCR. 2017. *Global Trends: Forced Displacement in 2016.* http://www.unhcr. org/5943e8a34. Zugegriffen: 1. September 2017.

UNHCR. 2016a. *Canada, UNHCR and Open Society Foundations seek to increase refugee resettlement.* http://www.unhcr.ca/news/canada-unhcr-seek-increase-refugee-resettlement/. Zugegriffen: 3. Oktober 2017.

UNHCR. 2016b. *Emerging Resettlement Countries Joint Support Mechanism (ERCM).* http://reporting.unhcr.org/sites/default/files/Information%20Sheet%20on%20 ERCM%20September%202016.pdf. Zugegriffen: 4. Oktober 2017.

UNHCR. 2016c. *Resettlement Fact Sheet 2016.* http://www.unhcr.org/59364f887. Zugegriffen: 1. September 2017.

UNHCR. 2016d. *UNHCR Projected Global Resettlement Needs 2017.* http://www.unhcr. org/575836267. Zugegriffen: 1. September 2017.

UNHCR. 2015. *UNHCR Resettlement Submission Categories.* http://www.unhcr.org/ protection/resettlement/558bff849/unhcr-resettlement-submission-categories.html. Zugegriffen: 1. September 2017.

UNHCR. 2000. *The State of the World's Refugees: Fifty Years of Humanitarian Action.* Oxford: Oxford University Press.

Jennifer Bond ist *Associate Professor* an der Fakultät für Rechtswissenschaften der Universität Ottawa und Geschäftsführerin des *Refugee Hub* der Universität Ottawa. Von 2015 bis 2016 war sie Sonderberaterin für die Initiative zur Aufnahme syrischer Flüchtlinge des kanadischen Ministeriums für Einwanderung, Flüchtlinge und Staatsangehörigkeitsrecht. Bond ist Mitgründerin der *Global Refugee Sponsorship Initiative* und an der Leitung der Initiative beteiligt.

Gregory A. Maniatis ist Leiter der *International Migration Initiative* bei *Open Society Foundations* und einer der Leiter des Migrationsprojekts der *Global Policy Initiative* an der *Columbia University.* Maniatis war 11 Jahre lang leitender Berater des UN-Sonderbeauftragten für Migration Peter Sutherland. Maniatis ist Mitgründer der *Global Refugee Sponsorship Initiative* und an der Leitung der Initiative beteiligt.

Übergang von der humanitären Hilfe zur Entwicklungszusammenarbeit: Vergleich von LRRD, humanitärer Übergangshilfe und Resilienz

11

Dennis Dijkzeul und Annalisa Addis

Zusammenfassung

LRRD, humanitäre Übergangshilfe und Resilienz sind jeweils eigenständige Konzepte und wurden alle als Mittel zur Schließung der Lücke zwischen humanitärer Hilfe und Entwicklungshilfe vorgeschlagen. Alle drei Konzepte weisen jedoch verschiedene Schwächen bzw. Mängel auf. Obwohl sich Resilienz als Konzept bei den Akteuren der humanitären und der Entwicklungshilfe inzwischen großer Beliebtheit erfreut, bestehen die Schwächen, die früher mit LRRD und der humanitären Übergangshilfe verbunden waren, fort. Selbst die vergleichsweise positive Situation und Entwicklung in Norduganda zeigen, wie schwierig es ist, alle Lücken zu schließen. Dies ist jedoch notwendig, wenn Resilienz (oder andere integrative Ansätze, die in Zukunft ggf. entwickelt werden) mehr sein soll als ein bloßes Schlagwort mit begrenzter Wirkung in der täglichen Praxis. Schließlich handelt es sich nicht nur um ein konzeptionelles Problem, sondern auch um organisatorisch und politisch schwierige Fragen im Hinblick auf die Reform der internationalen Entwicklungshilfe und die Bewältigung struktureller geopolitischer Ungleichheiten.

D. Dijkzeul (✉) · A. Addis
Institute for International Law of Peace and Armed Conflict (IFHV),
Ruhr University Bochum (RUB), Bochum, Deutschland
E-Mail: dennis.dijkzeul@ruhr-uni-bochum.de

A. Addis
E-Mail: annalisa.addis@rub.de

© Springer Fachmedien Wiesbaden GmbH, ein Teil von Springer Nature 2020   231
C. Beier et al. (Hrsg.), *Globale Wanderungsbewegungen,*
https://doi.org/10.1007/978-3-658-28237-0_11

Schlüsselwörter

Flüchtling · Binnenvertriebene · Humanitäre Hilfe ·
Entwicklungszusammenarbeit · LRRD · Resilienz · Compliance ·
Südsudanesische Flüchtlinge · Uganda

11.1 Einleitung

Der Gedanke, dass humanitäre Hilfe und Entwicklungszusammenarbeit besser in Konzepte zur Bewältigung chronischer Krisen und Zwangsvertreibungen integriert werden sollten, spricht viele Praktiker/innen und Wissenschaftler/innen intuitiv an. In diesem Zusammenhang sind die Unzulänglichkeiten der klassischen humanitären Hilfe vielfach offensichtlich, doch die Konzepte der Entwicklungszusammenarbeit allein reichen ebenfalls nicht aus.

Seit mindestens drei Jahrzehnten wird darüber diskutiert, ob und wie sich diese beiden Arten von Maßnahmen zusammenführen lassen. So wurden verschiedene Ansätze zur Integration von humanitärer Hilfe und Entwicklungshilfe erprobt, beispielsweise LRRD (*linking relief, rehabilitation and development* – die Verknüpfung von Nothilfe, Wiederaufbau und Entwicklung), „humanitäre Übergangshilfe" und bis zu einem gewissen Grad die „Katastrophenvorsorge" (DRR, *disaster risk reduction*). Trotz jahrzehntelanger internationaler Debatten und zahlloser Feldversuche ist die Lücke zwischen humanitärer Hilfe und Entwicklungshilfe immer noch nicht geschlossen (Ruben 2013, S. 3; Mosel und Levine 2014, S. 1). In den letzten zehn Jahren rückte jedoch das Resilienzkonzept in den Mittelpunkt der Debatte und hat die Hoffnung darauf geweckt, dass beide Arten von Maßnahmen besser miteinander verzahnt werden könnten.

Im Zusammenhang mit dem Thema Zwangsumsiedlung wurde ‚Flüchtlingshilfe' in der Vergangenheit als Form der humanitären Verantwortung verstanden. Unmittelbar nach dem Zweiten Weltkrieg galt die Definition des Begriffs ‚Flüchtling' nur für Menschen, die durch den Krieg in Europa vertrieben wurden, und hatte daher wenig mit dem in der Entstehung befindlichen Entwicklungsbegriff zu tun (Crisp 2001). Dies änderte sich, als in den 1960er Jahren in Afrika die ersten Flüchtlingsprogramme auf den Weg gebracht wurden und der Gedanke, dass die Flüchtlingshilfe die Entwicklung in den Aufnahmeländern fördern könnte, an Bedeutung gewann. Trotz der Bemühungen, die Integration der Flüchtlinge in die Gesellschaft der Aufnahmeländer zu unterstützen und die Rückkehr in

ihre Herkunftsländer zu erleichtern, ist die Hilfe für Flüchtlinge und Binnenvertriebene bis heute in erster Linie ein humanitäres Anliegen. Allerdings wäre es
für diese Personengruppen besser, wenn die längerfristigen Perspektiven stärker
berücksichtigt würden.

In diesem Kapitel geben wir einen Überblick über drei verschiedene Ansätze
zur Schließung der Lücke zwischen humanitärer Hilfe und Entwicklungszusammenarbeit. Außerdem stellen wir eine Fallstudie zu der Situation süd-
sudanesischer Flüchtlinge in Uganda vor und analysieren die Hauptgründe dafür,
weshalb der Begriff ‚Integration' schwer fassbar und so umstritten ist.

11.2   Hintergrund

Humanitäre Hilfe und Entwicklungszusammenarbeit befassen sich zwar beide mit
der Hilfe für Menschen in Not, unterscheiden sich in aller Regel aber in ihren
Herangehensweisen. So zielen humanitäre Maßnahmen in erster Linie darauf ab,
Menschenleben zu retten und das Leid während oder nach einer Krise zu lindern.
Sie richtet sich dabei nach den vier humanitären Grundprinzipien Menschlichkeit, Unparteilichkeit, Neutralität und Unabhängigkeit. Das bedeutet keinesfalls,
dass diese Grundsätze stets befolgt werden, doch bestehen starke moralische
Gründe für die Achtung dieser Prinzipien. Humanitäre Hilfe wird traditionell als
kurzfristige Überbrückungsmaßnahme verstanden, die von kurzer Dauer ist und
durch Finanzierungsvereinbarungen geregelt wird, deren Laufzeit selten über
sechs oder zwölf Monate hinausgeht. Selbst bei langwierigen oder chronischen
Krisen werden jedes Jahr wieder „Notfallaufrufe" *(Flash Appeals)* lanciert.[1]
Die Entwicklungszusammenarbeit hingegen zielt darauf ab, den Strukturwandel
über einen längeren Zeitraum zu fördern. Obwohl sich die entwicklungspolitischen Auffassungen und Methoden im Laufe der Zeit erheblich verändert
haben, wurde die Verteilung der Hilfe im Rahmen einer umfassenden Außenpolitik der Geberregierungen stets durch politische Überlegungen beeinflusst.

---

[1]In den meisten humanitären Krisen wurden die Jahrespläne früher als konsolidierte
Appelle *(Consolidated Appeals)* bezeichnet; inzwischen wurden sie zu humanitären
Reaktionsplänen weiterentwickelt. Kurzfristige Appelle, die unmittelbar nach einer plötz-
lichen Katastrophe oder dem plötzlichen Ausbruch eines bewaffneten Konflikts oder einer
Massenvertreibung gestartet wurden, wirken in der Regel für einen Zeitraum von bis zu
sechs Monaten.

Die Entwicklungszusammenarbeit ist daher von Natur aus weder neutral noch unparteiisch, woraus sich Spannungen mit grundsatzgesteuerten humanitären Hilfsmaßnahmen ergeben können. Deshalb wurden die humanitäre Hilfe und die Entwicklungszusammenarbeit als zwei verschiedene Bereiche mit unterschiedlichen Zielen, Prinzipien, Organisationsstrukturen, Budgets, Zeitrahmen und Interessengruppen institutionalisiert.

Dennoch finden Entwicklungszusammenarbeit und humanitäre Hilfe oft im gleichen Kontext statt und weisen unterschiedlich stark ausgeprägte Überschneidungen und Wechselwirkungen auf. In einigen Fällen führen Entwicklungsmaßnahmen zu Binnenvertreibungen, beispielsweise bei großen Infrastrukturprojekten, wie dem Bau von Staudämmen. Sie tragen ggf. auch zu Konflikten bei wie in Ruanda (Uvin 1998) oder reagieren eventuell nicht auf akute Schocks (Otto und Weingärtner 2013, S. 14). Umgekehrt können humanitäre Hilfsmaßnahmen Nebenwirkungen haben, die die Arbeit der Entwicklungsakteur/innen erschweren, z. B. durch die Verlängerung oder Verschärfung von Konflikten (Polman 2008). Ohne Ausstiegs- und Übergabestrategien bietet die humanitäre Hilfe im Allgemeinen nur einen begrenzten langfristigen Nutzen, der über die Sicherung des bloßen Überlebens hinausgeht. Entwicklungszusammenarbeit und humanitäre Hilfe können auch miteinander verzahnt sein, denn wenn die unmittelbaren Bedürfnisse einer Gemeinschaft befriedigt werden, ist sie eventuell in der Lage, ihre Lebensgrundlagen zu sichern und sich besser zu entwickeln. Dadurch, dass viele Organisationen sowohl humanitäre Hilfe als auch Entwicklungshilfe leisten, werden zudem die Grenzen zwischen den beiden Interventionsarten verwischt. Als Beispiele für Organisationen, die in beiden Bereichen zu Hause sind, können Nichtregierungsorganisationen (NROs) wie Oxfam und Save the Children oder Unterorganisationen der Vereinten Nationen (UNO) wie UNICEF oder das Welternährungsprogramm (WFP) genannt werden. Andere Organisationen, insbesondere das Internationale Komitee vom Roten Kreuz (IKRK) und Médecins Sans Frontières (MSF), führen überwiegend grundsatzgesteuerte humanitäre Hilfsmaßnahmen durch und verzichten bewusst auf Maßnahmen der Entwicklungszusammenarbeit.[2] Zahlreiche andere

---

[2]Sowohl das IKRK als auch MSF legen großen Wert darauf, die Prinzipien zu verstehen, zu achten und dafür einzutreten. Allerdings gelangen sie dabei nicht zwangsläufig zu den gleichen Schlussfolgerungen. Zum Beispiel ist das IKRK Teil der Rotkreuz- und Rothalbmondbewegung. In diesem Rahmen haben die nationalen Gesellschaften und die Internationale Föderation des Roten Kreuzes (IFRC) mehr Möglichkeiten, sich in die Entwicklungszusammenarbeit einzubringen.

Organisationen engagieren sich dagegen nur in der Entwicklungszusammenarbeit und sind, wenn überhaupt dann nur selten, in der humanitären Hilfe tätig.

Trotz der Verwurzelung in der Geschichte des Humanitarismus begann die Debatte über die Integration von humanitärer Hilfe und Entwicklungshilfe in den 80er Jahren mit Überlegungen über das Zusammenspiel von struktureller Armut und Krisenanfälligkeit und gewann in den 90er Jahren an Bedeutung (Buchananan-Smith und Fabbri 2005). Entwicklung, so das Argument, sollte darauf abzielen, die Krisenanfälligkeit zu verringern und die Notwendigkeit von Hilfsmaßnahmen zu mindern. Die Hilfsmaßnahmen wiederum sollten zur Förderung der Entwicklung beitragen (Buchananan-Smith und Maxwell 1994). Darüber hinaus führte der Zusammenbruch des Ostblocks zur Erweiterung des für die Entwicklungszusammenarbeit infrage kommenden geografischen Gebiets, das bisher hauptsächlich auf andere kapitalistische Volkswirtschaften beschränkt war. Außerdem führte das Ende des Kalten Krieges zu einer Zeit der Instabilität, in der die Akteur/innen der humanitären Hilfe gleichzeitig mit mehreren „komplexen humanitären Notsituationen" konfrontiert waren, die eine große Herausforderung darstellten.

Das Problem der Verknüpfung von humanitärer Hilfe und Entwicklungshilfe wurde vor allem als „Lücke" wahrgenommen, die es zu „schließen" galt (Crisp 2001). In Anlehnung an ein konzeptionelles Instrument aus der Reaktion auf Naturkatastrophen wurden humanitäre Nothilfe und Entwicklungshilfe als die beiden Endpunkte eines *Kontinuums* beschrieben. Diese Vorstellung impliziert einen linearen Übergang von der Krise über den Wiederaufbau zur Entwicklung (Frerks et al. 1995) und sieht Krisen nur als vorübergehende Störungen. Darüber hinaus legt die Metapher des *Kontinuums* den Schluss nahe, dass externe Akteur/innen in der Lage sind, die Übergangsphase nach einer Krise zu gestalten (Bradbury 1998), womit jedoch die Bedeutung der komplexen endogenen und exogenen Faktoren verkannt wird. Einige Beobachter schlugen vor, den Begriff ‚Kontinuum' durch ‚Kontiguum' zu ersetzen, um auszudrücken, dass humanitäre und entwicklungspolitische Maßnahmen gleichzeitig und nicht nur nacheinander stattfinden können (z. B. Europäische Kommission 1996; Lewis 2001). Dieses Konzept setzte sich jedoch nicht durch.

Einige humanitäre Hilfsorganisationen wie MSF waren der Auffassung, dass nicht versucht werden solle, die humanitäre Hilfe verstärkt um entwicklungspolitische Maßnahmen zu ergänzen, weil sie befürchteten, dass dadurch die Grundsätze der humanitären Hilfe Schaden nehmen würden. Außerdem sahen sie die Gefahr, dass ihre Neutralität beeinträchtigt werden könnte, wenn sie mit Akteur/innen zusammenarbeiten, die auch an einem Konflikt beteiligt sind (Macrae 1998; Bradbury 1998). So verlangt der Grundsatz der Unparteilichkeit, dass die humanitäre Hilfe ausschließlich auf der Grundlage der vorhandenen Bedürfnisse geleistet wird. Die Akteur/innen der Entwicklungszusammenarbeit sind an diesen Grundsatz nicht gebunden und können Entscheidungen daher auch auf der Grundlage anderer Überlegungen treffen, die bspw. politischer und wirtschaftlicher Art sein können. Ferner äußerten die Kritiker einer verstärkten Integration von humanitärer und Entwicklungshilfe die Befürchtung, dass durch die Verlagerung des Schwerpunkts auf die Entwicklung die aktuellen Bedürfnisse vernachlässigt und die Unparteilichkeit infrage gestellt werden könnten. Dies wiederum könne den Zugang zu Menschen in Not sowie die Sicherheit der humanitären Helfer/innen und der Begünstigten der Hilfsleistungen gefährden. Die Ausweitung der humanitären Hilfe wurde als ‚Angriff‘ auf den Humanismus dargestellt (Macrae 1998), doch das muss keineswegs der Fall sein. Organisationen, die sowohl in der humanitären Nothilfe als auch in der Entwicklungshilfe tätig sind, verfügen über zahlreiche verschiedene Ansätze und Konzepte und „manchmal wäre eine eher entwicklungs- oder friedensorientierte Form der humanitären Hilfe sinnvoller" (Jackson und Walker 1999, S. 94).

Die Lücke zwischen humanitärer Hilfe und Entwicklungshilfe konnte in den letzten Jahrzehnten nur teilweise geschlossen werden und ist in vielerlei Hinsicht immer noch vorhanden. So mündete der Weltgipfel für humanitäre Hilfe von 2016 in der Verpflichtung, „die Lücke zwischen humanitärer Hilfe und Entwicklungshilfe durch eine neue Arbeitsweise zu überwinden" (UN 2017).

11.3 Ansätze zur Integration von humanitärer Hilfe und Entwicklungszusammenarbeit

Im Laufe der Jahre wurden verschiedene Ansätze zur Förderung der Integration von humanitären und entwicklungspolitischen Maßnahmen entwickelt (vgl. Tab. 11.1).

So hat die Europäische Kommission Mitte der 90er Jahre das Konzept „Verknüpfung von Nothilfe, Wiederaufbau und Entwicklung" (LRRD) eingeführt (EC 1996). Mit der Ergänzung des Begriffs *Wiederaufbau* zwischen Nothilfe und Entwicklung (Moore 1998) wird die problematische Idee eines linearen Kontinuums, das von der humanitären Hilfe zur Entwicklungshilfe führt, durch das LRRD-Konzept noch verstärkt. Obwohl die Europäische Kommission die Idee einer solchen linearen Abfolge abgelehnt hat (EC 1996), verwendete sie in ihrer Vorlage für humanitäre Projektzuschüsse bis 2011 den Begriff Kontinuum als Synonym für LRRD. Mit einigen bemerkenswerten Ausnahmen (insbesondere der *Good*

Tab. 11.1 Vergleich der drei Rahmenkonzepte

	LRRD	HUMANITÄRE ÜBERGANGSHILFE	RESILIENZ
Herkunft	Entwickelt von der Europäischen Kommission im Jahr 1996	Entwickelt von der UNO im Jahr 2005	Entlehnt aus der Ökologie und Psychologie; war vor allem in den Debatten über humanitäre Hilfe und Entwicklungshilfe in den 2010er Jahren von großer Bedeutung
Wissenslücken	Schwammige Definition	Schwammige Definition	Extrem weit gefasste und schwammige Definition
Normative Lücken	Keine vereinbarten Normen; Gegensatz zu den humanitären Prinzipien	Keine vereinbarten Normen; Gegensatz zu den humanitären Prinzipien	Keine vereinbarten Normen. Gegensatz zu den humanitären Prinzipien zwar vorhanden, aber nicht so ausgeprägt
Politische Lücken	Fehlen klarer Handlungsanweisungen	Fehlen klarer Handlungsanweisungen	Fehlen klarer Handlungsanweisungen
Institutionelle Lücken	Keine Institution setzt LRRD konsequent um; selbst die Europäische Kommission nimmt eine organisatorische Trennung zwischen humanitärer Hilfe und Entwicklungshilfe vor	Zwar gibt es einen Global Cluster on Early Recovery, aber dieser hat nur geringen Einfluss	Mit Ausnahme des Büros der Vereinten Nationen für Katastrophenvorsorge (UN Office for Disaster Risk Reduction) gibt es keine Institution, die weltweit für die Stärkung der Resilienz zuständig ist
Compliance-Lücken	Groß	Groß	Groß

(Quelle: Zusammenstellung der Autor/innen. © D. Dijkzeul und A. Addis)

Humanitarian Donorship Initiative, der *Tsunami Evaluation Coalition,* des *2007 European Consensus on Humanitarian Aid* und des Cotonou-Abkommens von 2010 ist der LRRD-Begriff im Laufe der Zeit jedoch aus dem Vokabular der Not- und Entwicklungshilfe-Community nahezu verschwunden. Gegenwärtig verwendet sogar die Europäische Kommission zunehmend den Begriff *Resilienz* und spricht nicht mehr von *LRRD.*

Die humanitäre Übergangshilfe *(early recovery)* wurde vor allem im Rahmen des UN-Systems entwickelt und angewendet, und zwar insbesondere nach der Überprüfung des globalen humanitären Systems durch die Vereinten Nationen im Jahr 2005, bei der eine Reihe von Mängeln in der humanitären Hilfe aufgedeckt wurden (UN 2005). Im Rahmen der anschließenden humanitären Reform wurde auf globaler Ebene die *Cluster Working Group on Early Recovery* des *Inter-Agency Standing Committee* (IASC) gebildet. Damit hat sich die humanitäre Übergangshilfe zu einem der elf humanitären Cluster entwickelt, die auf eine bessere Koordinierung zwischen den an der Krisenbewältigung beteiligten Organisationen hinwirken. Ähnlich wie LRRD hat die humanitäre Übergangshilfe den Nachteil, dass sie von einem fast linearen Weg von der humanitären Nothilfe zur Entwicklungszusammenarbeit ausgeht, sich aber ausschließlich auf die Phase nach der Krise konzentriert. Der Begriff *humanitäre Übergangshilfe* ist nach wie vor so weit gefasst, dass der entsprechende Cluster mit der Frage „Was muss während und nach der Krise noch getan werden?" beschrieben werden kann (Calvi-Parisetti 2013) und der Mehrnutzen der humanitären Übergangshilfe vielfach unklar ist (Bailey et al. 2009). Interessanterweise liegt die Verantwortung für die humanitäre Übergangshilfe bei einer Entwicklungshilfeagentur, nämlich dem Entwicklungsprogramm der Vereinten Nationen (UNDP), während die entsprechende Debatte hauptsächlich im Bereich der humanitären Hilfe stattgefunden hat. In den letzten Jahren wurde die humanitäre Übergangshilfe ebenfalls unter dem Begriff der Resilienz subsumiert. 2012 veröffentlichte das UNDP ein Hintergrundpapier zur humanitären Übergangshilfe, in dessen Einleitung es heißt: „Die humanitäre Übergangshilfe ist ein wesentliches Element einer wirksamen Reaktion auf eine humanitäre Krise und bildet die Grundlage für die Stärkung der Resilienz in der Zeit nach der Krise" (UNDP 2012, S. 1).

Das Konzept der Resilienz hat daher sowohl im humanitären als auch im entwicklungspolitischen Bereich an Popularität gewonnen, was hoffen lässt, dass es als Rahmen für die Schließung der Lücke zwischen humanitärer Hilfe und Entwicklungspolitik dienen könnte (IFRC 2012; Macrae 2012). Während der Begriff *Resilienz* bis in die 1990er Jahre nur höchst selten fiel, ist er seit dem *Hyogo Framework for Action* (UN 2005), das darauf abzielte, die „Resilienz von Nationen und Gemeinschaften gegenüber Katastrophen zu stärken", allgegenwärtig. Der

Begriff wurde der Ökologie und Psychologie entlehnt; in diesen Fachgebieten
bezeichnet er die Fähigkeit, sich wieder zu erholen (Manyena 2006, S.
433), auch wenn es für krisengeschädigte Menschen ggf. weder machbar noch wünschenswert ist, zum *Status quo ante* zurückzukehren. Im Laufe der Zeit hat der Begriff
Resilienz einen größeren Bedeutungsumfang erhalten. Eine häufig verwendete
Arbeitsdefinition von Resilienz lautet: „die Fähigkeit von Einzelpersonen,
Gemeinschaften, Organisationen oder Ländern, die von Katastrophen, Krisen
und den diesen zugrunde liegenden Risiken betroffen sind, die Auswirkungen der
sich daraus ergebenden Nachteile zu antizipieren, zu mindern, zu bewältigen und
sich davon zu erholen, ohne dadurch ihre langfristigen Aussichten zu gefährden"
(IFRC 2012, S. 7). Im Rahmen der internationalen Entwicklungshilfe wird Resilienz häufig als Abkürzung für „Resilienzaufbau" *(resilience building)* oder
„Resilienzplanung" *(resilience programming)* verwendet (z. B. Folkema et al.
2013). Der Aufbau von Resilienz reicht von der Katastrophenvorsorge bis hin zur
Entwicklung nach einer Katastrophe und kann daher als umfassendes Konzept
betrachtet werden, obwohl der Begriff ursprünglich nicht als solches entwickelt
wurde.

11.4   GAP-Analyse der Ansätze zur ‚Schließung der Lücke'

Die Konzepte LRRD, humanitäre Übergangshilfe und Resilienz fördern die
Zusammenarbeit zwischen der humanitären Hilfe und der Entwicklungszusammenarbeit. Doch obwohl es gelungen ist, die Lücke teilweise zu schließen,
war das Zusammenwirken der beiden Bereiche bislang nur begrenzt erfolgreich. Im Folgenden soll aufgezeigt werden, welche Lücken (oder Mängel)
diese Ansätze aufweisen, um auf dieser Grundlage festzustellen, ob das Konzept
der Resilienz eventuell mehr Erfolg verspricht. Dabei bauen wir auf Weiss und
Thakur (2010) auf, die fünf Arten von Lücken unterscheiden, die die Lösung
globaler Probleme verhindern, nämlich Wissenslücken, normative, politische
und institutionelle Lücken, sowie Compliance-Lücken. Im folgenden Abschnitt
soll im Einzelnen untersucht werden, wie die drei Ansätze zur Integration
von humanitärer Hilfe und Entwicklungshilfe in Bezug auf jede dieser Lücken
abschneiden, um anschließend eine Aussage darüber zu treffen, ob Resilienz als
Konzept möglicherweise besser funktioniert.

11.4.1 Wissenslücken

Wissenslücken bezeichnen einen fehlenden „Konsens über die Art, die Ursachen, die Schwere und das Ausmaß eines Problems" (Weiss und Thakur 2010, S. 8). Dabei ist festzustellen, dass die drei betrachteten Ansätze nicht nur breit angelegt und relativ unkonkret sind, sondern auch, dass Nothilfe und Entwicklungshilfe nur unzureichend voneinander abgegrenzt sind. So liegt nach wie vor keine klare, allgemein akzeptierte Definition dessen vor, was genau unter Entwicklungszusammenarbeit oder humanitärer Nothilfe zu verstehen ist. Es handelt sich im Wesentlichen um umstrittene Konzepte, wobei die verschiedenen Akteur/innen mit sehr unterschiedlichen Definitionen arbeiten. Wegen des Fehlens einer eindeutigen Definition und einer klaren Abgrenzung der beiden Begriffe ist auch die ‚Lücke' zwischen den beiden Konzepten vage und unbestimmt. Darüber hinaus besteht die Gefahr, dass die häufig verwendete Metapher von der ‚Schließung der Lücke' Verwirrung stiftet. Denn sie impliziert, dass Entwicklungszusammenarbeit und humanitäre Hilfe einander ergänzen, so als ob eine Brücke zur Verbindung beider ausreichen würde – auch dies ein Gedanke, der auf der Vorstellung eines linearen Kontinuums beruht. In der Praxis ist die Lücke jedoch in einigen Bereichen kleiner (worin sich stärker ausgeprägte sektorinterne Zusammenhänge widerspiegeln) und in anderen größer.

Auch das Konzept der Resilienz ist durch fehlende Klarheit gekennzeichnet. Einerseits wird der Begriff dadurch attraktiver, da sich praktisch jeder irgendeine Form der Resilienz wünscht. Andererseits ist das Konzept so vage, dass die Gefahr besteht, dass es sich zu einer sinnentleerten Worthülse entwickelt (Grünewald und Warner 2012, S. 4). Aus diesem Grund muss genauer bestimmt werden, was Resilienz bedeuten soll, denn nur so lässt sich das Konzept praktisch umsetzen, auch wenn es dadurch an Attraktivität verlieren mag.

11.4.2 Normative Lücken

Eine normative Lücke liegt vor, wenn „Uneinigkeit über die besten Mittel und Lösungen" zur Lösung eines Problems besteht (Weiss und Thakur 2010, S. 8). Vermutlich ist es auf die oben genannten Wissenslücken zurückzuführen, dass keiner der Ansätze ausreichend (er)klärt, welche Maßnahmen getroffen werden sollten, um humanitäre Hilfe und Entwicklungshilfe stärker miteinander zu verknüpfen. Wenn in diesem Zusammenhang von ‚Integration' gesprochen wird, bedeutet dies oft, dass der humanitären Nothilfe weitere Aufgaben zugeschrieben werden, wie Risikominderungsmaßnahmen, Krisenprävention und Capacity Building. Allerdings steht das immer größere Aufgabenspektrum im Widerspruch zu den kurzen Umsetzungszeiten. Projektlaufzeiten von einem Jahr oder noch weniger reichen nicht aus, um auf partizipative Weise einen langfristigen Wandel herbeizuführen. Und obwohl der Gedanke, dass humanitäre Hilfe und Entwicklungszusammenarbeit stärker miteinander verknüpft werden sollten, nach wie vor aktuell ist, herrscht keine Einigkeit darüber, wie diese Verknüpfung erreicht werden soll.

Im Gegensatz dazu werden die humanitären Grundsätze auf dem Gebiet der humanitären Hilfe weithin akzeptiert. Sie bieten nicht nur eine Richtschnur für humanitäre Maßnahmen, sondern werden auch als unerlässlich angesehen, um nicht in politische Auseinandersetzungen hineingezogen zu werden. Die humanitären Grundsätze stellen ferner eine Möglichkeit dar, die Instrumentalisierung und Politisierung der Nothilfe so weit wie möglich zu verhindern. Einige ‚klassische' Organisationen der humanitären Hilfe wie MSF übernehmen keine zusätzlichen Aufgaben, da diese vielfach mit einer politischen Einstellung im Hinblick auf die Entwicklung eines Konflikts oder einer Gesellschaft einhergehen. MSF will politisch informiert, aber nicht politisch motiviert sein (Macrae 2001). Daher sieht MSF in dem Versuch, humanitäre Hilfe und Entwicklungshilfe stärker miteinander zu verknüpfen, eine Verwässerung oder gar Zerstörung der auf den humanitären Grundsätzen beruhenden Strategie der Hilfsorganisation, durch die die Sicherheit und der Zugang zu Menschen in Not ggf. gefährdet werden.

Die Förderung einer stärkeren Verknüpfung von humanitärer Hilfe und Entwicklungshilfe erfordert neue, allgemein akzeptierte Normen. Wenn diese jedoch – was wahrscheinlich ist – mit den humanitären Grundsätzen in Konflikt geraten, stellt sich die Frage, welche Prinzipien höher zu bewerten sind – ein moralisches Dilemma, das nach wie vor ungelöst ist.

Gleichzeitig sind manche Organisationen sowohl in der Nothilfe als auch in der Entwicklungshilfe tätig und setzen dabei auf unterschiedliche operative Regelungen, bei denen Not- und Entwicklungshilfe mal mehr, mal weniger stark miteinander verknüpft sind. Dabei handelt es sich jedoch überwiegend um *Ad-hoc*-Regelungen und nicht um strategische Grundsatzvereinbarungen.

Da aus dem Begriff Resilienz nicht direkt abgeleitet werden kann, dass Maßnahmen der humanitären Hilfe künftig eine stärkere Entwicklungsorientierung aufweisen müssen, gilt das Resilienzkonzept als besser vereinbar mit den humanitären Grundsätzen als die Konzepte LRRD und humanitäre Übergangshilfe. Letztlich umfasst der Resilienzbegriff jedoch viele Maßnahmen, zu denen insbesondere auch die der Stärkung der lokalen Kapazitäten zählt, die streng genommen Teil der Entwicklungshilfe ist. Das moralische Dilemma bleibt somit bestehen.

11.4.3 Politische Lücken

Das Fehlen von vereinbarten Definitionen und Normen führt dazu, dass auch klare operative Richtlinien fehlen. Alle drei Ansätze legen den Schwerpunkt auf lokale Akteur/innen und Capacity Building. In der Praxis ist Capacity Building jedoch schwer umzusetzen, denn das Verhältnis zwischen internationalen Geber/innen und Organisationen einerseits und nationalen staatlichen Institutionen und lokalen Akteur/innen andererseits ist häufig von gegenseitigem Misstrauen geprägt. Vor allem in chronischen Krisen versuchen Konfliktparteien sowie nationale oder lokale Eliten regelmäßig, die Hilfsmaßnahmen zur Förderung ihrer eigenen Zwecke zu nutzen (DeMars 2005; DeMars und Dijkzeul 2015). Dabei wird durch das internationale „Engagement von NROs die Rechenschaftspflicht vielfach von den staatlichen Strukturen auf die Geber verlagert, wodurch bei den Bürgerinnen und Bürgern der Eindruck verstärkt wird, dass ihre politischen Führer unfähig sind. Staaten, die ihre Rolle bei der Erbringung von Dienstleistungen stärken wollen, sind vielfach nur begrenzt in der Lage, wiederkehrende Aufwendungen zu finanzieren; ferner fehlt es ihnen an qualifiziertem Personal, und es besteht die Gefahr, dass die NROs, die ihnen eigentlich helfen sollen, ihnen die besten Mitarbeiter abwerben" (Hilhorst et al. 2010, S. 1113). Daher beruht Capacity Building manchmal auf unbewiesenen Annahmen im Hinblick auf die Fähigkeiten der nationalen und lokalen Akteur/innen und die Möglichkeit, mit ihnen zusammenzuarbeiten.

Als ergänzende Instrumente wurden vorgeschlagen: koordinierte Bewertungen; gemeinsame Bedarfs- und Kapazitätsanalysen; gemeinsame Planungsprozesse; eine angemessene und flexible Mobilisierung von Ressourcen; Monitoring- und Abhilfemaßnahmen; klare Übergabe- und Ausstiegsstrategien; eine bessere Arbeitsteilung zwischen den Geber/innen im Zusammenwirken mit den lokalen Akteur/innenn sowie eine Verstärkung der diplomatischen Bemühungen zur Unterstützung der Friedenskonsolidierung (Calvi-Parisetti 2013, S. 28). Zwar sind diese Instrumente sehr wertvoll und können zur Schließung der politischen Lücken beitragen, doch werden sie noch nicht allgemein akzeptiert oder komplementär eingesetzt.

Wenn humanitäre und entwicklungspolitische Maßnahmen erfolgreich koordiniert werden, ist dies häufig auf glückliche Umstände zurückzuführen, z. B.

auf engagierte Mitarbeiter, die zur richtigen Zeit am richtigen Ort sind. Zwar sind Eigenschaften wie Offenheit und die Fähigkeit, Chancen zu ergreifen, für jeden humanitären Helfer/innen oder Entwicklungshelfer/innen wertvoll, bieten jedoch keine ausreichende Grundlage für eine tragfähige Strategie.

11.4.4 Institutionelle Lücken

Laut Weiss und Thakur (2010, S. 15) muss „eine Strategie in einer Institution verankert sein, die über ausreichende Ressourcen und Entscheidungsbefugnisse verfügt, wenn die Maßnahmen nicht ad hoc, unsystematisch, parteiisch und wenig sinnvoll sein sollen." Was die Rahmenbedingungen zur Überbrückung der Lücke betrifft, gibt es derzeit jedoch keine starken Institutionen.

LRRD schneidet in dieser Hinsicht am schlechtesten ab. Selbst der Europäischen Kommission, die das Konzept geprägt hat, ist es nicht gelungen, einen integrierten politischen Rahmen zu schaffen. Mit ECHO und EuropeAid, die mit unterschiedlichen Verfahren arbeiten und unterschiedliche Schwerpunkte setzen, hat die Europäische Kommission die Bereiche humanitäre Hilfe und Entwicklungshilfe zurzeit organisatorisch klar voneinander getrennt.

Für die humanitäre Übergangshilfe gibt es den *Global Cluster on Early Recovery* (CGER, ehemals *Cluster Working Group on Early Recovery*), dessen Rolle jedoch bestenfalls unklar bleibt. Bei Redaktionsschluss wurde die Arbeit des Clusters nicht evaluiert. In einigen (aber nicht allen) humanitären Krisen wurde auf Cluster der humanitären Übergangshilfe zurückgegriffen. Da es sich um Instrumente der humanitären Nothilfe handelt, werden die Cluster nach dem Ende einer Notlage aufgelöst, wodurch ihr Entwicklungsbeitrag weiter gemindert wird.

Ebenso fehlt es an einer Institution, die auf dem Gebiet der Entwicklung von Resilienz die Federführung innehat; teilweise trifft dies auf das *UN Office for Disaster Risk Reduction* (UNISDR) zu, dessen Aufgabe darin besteht, die Umsetzung des *Hyogo Framework for Action 2005–2015* und des *Sendai Framework for Disaster Risk Reduction 2015–2030* zu unterstützen, die beide die Resilienz fördern. Dennoch sind diese Rahmenwerke für die Entwicklungszusammenarbeit (z. B. Verhinderung von Naturkatastrophen und Aufbau von Kapazitäten für den Fall, dass sie dennoch eintreten) relevanter als für die humanitäre Hilfe.

In diesem Zusammenhang ist darauf hinzuweisen, dass sich nur LRRD und die humanitäre Übergangshilfe ausdrücklich auf Methoden der Nothilfe beziehen, während Resilienz eine wünschenswerte Eigenschaft von Menschen und Gesellschaften ist. Mit anderen Worten: Auch ohne Hilfe kann es Resilienz geben, während die Konzepte LRRD und humanitäre Übergangshilfe nur im Zusammenhang mit der Bereitstellung von Hilfe sinnvoll sind. Mit der Resilienz verlagert sich die Verantwortung auf die lokalen Gemeinschaften und Institutionen (Chandler 2013), die als Hauptakteur/innen ihre eigene Resilienz aufbauen (Chandler 2012). Dies macht den Aufbau einer übergreifenden Institution, die für die Resilienz zuständig ist, noch schwieriger.

Darüber hinaus sind die einzigen Institutionen, die die Befugnis besitzen, Hilfsorganisationen zu regulieren, die Geber/innen, auf deren Seite sich die Trennung zwischen humanitärer Hilfe und Entwicklungshilfe ebenfalls widerspiegelt, denn in der Regel haben sie getrennte Budgets und Finanzierungsmechanismen für Maßnahmen der humanitären Hilfe und Maßnahmen der Entwicklungshilfe. Einige Geber/innen wie ECHO finanzieren nur humanitäre Projekte, andere nur die Entwicklungszusammenarbeit. Dennoch zeigen sich die Geber/innen immer aufgeschlossener für eine flexible Finanzierung, bspw. indem sie den Empfängern von Zuschüssen für Entwicklungsprojekte erlauben, einige Mittel für Notfallmaßnahmen zu verwenden (anstatt langwierige Verhandlungen über Budgetänderungen aufzunehmen). Insbesondere auf dem Weltgipfel für humanitäre Hilfe (WHS) im Jahr 2016 wurde eine neue Arbeitsweise unterstützt, die eine stärkere lokale Verankerung der Hilfe und einen „Grand Bargain" vorsieht. Letzterer fördert eine mehrjährige Finanzierung sowie eine bürokratische Vereinfachung von Finanzierungsanforderungen und Berichterstattung, wenn humanitäre Organisationen umfassender Rechenschaft ablegen. Dennoch sind die meisten für humanitäre Maßnahmen bereitgestellten Finanzmittel nach wie vor kurzfristiger Natur, selbst bei chronischen Krisen. Es ist immer noch eine große Herausforderung, angesichts der Lücke zwischen humanitärer Hilfe und Entwicklungshilfe eine kontinuierliche Unterstützung zu gewährleisten. Dies gilt sogar für Organisationen, die sowohl in der humanitären Hilfe als auch in der Entwicklungshilfe tätig sind, denn auch sie haben keine Garantie dafür, dass ausreichend Mittel für Folgeprojekte oder Sicherheitsnetze zur Verhütung akuter Krisen zur Verfügung stehen. Es ist sehr schwierig, Jahr für Jahr ein gleich hohes Maß an Unterstützung zu gewinnen, vor allem wenn das Interesse an einem bestimmten Thema oder einer Krise nachlässt.

Manche humanitären Organisationen legen die Formulierungen und Verfahren der Geber/innen großzügig im Sinne ihrer operativen Anforderungen aus. Sie sprechen beispielsweise mit Unterstützern der humanitären Nothilfe über humanitäre Bedürfnisse und mit den Geber/innen von Entwicklungshilfe über Entwicklungspotenziale. In Projekten, die bei ECHO eingereicht werden, setzen sie auf LRRD-Strategien, sie nehmen an den von den Vereinten Nationen organisierten Veranstaltungen zur humanitären Übergangshilfe teil und sind auf den Zug in

Sachen Resilienz aufgesprungen. So räumt ein erfahrener Entwicklungshelfer ein, dass „wir den Begriff Resilienz früher LRRD genannt haben." Inwieweit Resilienz vor Ort umgesetzt oder innerhalb von Organisationen gefördert wird, hängt derzeit in erster Linie von pragmatischen - wenn nicht gar opportunistischen - Verhaltensweisen der Organisationen für humanitäre Hilfe bzw. Entwicklungshilfe ab.

11.4.5 Compliance-Lücken

Selbst wenn alle anderen Lücken geschlossen werden sollten, könnte es immer noch Lücken bei der Einhaltung der vereinbarten Normen oder bei der Umsetzung bestehender Richtlinien geben. Da es an gemeinsamen Definitionen, vereinbarten Lösungen, klaren Richtlinien und rechenschaftspflichtigen Institutionen fehlt, ist die strenge Einhaltung von Normen und Richtlinien unrealistisch. Zwar sehen die WHS-Ergebnisse auf dem Papier gut aus, doch tatsächlich handelt es sich nur um freiwillige Vereinbarungen, denen ein verbindlicher Durchsetzungsmechanismus fehlt.

Außerdem muss man sich fragen, welche anderen Faktoren die Compliance beeinträchtigen. Erstens werden humanitäre Hilfsmaßnahmen häufig in von Zerstörung und Gewalt geprägten Regionen durchgeführt, wodurch der Erfolg der Maßnahmen gefährdet ist. Konflikte, Ungerechtigkeiten und Machtkämpfe führen regelmäßig dazu, dass Ergebnisse der Programme und Projekte anders ausfallen als ursprünglich geplant. Diese politische Ökonomie der Nothilfe ist nur schwer zu verstehen, da sie von den Kriegsparteien nur selten offen eingeräumt wird (DeMars und Dijkzeul 2015). Keiner der drei Ansätze umfasst Methoden zur Lösung dieses Problems, das in der Praxis jedoch nicht zu umgehen ist.

Zweitens ist keine Form der Integration allein – und auch keine Art von Hilfe – dazu geeignet, die strukturellen geopolitischen Probleme zu überwinden, die zu humanitären Krisen beitragen oder diese verlängern. Unabhängig von einer klaren Definition der Konzepte, der Entwicklung von Normen und Richtlinien und einer institutionalisierten Integration von humanitärer Hilfe und Entwicklungshilfe hängen die tatsächlichen Verbesserungen für die von der Krise betroffenen Menschen letztlich von Faktoren ab, die sich dem Einfluss von Nothelfer/innen und Entwicklungshelfer/innen entziehen. Inwieweit werden beispielsweise die Geberregierungen ihre eigene Politik in Bezug auf Migration und die Aufnahme von Flüchtlingen, den Waffenhandel, Schuldenerlasse, den Schutz und die Subventionierung ihrer Landwirtschaft und Industrie oder eine ungerechte Handelspolitik anpassen? Ohne ergänzende politische Maßnahmen dieser Art auf internationaler Ebene dürfte es immer wieder zu humanitären Krisen kommen, wodurch es kaum Entwicklungsfortschritte geben wird.

Dennoch gibt es Beispiele für eine relativ intensive Zusammenarbeit zwischen Akteur/innen der humanitären Hilfe und Akteur/innen der Entwicklungshilfe, beispielsweise bei der Unterstützung von Flüchtlingen in Norduganda. Im nächsten Abschnitt wird erörtert, inwieweit und aus welchen Gründen die Zusammenarbeit in diesem speziellen Fall erfolgreich verlief.

11.5   Der Fall Uganda

In Uganda leben derzeit mehr als 1,3 Mio. Flüchtlinge, davon über eine Million aus dem Südsudan. Abgesehen von den Flüchtlingen, die die Flüchtlingslager verlassen und sich selbstständig eine Bleibe gesucht haben und meistens nach Kampala gegangen sind, lebt die große Mehrheit der Südsudanes/innen in Norduganda. Der Umgang der ugandischen Behörden mit dieser humanitären Krise ist einmalig. So wurde den Flüchtlingen gestattet, in offenen Siedlungen – nicht in geschlossenen Lagern – in oder in der Nähe von ugandischen Gemeinden zu leben. Die Flüchtlinge erhalten ein eigenes Stück Land und dürfen im Land arbeiten und reisen. Sie haben auch Zugang zu Gesundheitsdiensten und ihre Kinder können die ugandische Grundschule besuchen.

Unter dem Druck der massiven Flüchtlingsbewegungen sind die Regierung und die ugandischen Gemeinden jedoch an den Grenzen ihrer Belastbarkeit angelangt. Die internationale Gemeinschaft spielt eine entscheidende Rolle bei den Maßnahmen, die vom Büro des ugandischen Premierministers (OPM) in Einklang mit dem Nationalen Entwicklungsplan des Landes (2015–2020) koordiniert werden. Um den humanitären und entwicklungspolitischen Bedürfnissen sowohl der Flüchtlinge als auch der Aufnahmegemeinschaften Rechnung zu tragen, haben das UN-Länderteam, insbesondere das UN-Hochkommissariat für Flüchtlinge (UNHCR) und die Weltbank, mit dem *Refugee and Host Population Empowerment (ReHoPE)* eine umfassende Strategie zur Unterstützung der ugandischen Regierung entwickelt (UN und World Bank 2017). Zu den Kernelementen der ReHoPE-Strategie gehören eine auf mehrere Jahre angelegte, sektorübergreifende und gebietsbezogene Intervention zur Unterstützung von Aufnahmegemeinschaften und Flüchtlingen sowie eine koordinierte Umsetzung der Maßnahmen unter Führung der Regierung, bei denen die lokalen Behörden und Gemeinden wichtige Partnerinnen sind. Außerdem ist vorgesehen, Resilienz und Nachhaltigkeit auf drei Ebenen zu stärken, nämlich auf Ebene der Haushalte, der Gemeinden und der verschiedenen Systeme. Sowohl internationale und lokale Akteur/innen der humanitären Nothilfe als auch Entwicklungshilfeorganisationen sind eingeladen, sich gleichzeitig mit den Not- und Entwicklungshilfebedarfen der Flüchtlinge und Aufnahmegemeinden in den betroffenen Gebieten zu befassen. Die festgelegte Formel lautet, dass 70 % der Hilfe an die Flüchtlinge und 30 % an die Aufnahmegemeinden gehen sollen, in der Hoffnung, auf diese Weise Spannungen innerhalb der jeweiligen Gruppen und zwischen den beiden Gruppen abzubauen und den Übergang zur lokalen Entwicklung zu erleichtern.

Dabei stellen sich jedoch etliche Herausforderungen: So sind die von der internationalen Gemeinschaft zur Verfügung gestellten Mittel angesichts der großen Zahl an Flüchtlingen und der Strukturschwäche der Region Norduganda unzureichend. Die den Flüchtlingen zugewiesenen Flächen sind zu klein, als dass sie damit ihren Lebensunterhalt bestreiten könnten, wenn die humanitäre Hilfe eingestellt wird. Ferner ist die Unterstützung aus den reichen Ländern bei der Rückführung von Flüchtlingen aus Drittländern trotz des *Global Compact on Refugees* (UNHCR 2017) und der Genfer Konventionen unzureichend. Obwohl die lokale Bevölkerung in der Regel die Ressourcen mit den Flüchtlingen teilt, wird vielfach über Übergriffe und Konflikte berichtet. Es überrascht nicht, dass viele Flüchtlinge Schwierigkeiten haben, Zugang zu grundlegenden Versorgungsleistungen wie Nahrung, Wasser und Unterkunft zu erhalten. Außerdem haben die Flüchtlinge praktisch keinen Zugang zu Verkehrs- und Finanzdienstleistungen sowie zur Sekundarbildung. Ferner führen die Vergabe von Grundstücken, der Bau von Infrastrukturen und die Suche nach Brennholz zur raschen Rodung großer Waldflächen. Inwieweit die Resilienz der Menschen durch eine flexible und langfristige Finanzierung zunimmt und ob Nothilfe und Entwicklungshilfe tatsächlich besser integriert werden, ist noch nicht ausreichend untersucht.

Uganda betreibt eine offene Flüchtlingspolitik, was angesichts des großen Widerstands, der Flüchtlingen in fast allen anderen Teilen der Welt entgegenschlägt, ebenso selten wie bemerkenswert ist. Die internationale Gemeinschaft leistet nicht genug, um diesen Kurs zu unterstützen. Auch wenn bei der Integration von humanitären und entwicklungspolitischen Maßnahmen in diesem Fall Fortschritte erzielt wurden, bestehen nach wie vor etliche Lücken.

11.6   Fallanalyse

Was hat der Fall Uganda mit Übergangsstrategien zu tun?

Erstens ereignet sich diese Flüchtlingssituation in einem relativ stabilen – wenn auch zunehmend autoritären – Land. Aus diesem Grund ist die Sicherheitslage besser und das Ausmaß der Zerstörungen geringer als im Südsudan oder in vielen anderen Ländern, insbesondere Somalia und der Demokratischen Republik Kongo. Dies gibt OPM, humanitären Hilfsorganisationen, Flüchtlingen und Aufnahmegemeinschaften Zeit für den Aufbau von Kapazitäten und die Deckung von Bedarfen, ohne dass das Erreichte immer wieder zerstört wird. Da es in Norduganda keinen akuten Konflikt gibt, stellt die Einhaltung der humanitären Grundsätze für die humanitären Hilfsorganisationen nur ein geringes Problem dar. Dies eröffnet die Möglichkeit, die Integration von und den Übergang zu Friedenssicherung und Capacity Building mit Nachdruck zu fördern, ohne eine negative Reaktion von Konfliktparteien befürchten zu müssen. Unter bestimmten Bedingungen – das Fehlen eines bewaffneten Konflikts ist dabei die Wichtigste – steht die Einhaltung humanitärer Grundsätze daher nicht im Widerspruch zur Förderung der Entwicklung.[3]

Zweitens verfolgt der ugandische Staat eine klare Politik mit definierten Prioritäten; er verfügt über entsprechende Institutionen und Kapazitäten und wird dabei vom UNHCR und vielen internationalen Organisationen unterstützt. Diese Zusammenarbeit ist gut strukturiert. Außerdem werden längerfristige Perspektiven berücksichtigt - zum Beispiel, indem den Flüchtlingen Land zugewiesen wird, - sowie im Rahmen der ReHoPE-Strategie. Mit anderen Worten: Die Wissenslücken sowie die normativen und politischen Lücken sind relativ gering. Die Regierung und ihre internationalen Partner/innen konnten größtenteils eine langfristige Perspektive für den Übergang und die lokale Integration verfolgen. Dabei ist Resilienz ein wichtiger Bestandteil der ReHoPE-Strategie, die beispielhaft zeigt, wie humanitäre Übergangshilfe und LRRD zunehmend durch das Resilienzkonzept ersetzt werden.[4] Die institutionelle Lücke bei den verantwortlichen Organisationen (OPM und UNHCR) ist ebenfalls gering. Allerdings ver-

---

[3]Dies bedeutet jedoch auch, dass sich mehrere humanitäre Hilfsorganisationen bei Aufflammen eines bewaffneten Konflikts aus der Integration zurückziehen werden, um ihre humanitären Grundsätze nicht zu verletzen.

[4]Anders ausgedrückt: LRRD und humanitäre Übergangshilfe sind offiziell nicht Teil der ReHoPE-Strategie (OCHA ist nicht präsent, sodass es keinen Early Recovery Cluster gibt).

größert sich die Finanzierungslücke derzeit, obwohl Norduganda, abgesehen von Grund und Boden (der jedoch ebenfalls nicht unendlich vorhanden ist), nur über geringe Ressourcen und Mittel verfügt und deshalb die Bedürfnisse der Flüchtlinge nicht allein decken kann. Trotz der WHS-Ergebnisse ist die Compliance-Lücke daher einfach zu groß.

Insgesamt sind die Strukturen der Hilfe sowie die Sicherheitslage in Uganda für den Übergang zu längerfristigen Lösungen günstiger als anderswo. Solange die internationale Gemeinschaft sich nicht in ausreichendem Umfang engagiert, reicht dies jedoch nicht aus, um alle Lücken zu schließen.

11.7 Schlussfolgerungen

LRRD, humanitäre Übergangshilfe und Resilienz sind jeweils eigenständige Konzepte und wurden alle als Mittel zur Schließung der ‚Lücke' zwischen humanitärer Hilfe und Entwicklungshilfe vorgeschlagen. Alle drei Konzepte weisen jedoch verschiedene Schwächen bzw. Mängel auf. Obwohl sich Resilienz als Konzept bei den Akteur/innen der humanitären und der Entwicklungshilfe inzwischen großer Beliebtheit erfreut, bestehen die Schwächen, die früher mit LRRD und der humanitären Übergangshilfe verbunden waren, fort. Selbst die vergleichsweise positive Situation und Entwicklung in Norduganda zeigen, wie schwierig es ist, alle Lücken zu schließen. Dies ist jedoch notwendig, wenn Resilienz (oder andere integrative Ansätze, die in Zukunft ggf. entwickelt werden) mehr sein soll als ein bloßes Schlagwort mit begrenzter Wirkung in der täglichen Praxis. Schließlich handelt es sich nicht nur um ein konzeptionelles Problem, sondern auch um organisatorisch und politisch schwierige Fragen im Hinblick auf die Reform der internationalen Entwicklungshilfe und die Bewältigung struktureller geopolitischer Ungleichheiten. Es dürfte kaum überraschen, dass das Ideal einer stärkeren Verknüpfung von humanitärer Hilfe und Entwicklungshilfe schon immer attraktiver war als seine praktischen Ergebnisse.

Literatur

Bailey, S., S. Pavanello, S. Elhawary, und S. O Callaghan. 2009. *Early Recovery: an Overview of Policy Debates and Operational Challenges*. London: ODI.

Bradbury, M. 1998. Normalising the Crisis in Africa. *Disasters* 22 (4): 328–338.

Buchanan-Smith, M., und P. Fabbri. 2005. *Links between Relief, Rehabilitation and Development in the Tsunami Response. A Review of the Debate*. Tsunami Evaluation Coalition.

Buchanan-Smith, M., und S. Maxwell. 1994. Linking Relief and Development: An Introduction and Overview. *IDS Bulletin*: 1–19.

Calvi-Parisetti, P. 2013. *Coordination and Funding of Cross-Cutting Issues in Humanitarian Action: A Strategic Review by the UN Office for the Coordination of Humanitarian Affairs.* http://www.earlyrecovery.info/wp-content/uploads/2013/12/Strategic-Review-Piero-Calvi.pdf#page=2&zoom=auto,0,717. Zugegriffen: 23. April 2014.

Chandler, D. 2013. Resilience Ethics: Responsibility and the Globally Embedded Subject. *Ethics & Global Politics* 6(3): 175–194.

Chandler, D. 2012. Resilience and Human Security: The Post-Interventionist Paradigm. *Security Dialogue* 43(3): 213–229. https://doi.org/10.1177/0967010612444151.

Crisp, J. 2001. Mind the Gap! UNHCR, Humanitarian Assistance and the Development Process. *International Migration Review* 35(1):168–191. https://doi.org/10.1111/j.1747-7379.2001.tb00010.x.

DeMars, W. E. 2005. *NGOs and Transnational Networks: Wild Cards in World Politics.* London: Pluto Press.

DeMars, W. E., und D. Dijkzeul, Hrsg. 2015. *The NGO Challenge for International Relations Theory.* Global Institution Series. Milton Park: Routledge.

European Commission. 1996. *Communication of the Commission to the Council and the European Parliament on linking Relief, Rehabilitation and Development.* Brüssel: COM. 1996. 153.

Folkema, J., M. Ibrahim, und E. Wilkinson. 2013. *World Vision's Resilience Programming: Adding Value to Development.* London: Overseas Development Institute.

Frerks, G. E., T. J. Kliest, S. J. Kirkby, N. D. Emmel, P. O'Keefe, und I. Convery. 1995. CORRESPONDENCE. *Disasters* 19 (4): 362–66.

Grünewald, F., und J. Warner. 2012. Resilience: Buzz Word or Critical Strategic Concept? *Humanitarian Aid on the Move* 10.

Hilhorst, D., I. Christoplos und G. van der Haar. 2010. Reconstruction ‚From Below': A New Magic Bullet or Shooting from the Hip? *Third World Quarterly:* 107–124.

IFRC. 2012. *The Road to Resilience. Bridging Relief and Development for a More Sustainable Future.* IFRC Discussion Paper on Resilience. Genf.

Jackson, S., und P. Walker. 1999. Depolarising the ‚Broadened' and ‚Back-to-Basics' Relief Models. *Disasters* 23(2): 93–114.

Macrae, J. 1998. The Death of Humanitarianism? An Anatomy of the Attack. *Refugee Survey Quarterly* 17(1): 24–32. https://doi.org/10.1093/rsq/17.1.24.

Macrae, J. 2001. *Aiding Recovery? The Crisis of Aid in Chronic Political Emergencies.* London: Zed Books.

Macrae, J. 2012. The Continuum is Dead, Long Live Resilience. *VOICE out loud* 15: 7–8.

Manyena, S. B. 2006. The Concept of Resilience Revisited. *Disasters* 30(4): 433–50. https://doi.org/10.1111/j.0361-3666.2006.00331.x.

Moore, J., Hrsg. 1998. *Hard Choices – Moral Dilemmas in Humanitarian Intervention.* Lanham: Rowman & Littlefield Publishers.

Mosel, I., und S. Levine. 2014. *Remaking the case for linking relief, rehabilitation and development: How LRRD can become a practically useful concept for assistance in difficult places.* HPG Commissioned Report. London: ODI.

Polman, L. 2008. *De Crisis Karavaan: Achter de Schermen van de Noodhulpindustrie.* Amsterdam: Uitgeverij Balans.

Otto, R., und L. Weingärtner. 2013. *Linking Relief and Development: More than Old Solutions for Old Problems?* IOB Study no. 380. Den Haag: Dutch Ministry of Foreign Affairs.

Ruben, R. 2013. Preface. In *Linking Relief and Development: More than Old Solutions for Old Problems?* Ralf Otto, and L. Weingärtner, 3–4. *IOB Study*. No. 380. Den Haag: Dutch Ministry of Foreign Affairs.

UN. 2005. Hyogo Framework for Action 2005–2015: Building the Resilience of Nations and Communities to Disasters, 22 January 2005, A/CONF.206/6. http://www.refworld. org/docid/42b98a704.html. Zugegriffen: 25. Februar 2016.

UN. 2017. *Strengthening of the coordination of emergency humanitarian assistance of the United Nations.* Report of the Secretary-General, 13. April 2017.

UN und World Bank. 2017. ReHoPE – Refugee and Host Population Empowerment. *Strategic Framework – Uganda.* https://data2.unhcr.org/en/documents/download/64166. Zugegriffen: 17. März 2020.

UNDP. 2012. UNDP and Early Recovery. November 2012. Zugegriffen: 25. Februar 2016.

UNHCR. 2017. Towards a global compact on refugees: a roadmap. www.unhcr. org/58e625aa7.pdf. Zugegriffen: 29. Januar 2018.

Uvin, P. 1998. *Aiding Violence: The Development Enterprise in Rwanda.* West Hartford: Kumarian Press.

Weiss, T. G., und R. Thakur. 2010. *Global Governance and the UN: An Unfinished Journey.* United Nations Intellectual History Project Series. Bloomington: Indiana University Press.

Dennis Dijkzeul ist Professor für Konflikt- und Organisationsforschung an der Fachhochschule für Sozialwissenschaften und am Institut für Internationales Friedensrecht und bewaffnete Konflikte der Ruhr-Universität Bochum. Er war Gründungsdirektor des Humanitarian Affairs Program an der School of International and Public Affairs der Columbia University in New York. Er hat Forschungsprojekte zu internationalen und lokalen Organisationen in der DRK durchgeführt und war als Berater für UN-Organisationen und NGOs in Afrika, Europa, Zentralasien und Lateinamerika tätig. Seine Forschungsschwerpunkte liegen im Management internationaler Organisationen und in der Beteiligung der lokalen Bevölkerung an humanitären Maßnahmen.

Annalisa Addis ist eine Expertin für humanitäre und internationale Entwicklung. Sie hat an der University of Cagliari (Italien) und der Ruhr-Universität Bochum (Deutschland) in Afrikanischer und Internationaler Entwicklungsforschung promoviert. Sie war als Beraterin für verschiedene Organisationen, darunter das Welternährungsprogramm, tätig und arbeitete in mehreren afrikanischen Ländern sowie auf den Philippinen und in Papua-Neuguinea.

Innovative Unternehmer/innen in Flüchtlingslagern: Wie Flüchtlinge institutionelle Leerräume bewältigen

12

Marlen de la Chaux

Zusammenfassung

Flüchtlingslager gelten gemeinhin nicht als Orte, die unternehmerisches Handeln begünstigen. Denn in vielen Fällen sind Menschen, die in Flüchtlingslagern leben, mit erheblichen Einschränkungen in Bezug auf Beschäftigung und den Zugang zu Märkten außerhalb des Flüchtlingslagers konfrontiert. Dennoch entstehen in vielen Flüchtlingslagern kleine Unternehmen wie Bars, Cafés, Imbissstände, Friseurstuben und Läden für Reparaturen aller Art. In diesem Kapitel wird untersucht, wie Flüchtlinge als Unternehmer die zahlreichen Hindernisse überwinden, auf die sie in den Flüchtlingslagern stoßen. Meiner Ansicht nach sind Flüchtlingslager durch institutionelle Leerräume gekennzeichnet, aus der sich zwei Arten von Hindernissen für unternehmerische Initiative ergeben, nämlich organisatorische und institutionelle Hindernisse. In diesem Kapitel wird beschrieben, wie es Flüchtlingen als Unternehmern gelingt, diese Hürden zu überwinden. Den Abschluss des Kapitels bilden Empfehlungen dazu, wie politisch Verantwortliche und Praktiker nachhaltige Initiativen entwickeln können, um unternehmerisches Handeln von Flüchtlingen zu unterstützen und damit die Lebensgrundlagen von Flüchtlingen zu stärken.

M. de la Chaux (✉)
Enterprises Department The Refugee Livelihoods Team,
International Labour Organization (ILO), Genf, Schweiz

© Springer Fachmedien Wiesbaden GmbH, ein Teil von Springer Nature 2020
C. Beier et al. (Hrsg.), *Globale Wanderungsbewegungen,*
https://doi.org/10.1007/978-3-658-28237-0_12

253

Flüchtlingslager · Flüchtling · UN · Unternehmer/innen ·
Unternehmensgründung · Bereitstellung von Hilfsgütern · Markt ·
Hindernisse · Bewältigung von Hindernissen

12.1 Einleitung

Die meisten Geflüchteten verbringen im Durchschnitt fast 20 Jahre im Exil (Protracted Refugee Situations Project 2014). Viele leben in Flüchtlingslagern, in denen
das Leben oft von Frustration, Langeweile, Alkoholismus und Gewalt geprägt ist
(Rawlence 2016), wie hohe Kriminalitätsraten und Statistiken zu häuslicher und
geschlechtsbezogener Gewalt in den Lagern zeigen (Werker 2007). Unternehmensgründung und wirtschaftliche Aktivitäten durch Geflüchtete scheinen jedoch das
sozioökonomische und gesellschaftliche Klima in Flüchtlingslagern verbessern
zu können. Unternehmer/innen in Flüchtlingslagern (UFL) sind weniger abhängig
von humanitärer Hilfe und leben ein deutlich selbstbestimmteres Leben als andere
Flüchtlinge (Humanitarian Innovation Project 2013). Allgemeiner schaffen UFL
substanzielles wirtschaftliches Potenzial, wie das Beispiel des Dadaab Flüchtlingslagers in Kenia, eines der größten Flüchtlingslager der Welt, zeigt. Dort beträgt
der jährliche Umsatz der Unternehmen, die von Geflüchteten geführt werden, über
$25 Mio. (Okoth 2012). Trotzdem sind die Mehrzahl der Flüchtlinge, die in Lagern
leben, nicht wirtschaftlich aktiv (Werker 2007).

Dieses Kapitel erforscht warum UFL, trotz der vielen Vorteile, die sie für ihre
Lager generieren, in der Minderheit sind. Die Analyse zeigt, dass die Erklärung
mit der institutionellen Architektur der Flüchtlingslager zusammenhängt, welche
als institutioneller Leerraum definiert werden kann (Mair et al. 2012), in dem die
formalen Regeln und Annahmen, die soziale und wirtschaftliche Interaktionen
bestimmen, nicht mit den tatsächlichen Praktiken übereinstimmen: Flüchtlingslager werden in Krisensituationen unter der Annahme geschaffen, dass sie so
lange temporären Schutz für Geflüchtete bieten, bis diese wieder sicher in ihre
Herkunftsländer zurückkehren können. In Fällen, in denen Flüchtlingssituationen
andauern und die Wahrscheinlichkeit der baldigen Rückkehr geringer wird, spiegelt jedoch die Annahme einer temporären Zuflucht nicht mehr die Realität des
Flüchtlingslagers wieder. Stattdessen lähmen existierende Regeln und Annahmen
das Leben im Flüchtlingslager. Dieses Kapitel untersucht, wie UFL mit den
Herausforderungen umgehen, die aus dieser institutionellen Lähmung resultieren
und entwickelt Empfehlungen für Politik und Praxis.

12.2   Institutionelle Leerräume

12.2.1 Institutionen

Institutionen beschreiben das feine Netz aus Werten, Normen, Wahrnehmungen und Regeln, die unbewusste Erwartungen für Einzelverhalten und Interaktionen in sozialen Kontexten schaffen (DiMaggio und Powell 1983). Werte und Normen sind institutionalisiert, wenn sie als der einzig mögliche Weg, die soziale Welt zu verstehen, wahrgenommen werden (Jepperson 1991). Zuwiderhandlung institutioneller Erwartungen führt zu normativen Sanktionen, was zu einem Legitimitätsverlust in den Augen anderer Akteur/innen in unserem sozialen Umfeld führt (Galasciewicz 1997). Die Selbstverständlichkeit, mit der institutionelle Erwartungen einhergehen, sowie die Gefahr normativer Sanktionen bei Zuwiderhandeln sichern die allgemeine Erfüllung institutioneller Erwartungen. Institutionen, wiederum, bleiben gerade durch diese Erfüllung institutioneller Erwartung bestehen und strukturieren soziale Interaktionen bis hin zu einem Grad an Selbstverständlichkeit, in dem jegliche mit institutionellen Erwartungen nicht-konforme Verhaltensweise undenkbar wird (Seo und Creed 2002).

Flüchtlingslager sind physische Orte, meist eingezäunt, die von formalen Regeln und informellen Erwartungen reguliert werden, die sich von denen ihrer unmittelbaren Umgebung unterscheiden. Lager sind daher eine spezifische soziale Welt mit einzigartigen Verhaltensmustern, Angewohnheiten und Routinen (Turner 2009; Rawlence 2016). Drei Gruppen von Akteur/innen agieren in und um Flüchtlingslager: humanitäre Organisationen, verantwortlich für das tägliche Management des Lagers; die Flüchtlinge; und die lokale Gemeinde und Regierung des Gastlandes.

12.2.1.1 Humanitäre Organisationen

Die Vereinten Nationen (UN, United Nations) betrauen den Hohen Flüchtlingskommissar der Vereinten Nationen (UNHCR, auch UN Flüchtlingskommissariat) mit der Leitung aller humanitären Hilfsstrategien und –interventionen für Flüchtlinge (United Nations Treaty Series 1951). Durch die finanzielle und politische Unterstützung vieler Länder und einem Jahreshaushalt von über $4 Mrd. hat das UN Flüchtlingskommissariat die Ressourcen und Legitimität, um das formelle institutionelle Arrangement in Flüchtlingslagern festzulegen (UNHCR 2014a; Natsios 1995; Bourdieu und Wacquant 1997). De facto arbeitet UNHCR mit anderen UN-Agenturen und Nichtregierungsorganisationen (NRO) zusammen, um humanitäre Hilfsstrategien zu implementieren (Natsios 1995). Eine Vielzahl humanitärer Organisationen sind daher in allen Flüchtlingslagern aktiv.

12.2.1.2 Die Flüchtlinge

Flüchtlingslager werden geschaffen, um denjenigen Unterstützung zu bieten, die aus ihrem Herkunftsland fliehen mussten und die oft keine Möglichkeit haben, sich selbst zu schützen und zu versorgen. Flüchtlingsbewegungen entstehen, wenn ein Staat unfähig oder unwillig ist, Mitgliedern seiner Bevölkerung Schutz zu bieten (Goodwin-Gill und McAdam 2007). In solchen Fällen bieten Flüchtlingslager einen sicheren Ort fern von Verfolgung, Krieg und Ermordung (McConville 2014). Eine Vielzahl von Flüchtlingen lebt außerdem in Städten oder anderweitig außerhalb von Flüchtlingslagern, meist bedingt durch die rechtliche Situation im Gastland. Im Durchschnitt nimmt ein Lager ungefähr 11,400 Flüchtlinge auf, obgleich manche Lager, wie zum Beispiel Dadaab in Kenia, über 250 000 Menschen beherbergen.

12.2.1.3 Das Gastland

Die Regierung des Gastlandes legt die geografische Lage des Flüchtlingslagers fest. Ein Lager in einer abgelegenen Region hat weniger Berührungspunkte mit der lokalen Bevölkerung als Flüchtlingslager nahe urbanen Zentren. Das Gastland legt außerdem den rechtlichen Status der Geflüchteten fest. In Ländern, in denen Flüchtlinge arbeitsberechtigt sind, wie zum Beispiel Uganda, sind Interaktionen mit der lokalen Bevölkerung wahrscheinlicher als in Ländern, in denen die Freizügigkeit und Integration von Flüchtlingen eingeschränkt ist (Betts et al. 2012; UNHCR 2014b; Werker 2002). Humanitäre Helfer/innen, die im Flüchtlingslager arbeiten, leben normalerweise außerhalb des Lagers (Werker 2007). Diese drei Faktoren – geografische Lage, rechtlicher Status und humanitäre Helfer/innen, beeinflussen die Durchlässigkeit der physischen und sozialen Lagergrenze und somit die institutionellen Erwartungen, die das Verhalten der Flüchtlinge leiten.

12.2.2 Institutionelle Leerräume

Jeder institutionelle Kontext ist inhärent vielfältig, da Akteur/innen verschiedene Möglichkeiten haben, eine jeweilige soziale Interaktion zu strukturieren (Greenwood et al. 2011; Jay 2013; Battilana und Dorado 2010). Durch wiederholte Interaktionen entwickelt sich gemeinhin ein dominantes institutionelles Arrangement. Wenn letzteres nicht entsteht, existiert ein institutioneller Leerraum, in dem institutionelle Erwartungen unstrukturiert und fragmentiert sind (Mair et al. 2012). Obwohl der Begriff institutioneller Leerraum ursprünglich verwendet wurde, um Kontext zu beschreiben, in denen formelle Institutionen (zum Beispiel

Rechtssysteme, Gesetze, Regulierungen) fehlen, kann ein Kontext nie vollständig frei von Institutionen sein (Mair und Marti 2006): Wenn Gesetze und Regulierungen unzureichend durchgesetzt werden, entwickeln sich stattdessen informelle Institutionen, um soziale Interaktionen zu strukturieren (Chakrabarty 2009). Der Begriff ‚institutioneller Leerraum' beschreibt somit Kontexte, in denen Institutionen existieren, jedoch soziale Interaktionen nur ungenügend strukturieren (Mair et al. 2012). Aus der wissenschaftlichen Literatur identifiziert dieses Kapitel drei Arten von institutionellen Leerräumen: Lähmung, Ungewissheit und Widersprüchlichkeit.

12.2.2.1 Lähmung

Institutionen bleiben bestehen, wenn sie ständig durch eine Vielzahl von Akteur/innen in einer gegebenen sozialen Interaktion gelebt werden (Barley und Tolbert 1997). Durch wiederholte Inszenierung einer gegebenen sozialen Interaktion wird die Institution soweit selbstverständlich, also ‚institutionalisiert', dass die Vielfältigkeit an alternativen Verhaltensmustern sinkt (Seo und Creed 2002). Wenn Institutionen jedoch zu stark eingebettet sind, sind sie weniger anpassungsfähig an individuelle oder kontextuelle Veränderungen. Zum Beispiel werden formale Institutionen, wie Gesetze, nur langsam an kontextuelle Veränderungen angepasst und hinken somit der sozialen Realität vieler Akteur/innen und deren sozialen Interaktionen hinterher. Erstarrte Institutionen, die eine Anpassung an die Interessen sozialer Akteur/innen verpasst haben, schaffen einen institutionellen Leerraum, indem (formale) institutionelle Erwartungen von sozialen Realitäten entrückt sind. Der Begriff der gelähmten Institutionen, den dieses Kapitel einführt, beschreibt somit Kontexte, in denen formale Institutionen Verhaltensweisen vorschreiben, die von sozialen Akteur/innen ignoriert werden, woraus dennoch kein Legitimitätsverlust oder anderweitige normative Sanktionen folgen.

12.2.2.2 Ungewissheit

Das Fehlen formaler, vollständiger und nachdrücklich durchgesetzter institutioneller Arrangements kann auch zu einem Leerraum führen, in dem eine Fülle an informellen Institutionen koexistieren (Luo und Chung 2012; Chakrabarty 2009). Eine solche Vielfältigkeit an informellen Institutionen kann entstehen, wenn Akteur/innen ihre soziale Umwelt unterschiedlich wahrnehmen und verstehen. Vor allem in Kontexten, die unterschiedliche Akteur/innen zusammenbringen und in denen dominante institutionelle Erwartungen fehlen, können Interessensunterschiede und divergierende Ziele zu unterschiedlichen Interpretationen des sozialen Umfelds führen (Hoffman 1999). In solchen Fällen sind die Akteur/innen oft nicht mehr fähig, dominante Institutionen wahrzunehmen, wodurch ungewiss bleibt, welche Wahrnehmungen und Verhaltensweisen akzeptabel und welche mit normativen Sanktionen verbunden sind (Mair et al. 2012).

12.2.2.3 Widersprüchlichkeit

Ein institutioneller Leerraum kann selbst dann entstehen, wenn die Erwartungen, die mit Institutionen verbunden sind sowie die Sanktionen, die aus Nichtbeachtung dieser Erwartungen resultieren können, offensichtlich und klar definiert sind. Dominante institutionelle Arrangements entstehen, wenn sich eine Mehrheit von Akteur/innen über eine Perspektive aus der die soziale Welt zu verstehen ist, einig sind (Weick 1993). Je höher der Grad an Einigkeit, desto tiefer verwurzelt und selbstverständlich die dominanten Institutionen (Seo und Creed 2002). Trotzdem können Minderheiten unzufrieden sein, wenn ihre Interessen von der Mehrheit überstimmt werden, und daher die Entstehung paralleler, konkurrierender Institutionen fördern, die ihren Interessen entsprechen (Webb et al. 2009). Heterogene Interessen führen daher zu Komplexität – ein sozialer Kontext, in dem mehrere Institutionen in Konkurrenz zueinander stehen (Greenwood et al. 2011). Wenn die Interessen diverser Gruppen in direktem Widerspruch zueinander stehen, kann institutionelle Widersprüchlichkeit entstehen (Webb et al. 2009). Widersprüchliche Verständnisse von Legitimität sowie Akteur/innen, die um Einfluss ringen, können schlussendlich zur Entstehung eines komplexen Umfelds mit widersprüchlichen Institutionen führen. In solchen Fällen stellt die institutionelle Landschaft nur einen unzulänglichen Verhaltens-Wegweiser dar (Gioia und Chittipeddi 1991).

12.2.3 Flüchtlingslager und institutionelle Lähmung/Das Humanitäre Institutionelle Arrangement

Dieses Kapitel stellt die Hypothese auf, dass Flüchtlingslager von institutioneller Lähmung gekennzeichnet sind. Flüchtlingslager entstehen unter der Annahme, dass sie Flüchtlingen temporären Schutz in einem Gastland bieten, bis die Rückkehr in das Herkunftsland wieder sicher ist. Diese Annahme wird durch mehrere Wahrnehmungen und Verhaltensweisen gestärkt, welche ich als Humanitäres Institutionelles Arrangement (HIA) bezeichne.

Trotz der Annahme, dass Flüchtlingssituationen temporäre Ereignisse sind, befinden sich fast zwei Drittel aller Flüchtlinge – über 6 Mio. – seit mehr als fünf Jahren auf der Flucht (PRS project online 2014). Für Menschen, die sich in solchen Langzeit-Flüchtlingssituationen befinden, beträgt die durchschnittliche

Fluchtdauer ungefähr 20 Jahre. Trotzdem unterscheiden formale Regelungen nicht zwischen kurzfristigen und Langzeit-Situationen, welches vor allem in letzteren einen institutionellen Leerraum zur Folge hat, da formale Regelungen nicht an anhaltende Flüchtlingssituationen angepasst werden.

Aus der Literatur lassen sich vier Konstrukte identifizieren, welche hier als HIA bezeichnet werden: temporäres Exil, lokale Ressentiments, die Bereitstellung von Hilfsgütern, und fehlendes Handlungsvermögen.

Zum Einen ist das Mandat der UN-Flüchtlingskommission, „Geflüchtete weltweit zu beschützen und Flüchtlingsprobleme zu lösen" (UNHCR 2014b), mit dem vorrangigen Ziel, Geflüchtete so lange zu unterstützen, bis ihr Herkunftsland ausreichende Sicherheit für eine Rückkehr bietet. Die Perspektive der UN-Flüchtlingskommission, die ein temporäres Exil impliziert, wird von Geflüchteten geteilt: letztere verlassen ihr Zuhause, wenn „Bleiben einen garantierten Tod bedeuten würde" (Buerk 1984) und mit der Erwartung, dass sie nach Ende der Krise zurückkehren (Minear 2002). Das Exil der Flüchtlinge wird daher mit Selbstverständlichkeit als temporär betrachtet. In anderen Worten ist die Annahme, dass Flüchtlingslager nur für begrenzte Zeit existieren, *institutionalisiert* (Jepperson 1991; Turner 2009).

Zweitens rühren lokale Ressentiments daher, dass Flüchtlingslager oft die Kapazitäten der umliegenden Gemeinden an ihre Grenzen bringen, beispielsweise durch den Verbrauch lokaler Ressourcen sowie der Überlastung bestehender Abfallsysteme (Werker 2002). Obwohl lokale Gemeinden auch von der humanitären Unterstützung für ein Flüchtlingslager profitieren können, leiden Flüchtlinge oftmals unter der Feindseligkeit der lokalen Bevölkerung (UNHCR 2012a).

Drittens, möglicherweise die offensichtlichste Komponente des HIA, betrifft die Bereitstellung von Hilfsgütern *(„relief discipline"):* Die Verteilung von Nahrung, Trinkwasser, Unterkünften sowie medizinischer Versorgung. Die Hilfsgüter und -dienstleistungen werden durch humanitäre Organisationen bereit gestellt, wobei Flüchtlinge wenig mehr als passive Empfänger/innen sind (Betts 2012). Turner erklärt, dass die Verteilung von Hilfsgütern Flüchtlinge in „biologische Wesen, die einfach nur am Leben und gesund gehalten werden müssen während sie auf den Tag warten, an dem sie in ihre Heimat zurückkehren," verwandelt (Turner 2009, S. 325).

Zuletzt wird die individuelle Handlungsfähigkeit soweit eingeschränkt, dass von Flüchtlingen – mit wenigen Ausnahmen – erwartet wird, dass sie gefügig und abhängig sind: viele Aufnahmeländer versagen Flüchtlingen das Recht auf Arbeit und Besitz (UNHCR 2012a). Eine Journalistin zog nach dem Besuch eines Lagers für syrische Geflüchtete in Jordanien den Vergleich, dass „man, genau wie im Gefängnis, seine tägliche Ration Nahrung und Wasser bekommt, und angewiesen wird, zu warten" (Abu Sarah 2013, Abs. 18). Zusätzlich sind Flüchtlingslager meist abgelegen, und strikte Lagerregelungen hindern Flüchtlingen daran, sich außerhalb des Lagers zu bewegen und mit den Institutionen und Menschen des Gastlandes zu interagieren (Turner 2009).

Flüchtlinge, die sich seit mehreren Jahren im Exil befinden, blicken somit auf eine Zukunft, die von „Frustration und ungenutztem Potenzial" (PRS Project online 2014) gekennzeichnet ist und in der „Langeweile und Lethargie" vorherrschen (Stearns 2011, S. 36). Sobald die Aufenthaltsdauer in einem Lager die 5-Jahres-Grenze überschreitet, wird sie als Langzeit-Flucht bezeichnet. In diesen Fällen reflektiert das dominante HIA nicht mehr die gelebte Realität der Flüchtlinge. Wie ein ruandischer Geflüchteter in einem Lager in der Demokratischen Republik Kongo beschreibt: „sich nutzlos zu fühlen ist am schlimmsten" (zitiert in Stearns 2011, S. 39). Die institutionellen Erwartungen, die soziale Interaktionen in temporären Flüchtlingssituationen strukturieren, treffen also auf die soziale und ökonomische Realität in Langzeit-Situationen nicht mehr zu.

12.3 Institutionelle Lähmung

Die Annahmen des HIA – temporäres Exil, lokale Ressentiments, die Bereitstellung von Hilfsgütern, und fehlendes Handlungsvermögen – zeigen auf, dass Flüchtlingslager unwahrscheinliche Orte für Unternehmensgründung sind. Die angenommene kurze Dauer des Exils und lokale Ressentiments erschweren Zugang zu Ressourcen und Märkten, und die Bereitstellung von Hilfsgütern sowie das fehlende Handlungsvermögen von Flüchtlingen verringern die Anreize, Zeit und Ressourcen in Unternehmensgründung zu investieren. Trotzdem sind Flüchtlingslager gespickt mit vielen kleinen Unternehmen, wie Bars, Restaurants, Friseursalons, Werkstätten, Gemüseläden und Obsthandlungen, die von Flüchtlingen betrieben werden. In ruandischen Flüchtlingslagern in der Demokratischen Republik Kongo „erschienen lebhafte Märkte" (Stearns 2011, S. 35) und „ein Lager hat gemeinhin ein oder mehrere Marktplätze" (Werker 2007, S. 462). Vor dem Hintergrund des dominanten HIA, welches individuellem Handlungsvermögen, Anreizstrukturen für Unternehmertum und Zugang zu Ressourcen entgegensteht, stellt sich die Frage: Auf welche Hindernisse stoßen Flüchtlinge, die Unternehmen in Flüchtlingslagern gründen und betreiben, und wie bewältigen sie diese?

Obwohl eine Bandbreite an Forschung die Schwierigkeiten von Unternehmensgründung in verschiedenen Kontexten erörtert, wissen wir wenig über die einzigartigen Herausforderungen in Flüchtlingslagern. Da sich jedoch die

Mehrheit der Flüchtlingslager in Entwicklungsländern befindet, basiert die folgende Analyse über Flüchtlingslager auf den Erkenntnissen zu Unternehmensgründung in Entwicklungsländern allgemein.

12.3.1 Institutionelle Hindernisse

Aus der Literatur lassen sich drei zentrale institutionelle Hindernisse für Unternehmensgründung identifizieren: fehlende funktionierende Märkte; ineffiziente legale und politische Systeme; und unzulängliche Infrastrukturen.

12.3.1.1 Fehlende funktionierende Märkte
Zugang zu Finanz- und Kreditinstrumenten zur Beschaffung von Ressourcen ist von zentraler Bedeutung für den Erfolg von Jungunternehmen (Pissarides et al. 2003). Ohne zugängliche und funktionierende Mechanismen, durch die Startkapital und Investitionen gesichert werden können, sind Unternehmer/innen gezwungen, auf persönliche Ersparnisse oder informelle Darlehen zur Finanzierung ihres Unternehmens zurückzugreifen (Thornton et al. 2011). Es ist unwahrscheinlich, dass die im HIA implizierte kurze Bestandsdauer von Flüchtlingslagern der Entstehung von Unternehmens-orientierten finanziellen Institutionen und funktionierenden Finanzmärkten zuträglich ist (Werker 2007). Stattdessen entstehen informelle und schwach strukturierte Finanzmärkte, in denen Flüchtlinge sich auf ihre persönlichen Netzwerke und informellen Absprachen verlassen, um ihre Unternehmen zu finanzieren (Betts et al. 2012).

12.3.1.2 Ineffiziente legale und politische Systeme
Die legalen und politischen Hindernisse für Unternehmensgründung bestehen unter anderem aus endemischer Korruption, langsamen und ineffektiven administrativen Prozeduren, und schwacher Durchsetzung von Eigentumsrechten (Peci et al. 2012). Aidis et al. (2012) argumentieren, dass Korruption Unternehmensgründungen erschwert, da korruptionsunwillige Unternehmer/innen abgeschreckt werden und unproduktive Unternehmensformen gefördert werden. Langsame und ineffektive administrative Prozeduren schaffen zudem ein Umfeld, indem Unternehmensgründung zu einem langwierigen und teuren Prozess wird, der Unternehmer/innen weiter abschreckt. Weiterhin sind Eigentumsrechte das „Rückgrat der Marktwirtschaft" (Aidis et al. 2012, S. 122). Die Existenz von Eigentumsrechten ist jedoch unzureichend, wenn diese nicht effektiv umgesetzt werden (Sonin 2003).

In einer Studie im Kyangwali Refugee Settlement in Uganda waren Flücht-lingsgründer/innen vor allem durch Korruption und langwierige administrative Prozeduren beeinträchtigt (Werker 2007). Die Restriktion der Bewegungsfreiheit bedeutete, dass Gründer/innen sich mit komplexen bürokratischen Prozessen aus-einandersetzen mussten, um Zugang zu Märkten und Informationen außerhalb des Lagers zu erlangen.

12.3.1.3 Unzulängliche Infrastrukturen

Schwach entwickelte physische Infrastrukturen für Transport, Elektrizität und Wasser sowie fehlender Zugang zu Lieferant/innen und Kund/innen beeinträchtigt Unternehmertum in Entwicklungsländern (Pissarides et al. 2003). Letzterer wird durch die physische Isolation des Lagers von den umliegenden Gemeinden noch verschärft (Werker 2007). In langanhaltenden Flüchtlingssituationen kann zudem das schwindende Interesse der Geberländer die Zuversicht in eine kontinuierliche Bereitstellung der Lagerinfrastruktur trüben (Betts et al. 2012).

12.3.2 Organisationsbedingte Hindernisse

Organisationsbedingte Hindernisse für Unternehmer/innen in Entwicklungs-ländern betreffen unter anderem den Zugang zu Ressourcen, den Zugang zu Finanzinstrumenten, niedrige Marktnachfrage, und fehlende Marktinformation.

12.3.2.1 Zugang zu Ressourcen

Der Zugang zu Ressourcen, die die Bereitstellung von profitablen Gütern oder Dienstleistungen ermöglichen, ist der Kern eines jeden erfolgreichen Unter-nehmens. Das Land, auf dem Flüchtlingslager gebaut werden, ist „meistens nicht von guter Qualität" (Werker 2007, S. 472). Die meisten Lager befinden sich in der Wüste oder in anderweitig Rohstoff-armen Umgebungen (UNHCR 2012a). Flüchtlinge haben daher Schwierigkeiten, die Rohmaterialien zu finden, die sie brauchen, um Güter und Dienstleistungen zum Verkauf herzustellen.

12.3.2.2 Zugang zu Finanzinstrumenten

Eines der meistgenannten Hindernisse für Unternehmensgründung ist unzureichender Zugang zu bezahlbaren Darlehen (Tagoe et al. 2005). In Kon-texten mit schwach ausgeprägten finanziellen Märkten sind Darlehen mit hohen

Zinsen sowie hohen Inflationsraten verbunden (Robson und Obeng 2008).
Folglich sind viele potenzielle Unternehmer/innen nicht in der Lage, die Kosten
eines Darlehens zu tragen.

In Flüchtlingslagern ist die Mehrheit der Unternehmer/innen gezwungen, auf
persönliche Ersparnisse oder die finanzielle Unterstützung von Freund/innen
und Familie zurückzugreifen, um ein Unternehmen zu gründen (Crisp 2003).
Als Alternative können auch informelle Darlehen durch Mitglieder der lokalen
Bevölkerung aufgenommen werden (Werker 2007). Das Fehlen jeglicher formaler
Finanzinstrumente in Flüchtlingslagern hält Flüchtlinge davon ab, Unternehmen
zu gründen, da ohne persönliche Netzwerke kaum eine Möglichkeit zur Unternehmensgründung besteht.

12.3.2.3 Niedrige Marktnachfrage

In vielen Entwicklungsländern ist die potenzielle Kundschaft limitiert. Dies
ist vorrangig auf die niedrigen Durchschnittseinkommen und auf die Ausübung von Aktivitäten zur Grundsicherung, wie zum Beispiel Subsistenz-Agri-
kultur (Orser et al. 2000), zurückzuführen. Folglich ist der Zugang zu mehreren
Märkten ein grundlegender Faktor für unternehmerischen Erfolg. Honig (1998)
stellt beispielsweise fest, dass die Mitgliedschaft eines Unternehmers oder einer
Unternehmerin in mehreren Gemeinschaften, sowie in lokalen Kirchen oder
Familienclans, dabei hilft, einen potenziellen Kundenstock in diesen Gruppen
aufzubauen.

Die Bereitstellung von Hilfsgütern in Flüchtlingslagern verringert jedoch die
Nachfrage. Weiterhin bedeuten die zusätzlichen Kosten, die für Flüchtlingsunter-
nehmer/innen anfallen, um Zugang zu Märkten außerhalb des Lagers zu erhalten,
dass ihre Produkte und Dienstleistungen nicht mehr konkurrenzfähig sind: die
Gebühren, die mit den administrativen Prozeduren verbunden sind, spiegeln sich
schlussendlich in höheren Preisen wieder (Werker 2007).

12.3.2.4 Fehlende Marktinformation

Zugang zu Marktinformation ist von zentraler Bedeutung für den Erfolg eines
Unternehmens, da so sichergestellt werden kann, dass Produkte und Dienstleistungen auf die Wünsche und Erwartungen der Kund/innen zugeschnitten
sind und Konkurrenzfähigkeit gewährleistet ist (Jack und Anderson 2002). Für
Flüchtlingsunternehmer/innen ist der Zugang zu externen Marktinformationen
aufgrund der Abgelegenheit vieler Lager und der Abgrenzung von ihrer direkten Umgebung schwierig (Werker 2007). Des Weiteren sind auch Informationen

innerhalb des Lagers nicht unbedingt verfügbar. Verkäufe sind oft über Ort und Zeit verteilt und über persönliche Netzwerke organisiert (Stearns 2011). Das führt dazu, dass der Zugang zu Marktinformationen von den persönlichen Netzwerken des Unternehmers oder der Unternehmerin abhängig ist (Thornton et al. 2011).

12.4 Bewältigung der Hindernisse durch Flüchtlingsunternehmer/innen

12.4.1 Wie Flüchtlingsunternehmer/innen die institutionelle Lähmung bewältigen

Trotz der institutionellen und organisationsbedingten Hindernisse, mit denen Unternehmer/innen in vergleichbaren Kontexten konfrontiert sind, zeigt die Existenz vieler kleiner Unternehmen in den meisten Flüchtlingslagern (z. B. Betts et al. 2012; Werker 2007), dass Flüchtlingsunternehmer/innen Wege gefunden haben, diese Hindernisse, die aus dem gelähmten HIA resultieren, zu bewältigen.

12.4.1.1 Institutionelle Hindernisse

Das Fehlen funktionierender Märkte, vor allem funktionierender Finanzmärkte, kann durch Darlehensgruppen umgangen werden. Im Sudan haben Flüchtlinge Darlehensgruppen gegründet, in denen sie die monatlichen Gruppenersparnisse den Unternehmer/innen, die Startkapital oder anderweitige finanzielle Unterstützung brauchten, geliehen haben (UNHCR 2012b). Diese Darlehensgruppen waren eine Methode, um Flüchtlingen, die über keine persönlichen Ersparnisse oder ein weiteres Familiennetzwerk verfügten, Unternehmensgründungen zu ermöglichen.

Ineffiziente legale und politische Systeme können überwunden werden, indem die komplexen und teuren bürokratischen Prozeduren, die mit Aktivitäten außerhalb des Lagers verbunden sind, vermieden werden. Stattdessen können in vielen Fällen Mitglieder der umliegenden lokalen Bevölkerung in das Lager eingeladen werden, um die Produkte und Dienstleistungen der Flüchtlingsunternehmer/innen in Anspruch zu nehmen. Stearns (2011) beschreibt zum Beispiel, wie Märkte an den Rändern der Flüchtlingslager entstanden, um der kongolesischen Lokalbevölkerung den Zugang zu den Flüchtlingsunternehmen zu ermöglichen. Ähnlich Werker (2007), der ebenfalls beschreibt, dass regelmäßig organisierte Märkte der Lokalbevölkerung den Handel mit Flüchtlingen ermöglichen.

Zuletzt können Flüchtlingsunternehmer/innen die bestehende Infrastruktur selbst verbessern, beispielsweise durch den Bau von Regenwasserspeichern und

Stromgeneratoren. Außerdem können fehlende Infrastrukturen als Geschäfts-
möglichkeiten wahrgenommen werden, zum Beispiel durch die Schaffung von
Internetcafés oder Handyläden, die dabei helfen, eine virtuelle Infrastruktur zu
schaffen, welche wiederum weitere Geschäftsideen ermöglicht (Crisp 2003).

12.4.1.2 Organisationsbedingte Hindernisse

Aufgrund von schlechtem Zugang zu formalen Finanzinstrumenten verlassen sich
Flüchtlinge auf soziale Netzwerke und Familie (Crisp 2003). Zusätzlich bieten
vergütete Kurzzeitanstellungen im Lager, zum Beispiel mit UNHCR und NROs
die Möglichkeit, weiteres Kapital anzusparen (Werker 2007). Um den fehlenden
Zugang zu Ressourcen zu kompensieren, können Flüchtlingsunternehmer/innen
andere Formen von Kapital einsetzen: zum Beispiel können ausgebildete Kranken-
schwestern und –pfleger medizinischen Service anbieten und Schneider/innen
können Kleidung, Stoffe und Nähdienstleistungen anbieten. Weiterhin können
humanitäre Güter auf innovative Weise weiterverarbeitet werden, beispielsweise
indem aus Feuerholz Fahrräder gebaut werden.

Niedriger Nachfrage kann durch die Erweiterung des anvisierten Kund/innen-
kreises entgegengewirkt werden. Im Kyangwali Settlement in Uganda haben
Flüchtlinge das Unternehmen Kyangwali Progressive Farmers Limited gegründet,
um Hirse an einen großen ugandischen Getränkehersteller zu liefern (Omata
und Kaplan 2013). Während die landwirtschaftlichen Erzeugnisse der einzelnen
Flüchtlinge zu gering waren, konnten die Flüchtlinge im Kollektiv einen externen
Markt anzapfen und ein profitables Unternehmen gründen.

Zuletzt können Marktinformationen durch virtuelle Infrastrukturen über Han-
dys und Internet verbreitet werden. Somit wären Flüchtlingsunternehmer/innen in
der Lage, Informationen über interne und externe Märkte in Echtzeit zu erhalten
und ihre Produkte und Dienstleistungen jederzeit an Kund/innennachfragen anzupassen.

12.5 Implikationen für Politik und Praxis

Empirische Daten aus Flüchtlingslagern zeigen, dass Flüchtlingsunternehmer/
innen in der Lage sind, die institutionelle Lähmung und resultierenden Einschränkungen für Unternehmensgründung zu bewältigen. Trotzdem stellt
das dominante HIA ein nicht unbedeutendes Hindernis für wirtschaftliche
Aktivitäten in Flüchtlingslagern dar und viele Unternehmen in den Lagern
investieren substanzielle Ressourcen in die Überwindung dieser Hindernisse.

In diesem Abschnitt stelle ich daher fünf Möglichkeiten vor, durch die Politik und Praxis ein unternehmensfreundlicheres Klima in Flüchtlingslagern schaffen könnten.

12.5.1 Einführung von Programmen, die Unternehmensgründung unterstützen

Wie bereits dargestellt, werden sowohl die Lage des Flüchtlingslagers als auch die rechtliche Situation von Geflüchteten vom Gastland festgelegt. In Uganda dürfen Flüchtlinge zum Beispiel arbeiten und sich relativ frei im Land bewegen (Werker 2007; Betts et al. 2012). In den meisten anderen Kontexten sind Flüchtlingslager jedoch in abgelegenen, Rohstoff-armen Gegenden gelegen und die Bewegungsfreiheit von Flüchtlingen ist stark eingeschränkt (Crisp 2003). Innerhalb der Lager sind in einem HIA Abhängigkeit und fehlendes Handlungsvermögen der Flüchtlinge institutionalisiert, also selbstverständlich. Seit ein paar Jahren artikuliert UNHCR jedoch, dass „livelihood programming", also Programme, die Selbstständigkeit und -bestimmtheit fördern, „so früh wie möglich beginnen sollten, nachdem sofortige humanitäre Bedürfnisse gedeckt sind und Menschen sich eingerichtet haben" (UNHCR 2012a, S. 14). Obwohl dies in der Praxis bisher selten umgesetzt wird (Betts 2012, S. 10), zeigt die verbale Anerkennung, dass auch Flüchtlinge das Recht auf ein selbstbestimmtes Leben haben, dass das HIA an die Erwartungen der Flüchtlinge bezüglich Handlungsvermögen und Selbstverwirklichung angepasst werden kann.

Ein vielversprechender Weg ist die Einführung von Geld-basierten Hilfsprogrammen. Wie vor kurzem im Gore Camp im Süd-Tschad getestet, bietet der Transfer von Geld statt humanitären Gütern Flüchtlingsunternehmer/innen ein Startkapital und allen Flüchtlingen einen größeren Grad an Selbstbestimmtheit und Unabhängigkeit (Harvey und Bailey 2011). Damit Geld-basierte Hilfsprogramme funktionieren, ist jedoch wichtig, dass die Verwendung des Geldes völlig unabhängig stattfindet und nicht an bestimmte Geschäfte gebunden ist.

12.5.2 Erweiterung der Stakeholder/innen

Jedes Flüchtlingslager ist einzigartig und Marktinterventionen muss daher ein detailliertes Verständnis des spezifischen wirtschaftlichen, sozialen und politischen Kontexts eines jeden Lagers zugrunde liegen. UNHCR plant seine

Interventionen zentral unter der Mitarbeit des Lagermanagements. Eine Erweiterung der einbezogenen Stakeholder/innen in Planungsprozesse würde eine Anpassung des HIA an den individuellen Lagerkontext zu einem gegebenen Zeitpunkt ermöglichen. Die Beteiligung von Flüchtlingsunternehmer/innen, beispielsweise, könnte eine Änderung des HIA weg von Abhängigkeit und fehlender Handlungsfähigkeit hin zu Autonomie und Selbstbestimmung von Geflüchteten im Lagerkontext ermöglichen. Des Weiteren ähneln Langzeit-Flüchtlingslager eher Städten als temporären Niederlassungen (Montclos und Kagwanja 2000). Das Za'atari Flüchtlingslager wird beispielsweise als die viertgrößte Stadt Jordaniens bezeichnet (Remnick 2013). Folglich gleichen die planerischen Anforderungen eines Flüchtlingslagers denen einer Stadt. Die Einbeziehung von Städteplaner/innen in frühe Phasen der humanitären Krise könnte späteren Infrastrukturschwächen vorbeugen.

12.5.3 Zugang zu finanziellen Instrumenten ermöglichen

Obwohl Zugang zu Kapital für jedes Unternehmen von zentraler Bedeutung ist, greifen Flüchtlingsunternehmer/innen vorrangig auf persönliche Ersparnisse oder Geldüberweisungen aus ihrem persönlichen Netzwerk zurück, um ihr Unternehmen zu finanzieren. Initiativen wie die Darlehensgruppe im Sudan bleiben die Ausnahme. Vereinbarungen zwischen Flüchtlingslagern und lokalen Mikro Finanzierungsinstituten könnten Flüchtlingsunternehmer/innen eine Möglichkeit geben, das Startkapital für ein Unternehmen zu sichern. Ein weiterer Weg, um Zugang zu Finanzmärkten zu vereinfachen, könnte die Förderung einer verstärkten Präsenz von Organisationen sein, die sich auf Mikrofinanzierungen im Kontext einer humanitären Krisensituation spezialisieren.

12.5.4 Etablierung von Innovationszentren in Flüchtlingslagern

Innovationszentren sind in vielen Städten Afrikas bereits etabliert und bieten einen Ort, an dem sich Unternehmer/innen „durch Meet-ups, Workshops, Fokusgruppen, und Wettbewerbe kennenlernen und austauschen können" (Gathege und Moraa 2013, S. 16). Unternehmer/innen in Flüchtlingslagern sind derzeit an die institutionellen Regeln des Lagers gebunden. Die Etablierung von Innovationszentren würde ihnen Zugang zu Informationen, Unterstützung und Startkapital erleichtern. Die Einführung von Innovationszentren findet sich bereits auf der

Agenda einiger humanitärer Organisationen wieder und könnte die Eingangshindernisse für Unternehmensgründung in Flüchtlingslagern bedeutend verringern (Betts et al. 2012).

12.5.5 Förderung externer Marktentwicklung

Formale Regeln, die den Arbeitsmarktzugang von Flüchtlingen einschränken, tragen zu Langeweile und Frustration unter Flüchtlingen bei. Es besteht jedoch die Möglichkeit, Arbeitsplätze innerhalb eines Flüchtlingslagers zu schaffen. Im Dadaab Flüchtlingslager hat beispielsweise das soziale Unternehmen Samasource kleine digitale Aufgaben an Flüchtlinge mit einfachen Computerkenntnissen übertragen (Betts et al. 2012). Dadurch waren Flüchtlinge in der Lage, Unternehmenskapital anzusparen, ein soziales Netzwerk zu entwickeln und ihre Computerkenntnisse zu verbessern. Die Förderung von Initiativen zur Arbeitsmarktentwicklung in Flüchtlingslagern kann weiterhin dabei helfen, die Gefahr von Unruhen und Konflikt im Lager zu verringern.

Abschließend lässt sich festhalten, dass mit einer steigenden Zahl an Menschen auf der Flucht auch die Dringlichkeit wächst, Lösungen zu finden, die den negativen Aspekten des Lebens im Flüchtlingslager vor allem in andauernden Flüchtlingssituationen entgegenwirken. Neue Regelungen, die Unternehmertum fördern, die Einbeziehung vielfältigerer Stakeholder/innen, die Gründung von Innovationszentren, die Förderung von Marktentwicklung und die Schaffung von Arbeitsplätzen würden nicht nur das sozioökonomische Klima in Flüchtlingslagern verbessern, sondern auch positiv zur Wirtschaft des Gastlandes beitragen und so unter anderem lokale Ressentiments gegenüber Flüchtlingen verringern.

Literatur

Abu Sarah, A. 2013. First person: Five things I learned in Syrian refugee camps. *National Geographic.* 20. September.
Aidis, R., S. Estrin, und T. M. Mickiewicz. 2012. Size matters: entrepreneurial entry and government. *Small Business Economics* 39(1): 119–139.
Barley, S. R., und P. S. Tolbert. 1997. Institutionalization and Structuration: Studying the Links between Action and Institution. *Organization Science* 18(1): 93–117.
Battilana, J., und S. Dorado. 2010. Building sustainable hybrid organizations: The case of commercial microfinance organizations. *Academy of Management Journal* 53(6): 1419–1440.
Betts, A. 2012. Putting innovation at the heart of refugee protection work. *The Guardian.*

Betts, A., L. Bloom, und N. Omata. 2012. *Humanitarian innovation and refugee protection* (No. 85):1–22. Oxford.
Bourdieu, P., und L. Wacquant. 1997. 2. Auflage. *An Invitation to Reflexive Sociology*. Chicago, IL: University of Chicago Press.
Buerk, M. 1984. *BBC Ethiopia Report 10/23/1984*. United Kingdom: BBC.
Chakrabarty, S. 2009. The influence of national culture and institutional voids on family ownership of large firms: A country level empirical study. *Journal of International Management* 15(1): 32–45.
Crisp, J. 2003. *No solution in sight: The problem of protracted refugee situations in Africa* (No. 68): 1–33. Genf.
DiMaggio, P. J., und W. W. Powell. 1983. The iron cage revisited: Institutional isomorphism and collective rationality in organizational fields. *American Sociological Review* 48: 147–160.
Galaskiewicz, J. 1997. An Urban Grants Economy Revisited: Corporate Charitable in the Contributions Twin Cities, 1979–81. *Administrative Science Quarterly* 42(3): 445–471.
Gathege, D., und H. Moraa, H. 2013. *Comparative study on innovation hubs across Africa* (S. 1–41). Nairobi: Kenya.
Gioia, D. A., und K. Chittipeddi. 1991. Sensemaking and sensegiving in strategic change initiation. *Strategic Management Journal* 12(6): 433–448.
Goodwin-Gill, G., und J. McAdams. 2007. *The refugee in international law*. Oxford, UK: Oxford University Press.
Greenwood, R., M. Raynard, F. Kodeih, E. R. Micelotta, und M. Lounsbury. 2011. Institutional Complexity and Organizational Responses. *The Academy of Management Annals* 5(1): 317–371.
Harvey, P., und S. Bailey. 2011. *Cash transfer programming in emergencies* (S. 1–143). London.
Hensmans, M. 2003. Social Movement Organizations: A Metaphor for Strategic Actors in Institutional Fields. *Organization Studies* 24(3): 355–381.
Hoffman, A. J. 1999. Institutional evolution and change: environmentalism and the US chemical industry. *Academy of Management Journal* 42(4): 351–371.
Honig, B. 1998. What determines success? Examining the human, financial and social capital of Jamaican microentrepreneurs. *Journal of Business Venturing* 13(5): 371–394.
Humanitarian Innovation Project. 2013. *About Us*. http://www.rsc.ox.ac.uk/research/humanitarian-innovation-project.
Jack, S. L., und A. R. Anderson. 2002. The effects of embeddedness on the entrepreneurial process. *Journal of Business Venturing* 17(5): 467–487.
Jay, J. 2013. Navigating paradox as a mechanism of change and innovation in hybrid organizations. *Academy of Management Journal* 56(1): 137–159.
Jepperson, R. L. 1991. Institutions, institutional effects, and institutionalism. In *The new institutionalism in organizational analysis*, Hrsg. W. Powell and P. DiMaggio, 143–163. Chicago, IL: University of Chicago Press.
Luo, X. R., und C.-N. Chung. 2012. Filling or Abusing the Institutional Void? Ownership and Management Control of Public Family Businesses in an Emerging Market. *Organization Science* 24(2): 591–613.
Mair, J., I. Marti, und M. Ventresca. 2012. Building inclusive markets in rural Bangladesh: how intermediaries work institutional voids. *Academy of Management Journal* 55(4): 819–850.

Martí, I., und J. Mair. 2006. *Entrepreneurship in and around institutional voids: A case study from Bangladesh.* Working Paper 3(636).

McConville, K. 2014. We're not acronyms, we're people! *Huffington Post.* London, UK.   http://www.huffingtonpost.com/kieran-mcconville /were-not-acronyms-were-pe_b_4577018.html.

Minear, L. 2002. *The humanitarian enterprise: dilemmas and discoveries.* Bloomfield: Kumarian Press.

Montclos, M.-A. P. d., and P. M. Kagwanja. 2000. Refugee Camps or Cities? The Socio-economic Dynamics of the Dadaab and Kakuma Camps in Northern Kenya. *Journal of Refugee Studies* 13(2): 205–222.

Natsios, A. S. 1995. NGOS and the UN system in complex humanitarian emergencies: conflict or cooperation? *Third World Quarterly* 16(3): 405–419.

Okoth, D. 2012. IT entrepreneurs find surprise success in Kenya's Dadaab refugee camps. *The Guardian,* online. London.

Omata, N., und J. Kaplan. 2013. *Refugee livelihoods in Kampala, Nakivale and Kyangwali refugee settlements. Patterns of engagement with the private sector* (No. 95) (S. 1–26). Oxford.

Orser, B., S. Hogarth-Scott, und A. Riding. 2000. Performance, firm size, and management problem solving. *Journal of Small Business Management* 38(4): 42–59.

Peci, F., E. Kutllovci, Q. Tmava, und V. Shala. 2012. Small and Medium Enterprises Facing Institutional Barriers in Kosovo. *International Journal of Marketing Studies* 4(1): 95–107.

Pissarides, F., M. Singer, und J. Svejnar. 2003. *Objectives and constraints of entrepreneurs: evidence from small and medium-sized enterprises in Russia and Bulgaria* (No. 59) (S. 1–27).

Protracted Refugee Situations Project. 2014. *Protracted refugee situations.* http://www.prsproject.org/protracted-refugee-situations/. Zugegriffen: 1. Juni 2014.

Rawlence, B. 2016. *City of thorns: Nine lives in the world's largest refugee camp.* London: Picador.

Remnick, M. 2013. Letter from Jordan: City of the lost. *The New York Times,* 26. August 2013. New York. http://www.newyorker.com/reporting/2013/08/26/130826fa_fact_remnick?currentPage=all.

Robson, P. J. A., und B.A. Obeng. 2008. The Barriers to Growth in Ghana. *Small Business Economics* 30(4): 385–403.

Seo, M., und W. E. D. Creed. 2002. Institutional Contradictions, Praxis, and Institutional Change: A Dialectical Perspective. *The Academy of Management Review* 27(2): 222.

Sonin, K. 2003. Why the rich may favor poor protection of property rights. *Journal of Comparative Economics* 31: 715–731.

Stearns, J. 2011. *Dancing in the glory of monsters: The collapse of the Congo and the great war of Africa.* New York: Public Affairs.

Tagoe, N., E. Nyarko, und E. Anuwa-Amarh. 2005. Financial Challenges Facing Urban SMEs under Financial Sector Liberalization in Ghana. *Journal of Small Business Management* 43(3): 331–343.

Thornton, P. H., D. Ribeiro-Soriano, und D. Urbano. 2011. Socio-cultural factors and entrepreneurial activity: An overview. *International Small Business Journal* 29(2): 105–118.

Turner, S. 2009. *Suspended spaces: Contesting sovereignties in a refugee gamp.* In T. Hansen and F. Stepputat, Hrsg. *Sovereign Bodies: Citizens, migrants and states in the postcolonial world.* Princeton: Princeton University Press.

UNHCR. 2012a. *An introduction to cash-based interventions in UNHCR operations* (S. 1–25). Genf.

UNHCR. 2012b. *Livelihood programming in UNHCR: Operational guidelines.* Genf.

UNHCR. 2014a. *Displacement: Global trends 2012* (S. 1–48). Genf.

UNHCR. 2014b. What we do. Retrieved May 27, 2014, from http://www.unhcr.org/pages/49c3646cbf.html.

United Nations Treaty Series. 1951. *Convention relating to the Status of Refugees.* Pub. L. No. 189. Schweiz. https://treaties.un.org/pages/ViewDetailsII.aspx?&src=UNTSONLINE&mtdsg_no=V~2&chapter=5&Temp=mtdsg2&lang=en.

Webb, J. W., R. D. Ireland, D. G. Sirmon, und A. Texas. 2009. You say illegal, I say legitimate: entrepreneurship in the informal economy. *Academy of Management Review* 34(3): 492–510.

Weick, K. 1993. The collapse of sensemaking in organizations: the Mann Gulch disaster. *Administrative Science Quarterly* 28: 628–652.

Werker, E. 2002. *Refugees in Kyanwali Settlement: Constraints on economic freedom* (No. 7). Boston, M.A.

Werker, E. 2007. Refugee camp economies. *Journal of Refugee Studies* 20(3): 461–480.

Marlen de la Chaux schloss ihr Studium an der Cambridge University im Bereich Innovationsmanagement ab und war danach beratend als Assistant Donor Relations Officer des UN-Flüchtlingskommissariats (UNHCR) tätig. Bis 2017 promovierte sie an der Cambridge University; Forschungsaufenthalte führten sie in die U.S.A. und nach Kenia.

Flucht und Migration als außenpolitische Herausforderung

13

Christian Jetzlsperger

Zusammenfassung

Die massiven Fluchtbewegungen der vergangenen Jahre sind Ausdruck tektonischer Verschiebungen in der internationalen Ordnung. Aufgabe verantwortlicher Außenpolitik ist es zum einen, diese geopolitischen Veränderungen aufzunehmen und mitzugestalten. Zum anderen gilt es, Fluchtursachen zu bekämpfen: durch präventives Engagement dort, wo Krisen zu entstehen drohen; durch Maßnahmen der Konfliktbeilegung und der Stabilisierung in gewaltsam eskalierten Konflikten; und durch die Unterstützung von Friedensprozessen nach Ende von Gewalthandlungen. In Deutschland hat das Auswärtige Amt hierfür seit 2014 Strukturen geschaffen und in erheblichem Umfang Mittel bereitgestellt. Für den Erfolg des Krisenengagements entscheidend ist die effektive Koordinierung der Beiträge verschiedener Ministerien im Rahmen einer klar definierten politischen Strategie.

Schlüsselwörter

Fluchtursachen · Flucht · Krieg · Krisenprävention · Außenpolitik · Syrien · Afghanistan · Irak

Dieser Beitrag gibt ausschließlich die Auffassungen des Autors wieder.

C. Jetzlsperger (✉)
Auswärtiges Amt, Embassy of the Federal Republic of Germany,
Washington, DC, USA
E-Mail: christian.jetzlsperger@privat.auswaertiges-amt.de

© Springer Fachmedien Wiesbaden GmbH, ein Teil von Springer Nature 2020   273
C. Beier et al. (Hrsg.), *Globale Wanderungsbewegungen*,
https://doi.org/10.1007/978-3-658-28237-0_13

13.1   Einleitung

Ende 2016 waren weltweit mehr als 65 Mio. Menschen auf der Flucht – mehr als je zuvor seit dem Ende des Zweiten Weltkriegs. Rund zwei Drittel dieser Menschen verblieben als Binnenvertriebene in vermeintlich sichereren Gebieten im eigenen Land; der größte Teil grenzüberschreitender Fluchtbewegungen wiederum spielte sich in der unmittelbaren Nachbarschaft der von Krieg und Krisen betroffenen Länder, v. a. in Afrika und im Nahen und Mittleren Osten, ab.

Für die Länder, die einen Großteil der Flüchtlinge aufnehmen, sind die Herausforderungen enorm. Beispiel Libanon: Das kleine Land an der Ostküste des Mittelmeers ist seit jeher geprägt durch ein fragiles Gleichgewicht zwischen Christ/innen, Sunnit/innen und Schiit/innen, das nach dem 15 Jahre währenden Bürgerkrieg (1975–1990) mühsam wiederhergestellt werden musste. Zwei Jahrzehnte später ist dieses Gleichgewicht durch einen anderen Bürgerkrieg, nunmehr im Nachbarland Syrien, gefährdet: Während die Regierung des Landes ein Übergreifen auf das eigene Land vermeiden will, kämpft die wichtigste politisch-paramilitärische Kraft der Schiit/innen, die Hisbollah, aufseiten des syrischen Regimes unter Bashar al-Assad. Gleichzeitig haben mehr als zwei Millionen Syrer/innen in Libanon Zuflucht gefunden – eine immense Belastung für die Systeme der öffentlichen Daseinsvorsorge, für Gesundheits- und Bildungswesen und zugleich eine latente Bedrohung für den mühsam errungenen gesellschaftlichen Frieden im Libanon selbst.

Auch in Europa haben die massiven Fluchtbewegungen der vergangenen Jahre Risse im politisch-sozialen Grundkonsens offenbart. Auch wenn nur ein Bruchteil der 65 Mio. Menschen auf der Flucht Zuflucht in Europa fand: die ‚Flüchtlingskrise' des Jahres 2015 legte bis dahin verborgene Konflikte innerhalb der europäischen Gesellschaften offen. Der vielfache Zuzug von Menschen aus einer kulturell und religiös anders geprägten Weltregion ließ wie in einem Brennglas Verlustängste und Entfremdungsgefühle breiter Bevölkerungsschichten hervortreten und führte zu einem Erstarken populistischer Bewegungen in vielen europäischen Staaten. Sie fordern eine Rückbesinnung auf die (oft eng als ethnisch definierte Gemeinschaft verstandene) Nation und sehen in der Europäischen Union einen Irrweg: Die offenen Grenzen des Schengen-Raums empfinden sie als Bedrohung und die Integration der Volkswirtschaften – verkörpert durch den Euro als gemeinsame Währung – als Ursache für Arbeitslosigkeit und wirtschaftlichen Niedergang. Die Repräsentant/innen des Staates, aber auch der Wirtschaft und der Medien verunglimpfen sie als abgehobene Elite, die den Kontakt zum

‚Volk' verloren habe – und stellen so die Grundlagen der freiheitlichen Demokratie selbst infrage.

Diese epochale Herausforderung der europäischen Nachkriegsordnung lässt
sich keineswegs – und schon gar nicht monokausal – auf die ‚Flüchtlingskrise'
zurückführen. Die Wurzeln reichen tiefer, die Ursachen sind vielfältig. Doch die
‚Flüchtlingskrise' hat katalytisch gewirkt; ihre ‚Bewältigung' ist *conditio sine
qua non,* will der in die Europäische Union eingebettete demokratische Rechts-
staat seine Leistungsfähigkeit und seine Legitimität unter Beweis stellen.

Über den richtigen Weg zu dieser ‚Bewältigung' der ‚Flüchtlingskrise' wird
heftig gerungen. Diese Debatte nachzuzeichnen würde den Rahmen dieses Beitrags bei weitem sprengen. Im Folgenden soll es weder um die (eminent wichtige) Frage der Integration einer Bevölkerungsgruppe gehen, deren kulturelle,
religiöse und soziale Wertvorstellungen sich fundamental von denen der Aufnahmegesellschaft unterscheiden. Noch werden (ebenso wichtige) Fragen der
Einwanderungs- und Asylgesetzgebung, des Familiennachzugs oder der Rückführung ausreisepflichtiger Ausländer/innen erörtert. Dieser Beitrag blickt auf
Flucht und Migration vielmehr durch die Brille der außenpolitischen Praxis.
Die außenpolitische Relevanz des Themas liegt angesichts der beschriebenen
Stabilitätsrisiken und -nebenwirkungen auf der Hand. Die Frage lautet: Was
kann Außenpolitik – und insbesondere deutsche Außenpolitik – tun, um Flucht-
ursachen zu bekämpfen?

13.2 Flucht und Migration

Migration ist seit Jahrtausenden fester Bestandteil globaler Veränderungsprozesse. Auch im 21. Jahrhundert bergen Wanderungsprozesse nicht nur Stabilitätsrisiken, sondern eröffnen auch Entwicklungschancen – für die Migrant/
innen ebenso wie für Herkunfts- und Aufnahmeländer: Migrant/innen profitieren
vom Zugang zu Bildung und Arbeitsmärkten; in den Aufnahmeländern helfen
sie, Fachkräftemangel zu beheben, zahlen Steuern und leisten Beiträge zu Ver-
sicherungssystemen; und in den Herkunftsländern leisten Migrant/innen durch
Remittances einen Beitrag zur wirtschaftlichen Entwicklung und entlasten den
Arbeitsmarkt. Voraussetzung für eine solche *win-win*-Situation ist eine verbesserte internationale Steuerung und aktive Gestaltung regulärer Migration, etwa
im Rahmen des *Global Forum on Migration and Development* (GMFD). Dazu
gehört auch, irreguläre Migration zu verhindern oder zumindest zu erschweren,

Schlepper/innennetzwerken das Handwerk zu legen und gleichzeitig Perspektiven für reguläre Migration zu eröffnen.

Fluchtbewegungen lassen sich von solchen Ansätzen international abgestimmter Verregelung nur begrenzt erfassen. Migrant/innen suchen aufgrund von Ernährungsunsicherheit, Klimawandel und Bevölkerungswachstum oder aber schlicht wegen des Mangels an wirtschaftlichen und sozialen Perspektiven andernorts eine bessere Zukunft für sich und ihre Kinder. Migrationsentscheidungen sind – wenigstens potenziell – planbar. Hingegen sehen Flüchtlinge sich durch Krieg, Verfolgung und Gewalt gezwungen, ihr Land zu verlassen. Fluchtentscheidungen fallen oft sehr kurzfristig, möglicherweise im Angesicht einer konkreten Bedrohung für Leib und Leben. Flucht- und Migrationsmotive lassen sich zwar nicht immer sauber voneinander trennen. Dennoch gilt es, Flucht und Migration analytisch zu unterscheiden, denn sie erfordern jeweils spezifische außen-, sicherheits- und entwicklungspolitische Antworten (Bundesregierung 2016, 2017).

13.3 Herausforderungen der Krisenprävention und Konfliktbewältigung

Wer Fluchtursachen beseitigen will, muss akute Konflikte lösen und der Entstehung künftiger Krisen vorbeugen. Diese Feststellung ist an sich banal. Drei Faktoren erschweren ihre Umsetzung in die Realität:

(1) Krisen und Konflikte unserer Tage sind häufig keine regional eingegrenzten oder auch nur eingrenzbaren Phänomene. Sie sind vielmehr Symptome eines epochalen Umbruchs der Weltordnung insgesamt. Die USA, nach dem Zerfall der Sowjetunion einzig verbliebene Weltmacht, haben in Anbetracht innenpolitischer Polarisierung und außenpolitischer Erschöpfung an Gestaltungskraft und Gestaltungswillen eingebüßt. China beansprucht nach zwei Jahrhunderten von Abhängigkeit, Fremdherrschaft und Wiederaufstieg seinen alten Platz als ‚Reich der Mitte' und tritt außenpolitisch zunehmend kraftvoll und selbstbewusst auf. Russland ist bestrebt, seine Niederlage im Kalten Krieg zu revidieren; eine Phase der Annäherung an den Westen wird abgelöst durch den Versuch, Einflusssphären und Augenhöhe zurückzugewinnen. Infrage gestellt werden dabei das Völkerrecht und die Institutionen, auf denen die Weltordnung seit 1945 ruht – teils aggressiv wie durch die völkerrechtswidrige Annexion der Krim durch Russland, teils durch die Schaffung alternativer Organisationen wie die von China konzipierte und dominierte Asian Infrastructure Investment Bank (AIIB). Die Erosion der vertrauten Ordnung wird beschleunigt durch die

Infragestellung tragender Säulen durch die Status-quo-Mächte selbst – so etwa die neue Skepsis der USA gegenüber dem internationalen Freihandel. Eine sinkende weltweite Attraktivität des ‚westlichen' Staats- und Gesellschaftsmodells, die sich im Inneren der westlichen Gesellschaften selbst widerspiegelt, kommt hinzu.

Ausdruck dieser vielfältigen Umbrüche ist etwa der syrische Konflikt. Seinen Ausgang nahm er in zunächst friedlichen Protesten gegen das Regime von Bashar al-Assad, inspiriert von den Revolutionen des „arabischen Frühlings" und getragen von der Hoffnung auf mehr Freiheit und bessere Lebensbedingungen. Er wandelte sich durch die blutige Niederschlagung der Proteste in einen brutalen Bürgerkrieg, in dem radikale Kräfte zusehends die Oberhand gewannen. Regionale Akteur/innen und Großmächte verwandelten den Konflikt in einen Stellvertreterkrieg, in dem sie ihre fundamentalen Interessen wahren zu müssen meinen. Der mehrfache Einsatz international geächteter Chemiewaffen durch Diktator Assad unterstreicht, dass selbst fundamentale Normen des (Kriegs-) Völkerrechts bedroht sind.

(2) Die Einwirkungsmöglichkeiten externer Akteur/innen zur Befriedung eines Konflikts sind begrenzt, da sich die Interessenkalküle der Konfliktbeteiligten oft nur marginal von außen beeinflussen lassen und Strukturen und Wertvorstellungen allenfalls langfristig verändert werden können. Zudem sind die zur Verfügung stehenden Ressourcen endlich, die politische Bereitschaft zum langfristigen und umfassenden Einsatz von Diplomatie, Entwicklungszusammenarbeit und Militär lässt nach, je länger dieser Einsatz dauert. Und das politische Kapital der Entscheidungsträger/innen, die regelmäßig Wahlen zu bestehen haben, ist ebenfalls begrenzt (Brozus et al. 2018).

Beispiel Afghanistan: Seit 2001/02 engagiert sich die internationale Gemeinschaft mit beispiellosem Aufwand am Hindukusch. Dennoch bleibt das Land von Instabilität und Gewalt gezeichnet. Die staatlichen Institutionen sind auch mehr als 15 Jahre nach Beginn des Einsatzes schwach, weite Teile des Landes sind der Kontrolle der Regierung in Kabul entzogen, werden von den Taliban beherrscht oder sind umkämpft. Trotz der Präsenz von zeitweise über 140.000 Soldatinnen in der International Security Assistance Force (ISAF) und Milliardeninvestitionen in die Entwicklung des Landes (und ungeachtet bemerkenswerter Erfolge etwa im Bildungsbereich und in der Menschenrechtslage) bleiben die Ergebnisse hinter den Hoffnungen zurück: Die Sicherheitslage ist in vielen Landesteilen schlecht, und im *Human Development Index* belegt Afghanistan im Jahr 2018 Platz 170 (von 189).

(3) Rechtzeitige Krisenfrüherkennung und Krisenprävention können unzählige Menschenleben retten, Fluchtbewegungen verhindern und Folgekosten für

militärische Interventionen und Wiederaufbaumaßnahmen einsparen, sind aber in der außenpolitischen Praxis besonders herausfordernd (United Nations und Worldbank 2018). Denn zum einen bleibt das Erkennen heraufziehender Konflikte trotz vermehrter Anstrengungen schwierig. Zum anderen fehlt oft gerade im Frühstadium das notwendige Instrumentarium, um eine Krise noch abzuwenden. Ein Mangel an politischer Entschlossenheit und internationaler Einigkeit tritt hinzu: Bereits ausgebrochene Krisen beanspruchen die Aufmerksamkeit des politischen Spitzenpersonals ebenso wie der internationalen Medien; und ein frühzeitiges Eingreifen der internationalen Gemeinschaft wird – auch von Vetomächten im VN-Sicherheitsrat – mit Verweis auf die Souveränität der betroffenen Staaten abgelehnt.

Beispiel Burundi: Entgegen den Bestimmungen des Friedensabkommens von Arusha (2000), das den Konflikt zwischen Hutu und Tutsi durch institutionelle Arrangements einzuhegen versuchte, strebte Präsident Nkurunziza seit 2015 eine verfassungswidrige dritte Amtszeit an. Erhebliche Spannungen im Land waren die Folge, Anzeichen für eine mögliche gewaltsame Eskalation des Konflikts mehrten sich. Über 400.000 Burunder/innen flohen ins benachbarte Ausland; mehrere hundert kamen bei Demonstrationen, einem Putschversuch und Verfolgungsaktionen der Regierung ums Leben. Insbesondere die Nachbarstaaten Burundis bemühten sich im Rahmen der Ostafrikanischen Gemeinschaft um eine Entschärfung des Konflikts. Ein weitergehendes Eingreifen der Staatengemeinschaft scheiterte jedoch an der Uneinigkeit des VN-Sicherheitsrats; konkreten Maßnahmen der Konfliktbeilegung und der Mediation vor Ort verweigerte das Nkurunziza-Regime die Zustimmung. Größere internationale Aufmerksamkeit erlangte die Lage in Burundi nie. Heute scheint Burundi, dessen Präsident sich 2018 durch eine Verfassungsänderung eine weitere Amtszeit sicherte, oberflächlich stabil; die Beziehungen zwischen den Ethnien bleiben jedoch angespannt, die Menschenrechtslage schlecht. Eine Eskalation der Krise scheint jederzeit möglich.

13.4 Die Diplomatie und ihr Instrumentenkasten

Trotz aller Schwierigkeiten und Unzulänglichkeiten: Die Fluchtbewegungen der Gegenwart lassen sich nicht durch Maßnahmen der Grenzsicherung, durch die Rückführung von Migrant/innen ohne Aufenthaltsberechtigung und/oder die Integration Geflüchteter in die Aufnahmegesellschaft allein lösen. Sie erfordern vielmehr einen kohärenten außenpolitischen Ansatz, in dessen Mittelpunkt nicht die

Verhinderung von Flucht per se steht, sondern die Beseitigung ihrer Ursachen. Und dies bedeutet in erster Linie: Außenpolitik muss sich aktiv um Krisenprävention, Konfliktbewältigung und Friedensförderung bemühen – und sich den oben beschriebenen Herausforderungen stellen.

Diese Erkenntnis ist nicht ganz neu, auch wenn die ‚Flüchtlingskrise' ihre Dringlichkeit noch einmal unterstrichen hat. Krisenengagement ist schon seit dem Ende des Kalten Krieges zu einem Kernbestandteil der Außenpolitik ‚westlicher' Staaten geworden. Mit dem Zerfall der Sowjetunion entfiel in vielen Räumen begrenzter Staatlichkeit die stabilisierende Kraft der Protektion durch die jeweilige Supermacht. Zuerst wurde dies zu Anfang der 1990er Jahre in Somalia deutlich, als die UdSSR ihre Unterstützung für das Regime von Siad Barre einstellte und der somalische Staat vollständig zerfiel. Angesichts einer Hungersnot und eskalierender Gewalt in der Hauptstadt Mogadischu entschloss sich die internationale Gemeinschaft zum Eingreifen – und scheiterte. In der Folge wurde jedoch deutlich, dass Chaos und Gewalt nicht auf die wie Somalia zerfallenden Staaten selbst beschränkt bleiben würde. Die Anschläge des 11. September 2001, die von al-Qaida aus dem von den Taliban beherrschten Afghanistan heraus geplant wurden, machten deutlich, dass staatliche Fragilität und Staatszerfall auch die Sicherheit der USA und Europas gefährdeten.

Seither hat die internationale Gemeinschaft sich in vielfältigen Krisen unterschiedlichsten Zuschnitts engagiert – und dabei ihr Instrumentarium erweitert und geschärft. Sei es in Afghanistan oder im Irak, in der Ukraine oder in Kolumbien, in Libyen oder im Jemen: In all diesen Konflikten bemühen externe Akteur/innen sich darum, Konflikte zu entschärfen, indem sie

- legitime Politik unterstützen, etwa durch die Beratung und finanzielle Unterstützung nationaler Dialogprozesse oder von verfassunggebenden Versammlungen;
- Sicherheit garantieren, beispielsweise durch die Entsendung von Polizeimissionen, die Ertüchtigung nationaler Sicherheitskräfte im Kampf gegen Terrorismus und Organisierte Kriminalität, die Reintegration ehemaliger bewaffneter Widerstandsgruppen oder die Reform des Sicherheitssektors, um mehr Transparenz und Bürger/innennähe zu schaffen;
- Rechtsstaatlichkeit herstellen, unter anderem durch die Aus- und Fortbildung von Richter/innen und Staatsanwält/innen, die Erleichterung des Zugangs zur Justiz, den Schutz von Menschenrechtsverteidiger/innen oder die Förderung von (gerichtlichen wie außergerichtlichen) Prozessen der Aufarbeitung einer gewaltträchtigen Vergangenheit;

- wirtschaftliche Chancen entfalten, etwa durch Beschäftigungsprogramme, Infrastrukturvorhaben oder Handelsförderung, aber auch zur Sicherung der Lebensgrundlagen durch Maßnahmen des Umwelt- und Klimaschutzes;
- staatliche Dienstleistungen auf eine nachhaltige finanzielle Grundlage stellen, zum Beispiel durch den Aufbau einer leistungsfähigen staatlichen (Steuer-) Verwaltung, einhergehend mit Maßnahmen der Korruptionsbekämpfung.

Neben vielfältigen positiven Unterstützungsleistungen gehören auch restriktive Maßnahmen zum Repertoire einer aktiven, auf Prävention, Stabilisierung und Friedensförderung ausgerichteten Außenpolitik. So können etwa Sanktionen ein wichtiges Instrument sein, um Staaten zu einer Verhaltensänderung zu bewegen – insbesondere dann, wenn sie mit positiven Anreizen verknüpft werden.

Als ultima ratio kann die internationale Gemeinschaft durch Militäreinsätze eklatant völkerrechtswidriges Verhalten ahnden. Der Einsatz militärischer Mittel muss freilich nicht auf diese Extremfälle begrenzt bleiben. Militärische Ausbildungs- und Ausstattungshilfe, aber auch die Überwachung von Waffenstillständen durch Blauhelmtruppen (mit Zustimmung der Konfliktparteien) können unterhalb der Schwelle militärischer Gewaltanwendung wichtige Beiträge zur Deeskalation leisten.

13.5   Zwischenbilanz

Entscheidend für den Erfolg externer Intervention ist, dass die Instrumente zum richtigen Zeitpunkt und auf den jeweiligen Kontext zugeschnitten eingesetzt werden – und dabei einer politischen Strategie folgen. Projekte und Maßnahmen aller Art können Politik und Diplomatie allenfalls flankieren und unterfüttern, ihnen Nachdruck und Glaubwürdigkeit verleihen, sie aber nie ersetzen. Dieser Erkenntnis trägt unter anderem der Stabilisierungs-Ansatz Rechnung. Stabilisierungsmaßnahmen sollen politische Prozesse der Konfliktlösung unterstützen und Impulse setzen, damit Konfliktparteien den bewaffneten Konflikt einstellen, oder unterstützen legitime politische Autoritäten dabei, der Bevölkerung ein überzeugendes politisches ‚Angebot‘ zu machen, das attraktiver ist als die ‚Konkurrenz‘ etwa in Gestalt von Terrororganisationen mit territorialem Machtanspruch. Zum Einsatz kommen können dabei außen-, sicherheits- und entwicklungspolitische Maßnahmen, die im Dienste einer politischen Zielsetzung flexibel miteinander verknüpft werden.

Dabei gibt es durchaus Erfolge. So gelang es im Irak, den sogenannten „Islamischen Staat" (IS) nach dessen Siegeszug im Jahr 2014 zurückzudrängen und militärische Erfolge durch schnelle, zielgerichtete Maßnahmen ziviler Stabilisierung zu konsolidieren. In den vom IS befreiten Städten und Regionen des Irak etwa wurden gezielt Mittel bereitgestellt, um zerstörte Infrastruktur – Wasser- und Stromleitungen etwa – wiederherzustellen, Schulen zu rehabilitieren und der lokalen Wirtschaft Anreize zur Wiederaufnahme der Geschäftstätigkeit zur Verfügung zu stellen. Dies mit sichtbarem Erfolg: Hunderttausende Binnenvertriebene kehrten binnen weniger Monate in die befreiten Orte zurück.

Dennoch bleibt die Bilanz des internationalen Krisenengagements der vergangenen drei Jahrzehnte bestenfalls gemischt: In Afghanistan geht der Einsatz internationaler Truppen in sein 19. Jahr, ohne dass eine nachhaltige Stabilisierung erzielt worden wäre. In Syrien ist ein Ende des Bürgerkriegs, der bereits mehr als 400.000 Menschenleben gekostet hat, nicht in Sicht. Im Südsudan ist es der internationalen Gemeinschaft nicht gelungen, die Auseinandersetzungen zwischen Regierung und Opposition zu beenden und den erst 2011 gegründeten Staat zu konsolidieren. Und selbst dort, wo Friedensprozesse – wie auf dem Balkan oder zuletzt in Kolumbien – erfolgreich waren, bestehen Spannungen fort.

Die Gründe für diese ‚Krise des Friedenschaffens‘ sind vielfältig. An erster Stelle ist der bereits erwähnte Umbruch der internationalen Ordnung zu nennen: Die Vielzahl der Krisen zu Beginn des 21. Jahrhunderts ist Symptom dieses Umbruchs; das Unvermögen, diese Krisen zu lösen, ist es ebenso. Dies gilt insbesondere dort, wo – wie in Syrien – Großmächte oder ihre regionalen Verbündeten aktiv in das Krisengeschehen eingreifen. Doch auch in Konflikten, die eher im Windschatten der großen internationalen Politik ausgetragen werden, machen sich die fehlende Einigkeit der internationalen Gemeinschaft und ein Glaubwürdigkeitsverlust bisheriger Führungsmächte bemerkbar.

Doch es gibt weitere Faktoren, die die Fähigkeit zur Konfliktlösung und zur Überwindung akuter Krisen beeinträchtigen. Drei seien genannt:

- Krisenprävention, Stabilisierung und Konfliktnachsorge müssen sich an den Gegebenheiten vor Ort orientieren. Dies erfordert zum einen genaue Kenntnisse von Geschichte, Kultur und politischen Strukturen des jeweiligen Landes und zum anderen die Bereitschaft, anspruchsvolle und zugleich realistische Ziele für das internationale Engagement zu definieren. Sowohl in nationalen außenpolitischen Diskursen als auch auf internationaler Ebene fehlt es häufig an beidem. Das Resultat sind unklare, wechselnde und/oder überambitionierte Ziele und überfrachtete Mandate, beispielsweise bei VN-Missionen.
- Hierbei spielen innenpolitische Rücksichtnahmen eine wichtige Rolle. Außenpolitisches Engagement – insbesondere wenn es eine militärische Komponente beinhaltet – bedarf eines breiten Rückhalts in der Bevölkerung; für

Deutschland, wo die Entsendung der Bundeswehr ein Mandat des Deutschen Bundestags voraussetzt, gilt dies in besonderem Maße. Innenpolitische Verträglichkeit konkurriert mit außenpolitischer Machbarkeit; und die (innenpolitische) Notwendigkeit, schnelle und sichtbare Erfolge zu erzielen, verträgt sich nur schlecht mit dem langen Atem, den es für eine wirksame Befriedung von Konflikten braucht.

- Mangelnde Abstimmung – national wie international – kommt erschwerend hinzu. Unterschiedliche Ministerien bringen ihre jeweiligen Instrumente zum Einsatz. Bürokratische Konflikte um Zuständigkeiten und Ressourcen spiegeln sich in Aktivitäten, Projekten und Programmen vor Ort wieder; angesichts von Ressortegoismen ist die Definition einer Strategie zur Verfolgung eines klar umrissenen außenpolitischen Ziels schwierig (dies gilt für jedes politische System – für ein Land wie Deutschland mit ausgeprägtem Ressortprinzip und dem Fehlen hierarchisch strukturierter Mechanismen der Ressortkoordinierung gilt es in besonderem Maße). Potenziert wird das Abstimmungsproblem durch die Notwendigkeit, eine Fülle bilateraler und multilateraler Akteur/innen miteinander zu koordinieren und sie auf eine international konsentierte Strategie zu verpflichten.

13.6   Ausblick: Plädoyer für eine kohärente Außenpolitik

Die Bewältigung der massiven Fluchtbewegungen der letzten Jahre und ihrer Folgen sowie die Prävention neuer Flüchtlingsbewegungen gehören zu den zentralen politischen Aufgaben der kommenden Jahre. Bemühungen um die Steuerung von Wanderungsbewegungen und restriktive Maßnahmen der Grenzsicherung reichen dabei nicht aus. Und auch humanitäre Hilfe für die Flüchtlinge und großzügige Unterstützung für die Staaten, die sie aufgenommen haben, genügen nicht – so wichtig sie auch sind, um Kettenreaktionen zu verhindern und der Destabilisierung ganzer Regionen entgegenzuwirken. Vielmehr müssen die Fluchtursachen in den Blick genommen werden. Und das bedeutet: Es gilt, in oft mühsamen Friedensprozessen politische Lösungen für schwierige Konflikte zu finden. Dazu gehört der Einsatz von Mitteln der Krisenprävention, der Stabilisierung und der Friedensförderung in Form von zielgerichteten Projekten, die den Friedensbemühungen Nachdruck verleihen. Dazu gehören die Wiederherstellung zerstörter Infrastruktur und die Schaffung von Lebensperspektiven durch Maßnahmen der Entwicklungszusammenarbeit. Dazu kann auch der Einsatz von Streitkräften gehören, um überhaupt erst die Voraussetzungen für einen politischen Prozess zu schaffen und diesen durch die Herstellung eines sicheren Umfeldes abzusichern. Im Kern aber ist Konfliktlösung ein politisches Unterfangen. Es setzt die Bereitschaft voraus, politisches Kapital einzusetzen, oft unter hohem Risiko und mit erheblichem Aufwand, über längere Zeiträume und unter Einbindung nicht nur der örtlichen Konfliktparteien, sondern – oft noch wichtiger – ihrer regionalen und internationalen Verbündeten. Konflikte lassen sich nur dann lösen, wenn international angesehene Spitzenpolitiker/innen ihr Gewicht in die Waagschale legen, sich durch Rückschläge nicht entmutigen lassen, und einen politischen Prozess anleiten, der durch diplomatische Bemühungen auf allen Ebenen, vertrauensbildende Maßnahmen und Anreize für die Konfliktparteien, aber auch Sanktionen gegen Spoiler/innen unterfüttert wird.

Deutschland hat sich in den vergangenen Jahren wiederholt dazu bekannt, international mehr Verantwortung übernehmen zu wollen. Trotz der Belastungen der Geschichte verfügt Deutschland – als wohlhabendes, politisch stabiles Land in der Mitte Europas – über das nötige Ansehen und Gewicht, um eine stärkere Rolle in den internationalen Bemühungen um Krisenprävention, Konfliktbewältigung und Friedensförderung zu spielen. In der Ukraine-Krise seit 2014 hat Deutschland gemeinsam mit Frankreich im Rahmen des Normandie-Formats in dieser Weise Verantwortung übernommen und zu einer Beruhigung des Konflikts beigetragen, selbst wenn eine vollständige Lösung des Konflikts weiter aussteht.

Mit dem *Weißbuch 2016* und den *Leitlinien* von 2017 hat die Bundesregierung zudem Grundsatzdokumente vorgelegt, die den Anspruch, mehr Verantwortung zu übernehmen, strategisch ausbuchstabieren und den Weg zu einer schlagkräftigeren Außen-, Sicherheits- und Entwicklungspolitik in Krisen und Konflikten vorschattieren. Und mit diversen organisatorischen Maßnahmen – vor allem der Schaffung einer Abteilung für Krisenprävention, Stabilisierung, Konfliktnachsorge und humanitäre Hilfe im Auswärtigen Amt – wurden auch professionelle Strukturen geschaffen, die eine schnelle und effektive Krisenreaktion ermöglichen.

Um dem Anspruch an sich selbst gerecht zu werden, müssen allerdings die ressortübergreifenden Strukturen und Mechanismen weiter verbessert werden. Effektives Krisenengagement gibt es nur ,aus einem Guss': Die Instrumente der Diplomatie, der Entwicklungszusammenarbeit und des Militärs müssen ineinandergreifen, wenn es von Erfolg gekrönt sein soll. Die hergebrachten Verfahren der Ressortkoordinierung sind hier noch zu schwerfällig und bedürfen dringend der Reform.

Zudem muss die Bereitschaft wachsen, sich substanziell und nachhaltig zu engagieren. Dies geht in einer Demokratie nicht ohne die Unterstützung des Wahlvolks. Das außen-, sicherheits- und entwicklungspolitische Establishment wird daher verstärkt für die Notwendigkeit internationalen Engagements werben und dabei auch erläutern müssen, dass es sich bei internationalen Konfliktlösungsanstrengungen um hoch komplexe Unternehmungen handelt, die Geduld und langen Atem erfordern.

Und schließlich: Außenpolitik und Konfliktlösung gibt es nicht zum Nulltarif. Mittelzuwächse für humanitäre Hilfe und Entwicklungszusammenarbeit sind wichtig, reichen aber allein nicht aus. Vielmehr müssen die Analyse- und die Strategiefähigkeit der Außenpolitik gestärkt werden. Eine Ausweitung der Zusammenarbeit mit Wissenschaft, Forschung und Zivilgesellschaft ist dafür unabdingbar – Investitionen in das diplomatische Personal sind es auch.

Literatur

Bundesregierung, Hrsg. 2017. *Krisen verhindern, Konflikte bewältigen, Frieden fördern: Leitlinien der Bundesregierung.* Berlin.
Bundesregierung, Hrsg. 2016. *Strategie für Migration und Entwicklung: Aktionsplan für die Außendimension der Migrations- und Flüchtlingspolitik.* Berlin.
Brozus, L., C. Jetzlsperger, und G. Walter-Drop. 2018. Policy. In *The Oxford Handbook of Governance and Limited Statehood,* A. Draude, T. A. Börzel und T. Risse. Oxford.
United Nations, Worldbank, Hrsg. 2018. *Pathways for Peace: Inclusive Approaches to Preventing Violent Conflict.* Washington D.C.

Christian Jetzlsperger ist deutscher Diplomat. Seit Sommer 2017 ist er als stellvertretender Leiter der Politischen Abteilung an der Botschaft Washington eingesetzt. Davor leitete er von 2015 bis 2017 das Grundsatzreferat S01 der neu geschaffenen Abteilung für Krisenprävention, Stabilisierung, Konfliktnachsorge und humanitäre Hilfe im Auswärtigen Amt. Dem Auswärtigen Dienst gehört er seit 2003 an. Seither war er unter anderem in Albanien und Afghanistan auf Posten. Von 2011 bis 2013 war er Ständiger Vertreter des Leiters des Deutschen Vertretungsbüros Ramallah; anschließend – bis zu ihrer Schließung 2014 – Leiter des Politik-Referats und Chargé d'affaires a.i. der EU-Delegation in Sanaa.

Verbesserung des Migrationsmanagements: Entwicklungs- und Mobilitätsparadigmen neu denken

14

Michelle Ndiaye

Zusammenfassung

Angesichts der Tatsache, dass die Migration, insbesondere die irreguläre Migration, im politischen und wissenschaftlichen Dialog zwischen Europa und Afrika immer mehr Aufmerksamkeit erfährt, gilt es, der Debatte über die sozioökonomischen Faktoren, die Veränderungsprozesse und Mobilität bedingen und vorantreiben, eine neue Richtung zu geben. In dem vorliegenden Beitrag geht es um migrationsfördernde Faktoren, die derzeitigen Herausforderungen in der Migrationspolitik, den Umgang mit Migration sowie Anreize für Migration. Darüber hinaus befasst sich dieses Kapitel mit der Möglichkeit, die Entwicklungspolitik, sozioökonomische Veränderungen zur Armutsbekämpfung und die Mobilitätsdynamik miteinander zu verknüpfen. All diese Punkte werden kritisch beleuchtet mit dem Ziel, einen konstruktiven Beitrag zu der laufenden Debatte beizusteuern. Darüber hinaus wird in diesem Beitrag hinterfragt, ob ein afrikanisches Narrativ in Sachen Migration tatsächlich existiert und ob die staatlichen Institutionen des Kontinents wirklich den politischen Willen haben, eine Führungsrolle im Umgang mit den Folgen irregulärer Migration zu übernehmen, anstatt sich auf die Migrationsanreize zu beschränken.

M. Ndiaye (✉)
Institute for Peace and Security Studies, Addis Ababa University,
Addis Ababa, Äthiopien
E-Mail: m.ndiaye-ntab@ipss-addis.org

© Springer Fachmedien Wiesbaden GmbH, ein Teil von Springer Nature 2020   285
C. Beier et al. (Hrsg.), *Globale Wanderungsbewegungen*,
https://doi.org/10.1007/978-3-658-28237-0_14

Schlüsselwörter

Migration · Migrationsmanagement · Migrationspolitik · Migrationsrouten ·
Afrika · African Union · EU · Mobilität · Remittances

14.1 Einleitung

Obwohl Migration für Europa schon immer ein zentrales Thema war, hat erst
der massive Zuzug von Flüchtlingen und Migrant/innen im Jahr 2015 eine breite
und umfassende politische Debatte über das Phänomen Migration sowie über die
Beziehungen zwischen der EU und Afrika ausgelöst. Dabei wurde der Begriff
‚Krise‘ für die größte Flüchtlings- und Migrant/innenbewegung seit dem Zweiten
Weltkrieg 2015 zum ersten Mal verwendet (UNHCR 2016a, S. 5; siehe auch Ruz
2015).

Angesichts der Tatsache, dass die Migration, insbesondere die irreguläre
Migration, im politischen und wissenschaftlichen Dialog zwischen Europa und
Afrika immer mehr Aufmerksamkeit erfährt, gilt es, der Debatte über die sozioökonomischen Faktoren, die Veränderungsprozesse und Mobilität bedingen und
vorantreiben, eine neue Richtung zu geben. In dem vorliegenden Beitrag geht
es um migrationsfördernde Faktoren, die derzeitigen Herausforderungen in der
Migrationspolitik, den Umgang mit Migration sowie Anreize für Migration. Darüber hinaus befasst sich dieses Kapitel mit der Möglichkeit, die Entwicklungspolitik,
sozioökonomische Veränderungen zur Armutsbekämpfung und die Mobilitätsdynamik miteinander zu verknüpfen. All diese Punkte werden kritisch beleuchtet
mit dem Ziel, einen konstruktiven Beitrag zu der laufenden Debatte beizusteuern.

Darüber hinaus wird in diesem Beitrag hinterfragt, ob ein afrikanisches Narrativ in Sachen Migration tatsächlich existiert[1] und ob die staatlichen Institutionen des Kontinents wirklich den politischen Willen haben, eine Führungsrolle im
Umgang mit den Folgen irregulärer Migration zu übernehmen, anstatt sich auf die
Migrationsanreize zu beschränken.

---

[1]Seit 2006 gibt es bereits eine Gemeinsame Afrikanische Position (CAP) zum Thema Migration, und wir arbeiten derzeit an einer neuen CAP für den Global Compact der Vereinten
Nationen zur Migration. In dieser CAP geht es um irreguläre Migration und den Schutz
von Migrant/innen. Darüber hinaus liegen mit dem neuen *Migration Policy Framework for
Africa* der Afrikanischen Union Empfehlungen für die AU-Mitgliedstaaten vor, in denen
auch das Thema irreguläre Migration berücksichtigt wird.

14.2   Die Migrationsrouten

Traditionell gibt es drei Hauptmigrationsrouten, auf denen Flüchtlinge und Migrant/innen irregulär nach Europa einreisen: die westliche Mittelmeerroute (meist über Marokko nach Spanien), die zentrale Mittelmeerroute (meist über Libyen nach Italien) und die östliche Mittelmeerroute (meist über die Türkei nach Griechenland) (UNHCR 2017, Executive Summary). Die meisten Menschen, die auf dem Seeweg nach Europa gelangen, kommen derzeit über die zentrale Mittelmeerroute[2] (Titz 2017). Die Ursache für diese Verschiebung der Migrationsrouten ist das umstrittene Abkommen zwischen der Türkei und der Europäischen Union (EU) vom März 2016 (Europäischer Rat European Council 2016), durch den der Seeweg über die Ägäis gesperrt wurde (Molenaar und El Kamouni-Janssen 2017, S. 6) und mit dem es weitgehend gelungen ist, die Einreise von Migrant/innen auf der östlichen Mittelmeerroute zu unterbinden (Abderrahim 2017). Mit der Umsetzung des EU-Türkei-Abkommens ging die Zahl der Migrant/innen, die über das Mittelmeer nach Europa kamen, auf 360.000 Personen und damit deutlich zurück. Die Hälfte davon kam über die zentrale Mittelmeerroute (vor allem über Libyen), die nach Abschluss des Abkommens zwischen der EU und der Türkei an Bedeutung gewann.[3] Dieses Abkommen wurde am 18. März 2015 von den 28 Staats- und Regierungschef/innen der EU ausgehandelt, um die Einreise von irregulären Migrant/innen von der Türkei über die Ägäis nach Griechenland einzudämmen. Im Rahmen des Abkommens kann Griechenland alle nach dem 20. März 2015 „neu angekommenen irregulären Migranten" in die Türkei

---

[2]Aufgrund der von der EU geförderten Grenzsicherungsmaßnahmen in Libyen und Niger hat sich die Zahl der Migrant/innen, die auf diesem Weg nach Europa gelangen, von 2016 auf 2017 mehr als halbiert. So ging die Zahl der Personen, die aus dem Niger nach Libyen einreisten, 2017 um mehr als 80 % pro Monat zurück. Allerdings wählen immer mehr Migrant/innen alternative Routen durch die Sahara, sodass die Zahl der Menschen, die auf ihrem Weg durch die Sahara ums Leben kommen, inzwischen drei Mal so hoch ist (etwa 15.000 in diesem Jahr laut IOM) wie die Zahl der Migrant/innen, die im Mittelmeer ertrinken (Titz 2017).

[3]Allerdings sind Art und Umfang der Zusammenhänge zwischen den Verschiebungen von der östlichen Mittelmeerroute zu der gefährlicheren zentralen Mittelmeerroute sehr komplex, wie ein Beobachter festgestellt hat. Die meisten Flüchtlinge und Migrant/innen, die seit Anfang 2017 auf der zentralen Mittelmeerroute nach Europa gekommen sind, stammen aus afrikanischen Ländern. Während der ,Flüchtlingskrise' kam aus diesen Ländern nur ein sehr geringer Teil der Menschen, die über die Ägäis nach Europa gelangten. Gleichzeitig ist der Anteil der Flüchtlinge aus dem Nahen Osten, insbesondere aus Syrien, deren Fluchtroute über Libyen führt, heute geringer als vor dem Sommer 2015. Ein Grund für diese Entwicklung sind die Beschränkungen für in der Türkei lebende Syrer/innen, die im EU-Türkei-Abkommen

zurückschicken (Collett 2016). Im Gegenzug hat sich die EU bereit erklärt, eine größere Zahl von in der Türkei lebenden syrischen Flüchtlingen aufzunehmen, die Visaregelungen für türkische Staatsangehörige zügig zu liberalisieren und die Türkei bei der Versorgung der Flüchtlinge finanziell stärker zu unterstützen (Collett 2016).

Die Zahl der Menschen, die versuchen, auf der zentralen Mittelmeerroute nach Europa zu gelangen, hat in den letzten Jahren deutlich zugenommen; 2016 erreichten die Zahlen auf dieser Route mit 181.436 Personen ein Allzeithoch (ein Plus von 18 % gegenüber 2015) (UNHCR 2017, S. 46–47). Damit ist die zentrale Mittelmeerroute die Hauptroute für afrikanische Flüchtlinge und Migrant/innen, die es nach Europa zieht, da alle anderen Routen weitgehend gesperrt sind (UNHCR 2017, S. 46–47). Inzwischen ist die zentrale Mittelmeerroute allerdings auch deshalb in den Blickpunkt gerückt, weil auf diesem Weg besonders viele Menschen ums Leben kommen (UNHCR 2016b). Als die Zahl der in Europa ankommenden Flüchtlinge und Migrant/innen 2016 auf breiter Front zurückging, erreichte die Zahl der Menschen, die auf der zentralen Mittelmeerroute starben, im Dezember einen traurigen Rekord und lag bei mehr als 5000 pro Jahr (Vereinte Nationen 2016). Doch nicht nur der Seeweg ist lebensgefährlich, auch auf dem Landweg kommen immer wieder Menschen ums Leben: So wurden zwischen 2014 und 2015 in Libyen 870, im Sudan 295 und in Ägypten 80 Todesfälle registriert (insgesamt 1245) (Regional Mixed Migration Secretariat 2016). Da zuverlässige Daten zu den anderen Migrationsrouten fehlen, soll es in diesem Beitrag ausschließlich um die Migrationsrouten nach Europa gehen.

Trotz der schlechten Sicherheitslage in Libyen ist das Land mit großem Abstand der bevorzugte Ausgangspunkt für den Sprung über das Mittelmeer. Zwar legten 2016 auch von Ägypten, Tunesien und Algerien aus Boote in Richtung Europa ab[4], doch 90 % der Flüchtlinge und Migrant/innen, die die zentrale Mittelmeerroute nutzen, reisen zunächst nach Libyen, um von dort nach Italien überzusetzen (Hoher Vertreter der Europäischen Union für Außen- und Sicherheitspolitik 2017, S. 3). Dies liegt nicht nur an der strategisch günstigen

---

vereinbart wurden. Umgekehrt stammte ein großer Teil derjenigen, die während der ‚Flüchtlingskrise‘ über die östliche Mittelmeerroute einreisten, aus Nordafrika. Aufgrund des Abkommens zwischen der EU und der Türkei sind sie nun dazu gezwungen, die gefährlichere zentrale Mittelmeerroute zu nehmen. Siehe Weber 2017, S. 9.

[4]2016 stammten 7 % der Migrant/innen, die auf dem Seeweg nach Europa kamen, aus Ägypten, 0,5 % aus Tunesien und 0,6 % aus Algerien. Siehe dazu Hoher Vertreter der Europäischen Union für Außen- und Sicherheitspolitik 2017, S. 3.

Lage Libyens, sondern auch daran, dass die Grenzen des Landes aufgrund der schlechten Sicherheitslage durchlässig sind, sodass das Schleusertum floriert (UNHCR 2017, S. 14). Die meisten Flüchtlinge und Migrant/innen aus Subsahara-Afrika reisen irregulär über den Sudan (wenn sie aus Ostafrika kommen), den Niger (wenn sie aus West- und Zentralafrika kommen) und in geringerem Umfang über Algerien (wenn sie aus Westafrika kommen) nach Libyen ein. Die Routen durch den Sudan führen manchmal in den Tschad, während die Routen durch den Niger in einigen Fällen durch Algerien verlaufen (UNHCR 2017, S. 14).

Die Migrant/innen und Flüchtlinge, die auf der zentralen Mittelmeerroute nach Europa gelangen, fliehen häufig vor Kriegen und anderen Konflikten; weitere wichtige Fluchtgründe sind die politische Situation im Herkunftsland, Arbeitslosigkeit sowie Armut (Internationale Organisation für Migration 2016, S. 8, zitiert in UNHCR 2017, S. 47). Die afrikanischen Migrant/innen und Flüchtlinge, die nach Libyen kommen, lassen sich grob drei verschiedenen Kategorien zurechnen: 1) Staatsangehörige der Nachbarländer (Niger, Tschad, Sudan, Ägypten und Tunesien) reisen meist aus wirtschaftlichen Gründen nach Libyen und beabsichtigen oft, in Libyen zu bleiben, anstatt nach Europa zu gehen; 2) Staatsangehörige der west- und zentralafrikanischen Länder kommen hauptsächlich aus Nigeria, Guinea und Côte d'Ivoire, Gambia, Senegal, Ghana, Mali und Kamerun, und 3) Staatsangehörige der ostafrikanischen Länder (Eritrea, Somalia, Äthiopien und Sudan) verlassen ihr Herkunftsland meistens aufgrund von politischer Verfolgung, Konflikten und wirtschaftlicher Not und bleiben meistens lange in Libyen, weil sie so schnell wie möglich nach Europa weiterreisen wollen (UNHCR 2017, S. 15–16).

Im Profil der Migrant/innen, die nach Libyen kommen, und in Bezug auf deren Herkunft haben sich in den letzten Jahren deutliche Änderungen ergeben. So scheinen sich zurzeit weniger Migrant/innen aus Ostafrika, dafür jedoch verstärkt Menschen aus Westafrika auf den Weg nach Libyen zu machen. Etwa die Hälfte derjenigen, die nach Libyen einreisen, wollen entweder dauerhaft oder wenigstens eine Zeit lang dort bleiben, weil sich ihnen dort Beschäftigungsmöglichkeiten bieten. Gleichzeitig führen fehlende Stabilität und Rechtsstaatlichkeit, die schwierige Sicherheitslage, die Wirtschaftskrise sowie ein weit verbreiteter Missbrauch und die Ausbeutung von Menschen dazu, dass viele sich schließlich auf den Weg nach Europa machen (UNHCR 2017, S. 15–16). Fast alle Flüchtlinge und Migrant/innen, die irregulär nach Libyen gelangen, bedienen sich der Hilfe von Schleuser/innen oder krimineller Netzwerke. Das Schleusertum nimmt in Libyen immer weiter zu und wird zunehmend professioneller (UNHCR 2017, S. 15–16). Diese Entwicklung verdeutlicht die Komplexität des

Migrationsmanagements und zeigt, wie stark Herkunfts-, Transit- und Zielländer miteinander vernetzt sind und dass sie im Rahmen einer ganzheitlichen Strategie über konstruktive und langfristig wirksame Lösungen nachdenken sollten.

14.3 Konkurrierende Interessen und konkurrierende migrationspolitische Rahmenbedingungen und Strategien

Das Thema Migration steht in Europa weit oben auf der politischen Agenda und gilt als vordringlich, während es in Afrika keine vergleichbare Aufmerksamkeit erfährt (Koch et al. 2015). Genau dieser Umstand erschwert in vielen Fällen die Schaffung einer gemeinsamen Grundlage zwischen der EU und den afrikanischen Ländern. In den folgenden Abschnitten werden die Ansätze der EU und der Afrikanischen Union (AU) zur Steuerung der Migration diskutiert.

14.3.1 Afrikanische Ansätze

Innerhalb der Afrikanischen Union bilden der Gemeinsame Standpunkt zu Migration und Entwicklung *(Common Position on Migration and Development)* (African Union Executive Council 2006a) und der Migrationspolitische Rahmen für Afrika *(Migration Policy Framework for Africa)* (African Union Executive Council 2006b), die beide im Jahr 2006 vom Exekutivrat der AU verabschiedet wurden, einen übergeordneten migrationspolitischen Rahmen. Als Folgemaßnahme hat die AU mehrere wichtige Leitprogramme zu verschiedenen Aspekten der Migration auf den Weg gebracht.

Eines dieser Leitprogramme ist die Initiative der AU-Kommission gegen Schleusertum *(AU Commission Initiative against Trafficking)* (AU.COMMIT) (African Union Commission 2009), in deren Mittelpunkt die Umsetzung des Aktionsplans von Ouagadougou 2006 steht (Ministerial Conference on Migration und Development 2006). Zur Verstärkung ihrer Bemühungen hat die AU-Kommission 2014 als direkte Reaktion auf die irreguläre Migration innerhalb und aus der Region am Horn von Afrika die Initiative für das Horn von Afrika *(African Union Horn of Africa Initiative – AU-HOAI)* gegen Menschenhandel und Schleusertum ins Leben gerufen (EU-Horn of Africa Migration Route Initiative 2014). Im Juni 2015 verabschiedete die Versammlung der Staats- und Regierungschefs der AU die AU-HOAI als Leitprogramm. Als solches umfasst sie sogenannte Kernländer (Ägypten, Eritrea, Äthiopien und Sudan) sowie deren Nachbarländer (Dschibuti, Kenia, Somalia und Südsudan) (EU-Horn of Africa Migration Route Initiative 2014).

Im Januar 2015 verabschiedete die AU-Versammlung im Rahmen der Erklärung und des Aktionsplans für Beschäftigung, Armutsbekämpfung und inklusive Entwicklung (Internationale Arbeitsorganisation 2015) das Programm zur Steuerung der Arbeitsmigration für Integration und Entwicklung in Afrika *(Labour Migration Governance for Integration and Development in Africa)*, das auch unter der Bezeichnung Gemeinsames Arbeitsmigrationsprogramm *(Joint Labour Migration Programme – JLMP)* bekannt ist.

Außerdem formulierte die AU im Jahr 2015 im Vorfeld des Gipfels von Valletta (Afrikanische Union 2015) einen Gemeinsamen Standpunkt. Der Prozess mündete in einem Papier über gemeinsame Perspektiven, in dem sechs Themen behandelt werden: Arbeitsmigration; Menschenhandel und Schleuserkriminalität; internationaler Schutz; Handel mit Waren und Dienstleistungen und integrierter und koordinierter Grenzschutz; Bildung und Humankapitalentwicklung; sowie Diaspora und Partnerschaften. Der Fokus des Gemeinsamen Standpunkts liegt auf der Förderung der Arbeitsmobilität innerhalb Afrikas und der Verbesserung des Schutzes von Migrant/innen und Flüchtlingen. Doch damit die Migrationspolitik die richtigen Themen sinnvoll angehen kann, kommt es darauf an, zunächst die Faktoren und Motive zu verstehen, die der Migration zugrunde liegen.

In der langfristigen Vision der AU, die in der Agenda 2063 zusammengefasst und 2015 verabschiedet wurde, wird die Migration nicht ausdrücklich erwähnt (siehe Aggad-Clerx und El Fassi 2014). Ein Ziel besteht jedoch darin, die Personenfreizügigkeit innerhalb Afrikas zu fördern. So sollten bis 2018 alle Visumspflichten für innerafrikanische Reisen aufgehoben und bis 2023 die rechtlichen Rahmenbedingungen für die Ausstellung eines gemeinsamen Afrikanischen Reisepasses verabschiedet werden (Afrikanische Union 2016). Das JLMP ist im migrationspolitischen Rahmen der AU verankert und soll die Ziele der Agenda 2063 und der Agenda 2030 (Generalversammlung der Vereinten Nationen 2015) unterstützen.

Bei der Analyse der Herangehensweise der AU sowie der laufenden Debatte erscheint Afrika jedoch passiv und abwartend und nicht als ein Akteur, der Verantwortung für die menschlichen, wirtschaftlichen und sicherheitsbezogenen Herausforderungen übernimmt, die mit Migration einhergehen – beispielsweise müssen Transitländer, die zu Aufnahmeländern werden, Maßnahmen treffen, um die sozioökonomischen Bedürfnisse der Migrant/innen zu decken. Es stellt sich die Frage, wo die Afrikaner stehen und wie ihr Narrativ lautet. Diese Passivität verhindert konstruktive Gespräche über das Thema Migration und verändert die Beziehungen zwischen Afrika und Europa in Bezug auf Entwicklungszusammenarbeit, Handel und Entwicklungspfade. Die Frage ist, wer davon profitiert. Die politische Antwort der AU, wie sie sich aus den verschiedenen Rahmenwerken ergibt, wird als fehlender politischer und wirtschaftlicher Willen zur Lösung des Problems angesehen. Daher schließen die AU-Mitgliedstaaten lieber bilaterale Abkommen, anstatt einen gemeinsamen Standpunkt zu entwickeln, der ihre Verhandlungsposition gegenüber der EU stärken würde.

Plattformen wie der Rabat- und der Khartum-Prozess[5] oder die von der Internationalen Organisation für Migration (IOM) durchgeführten, stärker international ausgerichteten Prozesse gelten als Dialog für politische und praktische Lösungen sowie für den Austausch über das Phänomen Migration. Über den Erfolg dieser Plattformen ist bereits viel geschrieben worden. Die größte Errungenschaft des Rabat-Prozesses ist beispielsweise die Schaffung eines Rahmens für den politischen Dialog zwischen europäischen und afrikanischen Ländern, in dem ein breiter Konsens erreicht wurde, wie er aus anderen euroafrikanischen Foren unbekannt ist. Allerdings stehen sich hier unterschiedliche Sichtweisen auf das Phänomen Migration gegenüber. Die Unterschiede sind nicht nur politischer Natur, sondern offenbaren eine Lücke in der Wertschätzung von Geschichten, kulturellen Überschneidungen und Paradoxen sowie den politischen Motiven für diese Herangehensweisen.

Unabhängig von der Wahrnehmung dieser Plattformen sollte sich ihre Rolle nicht darauf beschränken, die Analyse der mit der Migration verbundenen Chancen und Herausforderungen zu fördern. Vielmehr sollten sie sich auf konkrete politische Entscheidungen konzentrieren, mit denen wiederkehrenden Krisen sowie den langfristigen Bedürfnissen der beteiligten Parteien begegnet werden kann.

---

[5]Der 2006 eingeführte Rabat-Prozess umfasst 57 Länder: 27 afrikanische Länder, 28 EU-Mitgliedstaaten, Norwegen und die Schweiz sowie Algerien als Beobachter; zusätzlich die Europäische Kommission und die Wirtschaftsgemeinschaft der westafrikanischen Staaten (ECOWAS). Das Ziel des Rabat-Prozesses bestand darin, einen migrationspolitischen Dialog zu begründen, der sich im Laufe der Zeit zu einem der tragfähigsten Dialoge im euroafrikanischen Raum entwickelt hat. Bei der *EU-Horn of Africa Migration Route Initiative,* die auch unter der Bezeichnung Khartum-Prozess bekannt geworden ist, handelt es sich um einen hochrangigen, interkontinentalen politischen Prozess zur Harmonisierung der bestehenden Rahmen der AU und der EU. Nähere Informationen dazu siehe IOM (o. D.a) und IOM (o. D.b).

14.3.2 Die Maßnahmen und Ansätze der EU

Bei den Wahlen in Frankreich, den Niederlanden und Deutschland im Jahr 2017 war die Einwanderung ein Wahlkampfthema, das stark polarisierte. Dabei nahm der Druck auf die EU und ihre Mitgliedstaaten zu, den Zuzug von Migrant/innen möglichst schnell einzudämmen. Dies zeigte sich in dem Versuch, mit nordafrikanischen Ländern wie Libyen (siehe Knoll 2017) Gespräche über ein Abkommen nach dem Vorbild des EU-Türkei-Abkommens herbeizuführen oder auf dem Gebiet der Migration mit Tunesien, Algerien und Ägypten zusammenzuarbeiten. Diese Zusammenarbeit soll dafür sorgen, dass weniger irreguläre Migrant/innen nach Europa gelangen. Zu diesem Zweck sollen Asylsuchende in Nordafrika geschützt untergebracht werden, von wo aus sie einen Asylantrag stellen können. Alternativ ist auch eine Abschiebung in das Herkunftsland vorgesehen, soweit dies möglich ist (Abderrahim 2017; Abderrahim und Knoll 2017a, b, c; Hoher Vertreter der Europäischen Union für die Außen- und Sicherheitspolitik 2017, S. 14–15). Die Kooperation sieht im Wesentlichen die Intensivierung der Zusammenarbeit beim Grenzschutz, die Gewährleistung einer umfassenden Asyl- und Migrationspolitik sowie den Schutz und die Gewährleistung einer besseren Zusammenarbeit bei der Rückkehr und Rücknahme von Migrant/innen vor.[6] Im Gegenzug hat die EU u. a. eine finanzielle Förderung zugesagt, Zugeständnisse im Handel gemacht und die Visaregelungen vereinfacht (Abderrahim und Knoll 2017a).

Neben dem Abschluss des Abkommens mit der Türkei im Jahr 2015, durch das die irreguläre Migration über die östliche Mittelmeerroute unterbunden wurde, sodass die Zahlen Ankommender deutlich zurückgingen, hat die EU im Rahmen ihrer europäischen Migrationsagenda von 2015 ein ebenso komplexes wie facettenreiches Bündel an locker organisierten Maßnahmen auf den Weg gebracht (Europäische Kommission 2017; siehe auch Molenaar und El Kamouni-Janssen 2017, S. 11). Mit dem in Valletta geschlossenen Abkommen von 2015 (Europäischer Rat 2015) wurde der Rahmen für die Umsetzung der EU-Migrationsagenda in Afrika festgelegt. Die wichtigsten Punkte des Abkommens lauten: 1) Bekämpfung der Migrationsursachen; 2) Verbesserung des Schutzes von Migrant/innen und Asylsuchenden durch Operationen auf See; 3) Bekämpfung der Ausbeutung von Migrant/innen und des Schleusertums; 4) Verbesserung der Zusammenarbeit bei Rückführung und Rücknahme von Migrant/

---

[6]Ebenda.

innen; und 5) Schaffung von strukturierten, regulären Einreisemöglichkeiten (Europäischer Rat 2015).

Im Juni 2016 hat die EU einen Partnerschaftsrahmen begründet, um die EU-Maßnahmen auf diesem Gebiet gezielt voranzubringen. In diesem Rahmen hat die EU maßgeschneiderte „Migrationspartnerschaften" mit Entwicklungsländern geschlossen, die finanzielle und entwicklungspolitische Unterstützung sowie die Anwendung der Instrumente der Europäischen Nachbarschaftspolitik vorsehen, um in den Partnerländern Kapazitäten aufzubauen, und zwar insbesondere in den Bereichen Grenzschutz, Asylverfahren, Bekämpfung des Schleusertums sowie Wiedereingliederung von Rückkehrer/innen (Molenaar und El Kamouni-Janssen 2017, S. 11–12). Diese Abkommen flankieren den Aktionsplan der EU gegen Schleuser/innen (2015–2020), in dem die Bekämpfung des Schleusertums als Schwerpunkt der EU definiert wird (Europäische Kommission 2015a, zitiert in Molenaar und El Kamouni-Janssen 2017, S. 11–12). Im Rahmen der Partnerschaft 2016 und parallel zu den Verhandlungen über das Abkommen mit der Türkei zur Eindämmung des Flüchtlingsbewegungen aus Syrien bemühte sich die EU um eine verstärkte Zusammenarbeit mit den nordafrikanischen Staaten (Abderrahim und Knoll 2017a).

Dies zeigt, dass es Europa beim Abschluss von neuen Abkommen und Partnerschaften mit Nicht-EU-Ländern vor allem darum geht, die Einwanderung von irregulären Migrant/innen und Asylbewerber/innen nach Europa zu verringern (Laferrère und Knoll 2016). Diese Form der Zusammenarbeit wurde kritisiert, weil sie zumindest teilweise durch die Absicht motiviert ist, das Ausmaß von Migration und Vertreibung auf die regionale Ebene zu begrenzen (Maple 2016, S. 33; siehe auch Rollins 2017). In diesem Zusammenhang wurde 2015 der EU-Treuhandfonds für Afrika mit einem Volumen von 1,8 Mrd. EUR zur Förderung der Stabilität und zur Bekämpfung der Ursachen von irregulärer Migration und Vertreibung in Afrika aufgelegt. Diese Maßnahme zeigt deutlich, dass ein Ziel darin besteht, die Steuerung der Migration zu verbessern und „irreguläre Migration einzudämmen und zu verhindern" (Europäische Kommission 2015b). Die Umsetzung des Aktionsplans von Valletta und der EU-Migrationspartnerschaft wird von den Beteiligten weder als ausgewogen noch als partnerschaftlich empfunden. Dies wiederum kann dem Image der EU als Partnerin in den Bereichen Migration und Entwicklung schaden und die Grundsätze einer ausgewogenen Partnerschaft untergraben (Laferrère und Knoll 2016).

Die fehlende Differenzierung und Unausgewogenheit des europäischen Migrationskonzepts wird offenbar, wenn man bedenkt, dass Schleuser/innennetze in Wirklichkeit ein Teil größerer politisch-ökonomischer Zusammenhänge sind. Sie lassen sich nicht erfolgreich bekämpfen, wenn nicht berücksichtigt wird,

inwieweit Staat und Behörden an irregulärer Migration beteiligt sind oder diese
überhaupt kontrollieren können (Molenaar und El Kamouni-Janssen 2017, S. 2).
Obwohl irreguläre Migration ohne Schleuser/innenringe nicht möglich wäre,
sind diese nur ein Glied in einem komplexen Beziehungsgefüge, in dem sie sich
gegen andere Gruppen behaupten müssen. Dazu zählen beispielsweise staatliche
Akteur/innen, bewaffnete Gruppen, kriminelle Organisationen sowie die lokalen
Gemeinschaften, die direkt oder indirekt an irregulärer Migration beteiligt sind
(Molenaar und El Kamouni-Janssen 2017, S. 6). Politische Strategien, die diesen
lokalen Gegebenheiten nicht angemessen Rechnung tragen, sind im besten Fall
zum Scheitern verurteilt; im schlimmsten Fall verstärken sie die Push-Faktoren
für Migration, weil sie den komplizierten Wechselwirkungen zwischen Migration,
Konflikten und Stabilität in der Region keine Beachtung schenken (Molenaar und
El Kamouni-Janssen 2017, S. 2).

14.3.3 Veränderung des Narrativs zur Entwicklung eines gemeinsamen Verständnisses des Phänomens Migration

Eine 2017 veröffentlichte umfassende Studie über die Auswirkungen der
irregulären Migration auf die Ausgaben der staatlichen Entwicklungshilfe aus
Europa belegt, dass der kurzfristige politische Druck, der als Reaktion auf die
‚Migrationskrise‘ ausgeübt wurde, die Wirksamkeit der Entwicklungshilfe beeinträchtigt hat (Knoll und Sherriff 2017, S. 23). Immer mehr Fachleute befürchten,
dass bei den derzeitigen Maßnahmen gegen irreguläre Migration die Grundsätze,
die sich im Zuge der Diskussionen über die Wirksamkeit der Entwicklungshilfe
oder eine gute Partnerschaft mit fragilen Staaten entwickelt haben, nicht mehr
ausreichend beachtet bzw. konsequent genug angewendet werden (Knoll und
Sherriff 2017, S. 23). In der Studie wird ferner festgestellt, dass ein hoher politischer Druck zur Umsetzung von Budgets und zur Auszahlung von Mitteln die
Beziehung zu den lokalen Partner/innen in Entwicklungsländern belastet und die
Analyse und qualitätsbezogene Evaluierung der Entwicklungsausgaben beeinträchtigt. Außerdem erschwert politischer Druck die Ermittlung von Ansatz-
punkten für sinnvolle Interventionen, weil diese in erster Linie die Überlegungen
des/der externen Partner/in widerspiegeln und dabei dem jeweiligen Kontext nicht
ausreichend Rechnung tragen (Knoll und Sherriff 2017, S. 23).

Mit der ‚Migrationskrise‘ ist das Thema Migration auf der entwicklungspolitischen Agenda weit nach oben gerückt. Gleichzeitig liegt der Fokus der
Debatte inzwischen auf den mit Migration und Entwicklung verbundenen

Herausforderungen (Schleusertum, irreguläre Migration und Vertreibung), während die Frage, wie sich die positiven Auswirkungen der Migration auf die Entwicklung in Europa maximieren lassen, im politischen Diskurs – im Unterschied zu früher – kaum noch eine Rolle spielt (Knoll und Sherriff 2017, S. 24). Ferner hat die ‚Migrationskrise' dazu geführt, dass der Schwerpunkt jetzt auf den Themenkomplexen Flüchtlinge und Vertreibung, Unterstützung bei der Bekämpfung von Schleusertum und beim Grenzschutz, Rückkehr und Wiedereingliederung von Migrant/innen sowie Bekämpfung der ‚Fluchtursachen' liegt und nicht auf einer umfassenderen migrationspolitischen Agenda, die beispielsweise die Förderung der Mobilität und die Erleichterung von Migration umfasst (Knoll und Sherriff 2017, S. 24).

Das neue Konzept der EU betrachtet „Migration nicht mehr aus dem Blickwinkel der Entwicklungszusammenarbeit, sondern die Entwicklungszusammenarbeit aus dem Blickwinkel der Migrationspolitik" (Laferrère und Knoll 2016), wodurch die Grundsätze der Entwicklungszusammenarbeit, die durch Offenheit, Vertrauen, gegenseitige Achtung und Lernprozesse gekennzeichnet sind, beeinträchtigt werden.

14.4 Mobilität erfolgreich fördern

Die Diskussion über Chancen und Herausforderungen der Migration umfasst auch die Suche nach Lösungen, die utopisch erscheinen, sowie die Tabufrage: Was wäre, wenn ‚Mobilität' die politische und gesellschaftliche Lösung wäre? Selbstverständlich setzt die Bejahung dieser Frage voraus, dass eine Grundsatzdebatte darüber stattfindet und dass Mobilität als Grundrecht jedes Menschen akzeptiert wird. In einer globalisierten Welt werden die Beziehungen der Menschen und ihr Streben nach Wohlfahrt immer komplexer. Dieses Streben ist nicht mehr auf geografische Ortswechsel beschränkt, sondern findet seinen Niederschlag in sozialen Interaktionen, die erst durch den technischen Fortschritt möglich geworden sind. Wenn man die Debatte in diesem Kontext verändern will, bedeutet dies ganz einfach, dass man Mobilität als natürlichen menschlichen Faktor akzeptiert. Ferner bedeutet dies, dass die oben beschriebenen Rahmenwerke, Dialogplattformen, Anreizsysteme und Bedarfe an diesen Paradigmenwechsel angepasst werden müssen.

Im Mittelpunkt der heutigen Migrationsdebatte sollten verschiedene Migrations- und Einwanderungsmodelle stehen, beispielsweise der zeitlich befristete, rotierende Zuzug von ungelernten Saisonarbeiter/innen (Spanien), die

Einwanderung von gelernten oder ungelernten Migrant/innen in Kontingenten in Abhängigkeit von den Bedürfnissen des jeweiligen Herkunfts- und Ziellandes (Kanada), die Aufnahme von Flüchtlingen und Migrant/innen (Deutschland) und vor allem Visaerleichterungen für Geschäftsreisende auf der Grundlage klarer Kriterien, wobei diese Erleichterungen am dringendsten benötigt werden, aber kaum erreichbar sind. Da es keine tragfähigen Lösungen für Migration gibt, ohne das Thema Entwicklung mitzudenken, erscheint der Versuch, die Migration zu steuern, ohne das Streben nach Mobilität in der strategischen Gleichung zu berücksichtigen, bestenfalls utopisch.

Die von der AU angestoßene Mobilitätsdebatte darf daher nicht nur von einer Seite geführt werden. Die Förderung von Mobilität auf dem afrikanischen Kontinent könnte dazu beitragen, die Folgen des Bevölkerungswachstums in Afrika in den Griff zu bekommen, jungen Menschen eine Perspektive zu bieten, die Migration zu steuern und die Herausforderungen zu bewältigen, mit denen Flüchtlinge konfrontiert sind. Mobilität kann unter dem Gesichtspunkt der Personenfreizügigkeit und der regionalen Integration betrachtet werden; in diesem Zusammenhang ist auch die Einführung eines gemeinsamen afrikanischen Reisepasses zu sehen. Fragen der Migration und Mobilität beschäftigen die afrikanischen Staats- und Regierungschefs bereits seit geraumer Zeit. Die Mobilität der Menschen innerhalb Afrikas ist für die Integration des Kontinents von großer Bedeutung – ein Zusammenhang, der der afrikanischen Herangehensweise an das Thema Mobilität neue Impulse verliehen hat. Eine 2013 vom *Centre for Citizens' Partizipation* der AU durchgeführte Baseline-Studie über die Personenfreizügigkeit der afrikanischen Bevölkerung hat ergeben, dass der Personenfreizügigkeit innerhalb Afrikas mehrere Hindernisse entgegenstehen. Dazu gehören insbesondere folgende (CCPAU 2013):

- strenge Visavorschriften
- eine schlecht ausgebaute Infrastruktur
- eine restriktive Migrationspolitik
- Fremdenfeindlichkeit
- eine problematische Wirtschafts- und Sicherheitslage auf Ebene der AU-Mitgliedstaaten

Diese Hürden lassen eine ernsthafte Debatte über die Chancen und Herausforderungen der Personenfreizügigkeit dringend geboten erscheinen, denn sie ist für die afrikanische Jugend von großer Bedeutung.

14.5   Die drei Gefahren

Trotz des echten Willens, in Krisenzeiten geeignete Lösungen zu finden, wurde die Migrationsdebatte stets sehr emotional geführt. Es gibt drei Faktoren, die einer tragfähigen Lösung für das Phänomen der langfristigen Migration und Mobilität entgegenstehen.

14.5.1 Die Gefahr der Kriminalisierung von Migration

Wie bereits erwähnt, beruhen die migrationspolitischen Konzepte und Maßnahmen der EU auf einer verengten Sichtweise, in deren Mittelpunkt kriminelle Schleuser/innenbanden stehen, die Migration erst ermöglichen. Die politisch Verantwortlichen in Afrika streben dagegen ein entwicklungsorientiertes Migrationskonzept an. Das Konzept der AU kann als begrenztes Paradigma bezeichnet werden, da Schleusende keineswegs getrennt von den politisch-wirtschaftlichen Strukturen der Region operieren. Ein rein sicherheitsorientiertes Konzept, wie es im EU-Aktionsplan gegen Schleusertum zum Ausdruck kommt, beschränkt sich auf technische Maßnahmen gegen den Menschenschmuggel (Molenaar und El Kamouni-Janssen 2017, S. 20). Darüber hinaus hat der kurzfristige sicherheitspolitische Druck als Reaktion der EU auf die ‚Migrationskrise' auch die Wirksamkeit der Entwicklungshilfe untergraben (Knoll und Sherriff 2017, S. 23).

Viele der oben beschriebenen EU-Strategien, in denen Sicherheitsmaßnahmen wie Operationen gegen Schleusende und Grenzkontrollen, die Beziehung zwischen irregulärer Migration und regionaler (In-) Stabilität sowie die Fragen, ob und wie migrations-vermeidende Maßnahmen diese Beziehung beeinflussen, im Mittelpunkt stehen, gerieten durch den Fokus auf kurzfristige Erfolge in den Hintergrund (Knoll und Sherriff 2017, S. 23). Gerade die fehlende Differenzierung im Migrationskonzept der EU, die dazu führt, dass in Bezug auf die irreguläre Migration die Rolle der Politik in einer ohnehin instabilen Region nicht berücksichtigt wird, dürfte mittel- bis langfristig zum Scheitern der EU-Maßnahmen beitragen (Knoll und Sherriff 2017, S. 23).

Der partnerschaftliche Ansatz, den die EU mit Afrika anstrebt, erscheint in seiner jetzigen Form unausgewogen und voreingenommen im Sinne der in der EU bekannten Narrative zu sein. So liegt der Schwerpunkt der Partnerschaft auf der Rückkehr und Rücknahme von Migrant/innen und dient damit in erster Linie den Interessen der EU, während Maßnahmen wie die Schaffung regulärer Migrationsmöglichkeiten fehlen (Laferrère und Knoll 2016). Anstatt die Zusammenarbeit mit Afrika auf die Themen Migration und Entwicklung auszurichten, hat das

Konzept der EU zu einer allmählichen Verengung der Maßnahmen geführt, mit denen der Zuzug irregulärer Migrant/innen gegen finanzielle Zugeständnisse eingedämmt und irreguläre Migrant/innen systematisch zurückgeführt werden sollen (Laferrère und Knoll 2016). Dies bedeutet, dass Migration ausschließlich als sicherheitspolitische Bedrohung wahrgenommen wird.

14.5.2 Die mit der demografischen Entwicklung Afrikas einhergehende Gefahr

Die meisten afrikanischen Politiker/innen sehen in der demografischen Entwicklung des Kontinents einen Vorteil, während diese von den meisten europäischen Verantwortlichen als Bedrohung empfunden wird. Es gilt daher, den Zusammenhang zwischen der demografischen Entwicklung und der Mobilität einer Gesellschaft zu analysieren, um die Gründe für Migration/Mobilität besser zu verstehen. Afrika und Europa unterscheiden sich stark im Hinblick auf ihre demografische Entwicklung. Während die meisten europäischen Länder mit einer sinkenden Geburtenrate und einer alternden Bevölkerung konfrontiert sind, wächst die Bevölkerung Afrikas rasant. So sind mehr als die Hälfte der ägyptischen Erwerbsfähigen jünger als 30 Jahre, und die Hälfte der 180 Mio. Einwohner/innen Nigerias ist zwischen 15 und 34 Jahre alt. In Angola, dem Tschad, Niger, Somalia und Uganda sind über zwei Drittel der Bevölkerung nicht älter als 25 Jahre (Lord 2016). Schätzungen zufolge wird die Bevölkerung Europas bis 2050 überalterungsbedingt auf 707 Mio. Menschen zurückgehen, während in Afrika 2,4 Mrd. Menschen leben werden. Expert/innen rechnen damit, dass mehr als die Hälfte des globalen Bevölkerungswachstums zwischen 2015 und 2050 auf Afrika entfallen wird (European Political Strategy Centre 2015).

In 11 von 54 afrikanischen Ländern wird sich die Bevölkerung bis 2100 voraussichtlich verfünffachen. Mehr als 40 % der erwachsenen Bevölkerung sind jünger als 24 Jahre. Die afrikanischen Staaten gehören zu den Ländern, in denen der Anteil der Bevölkerung in den Altersgruppen 0–14 und 10–24 Jahre weltweit am größten ist. Außerdem weisen sie verglichen mit dem weltweiten Durchschnitt eine doppelt so hohe Fruchtbarkeitsrate auf. Bis 2050 werden voraussichtlich 53 % der aller Geburten weltweit auf Afrika entfallen, und die ‚Verjüngung' des Kontinents dürfte danach für mindestens ein weiteres Jahrzehnt anhalten (Tana High-Level Forum on Security in Africa 2017).

Während manche das starke Bevölkerungswachstum als reale Gefahr wahrnehmen, sehen andere darin langfristig große Chancen für die wirtschaftliche Entwicklung, von der die Mehrheit der Afrikaner/innen profitieren wird. Klar ist,

dass das Bevölkerungswachstum in den ärmsten Ländern die Regierung vor die
Herausforderung stellen wird, Beschäftigung zu schaffen, Armut, Ungleichheit,
Hunger und Unterernährung zu bekämpfen, das Bildungs- und Gesundheitssystem
auszubauen, die Grundversorgung zu verbessern und andere Ziele einer Agenda
für nachhaltige Entwicklung umzusetzen (European Political Strategy Centre
2015). Diese Herausforderungen werden die Migration aus Afrika nach Europa
noch verstärken. Es muss viel geschehen, damit der Kontinent die demografische
Entwicklung zu seinem Vorteil nutzen kann. Ebenso wahr ist, dass Europa seine
Migrationsstrategien anpassen und so ausrichten kann, dass auch Europa von dieser demografischen Entwicklung profitiert und seinen ständig steigenden Arbeitskräftebedarf trotz einer schrumpfenden und alternden Bevölkerung decken kann.

14.5.3 Die Bedeutung von Remittances

Remittances sind ein weiterer und besonders schwieriger Aspekt, der dazu führt,
dass in der unübersichtlichen Migrationsdebatte so unterschiedliche Sichtweisen
geäußert werden. Remittances ins Herkunftsland gelten als einer der Hauptgründe oder Pull-Faktoren für Migration, insbesondere von Afrika nach Europa.
Dabei sollten die dynamischen Zusammenhänge der von Migrant/innen getätigten
Remittances genauer betrachtet werden. Remittances als positiver Aspekt des
Phänomens Migration werden zur Rechtfertigung der Opfer herangezogen, die
die afrikanischen Migrant/innen und ihre Familien sowie die Gesellschaften der
Herkunftsländer bringen. Gleichzeitig machen Remittances die Migrant/innen
stolz und verschaffen ihnen in ihrem Herkunftsland Anerkennung. Das Volumen
der Remittances in afrikanische Länder ist höher als die gesamte Entwicklungs-
hilfe aller internationalen Partner/innen und übersteigt sämtliche ausländischen
Direktinvestitionen. Dies belegt, dass die Auswanderung eines Teils ihrer
Bevölkerung den afrikanischen Ländern auch Vorteile gebracht hat.

Allerdings haben Remittances auch negative Konsequenzen, denn sie wirken als Push-Faktor auf diejenigen, die im Herkunftsland geblieben sind, und
das Gefühl haben, weder sich selbst noch ihre Familien versorgen oder einen
gesellschaftlichen Beitrag leisten zu können. Remittances sind außerdem eine
Einkommensquelle und stärken die gesellschaftliche Solidarität. Auf beides werden die afrikanischen Länder im Gegenzug für langfristige Entwicklungshilfe und
die Erfüllung der entsprechenden Voraussetzungen nicht verzichten wollen, denn
Remittances machen in Subsahara-Afrika (mit Ausnahme der Länder mit hohem
Einkommen) 2,4 % des BIP der Region aus (Weltbank 2015).

14.6 Schlussfolgerungen: Maßnahmen und Anreizmodelle überdenken

Die vorstehenden Feststellungen legen nahe, dass die derzeitigen operativen Herangehensweisen und migrationspolitischen Maßnahmen erheblich verbessert werden können. Es gilt, die Kooperationsmodelle so zu überdenken und neu auszurichten, dass sie den Gegebenheiten vor Ort besser gerecht werden. Eine Möglichkeit, dies zu erreichen, besteht darin, Vertrauen aufzubauen und eine echte Zusammenarbeit anzustreben, verbunden mit einer offenen Diskussion darüber, wo die beiderseitigen Interessen liegen und wo diese deckungsgleich sind bzw. auseinandergehen. Dafür müssen sich die Beteiligten offener für unterschiedliche Narrative zeigen, die mehr Resonanz bei den afrikanischen Partner/innen finden (Vimont 2016). Entscheidend wird sein, dass es gelingt, die Migrationspolitik auf gemeinsame Prozesse mit den Partner/innen auszurichten und die derzeit festzustellende ausschließliche Fokussierung auf die eigenen Ziele der EU aufzugeben (Vimont 2016). Die EU und die afrikanischen Staaten sollten versuchen, einen gemeinsamen Nenner zu finden und ihrer Partnerschaft den Begriff der gemeinsamen Verantwortung zugrunde zu legen, anstatt die Konditionalität der Maßnahmen zu betonen (Vimont 2016). In diesem Zusammenhang sei auf das spanische Modell verwiesen, bei dem Arbeitsmigrant/innen nach dem Rotationsprinzip befristet nach Spanien kommen, um dort zu arbeiten. Dieses Modell hat sowohl in Westafrika als auch in Spanien beschäftigungspolitische Anreize für Migration[7] geschaffen.

Die Globale Strategie der EU (Europäischer Auswärtiger Dienst 2016), die am 28. Juni 2016 vom Hohen Vertreter der EU für Außen- und Sicherheitspolitik veröffentlicht wurde, ist bezogen auf die Migrationspartnerschaft ausgewogener gestaltet. So heißt es in der Globalen Strategie: „Gleichzeitig werden wir mit

---

[7]Diese Form der regulären Einwanderung beruht im Wesentlichen auf Kontingenten für den Zuzug von ausländischen Arbeitnehmer/innen *(contingente anual de trabajadores extranjeros)*. Im Rahmen dieses Arbeitsmigrationsprogramms wird in Abhängigkeit von der Nachfrage nach Arbeitskräften in Spanien eine bestimmte Anzahl von Stellen festgelegt, die von Arbeitnehmer/innen aus dem jeweiligen Herkunftsland besetzt werden sollen. Der Arbeitskräftebedarf wird von der spanischen Zentralregierung in Absprache mit den spanischen Regionen sowie den Arbeitgeber/innen- und Arbeitnehmer/innenorganisationen in der so genannten dreiseitigen Kommission für Arbeitsmigration *(Comisión Laboral Tripartita de Immigración)* ermittelt, die die Einreise von Arbeitsmigrant/innen steuern soll. Darüber hinaus werden die verschiedenen Institutionen, die die Umsetzung der Arbeitnehmer/innenkontingente unterstützen, mit verschiedenen Zuschüssen gefördert (Eurofound 2009).

unseren internationalen Partnern zusammenarbeiten, um eine gemeinsame globale Verantwortung und Solidarität sicherzustellen." (Europäischer Auswärtiger Dienst 2016). Ferner sollte man sich eingestehen, dass, wie ein Experte zutreffend festgestellt hat, eine günstige Gelegenheit für eine bessere Steuerung und Entwicklung der Migration vielleicht darin besteht, die intraregionale Migration und die effektive Zusammenarbeit innerhalb der Teilregion und mit der EU auszuweiten (Adaween 2017).

Außerdem wird es notwendig sein, sich stärker auf die Förderung einer wirkungsvollen Zusammenarbeit zwischen den afrikanischen Ländern zu konzentrieren, um dauerhafte Lösungen für die Faktoren zu finden, die die irreguläre Migration nach wie vor fördern (Adaween 2017). So sollte die EU auch afrikanische Länder und Teilregionen dabei unterstützen, die Migration innerhalb des afrikanischen Kontinents besser und entwicklungsfreundlicher zu steuern. Dazu könnte die EU beispielsweise die Entwicklung von Migrationsprogrammen und den Aufbau entsprechender Institutionen unterstützen bzw. die vorhandenen Strukturen stärken, damit diese in der Lage sind, Migrant/innen zu schützen und die positiven Auswirkungen der Migration wie Remittances oder den Wissenstransfer zu verstärken (Adaween 2017).

Literatur

Abderrahim, T., und A. Knoll. 2017a. The EU's migration cooperation with North Africa: Will the carrot and stick approach work? *ECDPM Talking Points blog*, 10 März 2017. Maastricht: ECDPM. http://ecdpm.org/talking-points/eu-migration-cooperation-north-africa/. Zugegriffen: 27. Juli 2017.
Abderrahim, T., und A. Knoll. 2017b. EU-Tunisia cooperation on migration: Conflicting agendas? *ECDPM Talking Points blog*, 15 März 2017. Maastricht: ECDPM. http://ecdpm.org/talking-points/eu-tunisia-cooperation-migration/. Zugegriffen: 27. Juli 2017.
Abderrahim, T., und A. Knoll. 2017c. Egypt under the spotlight: can it be a safe third country? *ECDPM Talking Points Blog*, 17. März 2017. Maastricht: ECDPM. http://ecdpm.org/talking-points/egypt-safe-third-country-migration-eu/. Zugegriffen: 27. Juli 2017.
Abderrahim, T. 2017. *North Africa, Europe's Last Resort on Migration*. Washington D.C.: Carnegie Endowment for International Peace. http://carnegieendowment.org/sada/68097. Zugegriffen 25. Juli 2017.
Adaween, S. 2017. The EU's Response to the Refugee Crisis: More Support for ECOWAS Migration Management Needed. *International Development Blog*, 31. Mai 2017. Bonn: German Development Institute. http://blogs.die-gdi.de/2017/05/31/the-eus-response-to-the-refugee-crisis-more-support-for-ecowas-migration-management-needed/. Zugegriffen: 30. Juli 2017.
African Union. 2015. *The Common African Perspective for Valletta Summit on Migration*. Addis Ababa: African Union. https://au.int/sites/default/files/newsevents/workingdocu-

ments/19426-wd-e_-the_common_african_perspective_for_valletta_summit_on_migra-
tion_revised.doc. Zugegriffen: 30. August 2017.
African Union. 2016. *African Union Passport Launched during Opening of 27th AU Sum-
mit in Kigali.* Addis Ababa: African Union. https://au.int/en/pressreleases/20160717-1.
Zugegriffen: 30. August 2017.
African Union Commission. 2009. *AU.COMMIT Campaign on Combating Human Traffi-
cking 2009-2012.* Addis Ababa: African Union. https://www.au.int/web/sites/default/
files/newsevents/workingdocuments/28041-wd-au_commit_strat_-_english.pdf.
Zugegriffen: 30. August 2017.
African Union Executive Council. 2006a. *African Common Position on Migration and
Development.* Addis Ababa: African Union. http://www.un.org/en/africa/osaa/pdf/au/
cap_migrationanddev_2006.pdf. Zugegriffen: 30. August 2017.
African Union Executive Council. 2006b. *The Migration Policy Framework for Africa.*
Addis Ababa: African Union. http://www.unhcr.org/protection/migration/4d5258ab9/
african-union-migration-policy-framework-africa.html. Zugegriffen: 30. August 2017.
Aggad-Clerx, F., und S. El Fassi. 2014. *Implementing African development initiatives:
Opportunities and challenges to securing alternative financing for the Agenda 2063.*
Briefing Note 65. Maastricht: ECDPM. http://ecdpm.org/publications/alternative-finan-
cing-agenda-2063-african-development-initiatives/. Zugegriffen: 30. August 2017.
Centre for Citizens' Participation on the African Union. 2013. *Baseline study on Free
Movement of People (FMP) in Africa.* Nairobi: CCPAU.
Collett, E. 2016. *The Paradox of the EU-Turkey Refugee Deal.* Washington D.C.: Migration
Policy Institute. http://www.migrationpolicy.org/news/paradox-eu-turkey-refugee-deal.
Zugegriffen: 2. August 2017.
EU–Horn of Africa Migration Route Initiative. 2014. *AU Horn of Africa Initiative.* Wien:
ICMPD. https://www.khartoumprocess.net/about/au-horn-of-africa-initiative. Accessed:
30. August 2017.
Eurofound. 2009. *Spain –The occupational promotion of migrant workers.* Dublin: Euro-
found. https://www.eurofound.europa.eu/observatories/eurwork/comparative-informa-
tion/national-contributions/spain/spain-the-occupational-promotion-of-migrant-workers.
European Commission. 2015a. *EU Action Plan against migrant smuggling 2015-2020.*
Brüssel: European Commission. http://ec.europa.eu/dgs/home-affairs/e-library/docu-
ments/policies/asylum/general/docs/eu_action_plan_against_migrant_smuggling_
en.pdf. Zugegriffen: 27. Juli 2017.
European Commission. 2015b. *The EU Emergency Trust Fund for Africa.* Brüssel: European Commission. https://ec.europa.eu/europaid/regions/africa/eu-emergency-trust-
fund-africa_en. Zugegriffen: 25. Juli 2017.
European Commission. 2017. *European Agenda on Migration – Factsheets.* Brüssel: European Commission. https://ec.europa.eu/home-affairs/what-we-do/policies/european-
agenda-migration/background-information_en. Zugegriffen: 27. Juli 2017.
European Council. 2015. *Valletta summit on migration – background on EU action.* Brüssel: European Council. http://www.consilium.europa.eu/en/meetings/international-sum-
mit/2015/11/11-valletta-summit-press-pack/. Zugegriffen: 27. Juli 2017.
European Council. 2016. *EU-Turkey statement, 18 March 2016.* Press release. Brüssel:
European Council. http://www.consilium.europa.eu/en/press/press-releases/2016/03/18-
eu-turkey-statement/. Zugegriffen: 28. July 2017.

European External Action Service. 2016. *Shared Vision, Common Action: A Stronger Europe. A Global Strategy for the European Union's Foreign and Security Policy.* Brüssel: European Union. http://eeas.europa.eu/top stories/pdf/eugs review web.pdf. Zugegriffen: 30. Juli 2017.

European Political Strategy Centre. 2015. *The EU and Africa: Valletta and Beyond.* EPSC Strategic Notes Issue 08/2015, 11. November 2015. Brüssel: European Commission. https://ec.europa.eu/epsc/publications/strategic-notes/eu-and-africa_en.

High Representative of the Union for Foreign Affairs and Security Policy. 2017. *Joint Communication to the European Parliament, the European Council and the Council: Migration on the Central Mediterranean route managing flows, saving lives.* Brüssel: European Commission. http://eur-lex.europa.eu/resource.html?uri=cellar:6e6590bb-e2fa-11e6-ad7c-01aa75ed71a1.0001.02/DOC_1&format=PDF. Zugegriffen: 30. Juli 2017.

International Labour Organization. 2015. *The Joint Labour Migration Program for Africa.* Press release, 10. September 2015. Genf: ILO. http://www.ilo.org/addisababa/media-centre/pr/WCMS_402369/lang–en/index.htm. Zugegriffen: 30. August 2017.

International Organization for Migration. o.D.a. *EU-Horn of Africa Migration Route Initiative.* Khartoum Process. Genf: IOM. https://www.iom.int/eu-horn-africa-migration-route-initiative-khartoum-process.

International Organization for Migration. o.D.b. *Regional Consultative Processes on Migration.* Genf: IOM. https://www.iom.int/regional-consultative-processes-migration.

International Organization for Migration. 2016. *Flow Monitoring Survey,* Dezember 2016. Geneva: IOM. http://migration.iom.int/docs/Analysis_Flow_Monitoring_and_Human_Trafficking_Surveys_in_the_Mediterranean_and_Beyond_8_DECEMBER_2016.pdf. Zugegriffen: 27. Juli 2017.

Knoll, A. 2017. Taking steps ahead: Towards a new vision for migration in 2017. *ECDPM Talking Points blog*, 20. Januar 2017. Maastricht: ECDPM. http://ecdpm.org/talking-points/taking-steps-ahead-towards-new-vision-migration-2017/. Zugegriffen: 27. Juli 2017.

Knoll, A., and A. Sherriff. 2017. *Making Waves: Implications of the irregular migration and refugee situation on Official Development Assistance spending and practices in Europe.* Maastricht: ECDPM. http://ecdpm.org/publications/making-waves-irregular-migration-refugee-oda-europe/. Zugegriffen: 25. Juli 2017.

Koch, F., A. Knoll, and S. Mawowa. 2015. *Making Migration beneficial to Europe and Africa.* Joint Policy Brief/ Seminar Report. Friedrich- Ebert-Stiftung (FES), Southern African Liaison Office (SALO) and ECDPM. http://ecdpm.org/publications/migration-europe-africa-valletta/. Zugegriffen: 30. August 2017.

Laferrère, A., and A. Knoll. 2016. Is the EU's migration partnership approach with African countries balanced? *Vita International*, 26. Oktober 2016. http://www.vitainternational.media/en/article/2016/10/26/is-the-eus-migration-partnership-approach-with-african-countries-balan/585/. Zugegriffen: 28. Juli 2017.

Lord, K. 2016. *Here come the Young*, 12. August 2016. Foreign Policy. http://foreignpolicy.com/2016/08/12/here-comes-the-young-youth-bulge-demographics/.

Maple, N. 2016. *Rights at Risk: A thematic investigation into how states restrict the freedom of movement of refugees on the African Continent.* New Issues in Refugee Research Paper No.

28. Genf: UNHCR. http://www.unhcr.org/research/working/57ee60d57/rights-risk-thematic-investigation-states-restrict-freedom-movement-refugees.html. Zugegriffen: 28. Juli 2017.

Ministerial Conference on Migration and Development, 2006. *Ouagadougou Action Plan to Combat Trafficking In Human Beings, Especially Women and Children.* Brüssel: European Commission. https://ec.europa.eu/anti-trafficking/sites/antitrafficking/files/ouagadougou_action_plan_to_combat_trafficking_en_1.pdf. Zugegriffen: 30. August 2017.

Molenaar, F., and F. El Kamouni-Janssen. 2017. Turning the tide: *The politics of irregular migration in the Sahel and Libya.* Den Haag: Netherlands Institute of International Relations ,Clingendael'. https://www.clingendael.org/sites/default/files/pdfs/turning_the_tide.pdf. Zugegriffen: 26. Juli 2017.

Regional Mixed Migration Secretariat. 2016. *Regional Mixed Migration in the Horn of Africa and Yemen in 2016.* 2nd Quarter trend summary and analysis. Nairobi: RMMS. http://regionalmms.org/trends/RMMS%20Mixed%20Migration%20Trends%20Q2%20 2016.pdf. Zugegriffen: 29. Juli 2017.

Rollins, T. 2017. Impatient EU looks for deal to ,significantly reduce' Libya migration. *Middle East Eye,* 4. Februar 2017. http://www.middleeasteye.net/news/impatient-eu-looks-deal-significantly-reduce-libya-migration-1165577519. Zugegriffen: 28. Juli 2017.

Ruz, C. 2015. The battle over the words used to describe migrants. *BBC News Magazine.* http://www.bbc.com/news/magazine-34061097. Zugegriffen: 2. August 2017.

Tana High-Level Forum on Security in Africa. 2017. *State of Peace and Security in Africa: No Retreat, No Surrender!* Prepared for the 6th Tana High-Level Forum on Security in Africa 22.–23. April 2017: 25–26. http://www.tanaforum.org/y-file-store/state_of_S_in_africa/spsa_report.pdf.

Titz, C. 2017. Europas tödlicher Wall aus Sand. *Spiegel Online,* 6. September 2017. http://www.spiegel.de/politik/ausland/fluechtlinge-aus-afrika-europas-toedlicher-wall-aus-sand-a-1165318.html.

UNHCR. 2016a. *Global Trends: Forced Displacement in 2015.* Genf: UNHCR. http://www.unhcr.org/statistics/unhcrstats/576408cd7/unhcr-global-trends-2015.html. Zugegriffen: 3. August 2017.

UNHCR. 2016b. *Mediterranean death toll soars, 2016 is deadliest year yet,* 25. Oktober 2016. Genf: UNHCR. http://www.unhcr.org/news/latest/2016/10/580f3e684/mediterranean-death-toll-soars-2016-deadliest-year.html. Zugegriffen: 25. Juli 2017.

UNHCR. 2017. *Mixed Migration Trends in Libya: Changing dynamics and protection challenges.* Genf: UNHCR. http://www.altaiconsulting.com/wp-content/uploads/2017/07/LIB-HCR-MAS-Final-Report.pdf. Zugegriffen: 28. Juli 2017.

United Nations. 2016. Latest Mediterranean tragedy pushes number of people perishing in 2016 beyond 5,000 – UN. *UN News Centre,* 23. Dezember 2016. http://www.un.org/apps/news/story.asp?NewsID=55868#.WYBtVrZRXcv. Zugegriffen: 26. July 2017.

United Nations General Assembly. 2015. *Transforming our world: the 2030 Agenda for Sustainable Development.* New York: UN. http://www.un.org/ga/search/view_doc.asp?symbol=A/RES/70/1&Lang=E. Zugegriffen: 30. August 2017.

Vimont, S. 2016. *Migration in Europe: Bridging the Solidarity Gap.* Brüssel: Carnegie Europe. http://carnegieeurope.eu/2016/09/12/migration-in-europe-bridging-solidarity-gap/j5bf. Zugegriffen: 30. Juli 2017.

Weber, B. 2017. *The EU-Turkey Refugee Deal and the Not Quite Closed Balkan Route.* Sarajevo: Friedrich-Ebert-Stiftung. http://library.fes.de/pdf-files/bueros/sarajevo/13436. pdf. Zugegriffen: 28. Juli 2017.

World Bank. 2015. *Personal Remittances, Received: Sub-Saharan Africa.* Washington D.C.: The World Bank Group. https://data.worldbank.org/indicator/BX.TRF.PWKR. DT.GD.ZS?locations=ZF. Zugegriffen: 9. September 2017.

Michelle Ndiaye ist Direktorin des Africa Peace and Security Programme am Institute for Peace and Security Studies (IPSS) und Leiterin des Sekretariats des Tana-Forums. Dabei handelt es sich um zwei Programme, die von der Bundesregierung finanziert und von der Deutschen Gesellschaft für Internationale Zusammenarbeit (GIZ) GmbH durchgeführt werden, um das Forschungs- und Bildungsprogramm der Afrikanischen Union im Bereich Frieden und Sicherheit zusammen mit dem Institute for Peace and Security Studies (IPSS) der Universität Addis Abeba (AAU) zu fördern.

Flucht, fragile Staaten und Entwicklungszusammenarbeit: Governanceförderung als Fluchtursachenbekämpfung

15

Jörn Grävingholt

Zusammenfassung

Wenn Menschen fliehen, steht dahinter ein Staat, der Teile seiner Bevölkerung aufgegeben hat. Um Fluchtvorzubeugen, kommt es darauf an, fragiler Staatlichkeit entgegenzuwirken. Fragilität ist ein Governance-Versagen, das ohne eine Transformation der politischen Institutionen nicht überwunden werden kann. Entwicklungszusammenarbeit muss umfassender als bisher darauf ausgerichtet werden, fragile Staatlichkeit zu adressieren. Dabei kommt der Governanceförderung eine zentrale Rolle zu.

Schlüsselwörter

Flucht · Fragile Staaten · Konflikt · Post-Konflikt · Governance · Staat · Fluchtursachenbekämpfung · Entwicklungszusammenarbeit

15.1 Einleitung

In der aktuellen Debatte um Flucht und Migration wird der Entwicklungszusammenarbeit von vielen Seiten eine wichtige Rolle zugeschrieben. Ihr Zielsystem ist im politischen Diskurs legitimierter denn je, weil das Eigeninteresse der reichen Länder an der gelingenden Entwicklung der ärmeren und an einer

J. Grävingholt (✉)
Deutsches Institut für Entwicklungspolitik (DIE), Bonn, Deutschland
E-Mail: Joern.Graevingholt@die-gdi.de

© Springer Fachmedien Wiesbaden GmbH, ein Teil von Springer Nature 2020   307
C. Beier et al. (Hrsg.), *Globale Wanderungsbewegungen*,
https://doi.org/10.1007/978-3-658-28237-0_15

gerechteren Globalisierung angesichts der Eskalation des weltweiten Konflikt-
geschehens in den letzten Jahren und der Konfrontation Europas mit Hunderttausenden Flüchtlingen und Asylsuchenden offenkundig zu sein scheint.
Allerdings drohen mit der an sich richtigen Forderung nach einer ‚Fluchtursachenbekämpfung' durch Entwicklungspolitik neue Machbarkeitsversprechen
unerfüllbare Erwartungen zu schüren. Je drängender das Problem, desto schneller
sollen die Resultate zu sehen sein. So könnte eine neue Welle der Ernüchterung
und Grundsatzkritik an der Entwicklungspolitik vorprogrammiert sein.[1]

Daher ist es zunächst wichtig, das Anspruchsniveau realistisch zu formu-
lieren. So wäre zum einen eine erfolgreiche Fluchtursachenbekämpfung nicht
gleichzusetzen mit der Verringerung jeglicher Migration. Zwar wird in der Fach-
welt zunehmend auf das Phänomen der so genannten ‚gemischten Wanderungen'
verwiesen, die eine klare Unterscheidung zwischen fluchtbedingter und anders
motivierter Migration im Nachhinein oft nicht möglich machen. Dennoch ist
Flucht die Folge einer speziellen humanitären Notlage, der am besten dadurch
zu begegnen wäre, dass sie erst gar nicht entsteht. Zu verhindern, dass Menschen
fliehen müssen, ist ein humanitärer, politischer und ökonomischer Imperativ. Der
Gedanke der Verhinderung jeglicher sonstiger Migrationsgründe wäre dagegen
in vielerlei Hinsicht problematisch: Er wäre ahistorisch (Migration ist seit jeher
ein Wesensmerkmal der Menschheit), ökonomisch nicht überzeugend (Arbeitsmigration nützt oft allen Beteiligten) und ethisch fragwürdig.

Ein zweiter Aspekt kommt hinzu: Wer Flucht vorbeugen will, muss die
Bedingungen verhindern, die Flucht bewirken. In erster Linie sind dies Bürgerkriege und andere Formen massiver Gewaltkonflikte. Der verbleibende Teil dieses
Beitrags wird darstellen, wie Entwicklungspolitik zu diesem Ziel beitragen kann.
Keineswegs soll aber damit der Eindruck erweckt werden, Entwicklungspolitik
allein könne diese Herausforderung bewältigen. Vielmehr muss vorab betont werden: Die Verhütung gewaltsamer Konflikte ist eine gesamtpolitische Aufgabe,
bei der der Entwicklungspolitik eine wichtige, aber bei weitem nicht die einzige
Rolle zukommt. Mehr noch: Auch beim besten Bemühen aller Beteiligten wird
das Engagement zur Entschärfung drohender oder akuter Konflikte regelmäßig
scheitern. Erfolgreich wäre Krisenprävention als Gesamtprogramm schon dann,
wenn nur der eine oder andere Gewaltkonflikt nicht oder weniger gewalttätig
ausbräche als ohne diese Unterstützung. Das allein schon würde sie humanitär

---

[1]Zur Rolle der Entwicklungspolitik als Katalysator für Transformationsprozesse im globalen Mehrebensystem vgl. Grävingholt (2016).

und – wie jüngste Untersuchungen gezeigt haben – auch wirtschaftlich recht-fertigen.[2]

Im folgenden Abschnitt stelle ich zunächst die besondere Bedeutung fragi-ler Staatlichkeit als Triebkraft hinter Gewaltkonflikten und Fluchtbewegungen heraus. Danach erörtere ich die Rolle, die Entwicklungszusammenarbeit spie-len kann, um Fragilität zu überwinden und damit Gewaltkonflikten als Aus-löser für Flucht und Vertreibung vorzubeugen. Eine zentrale Rolle kommt dabei der Governanceförderung zu. Der abschließende Ausblick diskutiert besondere Herausforderungen, denen Entwicklungszusammenarbeit allgemein und Gover-nanceförderung im Besonderen sich stellen müssen, um wirksamer zur Über-windung von Fragilität und Gewaltkonflikten beizutragen.

15.2 Fragile Staatlichkeit als Treiber von Konflikt und Flucht

Alle großen grenzüberschreitenden Fluchtbewegungen sind die Folge massiver Gewalt. Bürgerkriege – oft mit einer erheblichen internationalen Dimension – waren für neun der zehn größten Flüchtlingsbevölkerungen verantwortlich, die 2014 unter das Mandat des UN-Flüchtlingshilfswerks UNHCR fielen. (Hinzu kam die Vertreibung der Rohingya aus Myanmar.) Auch die fünf Staaten, die 2014 die größten Vertriebenenzahlen innerhalb ihrer Landesgrenzen aufwiesen und damit für mehr als zwei Drittel aller weltweit registrierten Binnenflüchtlinge verantwortlich waren, blicken auf eine solche Gewaltgeschichte.[3]

Bürgerkriege sind bewaffnete Auseinandersetzungen zwischen einer Regie-rung und einer oder mehreren Rebellenbewegungen. Einmal in Gang gesetzt ent-wickeln sie eine Eigendynamik, die einer dauerhaften Beendigung der Gewalt mitunter jahrzehntelang im Wege stehen kann. Doch am Anfang steht letztlich ein Staat, der es nicht schafft (oder nicht für wichtig erachtet), allen Teilen seiner Bevölkerung das berechtigte Gefühl zu vermitteln, auch für sie da zu sein und auch ihren grundlegenden Interessen zu dienen: ein ‚fragiler‘ Staat.

Fragile Staatlichkeit ist ein relativ junges Konzept, das erst gegen Mitte der 2000er Jahre in außen- und entwicklungspolitischen Debatten Prominenz

---

[2]Zur Wirtschaftlichkeit von Prävention vgl. United Nations und World Bank (2018).
[3]Berechnungen des Autors auf der Grundlage von UNHCR 2015.

erlangte.[4] Die Erfahrung des Zusammenbruchs politischer Ordnung, wie sie nach dem Ende des Kalten Krieges etwa in Ländern wie Haiti oder Somalia beobachtet wurde, war zunächst auf den Begriff der ‚gescheiterten', ‚scheiternden' oder ‚schwachen' Staaten gebracht worden. Fragilität trat nun an die Stelle dieser Begrifflichkeit, weil das Konzept eine größere Offenheit für unterschiedliche Ausgänge aufwies und zudem, aufgrund der weniger abwertenden Sprache, auch für die Verwendung in internationalen Organisationen geeignet war.[5] Ungeachtet der vermeintlichen Staatszentriertheit des Begriffs geht es bei fragiler Staatlichkeit in erster Linie um die Fähigkeit des Staates, Grundfunktionen für seine Bevölkerung zu erfüllen. Fragilität ist durch eine dysfunktionale Staat-Gesellschaft-Beziehung hinsichtlich einer Reihe zentraler Aufgaben gekennzeichnet.

Die Kernfunktionen des Staates im Hinblick auf seine Bevölkerung lassen sich anhand dreier Dimensionen beschreiben: Autorität, Kapazität und Legitimität (Grävingholt et al. 2015). Autorität bezieht sich auf die Gewaltkontrolle durch den Staat, meint also das Ausmaß, in dem der Staat über das Gewaltmonopol verfügt. Unter Kapazität wird die Fähigkeit des Staates gefasst, seinen Bürger/innen grundlegende Lebenschancen zu eröffnen, indem er Basisdienstleistungen, etwa in den Bereichen Gesundheit und Bildung, zur Verfügung stellt. Legitimität schließlich verweist auf die Bereitschaft einer Gesellschaft, den Anspruch des Staates zu akzeptieren, der einzige Akteur zu sein, der allgemeinverbindliche Regeln legitimerweise setzen und durchsetzen kann. Auch wenn alle drei Funktionen zentral sind und einander gegenseitig bedingen, so können sie doch zu einem bestimmten Zeitpunkt in einem gegebenen Land in sehr unterschiedlichem Ausmaß vorhanden oder abwesend sein.

In einem umfangreichen Datenprojekt hat das Deutsche Institut für Entwicklungspolitik (DIE) empirische Indikatoren fragiler Staatlichkeit für 171 Länder im Zeitraum 2005 bis 2015 untersucht. Dabei zeigt sich, dass im Hinblick auf die drei Dimensionen Autorität, Kapazität und Legitimität sechs unterschiedliche Konstellationen fragiler Staatlichkeit unterschieden werden können (Ziaja et al. 2018; Grävingholt et al. 2018): *Dysfunktionalen* Staaten mit sehr großen Defiziten in allen drei Dimensionen stehen drei Gruppen von Staaten gegenüber, die entweder durch *geringe Autorität* oder *geringe Kapazität* oder *geringe Legitimität* als Wesensmerkmal gekennzeichnet sind. Zwei weitere Gruppen

---

[4]Vergleiche exemplarisch Chauvet und Collier (2004), Debiel (2005), DFID (2005), OECD (2007), Schneckener (2005).

[5]Mehr zum Hintergrund der Begrifflichkeit in Faust et al. (2015).

lassen sich als *semi-funktional* (mit befriedigenden Werten in allen drei Dimensionen) oder als *gut funktionierend* (keine nennenswerten Defizite) bezeichnen. Fragil im eigentlichen Sinne sind also die Staaten in den ersten vier Konstellationen – auch wenn die Daten zeigen, dass semi-funktionale Staaten gegen Staatlichkeitsverfall nicht immun sind.

Setzt man die Fragilitätsdaten des DIE mit den Flüchtlingszahlen des UNHCR in Verbindung, lässt sich nachvollziehen, welche Fragilitätskonstellationen ein besonderes Risiko bergen, große Fluchtbewegungen nach sich zu ziehen. Ein Maßstab für die Intensität der Fluchtbewegungen aus einem Land ist der Anteil jener Menschen an der Bevölkerung, die innerhalb eines einzigen Jahres das Land als Flüchtlinge verlassen. Trägt man für jedes Land den größten dieser Werte auf einer logarithmischen Skala ab und sortiert die Werte absteigend, so erhält man für die Jahre 2005 bis 2014 das in Abb. 15.1 gezeigte Bild.

Die Darstellung verdeutlicht, dass neun Länder (dargestellt durch die Punkte oben links in der Grafik) in mindestens einem der untersuchten zehn Jahre mehr als jede/n hundertste/n Einwohner/in als Flüchtling verloren haben. In weiteren 19 Ländern waren es zwischen 0,1 und einem Prozent. Aus den übrigen 140 Ländern, für die Daten seit 2005 vorliegen, sind dagegen in keinem Jahr mehr als 0,1 % der Bevölkerung geflohen. Massive Flucht und Vertreibung ist auf eine überschaubare Anzahl an Ländern beschränkt. Das wird noch deutlicher, wenn man den drei nach der Fluchtintensität gebildeten Ländergruppen die Gesamtzahl aller Flüchtlinge zuordnet. 70 % der im Jahr 2014 vom UNHCR registrierten Flüchtlinge stammen aus den neun Ländern der Gruppe I, die zwischen 2005 und

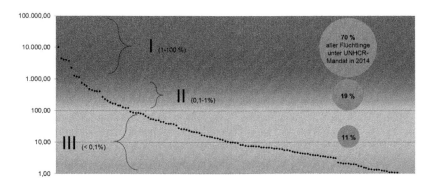

Abb. 15.1 Höchste jährliche Flüchtlingsquote 2005–2014 nach Herkunftsländern (Zahl pro 100.000 Einw.). (Quelle: Berechnungen des Autors auf Basis von UNHCR 2015; Bezugsjahr der Einwohner/innenzahl: 2013. © J. Grävingholt)

2014 die höchste Fluchtintensität aufwiesen, weitere 19 % aus den 19 Ländern der Gruppe II mit mittlerer Fluchtintensität. Die übrigen 11 % entfallen auf 140 Länder in der Gruppe III mit der niedrigsten Fluchtintensität.

Für ein besseres Verständnis der Bedingungen, die zu Flucht und Vertreibung führen, lohnt es sich also, die Fragilitätsprofile der Länder mit der höchsten Fluchtintensität zu untersuchen. Tab. 15.1 schlüsselt die Länder der Gruppen I und II auf und nennt dazu ihren Fragilitätstyp im Jahr 2005, also zu Beginn des Untersuchungszeitraums. Zunächst überrascht es nicht zu sehen, dass fünf der neun Länder der Gruppe I wie auch fünf bis sechs weitere in Gruppe II 2005 *dysfunktionale Staaten* waren. Dysfunktionale Staaten sind in aller Regel durch massive Bürgerkriege gekennzeichnet, deren fatale Eigenschaft darin besteht, meist lang anzuhalten oder nach einer zwischenzeitlichen Beendigung bald wiederaufzuflammen. Es ist also zu erwarten, dass sich eine große Zahl jener Länder, die innerhalb einer Zehnjahresperiode massive konfliktbedingte Fluchtbewegungen auslösen, bereits zu Beginn dieses Zeitraums im Bürgerkrieg befindet.

Dagegen ist auffällig, dass zwei Länder der Gruppe I (darunter der Extremfall Syrien) und zwei weitere Länder der Gruppe II 2005 *Staaten mit geringer Legitimität* waren. Im Fall der beiden postjugoslawischen Republiken Serbien und Bosnien ist es allerdings die bereits 2005 hohe Zahl an Flüchtlingen, die diese Einordnung bewirkt. Hier liegt also in erster Linie ein lang anhaltender Exodus seit den jugoslawischen Teilungskriegen vor. Syrien hingegen steht für eine Entwicklung, die 2005 kaum jemand für möglich gehalten hätte. Hier setzte der Zusammenbruch des alten Regimes im Gefolge des Arabischen Frühlings 2011 eine Gewalteskalation in Gang, die zunächst Hunderttausende, dann bald Millionen Menschen dem Land vertrieb. (Ähnliches, in weniger dramatischen Dimensionen, erlebte auch Libyen, wo allerdings der Großteil der Vertriebenen im eigenen Land blieb.) Das Ausmaß der syrischen Katastrophe veranschaulicht das enorme Gewaltpotenzial, das Jahrzehnte repressiver Herrschaft gerade auch in heterogenen Gesellschaften hervorbringen können und das das Stabilitätsversprechen ad absurdum führt, mit dem derartige Regime ihre Art der Machtausübung nach innen wie außen zu legitimieren suchen.

Beim Blick auf die fluchtintensivsten Länder fällt außerdem auf, dass zwei der Länder in Gruppe I und acht der Länder in Gruppe II 2005 zur Fragilitätskonstellation der *Staaten mit geringer Kapazität* gehörten. „Low-Capacity"-Länder sind oft typische Lieblingsländer der Entwicklungszusammenarbeit. Mali etwa galt in den 2000er Jahren als Musterfall gelungener entwicklungspolitischer Kooperation. Im Nachhinein belegt das Beispiel, dass sozioökonomischer Erfolg ohne eine Fortentwicklung politischer Institutionen mit dem Ziel, gesellschaftlichen Zusammenhalt und Teilhabe für alle Bevölkerungsgruppen zu verbessern,

Tab. 15.1 Flüchtlingsherkunftsländer 2005–2014 und ihre Staatlichkeit 2015. (Quelle: Berechnungen des Autors auf Basis von UNHCR 2015 und Ziaja et al. 2018; Bezugsjahr der Einwohnerzahl: 2013; Fluchtintensität: I: 1–100 %; II: 0,1–1 %. Fragilitätstypen: DYS-funct = dysfunktional; low-CAP = geringe Kapazität; low-LEG = geringe Legitimität; SEMI-funct = semi-funktional; WELL-funct = gut funktionierend. *: Keine klare Zuordnung zu einem Fragilitätstyp möglich. © J. Grävingholt)

Land	Max. jährlicher Flüchtlingsanteil 2005–2014 pro 100.000 Einw	Fluchtintensität	Fragilitätstyp 2005
Syrien	10.055	I	low-LEG
Irak	4579	I	DYS-funct
Zentralafrikan. Republik	4145	I	DYS-funct
Afghanistan	4110	I	DYS-funct
Somalia	3818	I	DYS-funct
Bosnien-Herzegowina	2312	I	low-LEG
Mali	1298	I	low-CAP
Eritrea	1225	I	low-CAP
Kolumbien	1144	I	DYS-funct
Togo	766	II	low-CAP
Cote d'Ivoire	669	II	DYS-funct
Ruanda	620	II	DYS-funct
Ukraine	486	II	SEMI-funct
Myanmar	448	II	DYS-funct
Mauretanien	421	II	low-CAP
Sudan	415	II	DYS-funct
Bhutan	410	II	low-CAP
Serbien	274	II	low-LEG
Burundi	237	II	DYS-funct/ low-CAP*
Chad	209	II	low-CAP
Pakistan	188	II	low-CAP
DR Kongo	172	II	DYS-funct
Mazedonien	168	II	SEMI-funct/ low-LEG*
Kroatien	150	II	WELL-funct

(Fortsetzung)

Tab. 15.1 (Fortsetzung)

Land	Max. jährlicher Flüchtlingsanteil 2005–2014 pro 100.000 Einw	Fluchtintensität	Fragilitätstyp 2005
Laos	148	II	low-CAP
Kuba	130	II	low-LEG
Georgien	126	II	low-CAP
Gambia	125	II	low-CAP

selten ausreicht, um einem Staat die Mittel an die Hand zu geben, sich in krisenhaften Situationen zu bewähren. Die Erwartung, bessere Governance werde quasi automatisch auf wirtschaftliche Entwicklung folgen, hat sich vielfach als irrig herausgestellt. Ja, sozioökonomische Entwicklung hilft, politische Öffnungsprozesse zu stabilisieren – sofern diese stattfinden. Umgekehrt sorgt aber auch erst bessere Regierungsführung durch breitere Teilhabe und Mitspracherechte der Bürger/innen dafür, wirtschaftliche Erfolge auf Dauer zu stellen. Gegenbeispiele sind möglich (China), aber zu selten, um als verlässliches Vorbild dienen zu können.

Überraschend ist schließlich das Fehlen typischer *Staaten mit geringer Autorität* unter den Ländern mit hoher und mittlerer Fluchtintensität im Folgejahrzehnt. Gewalt alleine, so legt diese Beobachtung nahe, ist kein starker Indikator bevorstehender massiver Fluchtbewegungen. Erst in Verbindung mit umfassendem Staatsversagen auch in den Dimensionen der Legitimität und Kapazität entstehen jene extremen Krisen, die große Teile der Bevölkerung in die Flucht treiben.

Wenn Menschen fliehen, steht dahinter ein Staat, der mehr oder weniger große Teile seiner Bevölkerung aufgegeben hat. Um künftigen Fluchtbewegungen vorzubeugen, kommt es darauf an, solcher fragiler Staatlichkeit entgegenzuwirken. Im Vordergrund, das hat die Analyse anhand der Fragilitätskonstellationen gezeigt, müssen dabei zwei Ziele stehen: den Teufelskreis anhaltender Gewaltkonflikte in dysfunktionalen Staaten zu durchbrechen und das Abrutschen fragiler Staaten mit besonderen Kapazitäts- oder Legitimitätsdefiziten zu verhindern.

15.3 Governanceförderung zur Stärkung inklusiver und legitimer Staatlichkeit

Die Überwindung dysfunktionaler Staatlichkeit und die Stabilisierung von Low-Capacity- und Low-Legitimacy-Staaten haben einen gemeinsamen Nenner: In beiden Fällen, das zeigen zahlreiche Forschungsergebnisse der letzten zwei

Jahrzehnte, liegt der Schlüssel im Bereich der Governance. Der World Development Report 2017 der Weltbank hat dazu grundsätzlich festgehalten:

> „Ultimately, confronting the challenges faced by today's developing countries—poor service delivery, violence, slowing growth, corruption, and the "natural resource curse," to name a few—requires rethinking the process by which state and nonstate actors interact to design and implement policies, or what this Report calls governance." (World Bank 2017, S. 2).

Fragilität ist ein Governance-Versagen, das ohne eine Transformation der politischen Institutionen, also der formalen und informellen Regeln der Politikgestaltung, nicht überwunden werden kann. Entwicklungspolitik muss sich daher dem Ziel widmen, zu einer solchen Transformation beizutragen, indem sie Anreize setzt, wo partikulare Machtinteressen Veränderungen blockieren, und Chancen schafft, wo sonst empfundene Machtlosigkeit den Weg in die Konflikteskalation ebnet. Die Förderung sozioökonomischer Entwicklung als Ziel an sich verspricht, das belegen mittlerweile viele Untersuchungen, noch keine nachhaltige Überwindung von Fragilität. Bloßes Wachstum, so hielt zuletzt sogar eine von der Weltbank mitverfasste Studie fest, kann sogar kontraproduktiv wirken, wenn damit der Ausschluss ganzer Bevölkerungsgruppen von politischer, sozialer und/oder wirtschaftlicher Teilhabe verfestigt wird. Um Gewaltkonflikten vorzubeugen, ist Unterstützung gefragt, die zielgerichtet daran orientiert ist, Exklusion zu überwinden, und darin nachhaltig engagiert bleibt (United Nations und World Bank 2018, S. 291). Governance, Ende der 1990er Jahre erstmals von der Weltbank als Thema entdeckt, ist nach wie vor der Schlüssel bei der Überwindung fragiler Staatlichkeit.

Governanceförderung[6] genießt indes keinen ungetrübten Ruf. Sinnvolle Governance-Programme mit schwierigen Partnerregierungen zu vereinbaren, ist zumeist mühsam; und häufig bleiben die Erfolge hinter den erwarteten oder erhofften Ergebnissen deutlich zurück. Oft fehlt es am ehrlichen Einsatz der

---

[6]Institutionell werden Governance- (und Demokratie-) Förderung einerseits und der Themenbereich ‚Krisenprävention, Konfliktbearbeitung und Friedensförderung' andererseits in vielen Entwicklungsorganisationen getrennt bearbeitet. Inhaltlich, zumal im Kontext fragiler Staatlichkeit, gehören sie jedoch eng zusammen und sollten grundsätzlich als gemeinsames Aufgabengebiet verstanden werden – auch dort, wo ggf. Zuständigkeiten mehrerer Ministerien, in Deutschland etwa des Entwicklungsministeriums und des Auswärtigen Amts, berührt werden. Wenn daher im Folgenden von Governanceförderung die Rede ist, bezieht sich das auf das gesamte Aufgabengebiet.

Partnerregierung – selbst dort, wo auf der Arbeitsebene konstruktive Zusammenarbeit möglich erscheint. Denn Effektivitätsgewinne mögen noch erwünscht sein; größere Transparenz des staatlichen Handelns und Teilhabe der Bürger/innen berühren dagegen die Machtfrage eines Regimes, und entsprechend schnell endet in vielen Fällen der Enthusiasmus für vereinbarte Reformagenden. Stattdessen werden den ‚Geber/innen' zunehmend Einmischung in innere Angelegenheiten und der ungeeignete Export westlicher Institutionen vorgeworfen. Bisweilen ist der Einwurf, vorgefertigte Blaupausen aus dem ‚Westen' würden übergestülpt, nicht von der Hand zu weisen. Immer häufiger geht es aber letztlich um das Bemühen der Herrschenden, das Erstarken potenziell oppositioneller Kräfte als (zumeist indirekte) Folge externer Governanceförderung zu unterbinden.[7]

Ungeachtet solcher Herausforderungen hat empirische Forschung zuletzt allerdings Erkenntnisse hervorgebracht, die darauf hindeuten, dass Governanceförderung funktioniert und sinnvoll ist. Jones und Tarp (2015) haben beispielsweise gezeigt, dass eine verbesserte Qualität politischer Institutionen im langjährigen Mittel über Geber- und Empfängerländer zwar kaum auf EZ-Mittel insgesamt, sehr wohl aber auf Governance-bezogene EZ-Mittel zurückgeführt werden kann. Auch im Zusammenhang mit Friedensförderung belegen jüngere Analysen, dass Demokratie- und Governanceunterstützung in der Lage ist, etwa die kurzfristig destabilisierenden Effekte von Demokratisierungsprozessen in Post-Konflikt-Gesellschaften abzumildern.[8] Die schon erwähnte gemeinsame Studie der Vereinten Nationen und der Weltbank zur Verhütung gewaltsamer Konflikte fasst eine Vielzahl untersuchter Fallstudien in dem Fazit zusammen, dass Prävention, die auf inklusive Gesellschaften und Institutionen setzt, funktioniert und kostengünstiger ist als jede Alternative – nicht, weil jedes Engagement erfolgreich wäre, sondern weil selbst eine bescheidene Erfolgsquote in der Summe den Einsatz lohnt (United Nations und World Bank 2018, S. xix).

Für das Ziel, Flucht und Vertreibung vorzubeugen, bedeuten diese Erkenntnisse, dass Entwicklungszusammenarbeit eine wichtige Rolle dabei spielen kann, den Ursachen gewaltsamer Konflikt entgegenzuwirken, dass es aber verfehlt wäre, schlechthin *jede* EZ als Mittel zur Fluchtursachenbekämpfung zu betrachten.

Für Post-Konflikt-Länder etwa lässt sich aus jenen Fällen lernen, in denen es gelungen ist, nach der einstweiligen Beendigung massiver Gewalt aus der

---

[7]Für eine unkonventionelle, aber sehr anregende und konstruktive Auseinandersetzung mit den Herausforderungen der Governanceförderung vgl. Whaites et al. (2015).

[8]Karina Mross 2018, unveröffentlichtes Manuskript, Bonn: DIE.

Spirale immer wiederkehrender Eskalation auszubrechen und das Stadium dysfunktionaler Staatlichkeit zu überwinden. Neueste Forschung des Deutschen Instituts für Entwicklungspolitik zeigt, dass neben der Stabilisierung durch internationale Friedenstruppen auch zivile Unterstützung für Reformen im Sicherheitssektor und externe Hilfe bei Reformen der politischen Institutionen eine zentrale Rolle gespielt haben. Je höher das Wiederausbruchsrisiko einzuschätzen ist, desto entscheidender ist ein konzertiertes Engagement in allen diesen Unterstützungsbereichen (Fiedler et al. 2017). Langfristig zeigt sich auch, dass praktisch in allen Ländern, die Gewaltkonflikte nachhaltig überwunden haben, Dezentralisierungsreformen oder andere Formen der territorialen Gewaltenteilung einen wichtigen Beitrag geleistet haben (United Nations und World Bank 2018, S. 206 ff.).

Fragile Staaten mit geringer Kapazität sind vielfach ,typische' Entwicklungsländer und überwiegend in Afrika und dem südlichen Asien zu finden. Viele von ihnen sind zudem in hohem Maße außenabhängig. Naturgemäß konzentriert sich Entwicklungszusammenarbeit in diesen Ländern traditionell auf die Förderung sozioökonomischer Entwicklung (Gesundheit, Bildung, Wirtschaftsentwicklung, Energie, Landwirtschaft) und die Förderung von Kapazitäten im staatlichen und nichtstaatlichen Sektor. Der hohe Anteil dieser Staaten an den Ländern, die sich nach 2005 zu dysfunktionalen Staaten entwickelten und massive Fluchtbewegungen erlebten, erinnert jedoch daran, dass auch die Entwicklung der politischen Institutionen, Fragen der wirtschaftlichen Teilhabe und der politischen Repräsentation nicht vernachlässigt werden dürfen. Langfristig entscheidet sich in diesem Bereich, wie nachhaltig gesellschaftlicher Frieden und mit ihm auch erreichte sozioökonomische Fortschritte gesichert werden können. Dabei ist es notwendig, dass nicht nur im sozioökonomischen, sondern auch im politischen Bereich Unterstützung mit einem langen Atem gewährt wird. Die Aufgabe langjähriger Governanceförderung im Dezentralisierungsbereich etwa, wie sie Deutschland 2013 in Nepal vollzog, erscheint vor diesem Hintergrund als kurzsichtig. Der Wert langfristigen Engagements zeigt sich oft erst dann, wenn sich wie 2017 in Kolumbien ein politischer Durchbruch ereignet. Hier kann sich Deutschland im Nachhinein zugutehalten, über viele Jahre mit umfangreichen Aktivitäten in der Friedensförderung einen Beitrag geleistet zu haben.

In fragilen Staaten mit geringer Legitimität liegt die besondere Herausforderung für internationale Partner/innen darin, nicht der Illusion der ,Scheinriesen' aufzusitzen. Denn Staaten dieses Typs verfügen häufig über einen Verwaltungsapparat, der zwar als zutiefst korrupt, dennoch aber als relativ leistungsfähig gilt. Nicht wenige dieser Staaten gehören auch zu den Mitteleinkommensländern, weshalb die Gefahr des Zusammenbruchs staatlicher Ordnung besonders fernliegend erscheint. Allerdings hat der Arabische Frühling exemplarisch gezeigt, dass persistente autoritäre Regime, deren Macht durch Patronage und Klientelismus stabilisiert wird, früher oder später dem Risiko ausgesetzt sind, nicht mehr über ausreichende Verteilungsspielräume zu verfügen, um den wachsenden ökonomischen, sozialen und politischen Ansprüchen ihrer Bevölkerung durch paternalistische Zuteilung genügen zu können. Internationale Unterstützung in diesen Kontexten muss darauf gerichtet sein, politischen Öffnungsprozessen den Boden zu bereiten und zugleich dabei zu helfen, dass institutionelle Verhandlungsforen entstehen, die in der Lage sind, wachsenden Reformdruck konstruktiv zu absorbieren. Solche Institutionen, die im Kontext von Parlamenten, als Teil eines Dezentralisierungsprozesses oder in anderer Form entstehen und in sehr unterschiedlicher Weise formal legitimiert sein können, müssen als permanente ‚vertrauensbildende Maßnahme' langfristig zwei Funktionen erfüllen: Die am Machtapparat nicht Beteiligten müssen überzeugend erleben können, dass auch ihre Interessen im politischen Prozess immer wieder Berücksichtigung finden. Und den Machthabenden muss glaubhaft vermittelt werden, dass ihnen im Falle eines Machtverlustes nicht die Vernichtung ihrer sozialen oder gar physischen Existenz droht. Letztlich geht es darum, dass beide Seiten dauerhaft den Kompromiss im politischen Prozess dem Rückgriff auf Gewalt vorziehen.

15.4 Ausblick: Für eine Renaissance der Governanceförderung in krisenpräventiver Absicht

Entwicklungszusammenarbeit, die Gewaltkonflikten und aus ihnen resultierenden Fluchtbewegungen vorbeugen helfen soll, muss umfassender als bisher darauf ausgerichtet werden, fragile Staatlichkeit zu adressieren. Eine zentrale Rolle kommt dabei der Governanceförderung in einem umfassenden, das Instrumentarium der Krisenprävention, Konfliktbearbeitung und Friedensförderung einschließenden Sinne zu. Zwar ist Governanceförderung seit zwei Jahrzehnten regulärer Bestandteil der Entwicklungszusammenarbeit. In Zeiten anti-demokratischer Populismen und technokratischer Ergebnisorientierung bedarf sie aber neuer Schubkraft, um den Beitrag zu leisten, der möglich wäre. Drei Herausforderungen sollte sich die Entwicklungspolitik besonders stellen:

1. *Fragile Staatlichkeit und ihre Überwindung müssen politischer gedacht werden.* Auch für Governanceförderung reicht es nicht, in fragilen Kontexten

‚irgendwie' aktiv zu werden. Technokratische Ansätze, die die politischen Herrschaftsstrukturen und die Machtinteressen der handelnden Akteur/innen lediglich als gegebenen Faktor betrachten, greifen zu kurz. Erst wenn Interessen und Anreizstrukturen selbst als Bestandteile des zu verändernden Systems mitbedacht werden, besteht die Chance auf gezielte Veränderungen. Dasselbe gilt für manche Tendenzen, Friedensförderung in Nachkriegsgesellschaften als Technik zu betreiben. Auch Bürgerkriege, so erinnert die australische Politikwissenschaftlerin Jasmine-Kim Westendorf (2015, S. 246), sind im Kern *politische* Auseinandersetzungen um Macht und Ressourcen. Ihre Überwindung muss daher ebenso politisch angegangen werden. Vor allem aber muss Entwicklungspolitik insgesamt den Weckruf des World Development Report 2017 und des UN-Weltbank-Berichts „Pathways for Peace" 2018 aufnehmen und der Förderung von Governance zur Überwindung fragiler Staatlichkeit in den bilateralen Portfolios Priorität einräumen.

2. *Die Überwindung fragiler Staatlichkeit erfordert strategische Geduld …* Der seit einigen Jahren verstärkte Trend der „Ergebnis-Orientierung" in der Entwicklungszusammenarbeit ist zwar einer primären Input-Orientierung vorzuziehen. Im Bereich der Governanceförderung darf dies jedoch nicht dazu führen, dass eine Orientierung an langfristigen Zielen zugunsten kurzfristig messbarer Ergebnisse aufgegeben wird. Systemische Governanceveränderungen ereignen sich selten als lineare Prozesse, und gerade in politisch volatilen Kontexten sind Rückschläge unvermeidlich. Wer dennoch krisenpräventive Unterstützung leisten will, muss engagiert bleiben – wenn auch jederzeit mit der Bereitschaft, Art und Umfang des Engagements aus langfristigen Überlegungen heraus kurzfristig anzupassen. Auch das letztliche Scheitern vieler Bemühungen muss in Kauf genommen werden, weil es Erfolgsgarantien nicht geben kann. Diese Mischung aus strategischer Hartnäckigkeit und taktischer Flexibilität bereitet in der Praxis der Entwicklungszusammenarbeit vielerlei Probleme. Weder das öffentliche Haushaltsrecht noch das Generalistenprinzip und die Personalrotation in den steuernden Ministerien noch die Sichtbarkeitsbedürfnisse politischer Leitungen erleichtern momentan eine solche Herangehensweise. Entsprechend könnte politische Führung hier deutliche Akzente setzen und die Rahmenbedingungen für strategische Governanceförderung in fragilen Staaten durch Reformen in den EZ-Strukturen und ihren Anreizsystemen verbessern.

3. *… und außergewöhnlich qualifiziertes Personal.* Die Aufgabe, zur Förderung von Frieden, zur Überwindung von fragiler Staatlichkeit und damit zur Verhütung von Großkrisen beizutragen, ist an Komplexität kaum zu überbieten. Auch wenn die Erfolgsaussichten in der Regel geringer sein dürften als das

Risiko des Scheiterns, so stehen doch hinter den meisten Erfolgsfällen nicht nur günstige Umstände, sondern vor allem bemerkenswerte Frauen und Männer in den EZ-Organisationen, die dazu beigetragen haben. Zwar weiß die wissenschaftliche Forschung heute mehr denn je über die Bedingungen, die fragile Staatlichkeit begünstigen oder verringern; die Inklusivität fördern oder Exklusivität; die Frieden wahrscheinlicher werden lassen oder unwahrscheinlicher. Präzise Handlungsanweisungen lassen sich daraus aber nicht gewinnen. Länder, Kulturen und politische Kontexte bleiben immer so speziell, dass die Übersetzung allgemeinen Wissens in konkretes Handeln letztlich eher *art* als *science* ist, also eher einer aus Erfahrung und Intuition gewonnenen Erkenntnis gleicht als einer logischen Deduktion. Umso wichtiger ist es, ein entsprechend geschultes Personal auszubilden, das die Möglichkeit bekommt, auch eine profiltreue Karriere zu machen. Fachorganisationen wie die GIZ betreiben das in gewissem Maße. In den verantwortlichen Ministerien dagegen sind entsprechende Karriereverläufe die absolute Ausnahme. Diese Ausnahme zur Regel zu machen, wäre ein wichtiger Beitrag, um die Leistungsfähigkeit und die Erfolgsaussichten der Governanceförderung in fragilen Staaten zu erhöhen.

Literatur

Chauvet, L., und P. Collier. 2004. *Development Effectiveness in Fragile States: Spillovers and Turnarounds*. http://www.oecd.org/dataoecd/32/59/34255628.pdf. Zugegriffen: 15. Februar 2006.

Debiel, T. 2005. Fragile Staaten als Problem der Entwicklungspolitik. *Aus Politik und Zeitgeschichte* (28–29): 12–18.

DFID (Department for International Development). 2005. *Why we need to work more effectively in fragile states*. London.

Faust, J., J. Grävingholt, und S. Ziaja. 2015. Foreign aid and the fragile consensus on state fragility. *Journal of International Relations and Development* 18 (4): 407–427.

Fiedler, C., J. Grävingholt, und K. Mross. 2017. *Identifying Pathways to Peace: How Post-Conflict Support Can Help Prevent Relapse of War*. Hintergrundpapier für UN-WB Flagship Study „Pathways for Peace: Inclusive Approaches to Preventing Violent Conflict". Bonn: Deutsches Institut für Entwicklungspolitik.

Grävingholt, J. 2016. Entwicklungspolitik im Gefüge einer „neuen deutschen Außenpolitik". *Aus Politik und Zeitgeschichte* 66 (28–29): 38–43.

Grävingholt, J., S. Ziaja, und M. Kreibaum. 2015. Disaggregating state fragility: a method to establish a multidimensional empirical typology. *Third World Quarterly* 36 (7): 1281-1298.

Grävingholt, J., S. Ziaja, C. Ruhe, P. Fink, M. Kreibaum, und C. Wingens. 2018. Constellations of State Fragility v1.0. German Development Institute / Deutsches Institut für Entwicklungspolitik (DIE).

Jones, S., und F. Tarp. 2015. *Does foreign aid harm political institutions?* Vol. 094, *WIDER Working Paper.* Helsinki: UNU-WIDER.

OECD. 2007. *Principles for Good International Engagement in Fragile States and Situations.* Paris: OECD.

Schneckener, U. 2005. Fragile Staatlichkeit als globales Sicherheitsrisiko. *Aus Politik und Zeitgeschichte* (28–29): 26–31.

UNHCR. 2015. *UNHCR Population Statistics.* http://popstats.unhcr.org/en/time_series/HIRoz3. Zugegriffen: 27. Oktober 2016.

United Nations, World Bank. 2018. *Pathways for Peace: Inclusive Approaches to Preventing Violent Conflict: Conference Edition.* Washington D.C.: World Bank.

Westendorf, J.-K. 2015. *Why Peace Processes Fail: Negotiating Insecurity After Civil War.* Boulder: Lynne Rienner.

Whaites, A., E. Gonzalez, S. Fyson, und G. Teskey, Hrsg. 2015. *A governance practitioner's notebook: alternative ideas and approaches.* Paris: OECD.

World Bank. 2017. *World Development Report 2017: Governance and the Law.* Washington D.C.

Ziaja, S., J. Grävingholt, und M. Kreibaum. 2018. *Constellations of state fragility: an empirical typology. DIE Discussion.* Bonn.

Jörn Grävingholt ist Senior Researcher und Projektleiter am Deutschen Institut für Entwicklungspolitik in Bonn im Forschungsprogramm „Transformations of political (dis) order: institutions, values & peace". Zu seinen Schwerpunktthemen zählen fragile Staatlichkeit, Friedensförderung, Governance- und Demokratieförderung sowie Flucht und Migration. Er ist Mitglied und seit 2011 Co-Vorsitzender des Beirats Zivile Krisenprävention und Friedensförderung der Bundesregierung.

Risiko, Resilienz und menschliche Mobilität: Der Beitrag des Klimaschutzabkommens von Paris und der Global Compacts

16

Koko Warner

Zusammenfassung

In diesem Kapitel geht es um die Frage, wie und warum sich die Themen Migration, Vertreibung und geplante Umsiedlung im Zusammenhang mit dem Thema Risikomanagement entwickelt haben und damit im Gegensatz zu der aktuellen Sichtweise stehen, wie sie im Globalen Pakt für eine sichere, geordnete und reguläre Migration und im Globalen Pakt für Flüchtlinge zum Ausdruck kommt. In dem vorliegenden Beitrag sollen die Unterschiede zwischen verschiedenen politischen Ansätzen vor dem Hintergrund der internationalen Entscheidungen im Zusammenhang mit der Klimarahmenkonvention analysiert werden: Dabei werden die Konzepte Risikomanagement und Resilienz, wie sie in der Klimapolitik verstanden werden, sowie das Management und der Schutz von nationalen Grenzen im Sinne der allgemeinen Migrations- und Flüchtlingspolitik einander gegenübergestellt. Es wird skizziert, wie sich das Thema seit der Aufnahme in Paragraf 14 (f) des *Cancún Adaptation Framework* im Jahr 2010 und der Gründung der *Task*

Die Autorin dankt Miwa Kato und Petya Pimisheva vom UNFCCC Loss and Damage Team ausdrücklich für ihre Hinweise und Anregungen. Alle in diesem Beitrag geäußerten Ansichten liegen in der alleinigen Verantwortung der Autorin und spiegeln nicht unbedingt die Positionen der Klimarahmenkonvention oder der Vertragsstaaten im Bereich der Klimapolitik wider.

K. Warner (✉)
United Nations Framework Convention on Climate Change (UNFCCC),
Bonn, Deutschland
E-Mail: kWarner@unfccc.int

© Springer Fachmedien Wiesbaden GmbH, ein Teil von Springer Nature 2020
C. Beier et al. (Hrsg.), *Globale Wanderungsbewegungen,*
https://doi.org/10.1007/978-3-658-28237-0_16

Force on Displacement im Rahmen des Klimaschutzabkommens von Paris entwickelt hat (*Loss and Damage*-Konzept). Im nächsten Schritt geht es darum, welche Mittel und Wege die Weltgemeinschaft findet, um die Empfehlungen so umzusetzen, dass sich die Länder vorausschauend auf potenzielle Migrationsbewegungen vorbereiten und die Zukunft klimaresilient und nachhaltig gestalten können.

Schlüsselwörter

Globale Wanderungsbewegungen · Migration · Klimawandel · Migrationspolitik · Klimapolitik · Klimarahmenkonvention · UN-Migrationspakt · UN-Flüchtlingspakt

16.1   Einleitung – Klimapolitik zur Stärkung von Resilienz und nachhaltiger Entwicklung

Das Ziel der Klimarahmenkonvention (UNFCCC) besteht darin, das zerstörerische Potenzial des anthropogenen Klimawandels auf der ganzen Welt zum Wohle der Menschen zu mindern. In Artikel 2 der Klimarahmenkonvention wird das folgende Endziel definiert: *„die Stabilisierung der Treibhausgaskonzentrationen in der Atmosphäre auf einem Niveau [...], auf dem eine gefährliche anthropogene Störung des Klimasystems verhindert wird [...], damit sich die Ökosysteme auf natürliche Weise den Klimaänderungen anpassen können, die Nahrungsmittelerzeugung nicht bedroht wird und die wirtschaftliche Entwicklung auf nachhaltige Weise fortgeführt werden kann."* (UNFCCC 1992, Art. 2). Im Mittelpunkt der Klimapolitik steht die Unterstützung der Länder bei der Stärkung ihrer Resilienz, d. h. ihrer Fähigkeit, zu einer gesunden Entwicklung zurückzufinden, wenn Störungen des Klimasystems eine nachhaltige Entwicklung sowie die Nahrungsmittelerzeugung beeinträchtigen.

In einigen Weltregionen sind etliche der Faktoren, die ein nachhaltiges Leben in Sicherheit und Würde ermöglichen, durch die Auswirkungen des Klimawandels bereits unter Druck geraten. Andere Faktoren, von denen abhängt, wo Menschen leben können und wie gut die Lebensbedingungen dort sind (Abb. 16.1), werden durch Extremwetterereignisse, Veränderungen der Wettermuster, das Abschmelzen der Gletscher, die Überschwemmung von Küstengebieten und eine verstärkte Wüstenbildung beeinträchtigt. Diese Stressoren tragen wesentlich zur Gefährdung der Lebensgrundlagen und Ernährungssysteme, der Gesundheit sowie der sozialen Stabilität bei, worin oft die Ursache

LOSS AND DAMAGE ASSOCIATED WITH THE IMPACTS OF CLIMATE CHANGE

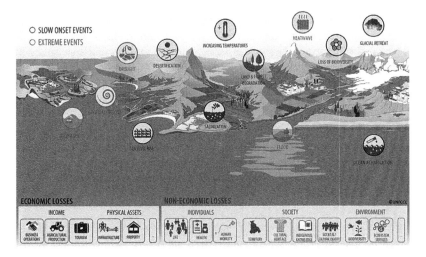

Abb. 16.1 Bandbreite der Klimaauswirkungen, des Gefahrenpotenzials und des Schadensrisikos. (Quelle: © UNFCCC Loss and Damage Team)

für Migration, Vertreibung und geplante Umsiedlungen gesehen wird (Sudmeier-Rieux et al. 2017).

In diesem Beitrag geht es um die Frage, wie und warum sich die Themen Migration, Vertreibung und geplante Umsiedlung im Zusammenhang mit dem Risikomanagement entwickelt haben und damit im Gegensatz zu der Sichtweise stehen, wie sie im UN-Migrationspakt und im UN-Flüchtlingspakt zum Ausdruck kommt. Dabei sollen die Unterschiede zwischen verschiedenen politischen Ansätzen vor dem Hintergrund der internationalen Beschlusstexte und -papiere unter der Klimarahmenkonvention analysiert und dargestellt werden, wie diese die Debatte um den UN-Migrationspakt und den UN-Flüchtlingspakt ergänzen. Zu diesem Zweck werden die Konzepte Risikomanagement und Resilienz, wie sie in der Klimapolitik verstanden werden, sowie das Management und der Schutz von nationalen Grenzen im Sinne der allgemeinen Migrations- und Flüchtlingspolitik einander gegenübergestellt.

Nach der Einleitung werden zwei von vier Mustern menschlicher Mobilität betrachtet, die bei Fortschreiten des Klimawandels zu erwarten sind. Im dritten

Abschnitt geht es um verschiedene, unter der Klimarahmenkonvention erstellte internationale Beschlusstexte und Papiere, die sich insbesondere mit den Themen Klimaanpassung und Klimaschäden befassen. Im vierten Abschnitt wird die im Rahmen der Klimarahmenkonvention geleistete Arbeit mit dem UN-Migrationspakt und dem UN-Flüchtlingspakt verglichen. In diesem Zusammenhang wird der Nutzen des Klimaschutzabkommens von Paris herausgestellt und eine erste Antwort auf die Frage gegeben, wie sich die Klimapolitik und die beiden globalen Pakte der Vereinten Nationen in den nächsten entscheidenden Umsetzungsphasen ergänzen könnten. Im fünften Abschnitt werden verschiedene Schlussfolgerungen gezogen.

16.2   Die Forschung kennt im Zusammenhang mit Klimastressoren vier Muster der menschlichen Mobilität

In diesem Abschnitt werden die Ziele der Klimapolitik und vier bekannte Mobilitätsmuster untersucht, die im Zusammenhang mit den Auswirkungen des Klimawandels, einer besonderen Gefährdung einzelner Länder und Weltregionen sowie anderen klimawandelbedingten Risiken auftreten können. Dabei zeigt sich, dass kurzfristige Ereignisse und Entwicklungen wie unerwartete Schwankungen des Wettergeschehens und Extremwetterereignisse sowie länger dauernde Vorgänge wie das Abschmelzen der Gletscher, der Anstieg des Meeresspiegels und die Desertifikation von Gebieten die Mobilitätsmuster der Menschen zunehmend beeinflussen. Zu den am stärksten gefährdeten Weltregionen gehören nur flach aus dem Wasser aufragende Inseln, Flussdeltas, Küstengebiete, Gletscherwassersysteme und Regionen mit anhaltender Dürre. Empirische und andere Studien von Graeme Hugo und anderen Wissenschaftler/innen haben dazu beigetragen, den Zusammenhang zwischen Klimawandel und menschlicher Mobilität unter Berücksichtigung der Auswirkungen des Klimawandels sowie der speziellen Gefährdung einzelner Weltregionen zu beschreiben.

Der Zwischenstaatliche Ausschuss für Klimaänderungen (IPCC) hat als eine der wichtigen wissenschaftlichen Institutionen bereits 1990 in seinem ersten Bewertungsbericht das Phänomen einer umweltbedingten Migration angesprochen. Zwischen der Mitte und dem Ende der 2000er Jahre fanden sich verstärkt empirische Belege für umweltbedingte Migration, weil in dieser Zeit zahlreiche systematische Untersuchungen und Fallstudien über Umweltveränderungen und Migration veröffentlicht wurden (Jäger et al. 2009; Warner et al. 2009).

Diese Studien wurden durch die Entwicklung von Methoden und Konzepten sowie durch eine Analyse der politischen Auswirkungen ergänzt (Zetter 2008; Piguet 2010; Collinson 2010; Warnecke et al. 2010; GMF 2010; Renaud et al. 2007; Warner 2010). Die etwa seit 2006 erstellten Studien (Afifi und Jäger 2010; Warner et al. 2010; Foresight 2010; GMF 2010; Jäger et al. 2009; Piguet 2010) belegen, dass die Veränderungen der wetter- und klimabedingten Faktoren im Zusammenspiel mit einer Reihe von anderen Variablen weltweit die Mobilität der Menschen beeinflussen.

In der Feldforschung, insbesondere bei partizipativen Studien mit betroffenen Gemeinden, werden Einzelpersonen und Entscheidungstragende auf Gemeinde- und nationaler Ebene als Akteur/innen in den Mittelpunkt der Wechselwirkungen zwischen Klimawandel und Gesellschaft gestellt. Bei ihrem Streben nach menschlichem Wohlergehen und einer nachhaltigen Entwicklung entscheiden diese Akteur/innen in Abhängigkeit von den Auswirkungen des Klimawandels und verschiedenen anderen Stressoren, wo und wie sie künftig leben wollen. Diese beiden Sichtweisen – der Mensch als Akteur, der seine Entscheidungen innerhalb eines sozialen Systems trifft (Bardsley und Hugo 2010; de Sherbinin et al. 2011; Hugo 2011) und die Qualifizierung dieser Entscheidungen als Risikomanagementmaßnahmen (Afifi et al. 2015) – haben, wie im Folgenden gezeigt werden wird, maßgeblich beeinflusst, wie das Thema in der Klimapolitik behandelt wurde.

Seit 2009 haben neue Entwicklungen dafür gesorgt, dass Migration und Vertreibung weiterhin als wichtige Themen im Zusammenhang mit der Anpassung an den Klimawandel gesehen werden. Dazu zählen die Veröffentlichung neuer Berichte wie des britischen Foresight Report über Foresight (2010), eine Vielzahl von Workshops und internationalen Konferenzen zu diesem Thema, empirische und Fallstudien sowie hochrangige Diskussionen zu den Themen Klimawandel und Migration in Foren wie dem Global Forum on Migration and Development (Martin und Warner 2010). Das Thema erhielt im 5. Bewertungsbericht des IPCC einen höheren Stellenwert (Arbeitsgruppe 2, Kap. 12), und in den Kapiteln zu den einzelnen Regionen fanden Migration und Vertreibung besondere Beachtung (IPCC 2014).

Ausgehend von dem zunehmenden Forschungsinteresse veranschaulicht die folgende Abbildung vier mögliche Muster einer klimawandelbedingten Mobilität, die sich in heutigen empirischen Studien sowie in zukunftsorientierten konzeptionellen Studien abzeichnen. Diese vier Muster vermitteln eine Vorstellung davon,

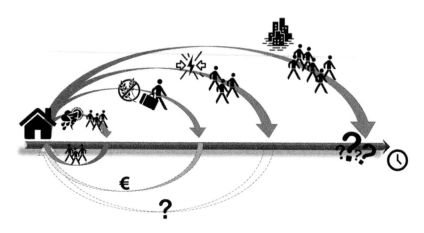

Abb. 16.2 Die vier Muster der menschlichen Mobilität im Zusammenhang mit Klima-stressoren. (Quelle: © K. Warner, entwickelt in Zusammenarbeit mit der Münchener Rück Stiftung (2017))

wie der Klimawandel im Zusammenspiel mit anderen Faktoren die Mobilität der Menschen beeinflussen kann. Aus der Abbildung ergibt sich die Frage danach, wie sich die Wechselwirkungen zwischen klimabedingten Stressoren und Mobilität auf Themen wie die Rückkehr von Migrant/innen auswirken können; auf diese Frage wird im Analyseteil dieses Beitrags näher eingegangen (Abb. 16.2).

- **Muster 1: Vertreibung durch eine Katastrophe und Rückkehr in die Herkunftsregion.** Häufig auftretende, größere Extremwetterereignisse wie Wirbelstürme, die die Sicherheit und das Wohlergehen der Menschen gefährden, die Infrastruktur zerstören und die Menschen zur Umsiedlung zwingen. Wenn sich nach einem solchen Ereignis die Lage wieder normalisiert hat und die notwendigen Dienstleistungen wieder erbracht werden können, gehen die Menschen davon aus, dass eine Rückkehr möglich ist. Eine solche Vertreibung durch klimabedingte Ereignisse kann innerhalb eines Landes oder zwischen verschiedenen Ländern erfolgen. Es kann sich dabei um einen relativ kurzen Zeitraum handeln, denn vielfach kehren die Menschen an ihren Herkunftsort zurück, sobald sich die Lage dort normalisiert hat.
- **Muster 2: Durch die wetterbedingte Verschlechterung der Lebensgrundlagen machen sich die Menschen auf die Suche nach alternativen Möglichkeiten der Einkommenserzielung.** Veränderungen der Wetterverhältnisse,

die zu längeren Dürren beitragen, den Zugang zu lebenswichtigen Ressourcen wie Wasser beeinträchtigen und die nachhaltige Ausübung von Land- und Forstwirtschaft, Fischerei sowie andere Lebensgrundlagen bedrohen. Wie massiv die Migrationsbewegungen ausfallen und in welcher Form Migration stattfindet, hängt davon ab, inwieweit in dem betroffenen Gebiet alternative Lebensgrundlagen oder andere Kapazitäten zur Krisenbewältigung vorhanden sind. Wenn es den Migrant/innen gelingt, in einem anderen Land Arbeit zu finden, senden sie vielfach Remittances nach Hause und kehren auf mittlere Sicht in ihr Herkunftsland zurück. Bei langsamen Prozessen wie immer länger andauernden Dürreperioden oder dem fortschreitenden Anstieg des Meeresspiegels ist der Migrationsdruck gegebenenfalls nicht ganz so groß wie bei kurzfristig wirkenden Faktoren (beispielsweise Extremwetterereignissen), da sich die Umweltveränderungen langsamer vollziehen und es länger dauert, bis die damit verbundenen Schäden eintreten. Wenn die betroffene Bevölkerung nicht innerhalb eines angemessenen Zeitrahmens Zugang zu alternativen Lebensgrundlagen erhält, kann Migration der beste oder einzig mögliche Weg in eine bessere Zukunft sein, und zwar auch bei Prozessen, die sich nur langsam vollziehen.

* **Muster 3: Klimastressoren lösen im Zusammenspiel mit Konflikten größere Migrationsbewegungen aus.** Manche Migrationsbewegungen ähneln hinlänglich bekannten Migrations- und Vertreibungsmustern, während andere nur zusammen mit komplexen humanitären Krisen auftreten. Durch die klimabedingte menschliche Mobilität können Faktoren verstärkt werden, die zu gesellschaftlichen Unruhen beitragen und den sozialen Zusammenhalt untergraben (Warnecke et al. 2010; Collinson 2010). Der Wettbewerb um natürliche Ressourcen kann bereits vorhandene Spannungen verschärfen. Diese können zu Konflikten führen, die wiederum Migrationsbewegungen auslösen.[1] In den letzten Jahrzehnten sind Dürren und andere klimabedingte Stressfaktoren in bereits von Instabilität gekennzeichneten Gebieten aufgetreten

---

[1]Siehe Clionadh Raleigh, Lisa Jordan, and Idean Salehyan, *Assessing the Impact of Climate Change on Migration and Conflict* (Washington, DC: Weltbank 2008); Fabrice Renaud, Janos J. Bogardi, Olivia Dun, and Koko Warner, *Control, Adapt or Flee How to Face Environmental Migration?* (Bonn, Deutschland: Universität der Vereinten Nationen, 2007); Oli Brown, *Migration and Climate Change*, Migration Research Series No. 31 (Genf: IOM, 2008); Graeme Hugo, *Migration, Development and Environment*, Migration Research Series No. 35 (Genf: IOM, 2008); Dominic Kniveton, Kerstin Schmidt-Verkerk, Christopher Smith, and Richard Black, Climate Change and Migration: *Improving Methodologies to Estimate Flows*, Migration Research Series No. 33 (Genf: IOM, 2008).

(beispielsweise am Horn von Afrika) und haben große Migrationsbe-
wegungen, Ernährungsunsicherheit sowie eine humanitäre Krise verursacht.
Ob die Menschen in ihr Herkunftsland zurückkehren, hängt davon ab, ob dort
Frieden einkehrt.

- **Muster 4: Die längerfristige Verschlechterung der Bewohnbarkeit von
  Regionen führt zu räumlichen Bevölkerungsveränderungen.** Hitze-
  wellen, der Anstieg des Meeresspiegels, der in Küstengebieten zur Versalzung
  von Süßwasserreservoiren, Grundwasserleitern und Böden sowie zu Überschwemmungen führt, eine fortschreitende Wüstenbildung sowie der Verlust
  von geologischen Wasserspeichern wie Gletschern und Süßwasser führenden
  Schichten könnten in zahlreichen Weltregionen Realität werden. Dadurch
  würden lebenserhaltende Ökosysteme unter Druck geraten, auf die die jeweilige Bevölkerung angewiesen ist. In diesem Fall würden zahlreiche Menschen
  zunächst in die Städte ziehen. Wenn sich diese Städte jedoch in tief gelegenen
  Küstenregionen befinden (70 % der heutigen Megacities liegen in solchen
  Gebieten), könnten im Laufe der Zeit weitere massive Migrationsbewegungen
  auftreten. Ob die Menschen zurückkehren, hängt davon ab, ob die jeweilige
  Region wieder ausreichende Lebensgrundlagen bietet.

16.3   Menschliche Mobilität, Klimapolitik und Risikomanagement

In diesem Abschnitt werden verschiedene, unter der Klimarahmenkonvention erstellte Beschlusstexte und -papiere näher betrachtet, um festzustellen, wie die menschliche Mobilität zu einer Frage des Risikomanagements
und der Stärkung der Resilienz von Menschen und Ländern wurde, die durch
Klimastressoren besonders gefährdet sind. Dabei werden insbesondere Texte
mit einem Fokus auf Klimaanpassung sowie Klimaschäden in den Blick
genommen. Ferner wird der Frage nachgegangen, wie sich die verschiedenen
Formen der menschlichen Mobilität in der internationalen Klimapolitik entwickelt haben.

16.3.1 Der Ursprung der risikomanagementorientierten Sichtweise in der Klimapolitik

Um den Umgang mit den Themen Migration und Vertreibung besser zu verstehen, ist es sinnvoll, einen genaueren Blick auf die allgemeine Debatte über

die Auswirkungen des Klimawandels zu werfen. Von den frühen 1990er bis in die frühen 2000er Jahre lag der Fokus auf den kollektiven Anstrengungen zur Verringerung der Treibhausgase, die den Anstieg der weltweiten Durchschnittstemperatur verursachen.

In dieser Zeit stellten viele der besonders gefährdeten Länder fest, dass der Anstieg des Meeresspiegels (ein Umstand, der Migration begünstigt) dramatische Auswirkungen auf tiefliegende Gebiete haben würde, auch wenn in den offiziellen Texten weder von Migration noch von Vertreibung die Rede war. Mitte der 2000er Jahre spiegelte sich in der Klimadiskussion die zunehmende Erkenntnis wider, dass die Treibhausgasminderungsziele möglicherweise nicht ehrgeizig genug sind, um den Klimawandel aufzuhalten. Deshalb gelangten Wissenschaft und Politik zu der Auffassung, dass man sowohl über die Anpassung an den Klimawandel als auch über die Minderung der Risiken sprechen muss, die sich aus den negativen Auswirkungen des Klimawandels auf die Gesellschaft ergeben.

2007 wurde auf der 13. Vertragsstaatenkonferenz (COP13) der Fahrplan von Bali beschlossen, in dem die Vertragsstaaten zur Entwicklung von *„disaster risk reduction strategies and other means to address loss and damage in particularly vulnerable countries"* (Strategien zur Katastrophenvorsorge und anderen Mitteln zur Minderung von Verlusten und Schäden in besonders gefährdeten Ländern) aufgefordert werden (UNFCCC 2007, 2008). Auf der Konferenz drängten die vom Klimawandel in besonderer Weise betroffenen Länder darauf, dass die Risiken und negativen gesellschaftlichen Folgen von Klimastressoren deutlicher benannt werden. Diese Forderung fiel zeitlich mit der Veröffentlichung des 5. Sachstandsberichts des Zwischenstaatlichen Ausschusses für Klimaänderungen zusammen, in dem deutlich gemacht wurde, dass einige Auswirkungen des Klimawandels bereits jetzt sichtbar sind. Daher, so die Autor/innen des Sachstandsberichts, sei die Klimaanpassung eine notwendige Ergänzung der Minderungsmaßnahmen, um die gesellschaftlichen Auswirkungen abzumildern, die einige der absehbaren Auswirkungen des Klimawandels haben werden (Parry et al. 2007). Der Fahrplan von Bali stellte im Hinblick auf verschiedene Fragen nach den Auswirkungen, Risiken und Bedrohungen durch den Klimawandel einen Meilenstein im UNFCCC-Prozess dar. Diese Fragen führten in den folgenden Jahren zu Verhandlungen und Anpassungsmaßnahmen (nationale Anpassungspläne, Anpassungskomitee, Anpassungsfinanzierung) sowie zum *Loss and Damage*-Konzept (Internationaler Mechanismus von Warschau, Exekutivkomitee und Arbeiten zu Restrisiken). Zur Minderung dieser Restrisiken setzen die Verantwortlichen auf verschiedene Ansätze, darunter Strategien zur Katastrophenvorsorge und Instrumente zur Risikoübertragung und Risikobewältigung wie Versicherungen (AOSIS 2008).

16.3.2 Menschliche Mobilität wird im Anpassungsrahmen von Cancún Teil der Klimapolitik

Mit der Verabschiedung des Anpassungsrahmens von Cancún auf der COP16 (2010) wurde die menschliche Mobilität erstmals in der internationalen Klimapolitik als menschliches Grundbedürfnis anerkannt. In Abs. 14 (f) des Beschlussdokuments fordern die Vertragsstaaten Maßnahmen zur Steuerung der Migrationsbewegungen, die infolge von klimabedingten Risiken auftreten können:

14. Invites all Parties to enhance action on adaptation under the Cancun Adaptation Framework... by undertaking, inter alia, the following: .... (f) Measures to enhance understanding, coordination and cooperation with regard to climate change induced displacement, migration and planned relocation, where appropriate, at national, regional and international levels;

(14. Fordert alle Vertragsparteien auf, die Maßnahmen unter dem Anpassungsrahmen von Cancún... zu verstärken, indem sie sich unter anderem auf Folgendes verpflichten: ... (f) Maßnahmen zur Verbesserung des Verständnisses, der Koordinierung und der Zusammenarbeit in Bezug auf klimabedingte Vertreibung, Migration und geplante Umsiedlungen, und zwar gegebenenfalls auf nationaler, regionaler und internationaler Ebene;)

Dieser Absatz sieht verschiedene Maßnahmen (Forschung, Koordination, Zusammenarbeit), Mobilitätsmuster (Vertreibung, Migration, geplante Umsiedlungen) und Handlungsebenen (national, regional, international) vor. Die Aufnahme eines Absatzes über Migration und Vertreibung bot die Möglichkeit, auch Maßnahmen zur Steuerung der menschlichen Mobilität zu berücksichtigen. Der Anpassungsrahmen von Cancún verwies auch auf die Rolle der Klimarahmenkonvention bei der Verbesserung der Umsetzung von Konzepten zur Bekämpfung von Verlusten und Schäden *(loss and damage)*. Nach der Klimakonferenz von Cancún im Dezember 2010 wurde im Frühjahr 2011 in Norwegen die Nansen-Initiative gestartet, die sich mit der Vertreibung von Menschen durch

Naturkatastrophen befasst. Die Nansen-Initiative stellt einen weiteren Meilenstein im Zusammenspiel zwischen Forschung, politischen Debatten und praktischer Arbeit dar, das zum Teil erst durch die Klimaschutzdebatte entstanden ist.[2]

Bis zur COP18 in Doha wurde das Thema Mobilität in den Themenkomplex *loss and damage* integriert. Damit wurden auch verschiedene laufende Initiativen anerkannt, die im Zusammenhang mit der nachhaltigen Entwicklung intensiviert werden mussten. Im Beschluss von Doha wurden mehrere Arbeitsbereiche festgelegt und alle Vertragsparteien dazu aufgefordert, die Verlust- und Schadensrisiken zu bewerten (UNFCCC 2013). Zu diesem Zweck sollten alle Daten auf regionaler und nationaler Ebene systematisch erhoben und ausgetauscht und die verschiedenen Risikomanagementstrategien und -konzepte benannt und umgesetzt werden. Dazu zählten insbesondere Pilotmaßnahmen, die Förderung eines günstigen Umfelds, das die Stakeholder zu Investitionen in das Risikomanagement ermutigt, die Einbindung von gefährdeten Gemeinden, der Zivilgesellschaft, des Privatsektors und anderer Stakeholder-Gruppen in die Bewertung von Verlusten und Schäden sowie die Entwicklung der entsprechenden Gegenmaßnahmen (UNFCCC 2012, Abs. 6).

16.3.3   Menschliche Mobilität im Rahmen des Internationalen Mechanismus von Warschau um Bereich *loss and damage*

Auf der COP19 haben die Vertragsstaaten den Internationalen Mechanismus von Warschau beschlossen. Dieser dient dazu festzustellen, wie sich die verbleibenden Risiken besser begrenzen lassen, zu denen auch die Risiken im Zusammenhang mit der menschlichen Mobilität gehören. In wird die Institution vorgestellt, der die entsprechende Task Force angegliedert ist: der *Warsaw International Mechanism on Loss and Damage* (Internationaler Mechanismus von Warschau, WIM).

---

[2]UNFCCC, Report of the Subsidiary Body for Implementation on its Thirty-Fourth Session, Bonn, 6.-17. Juni 2011, FCCC/SBI/2011/7. Zwei Jahre später, auf der COP18 in Doha, haben die Vertragsstaaten den Umfang der *Loss and Damage*-Maßnahmen in drei Bereichen definiert: 1. Verbesserung der Kenntnisse und des Verständnisses in Bezug auf Risikominderungskonzepte; 2. Stärkung des Dialogs, der Koordination, der Kohärenz und der Synergien zwischen den relevanten Stakeholder-Gruppen; 3. Verstärkung der Unterstützungsmaßnahmen bei Verlusten und Schäden; dazu zählen insbesondere die Bereiche Finanzierung, Technologie und Capacity Building.

Der WIM wurde ins Leben gerufen, um eine systematische Umsetzung von aufeinander abgestimmten Strategien zum Umgang mit klimabedingten Verlusten und
Schäden zu fördern, und hat in diesem Zusammenhang drei Aufgaben:

- Erweiterung des Wissens über umfassende Risikomanagementkonzepte zur
  Bewältigung von klimawandelbedingten Verlusten und Schäden, darunter
  auch die negativen Auswirkungen des Klimawandels, die sich erst allmählich
  bemerkbar machen;
- Stärkung des Dialogs, der Koordination, der Kohärenz und der Synergien zwischen den relevanten Stakeholder-Gruppen;
- Verstärkung der Unterstützungsmaßnahmen in den Bereichen Finanzierung,
  Technologie und Capacity Building, um die klimawandelbedingten Verluste
  und Schäden zu mindern.

Ein Exekutivkomitee des WIM bietet Orientierung für die Entscheidungen und
die Arbeit des Mechanismus und unterstützt so die Durchführung der drei Aufgaben. Dafür werden ein Arbeitsplan und die dem WIM zur Verfügung stehenden technischen Mittel genutzt. Die drei Aufgaben des WIM zeigen, dass sich das
Konzept des umfassenden Risikomanagements über den gesamten Arbeitsplan
sowie die strategischen Arbeitsabläufe des WIM erstreckt.

Zwischen 2012 (vor der Gründung des WIM) und 2014 (als auf der COP20
die Bildung des Exekutivkomitees und ein erster Arbeitsplan beschlossen wurden) war das Risikomanagement durch den WIM ein übergreifendes Thema; dies
galt auch für den Bereich der menschlichen Mobilität. In diese Phase der Arbeit
des Exekutivkomitees fiel das „Handlungsfeld" Nr. 6, in dem es darum ging,
Kompetenz aufzubauen und die Zusammenhänge zwischen den negativen Auswirkungen des Klimawandels und der Entwicklung von Migration, Vertreibung
und menschlicher Mobilität besser zu durchleuchten und die so gewonnenen
Erkenntnisse anzuwenden. Anschließend hat das Exekutivkomitee die menschliche Mobilität als Thema in den fortlaufenden Fünfjahresarbeitsplan (2017 bis
2022) aufgenommen.

16.3.4 Gründung einer Task Force zum Thema Vertreibung durch das Klimaschutzabkommen von Paris

Das Klimaschutzabkommen von Paris (2015) stellte einen weiteren wichtigen Schritt in der Entwicklung der menschlichen Mobilität im Kontext der

Klimapolitik dar. So haben die Vertragsstaaten in Ziffer 49 des COP-Beschlusses das Exekutivkomitee des WIM dazu aufgefordert, eine Task Force einzurichten. Diese hat die Aufgabe, Empfehlungen für die Entwicklung von integrierten Strategien zur Vermeidung, Minderung und Bekämpfung von Vertreibungsprozessen zu erarbeiten:

> *49. Also requests the Executive Committee of the Warsaw International Mechanism to establish, … a task force to complement, draw upon the work of and involve… existing bodies and expert groups under the Convention including the Adaptation Committee and the Least Developed Countries Expert Group, as well as relevant organizations and expert bodies outside the Convention, to develop recommendations for integrated approaches to avert, minimize and address displacement related to the adverse impacts of climate change:*
>
> (49. Ersucht das Exekutivkomitee des Internationalen Mechanismus von Warschau ebenfalls darum,… eine Task Force einzusetzen, die die Arbeit der im Rahmen des Übereinkommens bestehenden Gremien und Expert/innengruppen, einschließlich des Anpassungskomitees und der Expert/innengruppe für die am wenigsten entwickelten Länder, sowie der einschlägigen Organisationen und Expert/innengremien außerhalb des Übereinkommens, ergänzt, auf den Arbeitsergebnissen dieser Akteur/innen aufbaut und die genannten Akteur/innen einbindet, um Empfehlungen für integrierte Ansätze zur Vermeidung, Minimierung und Bekämpfung von Vertreibungen im Zusammenhang mit den negativen Auswirkungen des Klimawandels zu entwickeln:)

Die Einsetzung einer Task Force spiegelt die Fokussierung auf das Risikomanagement wider, die in Artikel 8 des Klimaschutzabkommens von Paris zum Ausdruck kommt und bei der es darum geht, „*Verluste und Schäden, die mit den nachteiligen Auswirkungen der Klimaänderungen einschließlich extremer Wetterereignisse und sich langsam anbahnender Ereignisse verbunden sind, zu vermeiden, auf ein Mindestmaß zu verringern und zu bewältigen, und welche Rolle die nachhaltige Entwicklung bei der Verringerung der Gefahr von Verlusten und Schäden spielt.*"

Der Zeitplan und der Arbeitsumfang der Task Force sind in Abb. 16.3 dargestellt. Die erste Sitzung der Task Force on Displacement fand im Mai 2017 statt und resultierte in einem Entwurf für einen Arbeitsplan zur Formulierung von Empfehlungen. Diese Empfehlungen wurden von der Task Force 2018 formuliert und beim COP24 in Katowice eingebracht.

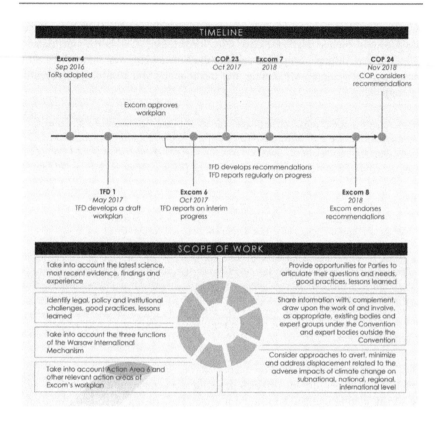

Abb. 16.3 Zeitplan und Arbeit der Task Force on Displacement. (Quelle: © UNFCCC Loss and Damage Team)

16.4 Die Klimaschutzpolitik und eine zeitgemäße Politik in Bezug auf menschliche Mobilität ergänzen einander

In diesem Abschnitt werden die Inhalte des UN-Migrationspakts und des UN-Flüchtlingspakts mit den Entscheidungen der UNFCCC im Hinblick auf menschliche Mobilität verglichen.

16.4.1 Zweck und Inhalt der UN-Pakte

In einem Bericht des UN-Sonderbeauftragten für Migration wird auf den Hintergrund der beiden UN-Pakte eingegangen. So heißt es in dem Bericht: „[…] what has made the subject so topical in recent years is the unregulated movement of large numbers of people driven from their homes by war and brutal oppression, but also by natural disasters, famine and economic collapse. Their spontaneous arrival has been met by increasingly hostile public reactions, driven by the feeling that countries have lost control of their borders." *(Dem Thema wurde in den letzten Jahren große Beachtung geschenkt, weil zahlreiche Menschen, die durch Krieg und brutale Unterdrückung, aber auch durch Naturkatastrophen, Hungersnöte und Wirtschaftskrisen aus ihrer Heimat vertrieben worden waren, ohne jede Regulierung in andere Länder migriert sind. Da in kurzer Zeit viele Menschen kamen, wurde die Reaktion in den Aufnahmeländern zunehmend feindseliger, weil die Menschen den Eindruck hatten, dass ihr Land die Kontrolle über seine Grenzen verloren hat.)* (UN General Assembly 2017, S. 4 Abs. 5). Im Gegensatz zur „Resilienz gegen Klimarisiken", von der in der Klimadebatte die Rede ist, haben sich im Zusammenhang mit den globalen Pakten eine umfassende Debatte über Migration, Vertreibung und Flüchtlinge sowie aktuelle politische Strategien entwickelt, in denen sich unterschiedliche Probleme widerspiegeln. Dazu zählen beispielsweise große sog. ‚Flüchtlingskrisen' zu Lasten der Herkunfts- und der Aufnahmeländer (darunter die syrische Flüchtlingssituation) sowie die Sorge um unregulierte grenzüberschreitende Migrationsbewegungen und skrupellose Menschenhändler/innen (UN General Assembly 2017).

Weiter heißt es im Sutherland-Bericht: „Governments have to respond, and often they do so in a defensive way, building (or promising) walls and insisting on their sovereign right to decide migration policy as a purely national issue, without interference from others. Yet when migrants are crossing national borders, migration is also an international issue. States can and must help each other, working together both on the regional level and as a global community." *(Die Staaten müssen reagieren; häufig reagieren sie defensiv, indem sie Mauern errichten (oder den Bau von Mauern versprechen) und auf ihrem souveränen Recht bestehen, die Migrationspolitik als rein nationale Angelegenheit zu betrachten und entsprechend ohne Zutun anderer darüber zu entscheiden. Doch wenn Migrant/innen Staatsgrenzen überschreiten, ist Migration auch eine internationale Angelegenheit. Die Staaten können und müssen sich gegenseitig unterstützen und zu diesem Zweck sowohl regional als auch als Weltgemeinschaft zusammenarbeiten)* (UN General Assembly 2017, S. 5 Abs. 5). Wie die Beteiligten an der Klimawandeldebatte im Rahmen der UNFCCC sieht auch der Sutherland-Bericht die Vereinten Nationen als „wichtigstes Forum, in dem die Staaten der Welt zusammenarbeiten und einen politischen Konsens über die Normen und Standards für das internationale Verhalten herbeiführen können" *(the primary forum where States can work together to forge political consensus on norms and standards of international behavior)* (ebd., S. 5 Abs. 7), um eine nachhaltige Entwicklung und die allgemeine menschliche Wohlfahrt zu gewährleisten.

Die im UN-Migrationspakt und im UN-Flüchtlingspakt genannten Konzepte – nationale Grenzen und Identität, Arbeitserlaubnisse und Arbeitsmärkte, wirtschaftliche Entwicklung und soziale Integration sowie Schutz – beziehen sich auf allgemeine Fragen der Migrations- und Flüchtlingspolitik. Am 19. September 2016 hat die Generalversammlung der Vereinten Nationen einstimmig die New Yorker Erklärung für Flüchtlinge und Migrant/innen beschlossen. Dabei handelt es sich um eine richtungsweisende politische Erklärung, die dazu beitragen soll, dass die internationale Gemeinschaft künftig besser auf große Flüchtlings- und Migrationsbewegungen reagiert (UN General Assembly 2016).

Auf dem Gipfeltreffen in New York erkannten 193 Staaten die Notwendigkeit an, dass eine umfassende Strategie zum Umgang mit menschlicher Mobilität sowie eine verstärkte globale Zusammenarbeit notwendig sind. Dabei wurde ein auf zwei Jahre angelegter Prozess zur Erarbeitung von zwei globalen Pakten eingeleitet, von denen sich einer auf Flüchtlinge und der andere auf eine sichere, geordnete und reguläre Migration bezieht. Dieser Prozess erreichte 2018 seinen Höhepunkt. Mit Anhang II der New Yorker Erklärung wurde ein Prozess der zwischenstaatlichen Konsultationen und Verhandlungen in Gang gesetzt, der wie geplant in einer zwischenstaatlichen Konferenz mündete, auf der der UN-Flüchtlingspakt verabschiedet wurde.

In den globalen Pakten und der New Yorker Erklärung sind wichtige Verpflichtungen vorgesehen, die für den Umgang sowohl mit Flüchtlingen als auch Migrant/innen gelten. Einige weitere beziehen sich entweder auf die eine oder die andere Gruppe und spiegeln wichtige Fragen des Flüchtlings- und Migrationsmanagements wider.

In der New Yorker Erklärung geht es im Zusammenhang mit „großen Strömen" um folgende Kriterien: „Zahl der ankommenden Menschen, der wirtschaftliche, soziale und geografische Kontext, die Reaktionskapazität des Empfangsstaats und die Auswirkungen eines plötzlichen oder anhaltenden Menschenstroms. [...] „Große Ströme" können gemischte Ströme aus Flüchtlingen und Migrant/innen umfassen, die aus unterschiedlichen Gründen, aber möglicherweise auf ähnlichen Routen unterwegs sind" (UN General Assembly 2016, S. 2 Abs. 6). In der Erklärung werden die zentralen Herausforderungen, die mit den beiden globalen Pakten angegangen werden sollen, als moralische und humanitäre Herausforderungen dargestellt, die darin bestehen, Menschenleben zu retten und langfristige und dauerhafte Lösungen zu finden (ebd., S. 2 Abs. 10).

Die Erklärung weist einige Übereinstimmungen mit der Klimapolitik auf. So wird das Bekenntnis zum Aktionsplan von Addis Abeba, der auf der dritten internationalen Konferenz zur Entwicklungsfinanzierung beschlossen wurde, sowie zu den für Flüchtlinge und Migrant/innen geltenden Bestimmungen erneuert und hervorgehoben, dass sowohl in der Erklärung selbst als auch im

Klimaschutzabkommen von Paris der Sendai-Rahmen für Katastrophenvorsorge 2015–2030 und die darin enthaltenen Empfehlungen bezüglich Maßnahmen zur Minderung der mit Katastrophen verbundenen Risiken anerkannt werden (ebd., S. 4 Abs. 18).

In ihrer Erklärung befürworten die Staaten „einen Ansatz zur Bekämpfung der Triebkräfte und tieferen Ursachen großer Flüchtlings- und Migrantenströme, darunter Vertreibung und Langzeitkrisen, der es unter anderem ermöglichen würde, Gefährdungen zu verringern, Armut zu bekämpfen, Eigenständigkeit und Widerstandsfähigkeit zu verbessern, eine stärkere Verknüpfung zwischen humanitären Maßnahmen und Entwicklung herzustellen und die Abstimmung mit Friedenskonsolidierungsmaßnahmen zu verbessern." (ebd., S. 8 Abs. 37).

Eine weitere Prämisse der globalen Pakte besteht darin, dass die Rückkehr der Migrant/innen in ihre Herkunftsregionen möglich und wünschenswert ist (UN General Assembly 2016, Abs. 37, 75). Insbesondere in Anhang I der Erklärung wird davon ausgegangen, dass die Flüchtlinge in ihr Herkunftsland zurückkehren (Abs. 9–16). Der Grundsatz einer sicheren Rückkehr ist eine der dem UN-Migrationspakt und dem UN-Flüchtlingspakt zugrunde liegenden Prämissen: So umfassen beide Pakte das Bekenntnis, dass „Migranten, die keine Aufenthaltsgenehmigung für das Zielland haben, […] auf geordnete Weise, in Sicherheit und Würde, vorzugsweise auf freiwilliger Grundlage" in das Land ihrer Herkunft oder Staatsangehörigkeit zurückkehren können (ebd., S. 11 Abs. 58) und die Selbstverpflichtung „von Anbeginn einer Flüchtlingssituation auf Lösungen hinzuarbeiten. Wir werden aktiv dauerhafte Lösungen fördern, insbesondere in Langzeitflüchtlingskrisen, und dabei den Schwerpunkt auf eine dauerhafte und rasche Rückkehr in Sicherheit und Würde legen (ebd., S. 14, Abs. 75).

16.4.2 Komplementarität der Klimapolitik und der globalen Pakte

Nachdem die Themen Migration und Vertreibung sowohl Gegenstand der globalen Pakte als auch des Klimaschutzabkommens von Paris sind, fragen die politischen Entscheider/innen verstärkt danach, was die Länder und die internationale Gemeinschaft über die potenziellen Auswirkungen des Klimawandels und der menschlichen Mobilität wissen müssen, um geeignete rechtliche, institutionelle und Governance-bezogene Strategien zu entwickeln. In der folgenden Tabelle werden mögliche Herausforderungen im Zusammenhang mit menschlichen und klimabezogenen Stressoren, dem jeweiligen Zeitrahmen sowie den politisch-strategischen Fragen aufgeführt, mit denen sich die internationale Gemeinschaft künftig gegebenenfalls konfrontiert sehen wird (Tab. 16.1).

Tab. 16.1 Politische Herausforderungen angesichts kurz-, mittel- und langfristiger Auswirkungen von Klimastressoren. (Quelle: © Koko Warner)

Risiken im Zusammenhang mit Mobilität und Klimastressoren	Zeitrahmen[a]	Politische Herausforderungen, insbesondere die Rückkehr von Migrant/innen in ihre Herkunftsländer
1 – (Physische) Sicherheit vor klimabezogenen Extremereignissen	Kurzfristig. Ereignisse, die zu Massenbewegungen führen können, beispielsweise im Katastrophenfall	Sobald sich die Verhältnisse wieder normalisieren
2 – Auswirkungen von Klimastressoren auf die Nachhaltigkeit der Lebensgrundlagen	Kurz- bis mittelfristig. Veränderungen oder eine Verschlechterung der Lebensbedingungen, die dazu führen, dass Menschen oder ganze Gemeinden ihre Heimat auf der Suche nach einem neuen Zuhause und stabilen Lebensgrundlagen für einen längeren Zeitraum verlassen	Sobald sich Alternativen zu den bisherigen Lebensgrundlagen bieten
3 – Auswirkungen von Klimastressoren auf komplexe Konflikte	Kurz- bis mittelfristig. Ereignisse, die zu Massenbewegungen führen können, beispielsweise im Katastrophenfall	Sobald ein gewisses Maß an Stabilität erreicht ist und der Konflikt beendet ist, sodass die Menschen sicher zurückkehren können und in ihrem Herkunftsland eine Lebensgrundlage vorfinden
4 – Auswirkungen von Klimastressoren (insbesondere von sich langsam vollziehenden Prozessen mit Umschlagpunkten) auf die Bewohnbarkeit der Herkunftsregion	Mittel- bis langfristig. Veränderungen oder eine Verschlechterung der Lebensbedingungen, die dazu führen, dass Menschen oder ganze Gemeinden ihre Heimat auf der Suche nach einem neuen Zuhause und stabilen Lebensgrundlagen für einen längeren Zeitraum verlassen	Ungewiss; korreliert wahrscheinlich mit einer Reihe von Faktoren, die beeinflussen, ob und wie Menschen in einem bestimmten Raum leben können. Dazu zählen beispielsweise vorhandene bzw. nicht mehr vorhandene Lebensgrundlagen (darunter Süßwasser), die Funktionsfähigkeit von Ökosystemen, die Bereitstellung von Gütern und die Dienstleistungen, Hitzestress, die Schwere und Häufigkeit von Dürren und Stürmen sowie das Fortschreiten von langsam einsetzenden Phänomenen wie dem Anstieg des Meeresspiegels und der Desertifikation von Gebieten

[a]Zu Diskussionszwecken hat die Autorin die folgenden Zeithorizonte definiert: kurzfristig (bis zu 5 Jahre), mittelfristig (5 bis 20 Jahre) und langfristig (über 20 Jahre)

16.4.2.1 Hervorhebung von Resilienz und Risikomanagement

Die internationalen Vereinbarungen in der Klimapolitik (Anpassungsrahmen von Cancún, Klimaschutzabkommen von Paris und die laufenden Arbeiten im Rahmen des Internationalen Mechanismus von Warschau zu *loss and damage*) sollen die Resilienz – vor allem von besonders gefährdeten Ländern – stärken. Mit dem Konzept „Resilienz gegenüber dem Klimawandel" wird das Management großer Migrations- und Flüchtlingsbewegungen um einen bislang fehlenden Baustein ergänzt.

Die im Klimaschutzabkommen von Paris niedergelegten klimapolitischen Vereinbarungen und die entsprechenden Erkenntnisse der Klimawissenschaft stellen für die einzelnen Länder eine gute Grundlage dar, um sich auf Szenarien vorzubereiten, in denen die Auswirkungen des Klimawandels und spezifische Risikofaktoren die Sicherheit der Bevölkerung gefährden. Dabei muss sich die internationale Gemeinschaft mit der Rückkehr und Umsiedlung von Migrant/innen sowie anderen im Zusammenhang mit der menschlichen Mobilität relevanten Themen befassen. In diesem Zusammenhang bietet das Konzept der Resilienz gegenüber den Klimawandelfolgen eine klare Orientierung für Gegenwart und Zukunft mit dem Ziel, das im Klimaschutzabkommen von Paris vereinbarte 2 °C-Ziel zu erreichen und es der Menschheit zu ermöglichen, nachhaltig und sicher auf der Erde zu leben.

Wenn Klimarisiken und Stressfaktoren nicht berücksichtigt werden, besteht die Gefahr, dass durch die internationale Gemeinschaft, die einzelnen Staaten, NROs, mobile Bevölkerungsgruppen und Aufnahmeländer falsch eingeschätzt wird, wann und in welchem Umfang es künftig zu größeren Migrationsbewegungen kommen kann und wie am besten damit umzugehen ist. Das Klimaschutzabkommen von Paris bildet einen Maßstab, um die Entwicklung des Weltklimas und die denkbaren Szenarien mit ihren gesellschaftlichen Auswirkungen zu bewerten, und zwar insbesondere im Hinblick auf größere und länger andauernde Migrationsbewegungen. Die Zukunftsorientierung der Klimapolitik schafft einen Mehrwert für die internationale Gemeinschaft und legt den Schwerpunkt auf das Risikomanagement und ein differenziertes Spektrum an Möglichkeiten und Lösungen für die betroffenen Menschen und Länder.

16.4.2.2 Gemeinschaften verbinden

Die Studien zu Migration, Vertreibung und anderen Formen der menschlichen Mobilität ergänzen im Rahmen der UN-Klimaschutzverhandlungen andere politische Prozesse der Vereinten Nationen, darunter die globalen Pakte: So lädt der UNFCCC-Prozess dazu ein, sich mit technischen und wissenschaftlichen

Beiträgen zu beteiligen, und das Klimaschutzabkommen von Paris umfasst einen Abschnitt zur Einbindung von Stakeholdern, die nicht Vertragsstaaten sind. Der Wortlaut von Ziff. 49 veranschaulicht, wie sich relevante Expert/innen und Praktiker/innen in die klimapolitische Debatte zum Thema menschliche Mobilität einbringen können. Dies ist entscheidend, denn auf diese Weise werden weit verbreitete Sichtweisen und Kenntnisse über Migration und Flüchtlinge und klimapolitisches Fachwissen zusammengeführt. Die Arbeit der Task Force umfasst Erkenntnisse und Erfahrungen auf dem Gebiet der menschlichen Mobilität. So hat die Task Force die Fragen und Herausforderungen gesammelt, mit denen Länder und Institutionen konfrontiert sind. Außerdem hat sie die Strategien analysiert, die derzeit oder in Zukunft genutzt werden können, um klimabedingte Flüchtlings- und Migrationsbewegungen rechtzeitig zu erkennen, zu minimieren und angemessen darauf zu reagieren.

Die Mitglieder, die in die Task Force on Displacement berufen wurden, gehören Organisationen an, die sich aktiv an den Diskussionen in anderen technischen Bereichen des Exekutivausschusses beteiligen. Dazu zählen beispielsweise Fragen im Zusammenhang mit den nicht finanziellen Verlusten und Schäden und mit einem umfassenden Risikomanagement. Die inklusive Herangehensweise der Task Force on Displacement fördert einen fruchtbaren Gedanken- und Erfahrungsaustausch zwischen den verschiedenen Expert/innen und zeigt auf, wie die Klimarisiken die Entscheidungen der Menschen zum Umgang damit beeinflussen. In diesem Zusammenhang kommt der menschlichen Mobilität sowie anderen gesellschaftlichen, wirtschaftlichen und nicht wirtschaftlichen Bereichen, die das Wohlergehen der Menschen beeinflussen, besondere Bedeutung zu. Darüber hinaus gehören der Task Force on Displacement Organisationen an, die die Prozesse im Zusammenhang mit dem UN-Migrationspakt und dem UN-Flüchtlingspakt beim Übergang in die kritische Umsetzungsphase begleiten.

16.5   Aussichten

Der Klimawandel ist ein für das menschliche Wohlbefinden und die nachhaltige Entwicklung zentrales Thema. Die klimabedingte Mobilität von Menschen – unabhängig davon, ob diese auf der Flucht vor Extremwetterereignissen sind, nach klimaresilienten Lebensgrundlagen streben oder nach einem bewohnbaren Ort suchen, wenn eine Rückkehr in die Herkunftsregion nicht mehr möglich ist,

– erfordert ein neues Maß an Resilienz, wenn es gelingen soll, die menschliche Wohlfahrt zu heben und die Ziele für nachhaltige Entwicklung zu verwirklichen. Vor diesem Hintergrund könnten sich die Herkunfts-, die Transit- und die Zielländer gemeinsam darum bemühen, die Resilienz durch einander ergänzende Strategien zu stärken: So gilt es, die negativen Klimawandelfolgen zu verhindern und weltweit die Anpassungsmöglichkeiten der Menschen zu erweitern. Darüber hinaus benötigen Herkunfts-, Transit- und Zielländer Pläne, die eine sichere und geregelte Mobilität in Würde ermöglichen. Die Herkunfts- und Zielgebiete müssen darüber hinaus Notfallvereinbarungen schließen, in denen eine Lastenteilung vorgesehen ist; diese Pläne können auch Vereinbarungen dazu enthalten, wo und wie Menschen für einen längeren Zeitraum leben können. Dies sind die ersten Maßnahmen, mit denen die Klimapolitik einen wichtigen Beitrag zur Bewältigung der zahlreichen Herausforderungen leisten kann, mit denen die Länder im Rahmen ihres Strebens nach nachhaltiger Entwicklung konfrontiert sind.

Die laufenden Arbeiten im Rahmen des UNFCCC-Prozesses wie beispielsweise der Internationale Mechanismus von Warschau sollen die Länder in die Lage versetzen, risikoorientierte Entscheidungen über vorbeugende Maßnahmen, Planungen und Notfallregelungen zu treffen, die einen Einfluss darauf haben, wo und wie Menschen leben können. Zwischen 2017 und 2018 hat die Task Force on Displacement Empfehlungen entwickelt, die Ende 2018 auf der COP24 in Polen berücksichtigt wurden. Gleichzeitig werden im Rahmen des Global-Compact-Prozesses Empfehlungen für eine sichere und geordnete Migration und die Antizipation großer Bevölkerungsbewegungen im 21. Jahrhundert ausgesprochen. Das Klimaschutzabkommen von Paris und der UNFCCC-Prozess, darunter insbesondere die Arbeiten der Task Force on Displacement, leisten einen wichtigen Beitrag zu den Überlegungen, auf denen die globalen Pakte beruhen: Die klimapolitischen Maßnahmen legen den Schwerpunkt auf die Stärkung der Resilienz von besonders gefährdeten Ländern, die in die Lage versetzt werden sollen, risikoorientierte Entscheidungen über Präventionsmaßnahmen, Notfallpläne und Notfallregelungen zu treffen, die sich darauf auswirken, wo und wie Menschen leben können. Bei Redaktionsschluss war die Task Force on Displacement dabei, Empfehlungen für den UNFCCC-Prozess und die internationale Gemeinschaft zu entwickeln. Im nächsten Schritt geht es um die Frage, welche Mittel und Wege die Weltgemeinschaft findet, um die Empfehlungen so umzusetzen, dass sich die Länder vorausschauend auf potenzielle Migrationsbewegungen vorbereiten und die Zukunft klimaresilient und nachhaltig gestalten können.

Literatur

Afifi, T., A. Milan, B. Etzold, B. Schraven, C. Rademacher-Schulz, P. Sakdapolrak, A. Reif, K. van der Geest, und K. Warner. 2015. Human mobility in response to rainfall variability: Opportunities for migration as a successful adaptation strategy in eight case studies. *Migration and Development* 5(2): 254–274.

Afifi, T., und J. Jäger (Hrsg.). 2010. *Environment, Forced Migration and Social Vulnerability.* Heidelberg: Springer.

Alliance of Small Island States (AOSIS). 2008. Proposal to the Ad Hoc Working Group on Long-term Cooperative Action under the Convention (AWG-LCA). *Multi-Window Mechanism to Address Loss and Damage from Climate Change Impacts.* Eingereicht bei der UNFCCC am 6. Dezember 2008. http://unfccc.int/files/kyoto_protocol/application/pdf/aosisinsurance061208.pdf. Zugegriffen: 20. Juli 2019.

Bardsley, D.K., und G.J. Hugo. 2010. Migration and climate change: examining thresholds of change to guide effective adaptation decision-making. *Population and Environment* 32 (2–3): 238–262.

Collinson, S. 2010. *Developing Adequate Humanitarian Responses.* Background Paper for the Transatlantic Study Team on Climate Change and Migration, German Marshall Fund. http://www.gmfus.org/galleries/default-file/Collinson_MAH_EditsV2.pdf. Zugegriffen: 01. Februar 2011.

De Sherbinin, A., M. Castro, F. Gemenne, M.M. Cernea, und S. Adamo. 2011. Preparing for resettlement associated with climate change. *Science* 334 (6055): 456–457.

Foresight. 2010. *Global Environmental Migration Project.* http://www.bis.gov.uk/foresight/our-work/projects/current-projects/global-environmental-migration. Zugegriffen: 20. Juli 2019.

GMF. 2010. German Marshall Fund Study Team on Migration and Climate Change. Co-Chaired by Georgetown University and United Nations University Institute for Environment and Human Security. http://www.ehs.unu.edu/article/read/gmf.

Hugo, G. 2011. Future demographic change and its interactions with migration and climate change. *Global Environmental Change* 21: 21–33.

IPCC. 2014. *Climate Change 2014: Impacts, Adaptation, and Vulnerability. Part A: Global and Sectoral Aspects. Contribution of Working Group II to the Fifth Assessment Report of the Intergovernmental Panel on Climate Change.* [Field, C.B., V.R. Barros, D.J. Dokken, K.J. Mach, M.D. Mastrandrea, T.E. Bilir, M. Chatterjee, K.L. Ebi, Y.O. Estrada, R.C. Genova, B. Girma, E.S. Kissel, A.N. Levy, S. MacCracken, P.R. Mastrandrea, und L.L. White (Hrsg.)]. Cambridge and New York: Cambridge University Press.

Jäger, J., J. Frühmann, S. Grünberger, und A. Vag. 2009. *Synthesis Report. Environmental Change and Forced Migration Scenarios Project.* http://www.each-for.eu/documents/EACH-FOR_Synthesis_Report_090515.pdf.

NFCCC. 2008. *Report of the Conference of the Parties on its thirteenth session, held in Bali from 3 to 15 December 2007. Addendum. Part Two: Action taken by the Conference of the Parties at its thirteenth session.* FCCC/CP/2007/6/Add.1*. https://daccess-ods.un.org/access.nsf/Get?Open&DS=FCCC/CP/2007/6/Add.1&Lang=E. Zugegriffen: 20. Juli 2019.

Parry, M.L., O.F. Canziani, J.P. Palutikof, P.J. van der Linden, und C.E. Hanson (Hrsg.). 2007. *Contribution of Working Group II to the Fourth Assessment Report of the Intergovernmental Panel on Climate Change.* Cambridge und New York: Cambridge University Press.

Piguet, E. 2010. Climate and Migration: A Synthesis. In *Environment, Forced Migration and Social Vulnerability*, Hrsg. T. Afifi, und J. Jäger, 73–85. Heidelberg: Springer.

Renaud, F.G., J.J. Bogardi, O. Dun, und K. Warner. 2007. *Control, Adapt or Flee: How to Face Environmental Migration?* United Nations University Institute for Environment and Human Security. http://collections.unu.edu/eserv/UNU:1859/pdf3973.pdf. Zugegriffen: 20. Juli 2019.

Sudmeier-Rieux, K., M. Fernández, J. Gaillard, L. Guadagno, und M. Jaboyedoff. 2017. *Identifying Emerging Issues in Disaster Risk Reduction, Migration, Climate Change and Sustainable Development.* Springer International Publishing Switzerland.

UN General Assembly. 2016. *New York Declaration for Refugees and Migrants.* Resolution Adopted by the General Assembly on 19 September 2016. A/RES/71/1. https://undocs.org/A/RES/71/1. Zugegriffen: 20. Juli 2019.

UN General Assembly. 2017. *Report of the Special representative of the Secretary General on Migration.* Seventy-first session of the UN General Assembly. A/71/728. https://undocs.org/A/71/728. Zugegriffen: 20. Juli 2019.

UNFCCC. 1992. *United Nations Framework Convention on Climate Change.* FCCC/INFORMAL/84 GE.05-62220 (E) 200705. https://unfccc.int/resource/docs/convkp/conveng.pdf. Zugegriffen: 20. Juli 2019.

UNFCCC. 2007. Conference of the Parties. Bali Action Plan. FCCC/CP/2007. Bali, Indonesia. www.unfccc.int/resource/docs/2007/cop13/eng/06a01.pdf.

UNFCCC. 2012. *Approaches to address loss and damage associated with climate change impacts in developing countries that are particularly vulnerable to the adverse effects of climate change to enhance adaptive capacity.* Revised proposal by the President. FCCC/CP/2012/L.4/Rev.1. https://unfccc.int/resource/docs/2012/cop18/eng/l04r01.pdf. Zugegriffen: 20. Juli 2019.

UNFCCC. 2013. *Report of the Conference of the Parties on its eighteenth session, held in Doha from 26 November to 8 December 2012. Addendum. Part Two: Action taken by the Conference of the Parties at its eighteenth session.* FCCC/CP/2012/8/Add.1. http://unfccc.int/resource/docs/2012/cop18/eng/08a01.pdf. Zugegriffen: 20. Juli 2019.

Warnecke, A., D. Tänzler, und R. Vollmer. 2010. *Climate Change, Migration, and Conflict: Receiving Communities under Pressure.* Background Paper for the Transatlantic Study Team on Climate Change and Migration, German Marshall Fund. https://www.bicc.de/uploads/tx_bicctools/gmf_climate-change-migration-conflict_07_2010.pdf. Zugegriffen: 20. Juli 2019.

Warner, K., C. Erhart, A. de Sherbinin, S.B. Adamo, und T.C. Onn. 2009. *In search of Shelter: Mapping the effects of climate change on human migration and displacement.* A policy paper prepared for the 2009 Climate Negotiations. Bonn: United Nations University, CARE, and CIESIN-Columbia University. In close collaboration with the European Commission "Environmental Change and Forced Migration Scenarios Project", the UNHCR, and the World Bank.

Warner, K. 2010. Global Environmental Change and Migration: Governance challenges. *Global Environmental Change Special Issue on Governance, Complexity and Resilience* 20: 402–413. https://doi.org/10.1016/j.gloenvcha.2009.12.001.

Warner, K., F. Renaud, M. Hamza, A. Oliver-Smith, und A. Julca. 2010. Climate change, environmental degradation and migration. *Natural Hazards* 55: 689–715. https://doi.org/10.1007/s11069-009-9419-7.

Zetter, R. 2008. Legal and normative frameworks. *Forced Migration Review* 31: 62–63.

Koko Warner ist Leiterin der Abteilung für Umweltmigration, soziale Verwundbarkeit und Anpassung an den Klimawandel bei United Nations University-EHS. Sie untersucht Risikomanagementstrategien der Armen bei der Anpassung an sich ändernde Umwelt- und Klimabedingungen. Sie leitet drei Forschungsschwerpunkte an der UNU im Bereich der Anpassung: den Einsatz von Risikomanagement und Risikotransfermaßnahmen, soziale Belastbarkeit und Umweltveränderungen sowie umweltbedingte Migration.

Printed by Printforce, the Netherlands